国家出版基金项目
NATIONAL PUBLICATION FOUNDATION

青藏高原地区
绿色发展科学考察研究

刘卫东 刘 慧 温 珂等 著

科学出版社

北 京

内 容 简 介

本书是"第二次青藏高原综合科学考察研究"之青藏高原地区绿色发展科学考察的成果总结。本书聚焦青藏高原清洁能源、农牧业、工矿区、边境口岸、农村人居环境、乡村振兴与可持续生计等内容，结合青藏高原山地区域特性、社会经济结构、资源环境承载力、地区治理结构和绿色发展模式等，揭示青藏高原不同类型区的绿色发展模式和实现路径，初步提出青藏高原区域绿色发展路线图，为建设美丽青藏高原、实现青藏高原地区可持续发展提供了科学支撑。

本书内容系统全面、资料严谨翔实、结构逻辑严密，科学认识和研究了青藏高原地区可持续发展模式和实现路径，可供地理学、区域经济、管理科学、农学等专业的科研、教学等相关人员参考使用。

审图号：GS京（2022）1277号

图书在版编目（CIP）数据

青藏高原地区绿色发展科学考察研究/ 刘卫东等著. —北京：科学出版社，2023.6

（第二次青藏高原综合科学考察研究丛书）

国家出版基金项目

ISBN 978-7-03-075877-4

Ⅰ.①青… Ⅱ.①刘… Ⅲ.①青藏高原–绿色经济–区域经济发展–科学考察–研究 Ⅳ.①F127

中国国家版本馆CIP数据核字（2023）第109448号

责任编辑：朱　丽　董　墨／责任校对：郝甜甜
责任印制：肖　兴／封面设计：吴霞暖

科学出版社 出版

北京东黄城根北街16号
邮政编码：100717
http://www.sciencep.com

北京汇瑞嘉合文化发展有限公司 印刷

科学出版社发行　各地新华书店经销

*

2023年6月第 一 版　开本：787×1092　1/16
2023年6月第一次印刷　印张：20
字数：477 000

定价：268.00元
（如有印装质量问题，我社负责调换）

"第二次青藏高原综合科学考察研究丛书"
指导委员会

"第二次青藏高原综合科学考察研究丛书"
编辑委员会

第二次青藏高原综合科学考察队

区域绿色发展路线图科考分队人员名单

姓名	职务	单位
刘卫东	分队长	中国科学院地理科学与资源研究所
刘 慧	副分队长	中国科学院地理科学与资源研究所
温 珂	队 员	中国科学院科技战略咨询研究院
宋周莺	队 员	中国科学院地理科学与资源研究所
高菠阳	队 员	中央财经大学
刘志高	队 员	中国科学院地理科学与资源研究所
宋 涛	队 员	中国科学院地理科学与资源研究所
郭 雯	队 员	中国科学院科技战略咨询研究院
牛方曲	队 员	中国科学院地理科学与资源研究所
陈 伟	专题秘书	中国科学院地理科学与资源研究所
韩梦瑶	队 员	中国科学院地理科学与资源研究所
刘志东	队 员	中央财经大学
李文斌	队 员	中央财经大学
杜宏茹	队 员	中国科学院新疆生态与地理研究所
郑 智	队 员	中国科学院地理科学与资源研究所
张海朋	队 员	中国科学院地理科学与资源研究所
杨欣雨	队 员	中国科学院地理科学与资源研究所
孙 曼	队 员	中国科学院地理科学与资源研究所

左亚彬	队　员	中国科学院科技战略咨询研究院
熊　韦	队　员	中国科学院地理科学与资源研究所
姚秋蕙	队　员	中国科学院地理科学与资源研究所
张雅婧	队　员	中国科学院地理科学与资源研究所
程　艺	队　员	中国科学院地理科学与资源研究所
杨静銮	队　员	中国科学院地理科学与资源研究所
夏万渠	队　员	中国科学院地理科学与资源研究所
张　萌	队　员	中国科学院地理科学与资源研究所
管　靖	队　员	中国科学院地理科学与资源研究所
徐婧雅	队　员	中国科学院地理科学与资源研究所
辛钟龄	队　员	中国科学院地理科学与资源研究所
董孟亚	队　员	中国科学院科技战略咨询研究院
刘　意	队　员	中国科学院科技战略咨询研究院
胡桢培	队　员	中央财经大学

丛书序一

　　青藏高原是地球上最年轻、海拔最高、面积最大的高原，西起帕米尔高原和兴都库什、东到横断山脉，北起昆仑山和祁连山、南至喜马拉雅山区，高原面海拔 4500 米上下，是地球上最独特的地质－地理单元，是开展地球演化、圈层相互作用及人地关系研究的天然实验室。

　　鉴于青藏高原区位的特殊性和重要性，新中国成立以来，在我国重大科技规划中，青藏高原持续被列为重点关注区域。《1956—1967年科学技术发展远景规划》《1963—1972 年科学技术发展规划》《1978—1985 年全国科学技术发展规划纲要》等规划中都列入针对青藏高原的相关任务。1971 年，周恩来总理主持召开全国科学技术工作会议，制订了基础研究八年科技发展规划（1972—1980 年），青藏高原科学考察是五个核心内容之一，从而拉开了第一次大规模青藏高原综合科学考察研究的序幕。经过近 20 年的不懈努力，第一次青藏综合科考全面完成了 250 多万平方千米的考察，产出了近 100 部专著和论文集，成果荣获了 1987 年国家自然科学奖一等奖，在推动区域经济建设和社会发展、巩固国防边防和国家西部大开发战略的实施中发挥了不可替代的作用。

　　自第一次青藏综合科考开展以来的近 50 年，青藏高原自然与社会环境发生了重大变化，气候变暖幅度是同期全球平均值的两倍，青藏高原生态环境和水循环格局发生了显著变化，如冰川退缩、冻土退化、冰湖溃决、冰崩、草地退化、泥石流频发，严重影响了人类生存环境和经济社会的发展。青藏高原还是"一带一路"环境变化的核心驱动区，将对"一带一路"沿线 20 多个国家和 30 多亿人口的生存与发展带来影响。

　　2017 年 8 月 19 日，第二次青藏高原综合科学考察研究启动，习近平总书记发来贺信，指出"青藏高原是世界屋脊、亚洲水塔，是地球第三极，是我国重要的生态安全屏障、战略资源储备基地，是中华民族特色文化的重要保护地"，要求第二次青藏高原综合科学考察研究要"聚焦水、生态、人类活动，着力解决青藏高原资源环境承载力、灾害风险、绿色发展途径等方面的问题，为守护好世界上最后一方净土、建设美丽的青藏高原作出新贡献，让青藏高原各族群众生活更加幸福安康"。习近平总书记的贺信传达了党中央对青藏高原可持续发展和建设国家生态保护屏障的战略方针。

第二次青藏综合科考将围绕青藏高原地球系统变化及其影响这一关键科学问题，开展西风–季风协同作用及其影响、亚洲水塔动态变化与影响、生态系统与生态安全、生态安全屏障功能与优化体系、生物多样性保护与可持续利用、人类活动与生存环境安全、高原生长与演化、资源能源现状与远景评估、地质环境与灾害、区域绿色发展途径等 10 大科学问题的研究，以服务国家战略需求和区域可持续发展。

"第二次青藏高原综合科学考察研究丛书"将系统展示科考成果，从多角度综合反映过去 50 年来青藏高原环境变化的过程、机制及其对人类社会的影响。相信第二次青藏综合科考将继续发扬老一辈科学家艰苦奋斗、团结奋进、勇攀高峰的精神，不忘初心，砥砺前行，为守护好世界上最后一方净土、建设美丽的青藏高原作出新的更大贡献！

孙鸿烈

第一次青藏科考队队长

丛书序二

　　青藏高原及其周边山地作为地球第三极矗立在北半球，同南极和北极一样，既是全球变化的发动机，又是全球变化的放大器。2000 年前人们就认识到青藏高原北缘昆仑山的重要性，公元 18 世纪人们就发现珠穆朗玛峰的存在，19 世纪以来，人们对青藏高原的科考水平不断从一个高度迈向另一个高度。随着人类远足能力的不断加强，逐梦三极的科考日益频繁。虽然青藏高原科考长期以来一直在通过不同的方式在不同的地区进行着，但对整个青藏高原的综合科考迄今只有两次。第一次是 20 世纪 70 年代开始的第一次青藏科考。这次科考在地学与生物学等科学领域取得了一系列重大成果，奠定了青藏高原科学研究的基础，为推动社会发展、国防安全和西部大开发提供了重要科学依据。第二次是刚刚开始的第二次青藏科考。第二次青藏科考最初是从区域发展和国家需求层面提出来的，后来成为科学家的共同行动。中国科学院的 A 类先导专项率先支持启动了第二次青藏科考。刚刚启动的国家专项支持，使第二次青藏科考有了广度和深度的提升。

　　习近平总书记高度关怀第二次青藏科考，在 2017 年 8 月 19 日第二次青藏科考启动之际，专门给科考队发来贺信，作出重要指示，以高屋建瓴的战略胸怀和俯瞰全球的国际视野，深刻阐述了青藏高原环境变化研究的重要性，希望第二次青藏科考队聚焦水、生态、人类活动，揭示青藏高原环境变化机理，为生态屏障优化和亚洲水塔安全、美丽青藏高原建设作出贡献。殷切期望广大科考人员发扬老一辈科学家艰苦奋斗、团结奋进、勇攀高峰的精神，为守护好世界上最后一方净土顽强拼搏。这充分体现了习近平生态文明思想和绿色发展理念，是第二次青藏科考的基本遵循。

　　第二次青藏科考的目标是阐明过去环境变化规律，预估未来变化与影响，服务区域经济社会高质量发展，引领国际青藏高原研究，促进全球生态环境保护。为此，第二次青藏科考组织了 10 大任务和 60 多个专题,在亚洲水塔区、喜马拉雅区、横断山高山峡谷区、祁连山 – 阿尔金区、天山 – 帕米尔区等 5 大综合考察研究区的 19 个关键区,开展综合科学考察研究,强化野外观测研究体系布局、科考数据集成、新技术融合和灾害预警体系建设,产出科学考察研究报告、国际科学前沿文章、服务国家需求评估和咨询报告、科学传播产品四大体系的科考成果。

两次青藏综合科考有其相同的地方。表现在两次科考都具有学科齐全的特点,两次科考都有全国不同部门科学家广泛参与,两次科考都是国家专项支持。两次青藏综合科考也有其不同的地方。第一,两次科考的目标不一样:第一次科考是以科学发现为目标;第二次科考是以摸清变化和影响为目标。第二,两次科考的基础不一样:第一次青藏科考时青藏高原交通整体落后、技术手段普遍缺乏;第二次青藏科考时青藏高原交通四通八达,新技术、新手段、新方法日新月异。第三,两次科考的理念不一样:第一次科考的理念是不同学科考察研究的平行推进;第二次科考的理念是实现多学科交叉与融合和地球系统多圈层作用考察研究新突破。

"第二次青藏高原综合科学考察研究丛书"是第二次青藏科考成果四大产出体系的重要组成部分,是系统阐述青藏高原环境变化过程与机理、评估环境变化影响、提出科学应对方案的综合文库。希望丛书的出版能全方位展示青藏高原科学考察研究的新成果和地球系统科学研究的新进展,能为推动青藏高原环境保护和可持续发展、推进国家生态文明建设、促进全球生态环境保护做出应有的贡献。

姚檀栋

第二次青藏科考队队长

前　言

　　开展青藏高原地区绿色发展科学考察研究是深入贯彻落实习近平总书记重要指示"守护好世界上最后一方净土、建设美丽的青藏高原作出新贡献，让青藏高原各族群众生活更加幸福安康"的重要举措，也是"第二次青藏高原综合科学考察研究"服务于中央和青藏高原各省区决策的重要出口。面向青藏高原绿色发展的国家战略需求，科考分队采取了"科学考察＋科学研究＋服务决策及地方发展"三位一体的模式：通过科学考察，了解和掌握了青藏高原绿色发展的基本情况，建立区域绿色发展数据库；通过科学研究，揭示了青藏高原区域绿色发展演变与动力机制，对探索青藏高原绿色发展模式具有重要意义。通过服务决策，增强青藏高原地区绿色发展能力，对提升青藏高原社会经济发展水平、全面建成小康社会具有重大现实意义。

　　从 2019 年 7 月至 2021 年 12 月，在"第二次青藏高原综合科学考察研究"项目支持下，中国科学院地理科学与资源研究所联合中国科学院科技战略咨询研究院、中国科学院新疆生态与地理研究所、中央财经大学等单位的有关科研人员，分别于 2019 年 7 月 23～31 日、2020 年 8 月 2～22 日、2021 年 6 月 23 日～7 月 15 日、2021 年 8 月 1～13 日组织了单次超过 20 名队员的大规模、深入、全面的科学考察活动，针对青藏高原地区的绿色发展现状与问题，进行了深入的科学考察和研究，与上百个各级政府部门进行了座谈，实地考察了近百个村庄和企业，行程超过一万公里。

　　通过统筹实地考察、部门座谈、学术研究等形式，科考队员对青藏高原地区清洁能源、农牧业、边境口岸、工矿区、人口旅游承载力、乡村振兴与农村人居环境等绿色发展问题进行了深入的考察和研究，扎实推进既定研究计划，形成了科考报告、咨询建议、学术论文、影像资料等一系列相关成果。在此基础上，完成了《青藏高原地区绿色发展科学考察研究》。本书由中国科学院地理科学与资源研究所组织撰写，中国科学院新疆生态与地理研究所、中央财经大学等单位参与撰写。刘卫东负责全书的统筹协调工作，并确定本书的撰写思路、总体框架和侧重点。具体分工如下：第1章由郭雯、温珂、韩梦瑶完成；第2章由高菠阳、胡桢培、李文斌、刘志东完成；第3章由牛方曲、杨欣雨、辛钟龄和管靖完成；第4章由宋涛、宋周莺、孙曼、徐婧雅、张海朋完成；第5章由刘志高、陈伟、姚秋蕙、张雅婧和夏万渠完成。附录中的科考日志由科考队成员集体完成。

感谢西藏自治区科学技术厅科考办公室、青海省科学技术厅科考办公室、四川省科学技术厅科考办公室、云南省科学技术厅科考办公室为科考活动和工作提供的支撑性指导和帮助！特别感谢西藏自治区人民政府、拉萨市人民政府、日喀则市人民政府、林芝市人民政府、昌都市人民政府、山南市人民政府、格尔木市人民政府、玉树藏族自治州人民政府、德令哈市人民政府、甘孜藏族自治州人民政府、迪庆藏族自治州人民政府以及各县市人民政府帮助协调科考分队的考察活动和调研工作，并提供了诸多便利和基础资料，在此深表感谢。

本书难免存在不足之处，恳请读者批评指正！

作　者

2022 年 1 月

摘　　要

　　本书重点从青藏高原地区清洁能源产业发展与政策分析、农牧业绿色发展、工矿区可持续发展、边境口岸对外开放与高质量发展、传统绿洲农牧区生计调查以及乡村人居环境与乡村振兴等方面出发，了解和掌握青藏高原绿色发展现状，揭示青藏高原地区绿色发展演变及其动力机制，结合青藏高原山地区域特性、社会经济结构、资源环境承载力、地区治理结构和绿色发展模式等，揭示青藏高原不同类型区的绿色发展模式和实现路径，研制青藏高原区域绿色发展路线图，为建设美丽青藏高原，实现青藏高原地区可持续发展提供强有力的科学决策支撑。本书各个章节的研究内容和主要结论如下。

　　第 1 章是青藏高原地区清洁能源发展考察研究。科考队员于 2020～2021 年，在西藏、青海等典型地区围绕清洁能源发展面临的新挑战与新机遇，剖析当前清洁能源发展的现状与问题，重点以清洁能源产业研究为抓手，结合考察案例与座谈研讨等实证研究，提出促进青藏高原地区清洁能源发展的建议与措施。研究认为，为促进青藏高原地区清洁能源发展，未来应该：①加强科学论证，合理规划青藏高原地区清洁能源发展；②聚焦关键核心技术研发，支持青藏高原地区高质量发展清洁能源；③健全市场机制，加快青藏高原地区绿电外送；④加强基础设施建设，促进青藏高原地区清洁能源消纳与乡村振兴协同；⑤建立对口支持长效机制，加快建设清洁能源开放型创新生态系统。

　　第 2 章是青藏高原地区乡村可持续发展考察研究。以青藏高原可持续发展为前提，基于科学考察，聚焦农牧民可持续生计和农村人居环境整治，分析青藏高原地理环境、可持续生计、人居环境的现状，在剖析现有问题的基础上，探索提升青藏高原地区农牧民可持续生计，促进农村人居环境改善的有效途径。研究认为，为促进青藏高原地区乡村可持续发展，未来应关注：①对易返贫致贫人口实施常态化监测；②加强农牧区人居环境整治规划的顶层设计；③做好雨污分离；④慎重推广集中下水道收集式卫生厕所和三格化粪池式厕所；⑤充分保护藏族文化，提高乡村文明程度。

第3章是青藏高原农牧业绿色发展考察研究。在深入调研青藏高原特色小镇、农牧家庭、产业园区等基础上，结合与自治区、市、县等相关部门座谈，建议青藏高原地区着力打造"全域有机"品牌，充分挖掘环境附加值，将青藏高原地区打造成绿色、高端农牧产品输出地，大幅提高其农牧产品价值，有力推动当地农牧民持续增收和农牧业绿色发展的同时，助推青藏地区融入全国新发展格局，实现青藏地区与全国各地协同发展。

第4章是青藏高原边境口岸及开放发展科学考察研究。经过一系列科考活动与分析研究，对青藏高原地区边境口岸发展现状进行了分析，剖析当前存在的问题和困难，在此基础上针对性地提出了促进青藏高原边境口岸开放发展的建议。研究认为，未来应强化系统谋划推动青藏高原口岸建设，推动航空物流等产业发展，推进口岸边贸基础设施建设，促进跨境运输通道建设，营造良好营商环境，稳步推进西藏吉隆边境经济合作区开发开放，以及科学恢复与重构樟木口岸。

第5章是青藏高原工矿区可持续发展考察研究。以青藏高原工矿区为考察对象，通过实地调研、部门访谈等质性研究方法，对青藏高原矿产资源开发利用现状和问题进行深入考察和研究，探索青藏高原不同类型区域工矿区绿色转型发展模式与路径。研究认为，未来应继续推进青藏高原优势矿产资源高效利用和国家资源安全保障能力，大力转变矿产资源勘查开发增长方式，鼓励和支持矿山企业提高矿产资源综合利用水平。强化绿色矿业发展理念，大力推进矿山企业开展绿色矿山建设，坚持集中冶炼，探索构建绿色矿业产业体系。继续加强矿区生态修复，稳步推进矿山地质环境保护工作，逐步解决历史遗留和政策性关闭矿山地质环境修复治理工作。

目　录

第1章

青藏高原地区清洁能源发展考察研究

2020 年 9 月，习近平总书记在第七十五届联合国大会一般性辩论上宣布"中国将提高国家自主贡献力度，采取更加有力的政策和措施，二氧化碳排放力争于 2030 年前达到峰值，努力争取 2060 年前实现碳中和"（新华网，2020a）。青藏高原作为我国生态安全屏障建设的重要组成，蕴藏着丰富的水能、太阳能、风能、地热能等自然资源，是推动我国清洁能源发展的重要保障，在落实国家"双碳"目标，确保国家生态安全、资源能源安全等方面占有重要战略地位。2020 年，《中共中央 国务院关于新时代推进西部大开发形成新格局的指导意见》提出，要"加强可再生能源开发利用，开展黄河梯级电站大型储能项目研究，培育一批清洁能源基地……继续加大西电东送等跨省区重点输电通道建设，提升清洁电力输送能力。加强电网调峰能力建设，有效解决弃风弃光弃水问题……支持符合环保、能效等标准要求的高载能行业向西部清洁能源优势地区集中"（新华网，2020b），进一步为青藏高原地区清洁能源高质量发展提供条件和机遇。目前青藏高原地区已基本形成水电、光伏、地热、风电等多能互补的清洁能源供给体系[①]，电力供应能力显著增强，民生用能条件持续改善、清洁能源产业不断壮大。但总体来看，能源发展仍呈现总体供需基本平衡和个别品种区域性、时段性供给紧张并存的局面，清洁能源产业发展亟须克服消纳和外送瓶颈，并高度重视其生态环境负面影响。第二次青藏高原综合科学考察清洁能源研究小组（简称清洁能源组）于 2020～2021 年，在西藏、青海等典型地区开展田野调查和座谈研讨等科考活动，深入了解青藏高原地区清洁能源发展和应用现状与问题，以清洁能源产业发展为重点研究内容，提出促进青藏高原地区清洁能源发展的策略与建议举措。

1.1 清洁能源自然禀赋基本情况

青藏高原被誉为"亚洲水塔"，是长江、黄河、澜沧江、怒江、雅鲁藏布江等众多河流的发源地。其中，国界处的雅鲁藏布江的多年平均流量高达 $4425m^3/s$，年径流量达 1395 亿 m^3（谢高地等，2003），是世界上海拔最高的河流。青藏高原水资源种类多样，储量丰富，包括湖泊、冰川、河流、地下水等多种形式，总量约为 5688.61 亿 m^3，占全国水资源总量的 20.23%。地下水资源总量为 1680.70 亿 m^3，占全国地下水资源总量的 20.28%。湖泊总面积为 $30974km^2$，占全国湖泊总面积的 38.4%。青藏高原是全球最大的高原湖泊群分布区，其中 90% 为内陆湖，以咸水湖或盐湖为主，外流湖则均为淡水湖。具有 7 个面积达到 $500km^2$ 的大型湖泊，其中青海湖面积为 $4583km^2$，是中国最大的内陆湖。冰川面积为 $49163km^2$，占全国冰川总面积的 83.8%，储量为 41050.6 亿 m^3，约占全国总储量的 80%，冰川总条数超过 2.5 万条，多年平均融水量达到 463.65 亿 m^3，具有重要的水源涵养作用。

① 中国社会科学网.2021.国新办发表《西藏和平解放与繁荣发展》白皮书. http://ex.cssn.cn/mzx/202105/t20210521_5335175.shtml.[2021-11-16].

青藏高原蕴藏着丰富的风能资源，因海拔高且平坦，气候十分干旱，地表植被稀疏，对风力的阻挡较弱，风力较为强劲，是中国范围最大、年大风日数最多的大风多发区。2020 年，青藏高原大部分地区陆地 70m 高度层年平均风速达到 7.0m/s，部分地区甚至达到 8.0m/s 以上，高于全国 5.4m/s 的平均水平，山脊地区陆地 70m 高度年平均风功率密度一般超过 300W/m²，高于全国 184.5W/m² 的平均水平（中国气象局风能太阳能资源中心，2020）。

青藏高原的太阳能资源非常充足。青藏高原地区纬度较低，空气稀薄洁净，尘埃和水汽含量很少，因此太阳直接辐射强烈，是全国年太阳辐射总量最大的地区之一。青藏高原大部分地区的太阳总辐射值均超过 5000MJ/(m²·a)，达到同纬度低海拔地区的 1.5 ～ 2 倍，最高值则超过 8500MJ/(m²·a)。其中太阳直接辐射的年平均值一般超过 3800MJ/(m²·a)，占总辐射的比例平均为 60% ～ 70%，最高可达 78%，高于全球 47% 的平均水平（郑度和赵东升，2017）。水平面光伏发电太阳能资源方面，2020 年，甘肃西南部、四川西部、青海西部及西藏中西部年水平面总辐照量超过 1750kW·h/m²，该地区太阳能资源位列第一。固定式光伏发电太阳能资源方面，2020 年，新疆大部、青海、甘肃中西部、四川西部及西藏大部年最佳斜面总辐照量超过 1800kW·h/m²，首年利用小时数在 1400h 以上，西藏中南部的部分地区首年利用小时数在 1800h 以上（中国气象局风能太阳能资源中心，2020）。

青藏高原位于印度板块 - 欧亚板块碰撞带上，地壳新构造运动活跃，地表水热活动频繁，因此具有丰富的地热资源。地热资源主要集中于青藏高原南部，西藏地区共有 283 处高于 25℃ 的温泉，共 664 处水热显示点，其中藏南、藏中、藏东地区占有 575 处。班公湖—怒江缝合带以南的地热资源储量远远高于缝合线以北，温泉放热量占全藏的 2/3 以上，块体热流量在 61 ～ 319mW/m²。水热活动带强度由南向北逐渐减弱，最强烈集中的水热显示区主要出露在西藏南部的喜马拉雅—冈底斯—念青唐古拉之间，常表现为水热爆炸、间歇喷泉、沸喷泉、喷气孔和沸泉、热泉等。雅鲁藏布江缝合线沿线及两侧近代活动构造带内集中分布着热储温度高于 150℃ 的地热田，其中，羊八井热田深部热储平均温度为 252℃，最高纪录达 329.8℃，是我国目前已知的热储温度最高的地热田（白嘉启等，2006）。

1.2　工作进展

1.2.1　考察区域与路线

2020 年、2021 年，清洁能源组 3 次赴青藏高原开展科考工作，累计考察 37 天，行程约 5775km，考察地点 80 余处，重点对川藏、青藏线上清洁能源发展的重点城市及其乡村进行了考察，途经西藏自治区林芝市、拉萨市、日喀则市；青海省西宁市、海南藏族自治州、海东市；四川省甘孜藏族自治州，西藏自治区昌都市、林芝市、拉萨市、山南市、那曲市，青海省海西蒙古族藏族自治州等市州及主要县、村。全程科考路线如图 1-1 所示。

图 1-1 科考路线示意图

1.2.2 重点考察地点与对象

　　清洁能源组在西藏自治区、青海省、四川省重点选取了藏东南"西电东送"接续基地，如昌都、林芝，高比例可再生能源示范城市日喀则，青海省海西蒙古族藏族自治州（简称海西州）、海南藏族自治州（简称海南州）千万千瓦级清洁能源基地以及光伏制造、发电重点企业和风光热多能互补发展领军企业等作为重点考察对象。

　　2020 年，清洁能源组重点在西藏开展科考研究，先后前往林芝市经济开发区粤林产业园、米林县米林镇邦仲村、西藏自治区能源研究示范中心、运高达孜光伏电站、昆仑能源西藏有限公司拉萨天然气站、日喀则市经济开发区管理委员会座谈，先后考察日喀则市桑珠孜区江当乡"光伏小镇"、朗明桑珠孜区 50MWp"光伏＋生态设施农业"综合示范储能项目、日喀则市经济开发区等地，并与林芝市、拉萨市、日喀则市的发改委、能源局、科技局、扶贫办、生态环境保护厅等政府部门开展座谈，了解当地清洁能源发展规划与产业现状和面临的问题，进一步与林芝市巴宜区林芝镇人民政府等乡镇政府开展深入座谈。

2021 年，科考分队先后前往青海、四川、西藏各地。在与各地省市乡镇等政府相关部门、重点企业座谈交流基础上，重点深入实地开展科学考察。在青海先后考察了国网青海省电力公司、黄河上游水电光伏产业技术创新中心、青海光伏扶贫大数据中心、黄河上游水电新能源分公司、黄河上游水电西宁新能源公司、青海北捷新材料科技有限公司、青海泰丰先行锂能科技有限公司、共和西北水电光热发电有限公司共和 50MW 光热发电项目、黄河水电龙羊峡水光互补太阳能发电有限公司、海南州村级光伏扶贫电站、华为海南州大数据中心、海东市平安区村级光伏扶贫电站、青海比亚迪实业有限公司、白果科技股份公司等光伏产业公司；格尔木市国家电网国网扶贫光伏电站、中国绿发青海新能源公司海西多能互补国家示范基地；中广核太阳能德令哈有限公司导热油槽式 50MW 光热发电项目、中节能风电青海公司、德令哈市"十三五"1.5MW 村级光伏扶贫电站等。在四川，科考分队先后考察拉哇水电站、巴塘县"桃源地坞"新村、巴塘县 3180 矿泉水公司、巴塘县松多乡朗多村，并与康定市发展和改革局、乡村振兴局、科技局、财政局以及甘孜藏族自治州巴塘县委办、政府办、乡村振兴局等展开深入座谈。在西藏，先后考察西藏玉龙铜业股份有限公司、西藏昌都经济开发区、昌都高原生态清洁能源双创中心、波堆水电站、波密县雪瓦卡村、西藏嘉天羊易光伏电站、西藏极高海拔生态搬迁森布日安置区等。

1.2.3　开展问卷调查

考察组选取日喀则、拉萨两市光伏扶贫项目较为密集的地区开展问卷调查，通过当地政府部门发放与召集村民集体现场填写相结合的方式，了解农牧民对光伏扶贫项目实施与政策效果评价（本章附录：案例 1）。考察组在日喀则的桑珠孜区、江孜县、昂仁县、南木县、通门县、江孜县、白朗县、拉孜县、定结县共发放 200 份问卷，收回 132 份，在拉萨市达孜区林阿村组织村民填写 87 份问卷，并收回 39 份有效问卷（图 1-2，调查问卷见本章附录）。调查结果表明，关于对光伏发电上网收入的问题，满意和非常满意超过半数，占 55.8%；关于对光伏发电收益分配，60.4% 的农户只选择满意或比较满意；关于光伏扶贫政府的补贴力度，满意和非常满意占 68.3%；农户对光伏扶贫整体效果较为满意。选择满足自家需求并可获取余电上网收入占 37%，选择基本满足自家用电／热需求占 47%，光伏扶贫项目基本满足农户生活用电，并在上网之后获得了一定的收入。在使用或参与光伏发电过程中，34.4% 的受访者享受解决就业，项目在建设中为农户提供了一定的就业岗位和技术培训，增加了农户的收入和技能。但也通过问卷了解到农户对光伏扶贫相关政策的了解有限，全面了解相关政策的农户占比非常少，更缺乏对屋顶光伏发电设备使用与维护的相关知识了解。例如，仅 18.6% 的受访者听说过政府贷款利息优惠政策；在"使用太阳能光伏发电过程中面临的问题"中，选择"缺乏运营维护经验"的 50 份问卷中超过半数的农牧民认为自己缺乏运营维护知识。

图 1-2　拉萨市达孜区林阿村村民填写调查问卷

　　根据问卷的总体调查结果，考察组认为，当地政府一方面需要加强对政策的宣传，让农户更好地理解政策中的相关内容。另一方面，还应注重对当地村民在使用和维护光伏发电设备过程中的知识培训，使其了解分布式光伏对农户生活水平提升的重要意义。"十四五"期间是扶贫摘帽向乡村振兴转变的关键期，防止返贫实现农户生活水平的持续提高是现阶段的重要问题，在原有扶贫款项自己发放的基础上，更重要的是实现利用当地的光伏扶贫项目为农户提供就业岗位和技术上的培训，在增加当地农户收入的同时能够实现他们的可持续发展。

1.3　清洁能源发展现状与问题

1.3.1　总体情况

　　1. 青藏高原地区已成为中国落实"双碳"目标的重要战略组成

　　青藏高原地区以清洁能源为主的能源供给格局逐渐形成。西藏自治区目前已初步建成水电为主、多能并举的能源供给体系。2020 年 11 月末，西藏电力总装机容量达401.85 万 kW，水电、风电、地热与太阳能光伏发电装机容量达 358 万 kW，清洁能源在发电装机容量中的占比达 89.09%，超过全国非化石能源电力装机平均水平，清洁能源增长迅速（王炳坤，2020）。2018 年 2 月，青海创建国家清洁能源示范省规划获批。至 2020 年底，青海省电力总装机 4030 万 kW，清洁能源装机和发电量分别为 3638 万 kW、847 亿 kW·h，占比分别达到本省总装机量和总发电量的 90.3% 和 89.3%。

　　青藏高原地区清洁能源空间布局合理。藏东南地区"西电东送"接续基地建设稳步推进。"十四五"期间，金沙江上游计划建成装机 1000 万 kW 左右的水风光互补的清洁能源基地，奠定了西藏"西电东送"接续基地的坚实基础。金沙江上游"一库十三级"中的苏洼龙水电站、叶巴滩水电站、巴塘水电站、拉哇水电站先后开工建设，金沙江上游水电基地初具轮廓。与此同时，拉萨推进地热、风能等清洁能源产业新增长点培育，日喀则高比例新能源示范城市建设显成效，山南市致力于打造藏中清洁能源基地。截至 2020 年底，青海省海南州、海西州可再生能源装机分别达到 1841 万 kW、1043 万 kW，两个可再生能源基地装机量均超过千万千瓦。海南州共和县生态光伏园区规模位居全球第一，海西州德令哈市、格尔木市等光伏园区也初具规模（图 1-3）。在风资源较好的海南州共和切吉地区、海南州共和县、海西州乌兰县、格尔木市、茫崖市等地区规模化开发建设风电场。

图 1-3　海西州格尔木市光伏园区

　　青藏高原地区清洁能源外送通道建设日益完善。藏电外送已形成了以青藏电力联网工程、川藏电力联网工程、藏中电力联网工程为载体，初步建立了"政策＋市场"的藏电外送和西藏电力保障新机制（刘畅，2020）。青藏电力联网工程、川藏电力联网工程、藏中电力联网工程与阿里电力联网工程的全线贯通，推动西藏自治区电力外送通道不断健全。青电外送通道建设过程中，青豫 ±800kV 特高压直流工程是世界上首条专为清洁能源外送建设的特高压通道（李江宁等，2020），青海省第二条特高压外送通道前期工作稳步推进（孙睿和吴梦雪，2020）。截至 2021 年 4 月 20 日，青豫直流工程向河南电网输送的电量累计达到 100 亿 kW·h，有利于促进能源资源大范围优化配置，有利于缓解中东部能源供需矛盾，有利于加快推动绿色低碳发展与能源转型（骆晓飞和张宏祥，2021）。在此基础上，青海省全面推动绿电技术升级，深化多能互补调度与控制系统应用，新能源大发时段省内及省间送出通道利用率达到 98%（董洁和钟倩，2021）。

2. 清洁能源开发利用正推动青藏高原地区向绿色发展转型

青藏高原地区以"光伏+"为着力点，将光伏发电与农业、牧业发展高效、有机结合。位于青海省海南州共和县塔拉滩的光伏发电园区，因为有了光伏板的覆盖，大幅度减少了地表蒸发量，植被也得到了逐步恢复。为了避免遮挡光伏板，影响发电效率，光伏电站与周边牧民合作，畜养了几千只"光伏羊"，不仅解决了植被遮挡光伏板的问题，也为农牧业发展提供了条件，更改变了原本荒漠化土地的生态环境。2020 年 6 月，山东水发集团与日喀则市朗明太阳能科技有限责任公司签约，共同建设朗明 50MW"光伏 + 生态设施农业"综合示范储能项目，力求实现光伏和农业的良性结合，并通过在光伏小镇统一安装光伏发电、光伏取暖装置，为村民以旅游度假形式发展乡村经济提供了重要保障。青藏高原地区的农光互补、牧光互补、光伏 + 旅游等多种"光伏 +"发展模式逐渐得到落地推广。

清洁能源助力巩固脱贫攻坚成果，光伏扶贫效果显著。拉萨市达孜区运高光伏电站积极开展"企帮村"精准扶贫活动，以发放扶贫款和为当地村民提供就业机会的方式，助力邦堆乡建档立卡贫困人员 1250 人摆脱贫困。西藏自治区能源局与三峡集团对接合作，在位于山南市贡嘎县的西藏极高海拔地区居民生态搬迁森布日安置区积极援助建设西藏森布日光伏惠民科技示范工程（简称森布日光伏惠民示范工程），开发屋顶分布式光伏项目，探索试验高海拔地区群众供暖新方式，惠及 4.1 万名超高海拔地区牧民。"森布日光伏惠民示范工程"拟利用房屋屋顶建设分布式光伏发电项目，规划装机容量 25MWp，采用多点低压并网方式，并拟配备 10MW·h 储能设施，打造"源网荷储"示范项目。青海省是全国光伏扶贫首批试点省份之一，从 2015 年试点以来累计投入财政扶贫资金 33.3 亿元，建设光伏扶贫电站总规模 73.36 万 kW。光伏扶贫项目覆盖全省 39 个县（市、区）1622 个建档立卡贫困村和 99 个有建档立卡贫困人口的非贫困村，受益贫困人口 7.7 万户 28.3 万人，占全省贫困人口总数的 52.5%，受益贫困村和非贫困村占全省行政村总数的 41.5%。通过光伏扶贫，青海省 1622 个贫困村全面实现村集体经济"破零"。

青藏高原地区大数据中心助力清洁能源产业发展。青海省能源大数据中心集数据汇集、存储、服务、运营于一体，致力于推动"双碳"目标，服务能源生产转型升级，服务能源消费节能降耗，并重点推进扶贫光伏集中监控、光伏扶贫运营管理等多项服务，全面助力乡村振兴。海南州大数据产业园以绿色数据中心为主，与华为公司深度战略合作，为全国提供高规格、高标准、高安全和高可靠的绿色算力服务。该园区数据中心已达到国家最高标准 A 类机房水平，年消纳电力约 60 亿度，高耗能助力清洁能源消纳，体现绿电价值（案例 3）。

3. 日益完善的政策体系成为清洁能源发展的重要保障

2020 年 8 月 28 ～ 29 日，习近平总书记在中央第七次西藏工作座谈会上强调，必须全面贯彻新时代党的治藏方略，坚持稳中求进工作总基调，要贯彻新发展理念加快推进西藏高质量发展，要把青藏高原打造成为全国乃至国际生态文明高地（中国西藏网，2020）。随着"力争于 2030 年前达到峰值，努力争取 2060 年前实现碳中和"战略目标的提出，清洁能源产业发展面临前所未有的新机遇和新需求。2020 年 5 月，国家层面出台了《关于新时代推进西部大开发形成新格局的指导意见》，青藏高原有关省区也相继出台当地第十四个五年规划和二〇三五年远景目标纲要，为新能源因地制宜地发展和绿色节能减排指明了方向并部署了具体任务。西藏自治区以发展清洁低碳与安全高效能源为主要方向；推进电能替代、清洁能源电气化，促进清洁能源就地消纳；提升非化石能源消费比重，科学开发光伏、地热、风电、光热等新能源；加快推进"光伏＋储能"研究和试点，大力推动"水风光互补"；推动清洁能源开发利用和电气化走在全国前列，2025 年建成国家清洁可再生能源利用示范区（中国西藏新闻网，2021）。青海省印发了《青海打造国家清洁能源产业高地行动方案》，紧紧围绕保障能源安全和应对气候变化，锚定 2030 年全省风电、光伏装机 1 亿 kW 以上以及清洁能源装机超过 1.4 亿 kW 的目标（解丽娜，2021）。

1.3.2　西藏清洁能源发展现状

西藏能源供需已基本平衡，扭转了长期存在的能源供应不足局面。随着西藏经济社会快速发展，特别是青藏铁路电气化、川藏铁路等一批重大项目的实施和大数据等产业的发展，对"十四五"至"十五五"时期西藏电力供给能力也带来较大挑战。西藏电力结构以水电、光伏为主的特性也决定了当前西藏几乎没有具有良好连续与稳定调节能力的骨干支撑电源，进一步加剧了西藏电力供应"丰盈枯缺"矛盾。

1. 清洁能源供给与需求情况

自 2014 年开始，西藏自治区连续六年多实现电力没有缺口，没有拉闸限电。从装机容量来看，2020 年发电装机量 395 万 kW，其中水电装机 210 万 kW，较 2019 年增加 23.9%，光伏装机 137 万 kW，同比增加 24.7%，风电装机 1 万 kW，保持不变，火电装机 43 万 kW，同比增加 1.2%（中国电力企业联合会，2021）。从发电量来看，2020 年西藏自治区发电量为 87 亿 kW·h，较 2019 年增长 3.4%。其中，水力发电量 70 亿 kW·h，占比最大，为 80.5%；光伏发电量 14 亿 kW·h，占比 16.2%；风力发电量 0.2 亿 kW·h，占比 0.2%；火力发电量 1 亿 kW·h，占比 1.1%（图 1-4）。

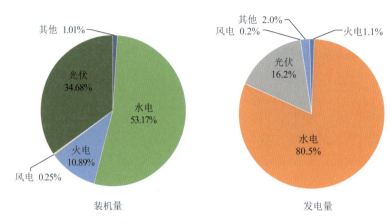

图 1-4　西藏自治区 2020 年装机量与发电量配比情况

2015 年西藏全社会用电量为 40.53 亿 kW·h，2020 年全社会用电量为 82.45 亿 kW·h，"十三五"期间增幅超过 100%（唐弢和王炳坤，2021）。2019 年西藏全社会用电共计 77.6 亿，全行业用电共计 60.17 亿 kW·h，城乡居民生活用电合计 17.4 亿 kW·h，消费结构示意图如图 1-5 所示。行业用电主要集中在第二产业、第三产业，共计 60.02 亿 kW·h，占比 99.75%。其中第二产业用电量为 38.56 亿 kW·h，占比 64.09%，与同年我国第二产业用电量在全行业用电量中 79.7% 的占比仍有一定差距。在城乡居民生活用电中，工业用电量以 34.7 亿 kW·h 占第一位，公共服务及管理组织、建筑业、批发和零售业紧跟其后，分别占比 16.8%、6.5% 和 6.3%（中国电力企业联合会，2020）。

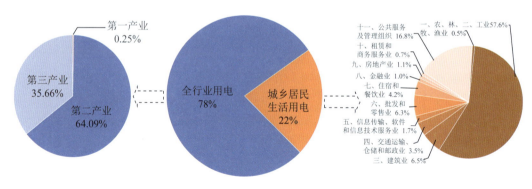

图 1-5　西藏自治区 2019 年全社会电量分布图

2. 清洁能源产业发展日益壮大

水力发电产业技术条件相对成熟。水力资源技术可开发量居全国第一，雅鲁藏布江中游藏木水电站（装机量 510MW）、加查水电站（装机量 360MW）、林芝尼洋河多布水电站（12 万 kW）、昌都扎曲河果多水电站（16 万 kW）、拉萨河的旁多水利枢纽（16 万 kW）、羊湖蓄能（10 万 kW）等一系列水电站都已进入投产发电期。近年来藏东南建成了多布水电站、金河水电站、直孔水电站等中型水电站，计划建设和在建水电站有苏洼龙水电站、叶巴滩水电站、拉哇水电站、如美水电站、松塔水电站等（卫魏等，2021）。根据调研组实地考察发现，以国有企业为主推动水电产业持续发展。目前以四大发电集团为主要投资企业，具体部署上，华能集团、华电集团、大唐集团和国家能源投资集团分别开发澜沧江上游、金沙江上游、怒江流域和帕隆藏布流域，其中华能集团在藏开发规模最大，如位于山南市加查县域雅鲁藏布江干流上的藏木水电站，总投资 96 亿元，共 6 台机组，海拔 3300m，总装机容量 51 万 kW，设计年发电量 25 亿 kW·h，是西藏第一座大型水电站。除此之外，华能集团在雅鲁藏布江流域还开发投资了街需水电站（560MW）和加查水电站（360MW）。华能集团在澜沧江流域开发了古学水电站（装机量 1700MW）、象泉河阿青水电站（装机量 33MW）、扎曲果多水电站（160MW）。华电集团布局了位于山南市桑日县域内的大古水电站（初选装机容量 660MW）、位于雅鲁藏布江中游河段的巴玉水电站（电站装机容量 800MW）。国电集团部署的尼洋河多布水电站装机容量 120MW，年发电量 5.06 亿 kW·h。大唐集团开发的怒江松塔水电站（总装机容量 3600MW）是怒江中下游河段水电规划"两库十三级"中的第一个梯级电站。发电集团的建设提速极大地助推了西藏水电开发量规模的扩大，有力地支撑了青藏联网和川藏联网作用的发挥（蒋卓颖，2014）。

光伏产业持续发展。自 2016 年以来，平均每年新注册光伏发电企业 160 余家，其中拉萨市共有光伏企业 629 家，2020 年至今新增 178 家光伏发电相关企业。截至 2020 年 8 月，日喀则全市光伏电站装机量近 400MW。光伏扶贫项目是西藏光伏建设与产业发展的重要组成部分。目前西藏共有 24 个扶贫分布式电源项目，总装机容量为 6765kW，分布在三个地市的 24 个扶贫村。所有扶贫光伏项目都已经通过国网西藏电力有限公司完成并网，累计消纳上网电量 628.5 万 kW·h，应付电费 62.85 万元（次吉美朵和谭瑞华，2021）。产业主要集中在下游组装应用环节。中国长江三峡集团有限公司西藏分公司承担西藏极高海拔地区居民生态搬迁森布日安置区屋顶光伏建设工作。国家能源集团与西藏自治区合作，因地制宜地建设"水光蓄储"等多能互补基地。山东水发集团与日喀则市朗明太阳能科技有限责任公司签约共建朗明 50MWp"光伏 + 生态设施农业"综合示范储能项目。该项目总投资 4.5 亿元，属于山东省的援藏项目。年发电量约 1 亿 kW·h，可减少使用 3.06 万 tce，可少排放 8.47 万 t 温室气体，将满足西藏中部电网及日喀则地区电力发展需要，不仅符合国家能源发展战略，也促进了对日喀则地区的生态环境保护。

西藏嘉天羊易光伏电站

嘉天当雄县羊易村 30MW 并网光伏项目是北控清洁能源集团有限公司收购的、自主运维生产经营的光储一体化项目，是全球第一个高寒高海拔地区大型并网储能项目。该电站位于西藏自治区拉萨市当雄县羊八井镇格达乡羊易一村，海拔约 4700m。2016 年 6 月 18 日完成设计装机容量 30MW 全容量并网生产运行，项目占地面积 750 亩①。

---

① 1 亩 ≈666.67m²

该电站采用铅炭电池与锂电混合应用的方案，为我国光储结合的储能模式与地方电网配合提供了示范项目案例，开创了我国大型光储结合项目的先河。光伏发电上，电站建有 34 个发电阵列，均采用固定支架，共 256 台逆变器。逆变后 34 台 35kV 箱变（"金盘"SCB10-1000/36.75）通过 4 条集电线路汇集至电站 35kV 母线。储能系统方面，2017 年 12 月 9 日西藏北控云志能源有限公司建设的储能系统容量 4.5MW/20.7MW·h 并入西藏电网。有 16 套 1.2MW·h 铅碳电池集装箱，单个集装箱内设置有 1 台 250kW 的双向变流器（PCS），1 套 1.5MW·h 磷酸铁锂电池集装箱，集装箱内设置有 250kW 的双向变流器（PCS）、共计 18 台 250kW 的双向变流器（PCS）。有 3 台 35kV 美式箱变，其中 2 台容量为 2000kVA，1 台容量为 500kVA；新增 1 台 35kV 气体绝缘密封开关柜，接入已建成光伏电站 35kV 母线。

天然气供应稳定。2019 年总供应量为 3862 万 m^3，总用气人口为 33 万人（国家统计局，2021），注册的经营范围包含天然气的企业截至 2021 年 11 月共计 234 家，其中半数以上位于拉萨市，共有 128 家，那曲市 30 家，日喀则市 19 家，昌都市 16 家，阿里地区 15 家，林芝市与山南市分别有 13 家。相关企业以中石油在各地的天然气销售分公司为主，如中国石油天然气股份有限公司西藏那曲销售分公司、日喀则销售分公司等。自 2010 年中石油启动"气化西藏"工程以来，2011 年在拉萨建成液化天气站并于 2019 年改扩建投产。拉萨天然气站不仅全力保障了拉萨市民的用气需求，而且解决了拉萨市民的取暖问题，也减少了环境污染。2016 年启动"气化日喀则"工程，并于 2017 年后相继启动了那曲、林芝、山南、昌都等地的燃气市场开发工作，各地的销售分公司也相继在 2017 年新增了"液化气及天然气的批发、零售"这一内容，更高层次地满足了当地人民对天然气使用的需求，促进了当地的经济发展。

风力发电产业蓄势待发。西藏自治区风力资源丰富且优质，但高海拔地理因素带来的超低空气密度等不利条件对风电企业在此发展形成了巨大的挑战。截至 2021 年 11 月，西藏共有风力发电企业 267 家，当前风电的建设主要由国企带动引领，在相关超海拔风电技术研发应用上进行先行试验。位于那曲县的由国家能源集团投资的龙源高海拔试验风电场是世界上海拔最高的风电项目，是我国西藏高海拔地区第一台风电装机（于恋洋，2014）。由西藏电建成勘院工程有限公司、三峡集团西藏能源投资有限公司联合开展的措美哲古超高海拔地区试验性风电开发关键技术研发项目是目前世界上海拔最高且首批完成机组整体正式吊装的项目（罗文礼，2021），这些成绩都为后续在西藏推行大规模利用风电资源、推行风电产业奠定了良好基础。

3. 清洁能源空间布局不断演进

藏东南以水电为主稳步推进"西电东送"接续基地建设。金沙江上游将在"十四五"期间初步形成以水电为主的水风光互补的清洁能源基地，苏洼龙水电站装机总量为 120 万 kW，跟周围的巴塘、昌波等水电站进行梯级联合供电，年发电量约 55 亿 kW·h（中国日报网，2021）。昌都着力打造金沙江上游、澜沧江上游和怒江上游接续能源基地，在适当时机寻求修建大中型水电站，林芝市在特色优势产业重点项目中提出了以松塔水电站、扎拉水电站等为代表的一系列水电站的建设。

日喀则光伏发电推动高比例可再生能源示范市建设显成效。日喀则市太阳能资源良好，太阳能平均年辐射量为 7500MJ/m²；气象条件良好，光伏电站年发电利用时间约 1700h，这两大优势为日喀则市发展光热取暖以及建设光伏、光热电站提供了巨大的发展空间。2016 年 12 月，日喀则市正式成为全区首个高比例可再生能源示范市，作为国家高比例新能源示范市创建单位，大力推动发展珠峰清洁能源产业。桑珠孜区江当乡"光伏 + 生态设施农业示范园"将光伏与农业结合，重点打造光伏生态设施农业基地（案例 2）；以日喀则市和下辖 18 个县为主，重点开展空气式太阳能采暖项目，推动太阳能光热采暖产业；另外，开发布局水电资源、风电资源及加快推进藏中电网与尼泊尔电网等联网工程。

拉萨推进地热、风能等清洁能源产业新增长点培育。拉萨市充分发挥羊八井、羊易等地区深层地热资源的优势，在满足当地采暖和电力需求的前提下规模开发中高温地热发电，作为枯水期拉萨电网的补充电源（拉萨市发展和改革委员会，2017）。羊八井地热田装机容量 25.18MW，它不仅是世界上海拔最高的地热发电站，也是中国大陆上开发的第一个湿蒸汽田。截至 2020 年 5 月，累计发电量 34.25 亿 kW·h（李键和刘洪明，2021）；同时当地扶贫搬迁安置点、温泉度假村提供发电尾水作为热水进行综合利用。此外，拉萨市加强风能资源勘查，推进适用于高原的风电机组技术运用，提高低风速风电机组技术，推进当雄等地风电项目建设。

4. 产业创新要素不断集聚

2019 年，全区拥有各类专业技术人员 97865 人，同比增长 5.4%，2019 年研发人员全时当量为 1751 人·年，同比增长 11.6%（西藏统计局，2021）。全区首家新能源检测中心获批检验检测机构（CMA）资质认定，建立西藏首个锂离子动力电池性能检测平台。西藏自治区能源研究示范中心自 1981 年成立以来不断开展清洁能源技术研发与示范项目，并推动成立了西藏自治区太阳能学会、国际合作基地、西藏自治区太阳能光伏和光热利用重点实验室、西藏新能源产业技术创新战略联盟等，与华北理工大学、湘潭大学、湖南人文科技学院分别建立了研究生创新实践基地。2021 年 6 月 23 日，西藏清洁能源专家工作站和清洁能源创新发展中心在林芝市正式成立，这是西藏自治区在全国率先打造省域低碳电力系统的一项重要举措（王淑和王佳豪，2021）。"十三五"期间，科技部支持西藏科技事业发展项目共计 118 项，经费 5.12 亿元（西藏自治区科学技术厅，2021）。其中，太阳能利用技术研发与集成应用等研发成果已达到国内先进水平。2019 年，西藏自治区人民政府与国家自然科学基金委员会签署"西藏自治区加入国家自然科学基金区域创新发展联合基金协议"（科学技术部，2020）；并于 2018 年、2019 年先后同浙江、湖南两省签订科技创新合作协议（浙江省科技厅，2018；湖南省科技厅，2019），加强与兄弟省市的科技交流合作。产业发展政策环境日益完善。西藏自治区出台了《西藏自治区"十三五"时期产业发展总体规划》，自治区层面产业发展提供了整体的顶层设计和重点发展方向。西藏科技厅等单位印发了《培育发展科技型企业行动方案》，西藏的高新技术以及科技型中小企业可获得实施科技型企业普惠性奖补。西藏自治区及拉萨、日喀则、阿里地区等地市分别出台的"产业招商引资"具体政策，从人才培养与引进、科技援藏、税收优惠、金融优惠等各方面营造了产业创新发展的良好环境。各地市经济技术开发区也相继制定了具体的支持产业发展政策体系。基于此，西藏高新技术企业享受到 9% 的所得税税率，以及面向全区科技型中小企业和入驻自治区级及以上科技企业孵化器、众创空间的初创企业和创新创业团队无偿发放创新券等各类优惠政策。

5. 消纳通道建设不断加快

西藏已经形成西藏电网和阿里电网两个电网，以及由农村小水电、太阳能光伏电站供电的众多独立小电网和分散用户系统，构成了大电网供电和分散独立电源供电相结合、多能互补的供电格局。截至 2020 年，西藏自治区电网基本覆盖 74 县（区）和主要乡镇，初步实现用电人口基本覆盖，其中主电网供电人口达 330 万人，主电网供电人口覆盖率达到 97%。清洁电源发展和大电网建设使西藏自治区用电负荷保持连续快速增长的态势。自 2015 年首次实现藏电外送以来，截至 2021 年底，西藏已累计完成清洁电力外送已超过 91 亿 kWh。西藏清洁能源不仅成为支撑西藏经济社会发展的重要力量，而且助力全国节能减排。

1.3.3　青海清洁能源发展现状

2018 年，国家能源局批复青海创建国家清洁能源示范省。青海国家清洁能源示范省省部共建协调推进工作机制正式建立，清洁能源示范省建设步入快车道。青海的集中式光伏装机量、光热装机量、清洁能源装机占比、新能源装机占比、非水电可再生能源消纳比重位居全国首位。2017 年以来，青海省连续四年在三江源地区 40 万 km² 的16 个县，对 23 万用电客户实施绿电 7 日、9 日、15 日全清洁能源供电以及"绿电三江源"百日系列活动，连续刷新全清洁能源供电世界纪录。2020 年 5 月 9 日至 8 月 16 日，国家电网青海省电力分公司对三江源地区 16 个县和 1 个乡镇连续 100 天全部使用清洁能源供电，这是时间跨度最长的全清洁能源供电创新实践。

1. 清洁能源整体规模不断增大，结构持续优化

截至 2020 年底，青海省电力装机 4030 万 kW，其中清洁能源装机和发电量分别为 3637 万 kW、848 亿 kW·h，占比分别达到本省总装机的 90.2% 和 89.4%，占全国清洁能源装机的 3.8%。新能源装机 2444 万 kW，占本省总装机的 60.6%，为全国首个实现过半的省级行政区，占全国新能源装机的 4.6%。光伏装机 1580 万 kW，其中集中式光伏装机居全国第一，占全国的 6%；光热装机 21 万 kW，居全国第一；风电装机 843 万 kW，占全国的 3%。3 年来，青海新增能源装机全部为新能源，水电、火电均没有新增容量，能源生产侧清洁能源比例逐年提高。2020 年，全省发电量 948 亿 kWh，其中，水电 599 亿 kW·h，太阳能 167 亿 kW·h，风电 81 亿 kW·h，火电 101 亿 kW·h。2021 年 2 月和 3 月，青海新能源连续两个月发电占比超过 40%，反超水电成为青海省主力

发电电源，3 月日均发电量首次超过 1 亿 kW·h。2021 年 5 月 7 日，青海光伏发电量达到 8304 万 kW·h，发电占比 29.9%，今年第七次创日发电量新高，较原新高值（4 月 30 日）8134 万 kW·h，发电占比（28.3%）增长 1.6 个百分点，占全省日用电量的 36.7%。青海非化石能源消费比重增长到约 43%，天然气消费比重增长到约 36%，电力终端能源消费比重增长到约 45%，煤炭消费比重下降至约 30%，总体为"三增一降"的能源消费结构优化趋势（刘成友和王梅，2021）。

2. 光伏产业链关键环节日益完善，产业集群初步形成

青海省在光伏产业链方面坚持下游市场带动上游产业发展思路，光伏全产业链基本包括三大部分：光伏原材料开采端、光伏产业产品制造端、光伏系统应用端。目前在光伏制造上已经形成多晶硅（单晶硅、硅片）—太阳能电池片—电池组件及应用产业链，同时匹配可以配套同等规模光伏组件及电站建设的逆变器、铝边框等产品产能，产业链条相对完善（图 1-6），形成了"上游制造保障下游发电，下游发电促进上游制造"的循环体系（孙睿和吴梦雪，2020）。青海省建成全国第一座百兆瓦太阳能光伏发电实证基地、第一座核心技术国产化槽式光热发电项目、全球最大水光互补发电项目等。

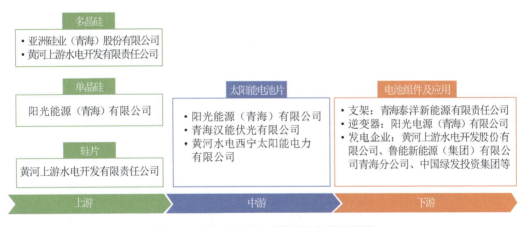

图 1-6　青海省光伏产业链代表企业示意图

围绕推进国家清洁能源示范省建设，西宁经济技术开发区东川工业园区的主导产业和产业集群初步形成，形成了以硅材料光伏产业和新材料产业为主的两大主导产业，园区以亚洲硅业、黄河水电、国电投等为主导，有近 30 家光伏制造企业。西宁（国家级）经济技术开发区南川工业园区建设以"千亿锂电产业基地"和光电产业为核心的新能源、新材料产业。在锂电产业发展上，该园区作为青海锂电产业发展的重要承载地，按照打造"千亿锂电产业基地"的目标要求，吸引了比亚迪、时代新能源、北大先行等一批锂电生产企业入驻园区（西宁经济技术开发区东川工业园区管理委员会，2021）。

3. 创新平台日益完善，科技助力清洁能源开发利用

科技创新是清洁能源产业高质量发展的必然选择。近年来，青海省光伏产业科研

中心、青海省能源大数据中心、黄河上游水电开发有限责任公司光伏产业技术创新中心等一批科研创新平台相继成立，实现了多项太阳能电池组件技术的突破。黄河水电目前多晶硅年产能已经超过 3300t，占国内市场的约五分之一，是唯一可以同时提供 8 英寸和 12 英寸硅片的国内供应商，而且产品质量达到国外主要电子级多晶硅生产企业的质量标准，实现了半导体应用材料国产化的"零"的突破。多项风光热储多能互补关键技术取得突破，填补国内技术领域空白。青海省光伏发电并网技术重点实验室建成世界首个集风光热储调荷于一体的多能互补科技创新示范项目，提升了电网安全运行控制水平，破解了新能源发电高效消纳关键技术难题。全国首座百兆瓦太阳能光伏发电实证基地、海西州风光热储多能互补集成优化示范工程和海南州水光风多能互补集成优化示范工程、全球最大的龙羊峡水光互补 850MW 光伏电站，填补了国内水光互补技术领域以及光伏组件和平衡部件野外公共测试平台的空白。青海中控太阳能发电有限公司德令哈 50MW 塔式熔盐储能光热电站项目，作为国内第一个核心技术全部国产化的大型光热发电项目，实现了塔式光热发电技术的首次突破。位于海西州德令哈市的中国首座大型商业化槽式光热电站标志我国掌握了大规模槽式光热发电技术，使我国成为第 8 个拥有大规模光热电站的国家。格尔木、德令哈两个基地成功入选国家能源局光伏发电领跑基地名单，龙羊峡－拉西瓦储能工厂建成的 6 个电化学储能项目，入选国家首批科技创新试点储能领域示范项目。区块链技术推动"共享储能"新市场新模式发展。2018 年国网青海省电力公司第一次提出"共享储能"概念，借助区块链、国产密码等科技手段，历经探索、实践、创新、再突破，实现"共享储能"市场化在技术应用和服务模式两方面的创新突破，使青海省率先走上"共享储能"市场化之路。2019 年 4 月，鲁能海西州（风光热储）多能互补集成优化国家示范工程储能电站进行了共享储能交易试运营，作为全国首个参与共享储能市场化交易的储能电站，打破了单个电站独享模式，为"共享储能"提供了解决方案（图 1-7）（案例 5）。

图 1-7　鲁能海西州（风光热储）多能互补集成优化国家示范工程储能电站

4. 特高压输电等能源基础设施建设日益完善

青海已建成世界首条 100% 输送清洁能源的特高压输电大通道——青豫直流工程，

其建成标志青海电网进入特高压时代。青豫直流工程的建成投运促进了能源资源大范围优化配置,缓解了中东部能源供需矛盾,加快了绿色低碳发展与能源转型。同时,建成海西至塔拉双回线路、郭隆 750kV 输变电等 14 项重大工程,形成 750kV 东、南部环网结构及西部链式结构,省际断面受电能力提升 260 万 kW,海西至主网断面提升190 万 kW。330kV 基本实现州府所在地全覆盖,大部分地区形成双环网或双链式结构,供电能力和可靠性大幅提升。依托对口支援和东西部帮扶机制,先后与山东、河南、江苏等 7 省(市)政府签订了能源合作协议,助推青海电力外送,2020 年净外送电量达到 206 亿 kW·h,较 2019 年增长 24%,实现了青海绿色能源资源在全国范围的高效优化配置。行政村农网改造全部完成,电网装备水平、供电能力、智能化水平不断提升。城西 2 万方水容积液化天然气储气调峰站主体建成,天然气管网覆盖率和输供能力持续提高。绿色建筑项目占比提高到 77%。全市 1940 台公交车全部为清洁能源车辆,累计购置更新 440 台纯电动出租车、425 台新能源公交车投入运营,建成 2260 个充电桩(周建萍,2020)。"智慧海西自动驾驶物流"实现了现有物流的信息化、智慧化改造(案例 6)。

5. 清洁能源生态效益明显,惠民成效显著

青海省在光伏电站选址过程中,充分利用省内大面积的戈壁荒漠、黑土滩和荒山荒坡,同时全部采取高支架农光互补、牧光互补模式,不仅节约后期管理成本,而且实现了综合利用土地叠加效应。光伏产业园区内部大面积连片光伏板使得风速降低,水蒸发量下降,空气湿度增大,草地涵水量大增,在一定程度上抑制了土地荒漠化的扩大延伸。光伏园区内的植被恢复有效地降低了扬尘天气与环境温度,有利于光伏板能源转换效率的提高,以及光伏组件使用寿命的延长。光伏园区内生态修复不仅提升光伏板跟踪系统的可靠性,而且降低光伏支架的投资成本,更有力地推动了青海省生态文明建设。海南州共和县的光伏产业园就是典型的案例。共和县风沙危害严重,总面积达 443.72 万亩。2011 年至 2021 年下半年,黄河水电等 40 多家光伏企业在共和县投资建设光伏电站。光伏板下的风速减小了一半,水分蒸发量减少了一半,大大增加了水源涵养量,土地荒漠化得到有效遏制。人们在光伏板下种植了适合本地土壤水质的高原生态作物,并为当地牛羊提供了丰富的食草。

光伏帮扶作为青海省的惠民工程,有一次性投入最大、覆盖面最广、收益率最高、持续时间最长等特点。青海省帮扶形成了试点光伏项目、村级光伏项目、政企共建项目以及社会帮扶项目多元化发展格局,为广大农牧民的脱贫致富提供了新出路,实现了生态、生产、生活的"三生"共赢。其中,根据原国务院扶贫办首批光伏扶贫试点工作要求,青海争取光伏扶贫试点项目容量指标达 15 万 kW,按照"先行先试,稳步推进"的工作要求,采取"企业全额投资、贫困县落实用地、贫困户直接收益"模式,选择条件相对较好的共和、湟中、互助等 8 个贫困县建设集中式和分布式光伏电站,年收益 1500 万元,主要用于国家重点帮扶县村集体经济薄弱、收入少、有脱贫人口的原非贫困村。村级光伏项目方面,积极争取国家"十三五"村级光伏帮扶项目容量指

标 47.16 万 kW，依据贫困人口数量分配到 1622 个脱贫村，采取"政府投资、联村建站、项目到县、确权到村"模式，建设 32 个村级光伏扶贫电站，年预期发电量 7.07 亿 kW·h，发电收益 5.3 亿元，村均 32 万元，用于发展贫困村集体经济和贫困户增收（案例4）。政企共建项目方面，落实"十三五"集中式光伏建设规划指标 10 万 kW，采取"政企合资、共建共享"模式。其中海南州建设的集中式光伏扶贫电站，每年收益分红达到 3360 万元，主要用于国家重点帮扶县村集体经济薄弱、收入少、有脱贫人口的原非贫困村。社会帮扶项目方面，采取"跨县建设、帮扶地区收益"模式。国网公司投入0.93 亿元帮扶资金，帮扶援建 1 万 kW 光伏扶贫电站，年收益 530 万元都用于玛多县巩固拓展脱贫攻坚成果（史科路等，2020）。

1.3.4 清洁能源发展面临的挑战与问题

1. 生态安全屏障建设对清洁能源产业高质量发展提出新需求

青藏高原的水电站、光伏电站等清洁能源发展无论是在用地类型，还是在建设开发项目的环境承载力评估上都必须严格遵循国家生态安全屏障的建设要求。《西藏自治区土地利用总体规划（2006—2020 年）》显示，规划至 2020 年，西藏建设用地总体规模控制在 9.98 万 hm²，新增建设用地规模控制在 3.66 万 hm² 以内，水利设施面积仅为 7861hm²，占土地总面积的 0.006%。青海的光伏、风电开发量仅占可开发量的0.47%、11.16%，海西州还有着丰富的电网尚未覆盖的土地资源有待利用，与将清洁能源培育成为特色支柱产业差距较大[①]。但与此同时，青藏高原作为构筑国家生态安全屏障的战略要地，青海省作为全国生态文明先行区，环保制约日益加大，青海境内黄河、通天河、金沙江规划的多个水电站均涉及生态保护红线和自然保护区划定范围。上述水电项目大多位于青海省贫困地区，开发建设有助于推动产业转型、促进经济发展，推动乡村振兴，但在保证生态环境红线不能触碰前提下，关于清洁能源产业发展对青藏高原生态环境的影响缺乏系统的科学论证，难以统筹编制青藏高原清洁能源产业发展规划。

2. 面向"十四五"电力需求的能源供给存在不平衡不稳定问题

从电力普遍服务范围看，2020 年西藏自治区所有县区和主要乡镇均已用上大网电，扭转了长期存在的能源供应不足局面，但偏远地区，特别是边境农村地区的电网没有完全连接大电网，仍旧主要依靠小规模的分布式水电和光伏发电，这两种供电方式均不稳定。这些偏远边境地区在冬季枯水期（每年 10 月至次年 4 月）电力严重不足。从电力服务能力与质量看，水电占西藏自治区全网总装机容量的半数以上，但以径流式

---

① 中国政府网. 2018. 国务院关于西藏自治区土地利用总体规划的批复. http://www.gov.cn/zhengce/content/2018-08/30/content_5317711.htm.[2021-11-11].

水电站为主，几乎没有具有良好调节能力的骨干支撑电源，受季节影响的"丰余枯缺"现象严重；光伏电站占全网总装机的近三成，但出力非连续且不稳定。西藏经济社会快速发展，特别是青藏铁路（西藏段）电气化、川藏铁路等一批重大项目的实施和大数据等产业的发展，对"十四五"至"十五五"时期西藏自治区电力供给能力提出较大挑战。

青海的能源供给体系同样面临调峰能力难以保障清洁能源为主体的发电稳定性。青海电网负荷特性平稳，最大峰谷差只有 10%，目前青海非水可再生能源装机已达省内平均负荷的 1.7 倍，可再生能源出力特性与用电曲线不匹配。常规电源调峰方面，省内大型水电站承担黄河综合利用任务，调峰能力受制约，且 2018～2020 年黄河来水偏丰，调峰能力进一步压缩。未来青海可再生能源仍将保持快速发展，随着可再生能源发电能力的增强，省内调峰能力不足问题将进一步加剧。海西州全州新能源发电量占全部发电量的 90% 以上，但缺乏基荷电源，电源结构的不合理限制了储能调峰的规模。

3. 与新能源发电相适应的电网整体容量与结构问题仍有待改善

随着西部地区新能源的发展，青海电网与西北主网对接、海西主网与青海电网对接的断面不足极大地限制了电力输送能力。适合大规模开发清洁能源地区的电网基础设施建设有待加强，如冷湖、茫崖等地。外送建设特高压直流通道不断完善，但特高压直流工程配套电源建设仍然滞后，电力外送能力仍然有限。同时，居民生活配电网的不足阻碍了全面电能替代的进程。当前在青海省城市内，依据《民用建筑电气设计标准》（GB 51348—2019）规范，居民用电负荷方面，新小区可能能达到 6～7kW，但老小区目前可能就 3～4kW，农村单个配电网不超过 3kW，以前建的大量的农网改造的工程没有办法支撑新的生活方式。

4. 企业发展面临建设成本高和研发投入低双重困境

青藏高原地区的清洁能源发电企业、电网企业等普遍存在建设成本高，电网、输油输气管道和水电站等建设施工周期长、工程造价高、施工难度大的问题。科考发现，内地电网架设 220kV 400mm² 导线单公里成本基本在百万左右，而西藏则需要 200 多万。水电工程造价平均在 2 万元/kW 左右，相比于周边省份 1～1.5 万元/kW 的造价，经济性差。同时，青藏地域广阔，人口稀少，本地消纳市场十分有限及非常分散，在当前电价水平下，销售电价与企业成本之间难以形成良性运行机制，导致企业研发投入不足、研发能力较为薄弱等问题。依靠清洁能源提供稳定电力供应、高原高寒地区的多能互补、微电网、储能等技术问题有待解决。2019 年，西藏自治区研究与试验发展经费为 4.3 亿元，研究与试验发展经费投入强度为 0.26%，2020 年，西藏自治区全社会研究与试验发展经费投入占 GDP 比重达到 0.6%（国家统计局，2021）。因高海拔，当地光伏发电企业通常只有少量技术运营维护人员，企业的设备和实验仪器主要从内地采购，这也增加了企业的运营成本。

5. 区内电力消纳不旺盛与区外电力输送机制不完善并存

能源消耗量较大的工业部门在青藏高原地区总体规模有限，并且非水可再生能源建设速度远远大于电力外送通道建设和本地消纳需求，如青海非水可再生能源装机增速是常规电源增速的 21 倍，是负荷增速的 8 倍。区内清洁能源消纳需求不旺盛，严重制约着清洁能源产业的进一步发展。西藏自治区 2018 年的工业总产值为 628.37 亿元，同年经济第一大省广东省工业产值为 40695.15 亿元，同属于青藏高原地区的青海省工业产值也达到 1247.06 亿元。2019 年西藏自治区三次产业占比分别为 8.14%、37.44% 和 57.42%，同期的西藏弃光率为 24.1%，远高于行业平均水平。国家能源局发布的《2018 年度光伏发电市场环境监测评价结果》就已将西藏纳入红色区域，基本停止了新增光伏发电企业的备案登记。近几年来，随着青藏联网工程、川藏联网工程、藏中联网工程与阿里联网工程的全线贯通，青豫直流工程投运，青藏地区电力外送通道不断健全。但持续稳定的电力外送机制尚未形成，外送电量与价格机制不完善，导致外送通道数量、建设进度与巨大能源资源开发潜力仍不相适应，难以将中东部集中的负荷侧与西部电源侧的优势资源互相结合。市场交易机制不完善，也导致"绿电"价格优势不明显，难以激起负荷侧的使用积极性。另外，清洁能源为主体导致的调峰调频不稳定性需要网侧的兜底，间接地增加了负荷侧的成本。

6. 产业技术人才供给不足，科研平台匮乏尤为突出

青藏高原地区海拔高，条件艰苦，省内科研机构相对较少，重大科研平台匮乏，前沿技术储备能力不足，行业领军人才缺乏，人才集聚度低。2020 年，整个西藏自治区只有 7 所高等院校，其中专科 3 所、本科 4 所；在校生 41694 人，其中普通本科、专科学生 38556 人，研究生 3138 人。包括西藏大学、西藏民族大学在内的这 7 所高等学校均未设置能源相关专业。西藏另有中等职业学校 12 所，2018 年中等职业学校能源与新能源类毕业生也仅为 53 人（西藏统计局，2021）。青海省共有普通高等院校 12 所，在校生 9 万人，中等职业教育学校 36 所，自然领域研究机构 18 个，但设置有与能源相关专业的院校仅有一半（青海省统计局，2020）。截至 2020 年 8 月，西藏自治区仅建成 1 个国家重点实验室、1 个国家级可持续发展实验区、37 家自治区级重点实验室和工程技术研究中心、3 个自治区高新技术产业开发区、1 个自治区可持续发展实验区（西藏自治区人民政府新闻办公室，2021）。西藏清洁能源创新发展中心的建立将在自治区层面进一步推动清洁能源技术创新和成果转化，进一步引领区域产业持续高质量发展。与此同时，青藏高原地区交通不便、生活条件恶劣等因素大大增加了人才引进的成本和对更优惠政策的需求。而受制于当地财政能力和有限的政策供给，清洁能源产业发展所需要的多能互补、先进储能、微电网等技术人才引进则更为艰难。

1.4 清洁能源发展相关政策分析

以公开、相关及权威为原则，本书选取青海、西藏两个青藏高原地区最具有代表性的省（自治区）对清洁能源发展相关政策进行分析。根据青海、西藏等国家政府官方网站与北大法宝数据库中记录的统计数据，采取"中心辐射"与"自上而下"相结

合的政策文件搜集整理方法，在政策文本中检索"西藏""青海""青藏高原""绿色能源""清洁能源""可再生能源""光伏""水电""风能""地热""生物质能""生态文明""气候变化""绿色发展"等关键词，收集整理了 2011 年以来近十年的青藏高原地区清洁能源与绿色发展相关政策。同时，在各地市政府网站上搜集补充了相关的各项政策。数据清理中发现 2011 年、2012 年政策文本较少且相关性低，以及剔除无法获得的政策文件后共计筛选得到 150 条相关的政策文本。

从政策发布时间看（图 1-8），政策文件发布核心节点体现为 2016 年国家政策推动和 2018 年西藏自治区和青海省各级政策推进。2016 年政策文件数量突增，国家及青海、西藏共发布政策文件 30 条，主要是随着国家对生态文明建设、能源转型等战略实施的深入推进，2016 年国家密集出台了与清洁能源发展紧密相关的各类"十三五"规划达到 19 条，占比 63%。2017 ～ 2018 年，政策发布数量相对于其他年份仍较高，主要是各地市对国家"十三五"规划的配套落实文件相继出台，尤其是西藏的政策发布数量明显上升，如《西藏自治区"十三五"节能减排规划暨实施方案》《西藏自治区"十三五"时期生态环境保护规划》《西藏自治区"十三五"时期产业发展总体规划》等占 2018 年政策发布总数的 50%。青海也重点对建设国家清洁能源示范省、减轻可再生能源领域企业负担等相关工作出台了具体指导意见。2020 年青海省和各地市发文数量明显上升，占当年出台政策总数的 35%，主要体现为对青海建设生态文明先行示范区和千万千瓦级新能源基地的政策部署。

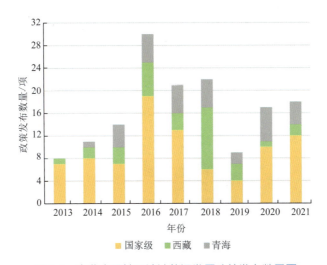

图 1-8　青藏高原地区清洁能源发展政策发布数量图

从政策层级来看，基本形成了国家到省级、再到各地市的政策配套体系。在上述 150 条文件中，国家级政策 86 条，占比 57.34%；省级政策 41 条，占比 27.33%；地市级政策 23 条，占比 15.33%（图 1-9）。呈现出从国家到地方相关政策配套落实的倒三角形态，其原因主要来源于两方面：一是国家层面政策相对宏观，涉及清洁能源的相关政策较多；二是受限于西藏、青海当地财政能力以及可调配的有限资源。就西藏而言，自治区层面发布政策 32 条，其中，省级 18 条，占比 56.25%，地市级 14 条，占比 43.75%。在"生态安全屏障""大气污染防治""节能环保产业发展""气候变化"等方面基本形成了国家到西藏各地市的政策配套体系。"可再生能源发展"及太阳能、水电、生物质能等具体能源发展基本在省及地市层面体现了对"国家级"政策的有效落实。另外，国家在"光伏扶贫"方面，西藏自治区在"科技援藏""基层专业技术人才队伍"方面做了重点部署。就青海而言，省级相关政策发布 23 条，占比 71.88%，地市级相关政策 9 条，占比 28.12%。在"清洁能源规划""光伏发电""光伏扶贫"等方面基本形成了国家到青海各地市的政策配套体系，另外对"锂电""新能源汽车"等也都分别做了政策部署。

图 1-9　青藏高原地区绿色发展政策层级图

从政策类型看，从顶层设计到实施推进等各类型文件总体结构均衡。150 条相关政策构成中，国家及各地市规划类政策共有 69 条，占比 46.0%。意见、办法、方案和实施细则等落实文件共 81 条，占比 54.0%（图 1-10）。规划类政策以国家级发布为主，占比 59.3%，西藏省级规划类 9 条，占比 13.1%；西藏各地市规划类政策 9 条，占比 13.1%。

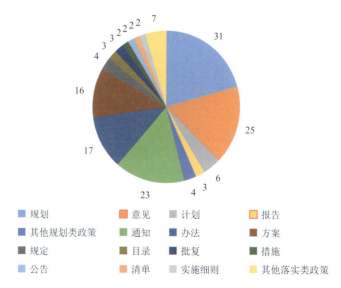

图 1-10　青藏高原地区绿色发展政策类型图

青海省级规划类政策 7 条，占比 10.2%；青海各地市规划类政策 3 条，占比 4.3%。意见、办法、方案和实施细则文件中，国家级政策 45 条，占比 55.8%；省级政策 25 条，占比 30.4%；西藏及青海各地市政策 11 条，占比 13.8%。从综合类和专项类政策分布看，针对光伏扶贫、招商引资、人才队伍建设等具体问题共发布了专项性政策 100 条，占比 66.7%，对与清洁能源发展相关的节能减排、生态环境保护、产业发展、国民经济社会发展等重点领域共发布综合类政策 50 条，占比 33.3%。

从政策目标来看，与西藏绿色能源发展相关的政策主要涉及生态文明建设、光伏扶贫、招商引资、产业发展、援藏工作等主题。生态文明建设方面，分别从制定详细的节能减排标准、提高应对气候变化的能力、加强对冻融区草地生态系统的保护等角度制定了相应的政策文件，以推动产业发展转型升级来改善民生、建设美丽西藏。光伏扶贫方面，主要从规范光伏产业发展环节，根据国家层面的意见以在土地资源丰富的地区建设光伏电站的方式来实现产业扶贫。招商引资类别的政策文件则是西藏自治区各地市以《西藏自治区招商引资优惠政策若干规定（试行）》为指导，拉萨市、日喀则市、山南市分别针对各自的经济发展水平制定了具体政策。产业发展则主要以能源产业发展为中心，依据国家级能源、可再生能源、太阳能、风能、地热能、生物质能等能源发展"十三五""十四五"规划进行了产业部署。援藏工作文件则从教育援藏和科技援藏两方面来帮助西藏提升教育与科技水平，更好地助推当地的经济发展。与青海绿色能源发展相关的政策主要涉及国家清洁能源示范省、清洁能源产业发展、光伏扶贫等主题。《青海省建设国家清洁能源示范省工作方案（2018—2020 年）》就打造国家清洁能源基地、清洁能源配套产业强省、绿色用能先行区、清洁能源输出大省做出具体性指导。光伏扶贫主要根据国家层面的规划部署，从试点工作、电站建设、上网电价、收益分配管理等环节，对光伏扶贫进行具体工作指导。产业发展方面则对清洁能源的技术研发与配套产业、电源电网项目建设、能源消纳与综合利用、能源示范基地建设、光伏产业园区发展、光伏电站建设等不同层级工作进行了系统部署。《青海打造国家清洁能源产业高地行动方案（2021—2030 年）》的出台为新时期清洁能源产业发展提供了系统的政策保障。

1.5　促进清洁能源发展的政策建议

1.5.1　加强科学论证，合理规划青藏高原地区清洁能源开发利用

加强青藏高原地区水电开发的前期勘探，深入开展太阳能的普查（复查），加快风能资源普查。对青藏高原地区大规模发展太阳能和风能的生态环境影响进行全面、系统的科学论证。统筹协调水能、太阳能、风能、地热等科学有序发展，合理安排清洁能源开发重点区域和开发建设时序。坚持"源网核储"项目同步建设，互相促进，开展以"制氢"为主的清洁能源消纳的可行性研究。

1.5.2　强化关键核心技术研发，支持青藏高原地区高质量发展清洁能源

　　在国家重大科技专项及重点研发计划部署中，加强支持对高海拔高寒缺氧地区储能技术与装备研制、光储一体、水光一体等多能互补的关键技术研发，鼓励超高海拔地区的风能技术攻关。支持抽水储能电站、物理储能电站关键技术研究与示范推广。加强对干热岩、页岩气等非常规能源勘探和开采技术的研发。部署智慧能源、微电网等技术研发，建设安全稳定的清洁能源供应体系。持续改善优化高海拔地区基础设施建设技术，降低基础设施建设成本与技术难度。

1.5.3　健全市场机制，加快青藏高原地区绿电外送

　　进一步优化能源市场机制。积极争取国家支持青海省开展碳汇盈余市场交易试点，为全国碳交易市场建设提供支撑。试点建立适应能源结构转型的电力现货市场体系，有序推动新能源参与市场交易，促进电力资源优化配置，合理补偿水电、光热、储能等各种电源调峰贡献，开展青海电力辅助服务与普遍服务补偿机制试点。建立健全光伏光热市场服务体系和管理标准，促进清洁能源中小企业规范发展。健全完善差别化电价、分时电价和居民阶梯电价等可以促进清洁能源发展的价格机制。

　　加强外送通道建设，完善电力外送稳定机制。将青藏高原电力外送纳入国家电网规划，统筹规划特高压直流输送通道建设，积极部署区域能源市场协调整体规划。面向"西电东送通道"建设，部署青藏高原区域电力建设规划，统筹协调青藏高原地区、新疆及内地城市等各区域发电计划，形成稳定、持续的西电东送"电力援藏市场会商"机制，以"政府支持＋市场化"电力援藏机制推动落实外送电价保障机制。加快建设面向"南亚开放电力大通道"的尼泊尔电网输送，促进辐射南亚的清洁能源基地建设。

1.5.4　加强基础设施建设，促进青藏高原地区清洁能源消纳与乡村振兴协同

　　加快农村微电网建设。在条件允许的地区，鼓励电网企业因地制宜地建设以太阳能、风能等清洁能源为主的微电网。加快农村电网基础设施升级改造，进一步改善广大农牧民基本生活用电条件。在边境地区实施精准化、专业化的局域电网建设特殊补偿机制，以带动电网企业的建设积极性，持续改善边境群众生产生活条件。

　　积极引导农牧民拓宽清洁能源应用场景。加强知识培训，扩大宣传，在广大农牧区，尤其是易地搬迁安置点，使农牧民掌握生活安全用电知识，改变"家家烧牛粪"的意识，建立用"绿电"的理念，进一步地推动电能替代。在农牧区的农牧业生产、农产品加工、乡村旅游、农村电商等新型产业中，鼓励农牧民更便利、更有效、更实惠地使用清洁能源。

　　高质量发展本地工业、农牧业等，促进清洁能源消纳。全面推进"光伏＋"技术

与装备应用示范，以新型立体综合应用模式促进青藏高原清洁能源与其他优势产业深度融合发展。推动太阳能等清洁能源多样式综合利用，加强政府采购对"农光互补""牧光互补""林光互补"等新产品、新技术的应用示范与推广。建议在青海省建立绿色电力数据中心，打造青海省绿色算力高地。

1.5.5　建立对口支持长效机制，加快建设清洁能源开放型创新生态系统

以"飞地模式"共建科技创新平台。面向青藏高原清洁能源产业发展源头技术、共性关键技术及科技创新服务需求，倾向性支持西藏、青海在四川、陕西等地以"飞地模式"共建科技创新平台，以"飞地模式"引导高校、科研院所与企业联合共建国家技术创新中心、国家产业创新中心等科技创新平台。

联合设置科技研发技术专项。面向青藏高原清洁能源发展技术需求，推动与各对口支援省市、中央企业共同设立科技专项，互联互通，联合组织技术攻关，促进创新资源跨区域流动和集聚。

加快清洁能源人才联合培养与引进。面向青藏高原清洁能源产业需求，优化培养与引进相结合的政策体系；依托科技创新平台，"但求所用，不求所有"灵活汇聚人才；区内主要企业以及对口援建省市的相关高校和职业技术学校"结对子"，开展新能源技术与装备专业技术人才培训，通过联合培养研究生、共建博士后流动站等，进而形成面向建设、研发、生产、管理、服务的高素质技能型专业人才体系。

1.6　清洁能源产业发展案例与调查问卷

1.6.1　案例

案例 1：运高达孜光伏电站——"企帮村"精准扶贫典范

运高达孜光伏电站位于拉萨市达孜区林阿村，距离拉萨市区约 25km，交通便利。占地 1600 多亩，投资规模约 7 亿元，为西藏自治区内规模较大的光伏发电企业。目前，发电站总装机量 60MW，均已投产且并入国家电网。光伏电站分前后三期建成，一期于 2015 年 12 月建成，二期于 2016 年 9 月建成，三期于 2017 年 6 月建成。发电站所发电全部并入国电，由国电统一分配。目前基准电价为 0.10 元，补贴电价为 0.9 元，上网电价为 1.00 元。与火电项目相比，光伏发电节约了大量的煤，还大量减少了碳粉尘、二氧化硫等污染物排放，进一步优化了达孜区能源结构。目前企业在得到国网认可后，已完成清洁能源示范区建设，施工质量和电站配置运维人员都受到自治区层面认可。股份制改革以后，加大力度投入主要针对适应高原性的技术研发。目前西藏光伏企业规模小且竞争激烈，从行业预判来看，需要把电站做得更好，也需要尝试推进以水光

互补为主的多能互补。运高达孜光伏电站通过并购西藏自治区其他光伏电站，成为区内光伏龙头企业。

运高发电站积极开展"企帮村"精准扶贫活动。在三期项目的建设实施过程中，运高达孜光伏电站充分利用当地人力、物力资源，尤其注重吸引附近贫困户参与项目建设，为贫困户解决生产生活困难。三期项目工程共雇用了 300 多当地农民工参加工作，工资为 180 元/天，180 天内农民工产生的效益累计可达 972 万余元；机械设备使用 80 台，180 天内机械设备使用费共计约 2160 万元；项目采购达孜区合作社生产的砖、沙和水泥等，建筑材料费用累计约 1000 万元。人工费用、机械设备使用费用和建筑材料费给运高发电站周围村镇带来约 4132 万元的经济效益。光伏电站三期建成后，每年向达孜区财政缴纳约 2000 多万元的税款，是达孜区最大的纳税企业。西藏运高新能源股份有限公司（简称运高公司）在光伏电站建成以后，基于发电站基本营业额与周边贫困户的数量，出资 187.5 万元，用于林阿村贫困户的扶贫工作。目前扶贫款统一交由达孜区扶贫办统筹分配给全乡贫困户。

案例 2：水发集团——朗明桑珠孜区 50MWp"光伏 + 生态设施农业"综合示范储能项目

2020 年 6 月 15 日，山东水发集团水发兴业能源科技有限公司与日喀则市朗明太阳能科技有限责任公司举行 50MW 光伏综合示范储能项目签约仪式，成为山东首家投资落户日喀则市的省属国有企业。水发集团投资的朗明 50MWp"光伏 + 生态设施农业"综合示范储能项目由山东省第九批援藏干部中心管理组本着"科学规划、合理布局、有序开发、绿色发展"的原则精准招商，总投资 4.5 亿元，属于山东省的援藏项目。项目建成后发电量约 1 亿 kW·h/a，可减少使用 3.06 万 tce，可减少排放 8.47 万 t 温室气体，将满足西藏中部电网及日喀则地区电力发展需要，符合国家能源发展战略，促进对日喀则地区的生态环境保护。

水发集团不仅一次建成该电站，而且配备了发电调控装置和储能系统。太阳能受天气条件和地理环境影响比较大，大规模的分布式发电并网，其输出功率的波动性会严重威胁电力系统的稳定性和安全性。为了根据电网要求自动匹配发电，水发集团配备 AGC/AVC 调控装置。水发集团配套装设了 100MW·h 的储能系统（铅酸储能电池），储能技术克服了日喀则地区的高海拔、高寒的环境特点，将解决光伏发电的弃光问题，保证了电能质量，并优化了电网消纳。同时，该储能系统夜间可持续 8～10h 发电，将在一定程度上缓解西藏中部电网夜间的缺电局面，对西藏电网调峰、调频、调度具有重要标杆作用。

案例 3：大数据中心——助力清洁能源智慧化发展

1. 青海省能源大数据中心

青海省能源大数据中心由国网青海省电力公司于 2018 年 1 月建立，是国内第一个集数据汇集、存储、服务、运营于一体的新能源大数据创新平台。2019 年 1 月，国网青海省电力公司控股的混合所有制公司——青海绿能数据有限公司注册成立，负责新能源大数据中心建设和运营，5 月在新能源大数据创新平台的基础上建成青海省能源大数据中心和工业互联网示范平台，实现从新能源向能源及工业行业水平延伸。12 月形成以数据为基础、以平台为依托、以市场为导向、以服务为载体，创新提出共享、竞争、定制的商业模式研究与应用。2020 年 6 月，青海省扶贫开发局（现为青海省乡村振兴局）授牌省扶贫大数据中心，开辟了国家电网公司以大数据推动扶贫工作的新路径。2020 年 7 月经青海省工业和信息化厅批复，青海省能源大数据中心成为青海省企业云平台首批上云的平台之一，深入推动青海省企业数字化转型，助力数字经济发展提供坚强支撑。青海省能源大数据中心按照工业互联网平台应用层（生态层）、平台层、网络层以及感知层的典型架构构建。其中应用层为产业上下游各方提供高价值服务，形成相互促进、双向迭代的良性生态；平台层打造开放的平台，强力支撑第三方研发团队挖掘数据价值；网络层依托电网中心优势，高效传输、连接各类数据资源；感知层全面采集与表征各类终端数据。

　　运行以来，大数据中心取得了一系列显著成效。一是服务能源生产转型升级。牢固树立"能源转型、绿色发展"理念，紧紧围绕支撑能源电力清洁低碳转型的目标，全力推动新能源发展，促进能源供给清洁化、智能化，提供新能源电站集中监控、功率预测等业务应用。二是服务能源消费节能降耗。碳达峰碳中和包含能源生产、传输和消费的全环节，在大幅提升光伏和风电占比的同时，节能提效也是实现碳中和的重要手段，围绕消费侧企业智能化转型，推动企业节能降耗、提质增效。三是落实乡村振兴战略。发挥大数据平台优势，结合"巩固拓展脱贫攻坚成果同乡村振兴有效衔接"的相关要求，重点推进扶贫光伏电站集中监控、运营管理等多项服务，全面助力乡村振兴。

2. 青海省海南州大数据产业园

　　海南州建设的高标准"100% 完全清洁能源全产程动力支撑的数据中心"，是高载能数据中心和清洁能源融合发展的智慧创造，也是数据计算、存储和灾备的最好载体，对于贯彻习近平总书记新发展理念，贯彻"3060"国家生态战略目标，推动欠发达地区经济转型创新发展，创建政企合作绿色协调发展新格局具有深远的历史意义和重要的现实意义。

　　2016 年以来，海南州依托自身条件和资源优势，积极与华为对接合作，达成全面战略深度合作，并于 2017 年底推进海南州大数据产业园区建设。该园区规划面积 1200 亩，分三期建设，历时 6 年，包含大数据核心产业区、大数据产业创新区、大数据交易区、高等职业教育区、综合服务区。该园区以绿色数据中心为主，并配套建设教育培训、综合办公和生活公寓等服务设施。

　　为进一步整合信息化建设资源，严格信息化服务费用支出，提高政府数字化治理水平，培育海南州新兴主导产业，推动传统产业转型升级，实现新时期两化融合，促进地区经济实现跨越式发展。截至 2021 年 6 月，海南州大数据产业园已为海南州委政法委、海南州农牧局、海南州水利局等全州 21 家机关单位的 200 多项业务系统提供政务云服务，实现了统一建设、管理、服务，完善了安全保障体系，提高了安全保障能力及水平。该园区内建设的数据中心均为国家最高标准 A 级机房，年耗电量约 60 亿 kW·h 绿电。通过与华为的深度战略合作，可为国家提供高标准、高安全、高可靠的绿色算力服务。

案例 4：洪水泉扶贫电站——为乡村振兴注入强劲动力

海东市平安区"十三五"6.9MW 光伏扶贫项目由海东市平安区扶贫开发局牵头，由海东市平安区惠民扶贫服务有限公司建设。项目地址为平安区洪水泉乡井尔沟村石膏梁，项目占地 165 亩，项目工程总投资 4701.66 万元。建设规模为 6.9MW，采用 21912 块 315W 单晶硅固定式光伏组件，分为 5 个光伏发电单元，由场内 10kV 开关站汇集后通过一条 10kV 送出线路接至合二路 10kV 架空输电线路，送至距离项目区 20km 处的三合变电所 35kV 升压站输出，项目设计年限为 25 年。2018 年 9 月 12 日，该项目正式开工；2018 年 11 月 18 日，在海东市同期光伏扶贫项目中第一个实现并网发电。

产业带动明显，社会效益广泛。光伏扶贫项目不仅为脱贫户增收提供持续来源，而且让贫困村集体经济破零，更进一步优化电力结构，推动绿色能源发展。2021 年 6 月科考组调研时，已完成结算电量 2174 万 kW·h，结算电费 1414.6 万元，拨付每村 29.9 万元。根据青海省扶贫开发局安排，项目资产已全部确权到村，每村容量 156.87kW，资产股权占比 2.27%，确权资产 96.5 万元。

案例 5：鲁能新能源（集团）有限公司青海分公司——科技创新助力新能源发展

1. 企业情况简介

鲁能新能源（集团）有限公司青海分公司是中国绿发投资集团有限公司（鲁能集团有限公司）的全资子公司。该公司主要聚焦风力发电、光伏发电，光热、储能等新能源项目的开发、建设，以及电站的生产、经营及检修维护，公司致力于成为规模、智能、绿色、安全的智慧能源投资运营商。公司大力开发建设新能源项目，取得一系列具有标志性、里程碑意义的成果。

2. 鲁能海西多能互补集成优化国家示范工程项目简介

鲁能海西多能互补集成优化国家示范工程位于青海省海西州格尔木市，总装机容量 70 万 kW，包括 20 万 kW 光伏项目、40 万 kW 风电项目、5 万 kW 光热项目和 5 万 kW 储能项目，是全球首个集风能、光伏、光热、储能于一体的多能互补科技创新项目。项目总体于 2017 年 7 月 25 日开工，60 万 kW 风电和光伏项目于 2018 年 10 月 18 日正式并网发电。储能项目采用 50MW/100MW·h 磷酸铁锂电池储能系统，于 2018 年 12 月 25 日首次并网运行，并网时是国内最大的电力侧集中式电化学储能电站。5 万 kW 光热项目于 2019 年 9 月 19 日并网发电，蓄热 12h，是国内在建和建成的光热发电项目中蓄热时间最长的电站。该项目可为电网调峰调频提供支撑，提高电网接纳新能源的能力，有效解决"弃光"问题，进一步推动国内光热技术的发展。

示范工程以光伏和风电为主要输出电源，太阳能光热和储能电站联合调节，白天储存发电和热量。在光伏、风力发电的低谷期，示范工程以热能和电池储能发电为重要补充，运用泛在电力物联网建设理念，构建多能互补集成优化智能调控系统，构建高效、快捷、互联、互动的综合能源服务供需信息共享平台，使多种能源深度融合，达到"1+1>2"的效果，有效改善不稳定和风电、光伏可调缺陷，解决峰谷电力输出不平衡问题，提高电力稳定性，提高电网对新能源的接纳能力，解决当前阻碍新能源大规模并网的技术难题，促进新能源规模化开发利用，推动能源生产和消费摆脱化石能源，实现清洁能源全面供应，为世界能源革命提供了"鲁能解决方案"。

示范项目发电量约 12.63 亿 kW·h/a，每年可减排约 40.15 万 tce。当外送通道能力下降 40% 时，弃风弃光率低于 5%，将推动青海清洁能源全面供应、优化区域能源结构和生态文明建设加快进行，这是新能源发展史上的一个里程碑。

案例 6：北京中科天地物联科技有限公司——"智慧海西自动驾驶物流"运营方案

北京中科天地物联科技有限公司是由中国科学院物联网研究发展中心和国务院国资委轻工机关服务局发起组建的国有控股非上市科技型公司。该公司主营业务包括智慧城乡建设，大数据科技园规划建设及运营，是基于大数据共建共享、提供智慧城乡系统的总体协调、投资、政策研究、技术方案的总公司，并在各省建立其控股公司。

海西州存在着旺盛的运输需求和长期面临卡车司机招工难两个问题，而当地良好的天气状况与单一的交通态势十分适合开展无人驾驶物流示范和运营。北京中科天地物联科技有限公司开发"智慧海西自动驾驶物流"运营方案，以自动驾驶平台与网络货运平台（无车承运平台）构成有机业务整合体系，形成网络货运平台接单调度，自动驾驶平台指挥车辆实现运输作业，实现了现有物流业务的信息化、自动化改造，从而降低人工干预成本，提高运输效率及安全性，解决运输招工难、用工难的问题。采用自动驾驶方案后，人员成本降低 1680 万元，油耗降低 1438.2 万元，总成本降低 38.93%。

1.6.2　调查问卷

关于西藏自治区光伏扶贫现状与政策效果的调查

您好！感谢您在百忙之中填写该问卷。本次调查旨在了解本地光伏扶贫发展现状以及政策实施效果。您所提供的宝贵信息将为本次青藏科考工作提供关键支撑，请您根据自身的真实想法在以下问题的选项□内打"√"。本次问卷调查结果仅供青藏科考工作使用，问卷内容将绝对保密，请您放心。感谢您的支持与参与！

中国科学院科技战略咨询研究院

一、家庭基本情况

1. 您的性别：

□男 □女

2. 您的年龄：

□ 18 岁以下 □ 18～30 岁 □ 31～45 岁 □ 46～60 岁 □ 60 岁以上

3. 您的文化程度：

□未受过正式教育 □小学 □初中 □高中 □专科及以上

4. 您的家庭人口数：

□ 1 □ 2 □ 3 □ 4 □ 5 □ 5 人以上

5. 您的家庭收入：

□ 5000 元及以下 □ 5001～10000 元 □ 10001～15000 元
□ 15001～20000 元 □ 20000 元以上

6. 您对国家或自治区光伏扶贫相关政策的了解情况：

□完全不了解 □部分了解 □非常了解

二、安装使用光伏发电设施的情况

7. 您参与光伏扶贫项目的方式：

□自家屋顶式光伏板 □村里集体安装使用 □其他安装方式

8. 您所安装的光伏发电设施的运营维护状况：

□较差 □一般 □较好

9. 您所安装的光伏发电设施的安全事故发生频率：

□经常发生 □偶尔发生 □从未发生

10. 您所参与的光伏发电 / 供热项目是否满足使用需求：

□不能满足自家需求 □基本满足自家用电 / 供热需求
□可以满足自家需求，并可获取余电上网收入

11. 本地的地面光伏电站的光伏板下是否种植作物或养殖家禽：

□是 □否

12. 您在使用光伏发电过程中面临的问题（可多选）：

□缺乏安装资金 □缺少运行维护经验 □发电安全隐患
□弃光率较高 □收益难以及时到手 □收益分配不均
□其他 _____

三、享受政府给予支持情况

13. 您在安装光伏设施过程中是否享受到了政府补贴（如果否，请选择原因）：

□是 □否（□未听说过该政策 □其他 _____）

14. 您在参与光伏扶贫项目过程中是否享受到了政府贷款利息优惠（如果否，请选择原因）：

　　□是

　　□否（□未听说过该政策　　□有收入，不需要贷款　　□其他 _____ ）

15. 您在安装或使用光伏发电板过程中是否获得技术培训和支持（如果否，请选择原因）：

　　□是

　　□否（□没有开展　　□自己未参加　　□不了解　　□其他 _____ ）

16. 您参与的光伏扶贫项目否享受到了光伏上网电价补贴（如果否，请选择原因）：

　　□是　　□否（□对该政策不了解、不清楚　□其他 _____ ）

17. 您在使用或参与光伏发电过程中是否享受到了解决就业的机会：

　　□是　　□否（□对该政策不了解、不清楚　□不需要　□其他 _____ ）

18. 是否还有其他政府政策支持？ _____

四、扶贫项目总体政策评价

19. 您对所参与的光伏发电上网收入满意程度：

　　□非常不满意　　□不满意　　□一般　　□满意　　□非常满意

20. 您对所参与的光伏发电收益分配的满意程度：

　　□非常不满意　　□不满意　　□一般　　□满意　　□非常满意

21. 您对光伏扶贫项目政府补贴力度满意程度：

　　□非常不满意　　□不满意　　□一般　　□满意　　□非常满意

22. 您的家庭从光伏扶贫项目中获得的收益比从其他扶贫项目（例如，安居扶贫、电商脱贫、农林产业扶贫、旅游扶贫、教育扶贫）中获得的收益更多：

　　□非常不同意　　□不同意　　□一般　　□同意　　□非常同意

　　□未享受其他扶贫项目

23. 您认为本地光伏扶贫政策的总体效果如何：

　　□非常不好　　□不好　　□一般　　□好　　□非常好

24. 请简要写下您家使用光伏发电 / 供热或参与村集体发电过程中的建议或政策需求： _____

第 2 章

青藏高原地区乡村可持续发展考察研究

青藏高原曾经是全国贫困发生率最高、贫困程度最大、脱贫难度最大的地区。在党的领导下，经过各族人民艰苦奋斗，青藏高原打赢了脱贫攻坚战，经济社会的发展和全国站在同一起跑线上，实现了不愁吃、不愁穿以及义务教育、基本医疗、住房安全有保障。发展基础更加扎实，发展机遇良好，发展后劲十足。如何增强青藏高原地区农牧民生计的可持续性，实现巩固拓展脱贫攻坚成果同乡村振兴有效衔接，促进青藏高原地区乡村可持续发展是重要的研究命题。农户可持续生计水平提高和农村人居环境的改善有助于推动青藏高原农村地区可持续发展能力的提高，助推绿色发展之路建设。本书以青藏高原可持续发展为前提，基于科学考察，聚焦农牧民可持续生计和农村人居环境整治，分析青藏高原地理环境、可持续生计、人居环境的现状，在剖析现有问题的基础上，探索提升青藏高原地区农牧民可持续生计，促进农村人居环境改善的有效途径。

2.1 青藏高原农村的地理环境特征

2.1.1 青藏高原农村的自然环境特征

高寒高海拔是青藏高原最显著的自然特征。青藏高原平均海拔在4000m以上，地势高，气温低，空气稀薄，太阳辐射强，地形复杂多变，气候变化剧烈，自然灾害频发，土地资源地域分布明显，数量构成极不平衡。

1. 高寒高海拔地区

青藏高原是中国最大、世界地势最高的高原，其面积为250万km²，约占全国总面积的1/4，平均海拔在4000m以上，远高于我国平均海拔1840m（郑度和赵东升，2017）。青藏高原海拔在3000～5000m，全国海拔3000m以上地区占国土面积的25.9%，几乎全部分布在青藏高原地区，海拔4000m以上地区占青海全省面积的60.93%，占西藏全区面积的86.1%。

高海拔导致相对低温和寒冷突出，青藏高原是地球上同纬度最寒冷的地区（郑度和赵东升，2017）。青藏高原腹地年平均温度在0℃以下，位于青藏高原内陆的五道梁地区年均气温仅为–5.6℃，是中国年均气温的最低值所在地。此外，青藏高原气候寒冷，山脉上分布着大量的山岳冰川，是世界上除了南北两极之外，冰川分布最多的地区，发育有现代冰川36793条，冰川面积为49873.44km²（郑度和赵东升，2017）。

2. 自然灾害频发

青藏高原是我国自然灾害频发区。自然灾害是指给人类生存带来危害或损害人类生活环境的自然现象。中国常见的自然灾害种类繁多，主要包括洪涝、干旱、台风、冰雹、暴雪等气象灾害，火山、地震、泥石流等地质灾害，海啸等海洋灾害，以及森林草原火灾和重大生物灾害等。青藏高原地形复杂多变，气候变化剧烈，常出现暴雪、冰雹、干旱、洪涝等气象灾害以及鼠害、病虫害等生物灾害。

　　青藏高原地势高，空气稀薄，太阳辐射强，对流强烈，是我国暴雪和冰雹多发地。青藏高原是我国冰雹发生最多的地区，藏南主要农区平均每年有 6～12 次，多出现于 6～9 月。冰雹破坏农作物茎秆、叶片，造成减产，严重时颗粒无收。藏北牧区雹灾更为严重，年平均冰雹日数 25～35 天，牲畜和牧草遭受严重损失。由于地形地势和气候特点的影响，不同地区雪灾的频率有所差别，靠近喜马拉雅山的西藏山南地区是雪灾高发地，每年会有 1～2 次雪灾（高懋芳和邱建军，2011）。暴雪对青藏高原牧业生产造成严重危害。积雪覆盖了草场，也阻断了道路，给救灾造成了很大困难。牲畜在严寒中无法觅食，还要承受风雪的袭击，往往会大批死亡。

　　青藏高原经常发生大面积干旱。青藏高原上的降水主要来自印度洋西南季风，干湿季分明，年平均降水量仅在 400mm 左右，远低于全国年平均降水量 695mm（高懋芳和邱建军，2011）。因此，几乎每年都有不同程度的旱情。西藏地区冬、春、初夏每年连续干旱长达 156～228 天（王先明，1994），造成春播用水紧张，加之土壤保水保肥性能差，严重影响农作物总产量的提高。

3. 宜农土地占比较少

　　青藏高原土地资源地域分布差异明显，数量构成极不平衡。青藏高原虽然土地辽阔，但可利用土地面积有限。土地类型以生产能力低下的高寒干旱土地为主，荒漠等难利用的土地面积广阔。宜农土地比重仅 0.9%，宜牧土地占土地总面积的 53.9%，暂不宜利用土地面积占 34.5%（图 2-1）。截至 2020 年末，西藏自治区现有耕地面积 2308.3km^2，仅占全区土地面积的 0.19%，土地垦殖指数居全国末位（中华人民共和国国家统计局，2021）。宜农土地面积极其有限，主要集中干海拔 3000～4200m 的河谷地带，加之气温低，热量不足，土层发育年轻，土地贫瘠，抗侵蚀能力弱，植物生产缓慢，自然生产能力低下。2020 年，西藏粮食作物播种面积 186850hm^2，播种面积仅高于北

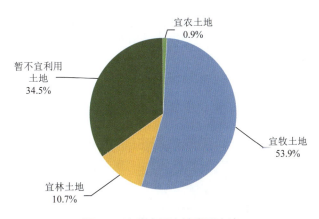

图 2-1　青藏高原土地类型占比

数据来源：西藏在线 http://www.tibetol.cn/html/2013/gy_0513/968.html

京和上海，占全国粮食播种面积 1.17 亿 hm^2 的 0.16%（中华人民共和国国家统计局，2021）。宜牧土地资源分布在人口稀少的高寒无林地域，通常海拔高、热量低，种植业与林业受限制，只能用于牧业。牧草质量、供水状况及灾害天气是牧业利用的主要限制因素（田莉华等，2016）。

2.1.2 青藏高原农村的人文环境特征

1. 少数民族比重高，家庭户规模大

青藏高原地区少数民族个数多、人口占比大。青藏高原居住着藏族、汉族、回族、羌族、蒙古族、彝族、门巴族、纳西族等多个民族。西藏是藏族的主要聚居地，全区还有汉族、门巴族、珞巴族、回族、纳西族等 45 个民族及未识别民族成分的僜人、夏尔巴人。青海省共有 55 个民族，土族和撒拉族为青海省所独有。

2020 年，西藏平均家庭户规模为 4.13 人 / 户，居全国首位，是全国家庭户规模的 1.4 倍。青海、新疆、云南、甘肃平均家庭户规模分别为 3.1 人 / 户、3.31 人 / 户、3.28 人 / 户和 3.35 人 / 户，均高于全国平均水平（中华人民共和国国家统计局，2021）。

2. 农村常住人口数量少，密度低

青藏高原地广人稀，人口分布差异极为显著（戚伟等，2020；刘荣高等，2017）。2019 年西藏、青海农村常住人口分别为 239.99 万人、270.34 万人，居全国末位，是河南农村常住人口的 1/18、1/16，占全国农村常住人口的 0.44%、0.49%。西藏人口密度为 2.1 人 /km^2，青海人口密度为 7.2 人 /km^2，甘肃人口密度为 57 人 /km^2，云南人口密度为 109 人 /km^2，地广人稀的特征十分明显。从地区分布来看，以西藏为例，其总人口中有 80% 分布在雅鲁藏布江流域及藏东三江流域（央宗和索郎仁青，2003），人口密度最高值和最低值分别为 2928.8 人 /km^2（拉萨城关区街道）和 0.009 人 /km^2（山南地区玉麦乡）。人口密度小于 1 人 /km^2 的区域占总面积的 63.82%，占人口总数的 7.86%；人口密度大于 10 人 /km^2 的区域仅占总面积的 4.48%，覆盖人口总数超过了 45%（王超等，2019）。这样的人口分布特点与其自然、地理和气候环境的影响有直接关系。

3. 人口受教育程度相对较低

青藏高原人口的文化素质提高很快，但其水平仍相对较低。截至 2019 年底，西藏人口的文盲率高达 33.11%，约是全国平均水平的 8 倍。青海文盲率为 10.6%，是全国平均水平的 2 倍多，云南文盲率为 7.31%、四川文盲率为 6.81%、新疆文盲率为 3.7%，除新疆外，西藏、青海、云南和四川的文盲率都高于全国平均水平。以西藏自治区为例，其教育发展水平仍与全国平均水平差距较大，具有小学文化程度的人口占 33.13%，具有初中文化程度的人口占 18.95%，具有高中文化程度的人口占 5.47%，中职文化程度人口占 1.14%，各层次文化人口比重都低于全国平均水平，是全国各省（自

治区、直辖市）教育水平相对落后地区（表 2-1）。人口受教育程度相对较低，意味着青藏高原现代文明植入较少、社会发育程度较低、区域经济发展水平相对低。低教育发展水平成为制约发展的一大障碍。

表 2-1　青藏高原五省（自治区）2019 年人口文化程度情况　（单位：%）

地区	文盲人口占 15 岁及以上人口的比重	未上过学人口占 6 岁及以上人口的比重	小学人口占 6 岁及以上人口的比重	初中人口占 6 岁及以上人口的比重	高中人口占 6 岁及以上人口的比重	中职人口占 6 岁及以上人口的比重
全国	4.59	5.11	25.29	37.29	13.01	4.73
四川	6.81	7.01	32.57	31.55	10.71	4.04
云南	7.31	7.24	37.07	32.46	7.43	4.53
西藏	33.11	32.80	33.13	18.95	5.47	1.14
青海	10.6	11.78	34.68	27.97	8.42	3.40
新疆	3.7	4.54	30.28	35.42	14.88	14.88

数据来源：《中国统计年鉴》（2020）。

4. 农村居民人均可支配收入水平相对较低，但增速较快

农村居民人均可支配收入水平是衡量农村地区富裕程度的关键指标，能够真实反映居民的实际经济水平。2013 ～ 2020 年，青藏高原农村人均可支配收入持续稳定增长，但总量仍低于全国平均水平，但增速相对较快。2013 年全国农村人均可支配收入为 9429.6 元，2020 年为 17131.5 元，年均增长 8.90%；2013 年、2020 年西藏农村人均可支配收入分别为 6553.4 元、14598.4 元，年均增长 12.12%，较全国增速高出 3.22 个百分点（表 2-2）。

表 2-2　2013 ～ 2020 年青藏高原五省（自治区）农村可支配收入情况（单位：元）

地区	2013 年	2014 年	2015 年	2016 年	2017 年	2018 年	2019 年	2020 年
全国	9429.6	10488.9	11421.7	12363.4	13432.4	14617	16020.7	17131.5
四川	8380.7	9347.7	10247.4	11203.1	12226.9	13331.4	14670.1	15929.1
云南	6723.6	7359.2	8242.1	9019.8	9862.1	10767.9	11902.4	12841.9
西藏	6553.4	7359.2	8243.7	9093.8	10330.2	11449.8	12951	14598.4
青海	6461.6	7282.7	7933.4	8664.4	9462.3	10393.3	11499.4	12342.5
新疆	7846.6	8723.8	9425.1	10183.2	11045.3	11974.5	13121.7	14056.1

数据来源：《中国统计年鉴》（2014 ～ 2021）。

2.2　青藏高原科学考察路线与重点区域

2.2.1　科考路线

第二次青藏科考依据青藏高原环境、生态、地质地理特点及其在生态安全屏障中

的作用,将其划分为亚洲水塔区、喜马拉雅区、横断山高山峡谷区、祁连山-阿尔金山区、天山-帕米尔区五大综合考察研究区。按照五大综合区,乡村可持续发展科学考察路线主要在亚洲水塔区和横断高山峡谷区。

I 亚洲水塔区:以一江两河、藏东南区、南亚通道等为考察重点。一江两河自然保护区是正在规划的以保护黑颈鹤主要繁殖地为重点,以申扎黑颈鹤繁殖地为中心的涵盖西藏黑颈鹤其他栖息地和冬季采食地的永久保护区与季节性保护点相结合的自然保护区群,其范围包括那曲、阿里、山南、林芝、昌都、日喀则6个地区和拉萨市的41个县。藏东南区指西藏东南部地区,主要是昌都地区及林芝地区东部(察隅县、墨脱县、波密县)。

II 横断高山峡谷区:以三江源和三江流域及横断山区等关键区为考察重点。三江源地区位于我国青海省南部,是长江、黄河和澜沧江的源头汇水区。行政区域涉及包括玉树、果洛、海南、黄南四个藏族自治州的16个县和格尔木市的唐古拉乡。横断山区位于青藏高原东南部,通常为四川、云南两省西部和西藏自治区东部南北走向山脉的总称。

2020年科考区域为拉萨—亚东—林芝沿线及周边地区,科考分队于2020年8月3～15日完成拉萨—仁布—日喀则—陈塘/日乌—吉隆13天科学考察。于2021年6月23日至7月9日完成成都—康定—巴塘—昌都—八宿—波密—林芝—拉萨—山南17天科考考察;于2021年8月1～14日完成丽江—迪庆—稻城—甘孜县—德格—玉树—西宁14天科学考察。

2.2.2 重点区域

青藏高原乡村可持续发展科考任务包括撰写科学考察报告、建设可持续生计示范点和建立乡村发展数据库。其中科考分队在日喀则吉隆县通过农牧民生计能力的培训和示范,提高农牧民收入,增强抵御贫困风险能力,探索持续脱贫路径,为村镇绿色发展模式提供有效示范。针对农牧民可持续生计,在西藏自治区、四川省、云南省、新疆维吾尔自治区四个省级行政区9个地级市及下属的8个县进行了走访调研和问卷调查。

吉隆县位于珠穆朗玛峰国家自然保护区域内的核心区,地处西藏自治区日喀则市西南部,东面与聂拉木县相邻,北面与萨嘎县相连,南面与尼泊尔接壤,边境线长达162km。吉隆县被誉为"珠穆朗玛后花园",拥有得天独厚的生态资源。自脱贫攻坚战打响以来,吉隆县脱贫攻坚工作成效显著,2018年顺利通过了国家考核验收,实现了脱贫摘帽。为进一步巩固当地脱贫攻坚效果,同乡村振兴有效衔接,践行"绿色发展"理念,2020年8月15～21日,科考分队在日喀则市吉隆县建立农牧民可持续生计示范点,前往吉隆县吉隆镇、宗嘎镇、萨勒乡等乡镇,聘请多领域专家面向当地农牧民开展了11场线下培训活动,内容涵盖种养殖技术、转移就业技能、电子商务等,走进当地农村合作社、乡村专干企业10余家进行技术指导和交流,覆盖当地农牧民100余人次。此外,2020年9月～2021年8月,在线上开展"西藏'益'行动扶贫直播课"10场,邀请专家针对电商短视频策划及运营、创业服务、文化创新等内容进行授课,直播间在线学习的当地农牧民保持在 900 人左右，最高峰达 1213 人。通过培训，科考分队在吉隆县建立了"吉隆县乡村专干合作社社长学习群"覆盖 25 人、"第二次科考吉隆县可持续工作群" 12 人、"走进西藏公益活动咨询群" 67 人、"吉隆县课程培训沟通群" 57 人，并发展了张斐、刘玉琦、占堆等联络人。在培训过程中为更好地了解村民的基本情况与需求，科考分队根据项目需要，随机对吉隆县 123 名村民及其家庭进行了抽样走访调查，共涉及 713 名村民（表 2-3）。调查内容包含村民的性别、学历、政治面貌、家庭人数、家庭收入、收入来源等个人信息和可持续生计信息。

表 2-3　吉隆县调查问卷描述性统计

项目	最小值	最大值	均值
年龄 / 岁	20	54	32.96
家庭人口数 / 个	2	12	5.8
家庭年人均收入 / 万元	0.12	8	1.8

注：本表调查户数为 123 户。

数据来源：基于课题组调查问卷统计分析。

为进一步了解青藏高原农村居民的可持续生计状况、农村人居环境治理的发展现状与问题，以及农牧民对于乡村振兴、厕所革命的切身感受，科考队成员在 2021 年科学考察过程中，面向青藏高原地区农牧民发放了调查问卷。调查内容主要包括青藏高原可持续生计、乡村振兴、厕所革命三个方面。在可持续生计方面，调查内容包含村民的家庭收入、家庭耕地数量、主要收入来源、家庭现金和债务；在乡村振兴方面，调查内容包含脱贫攻坚给村民生活带来的改善、希望乡村振兴改进方向；在厕所革命方面，调查内容包括厕所类型、村民对厕所现状的满意度、改厕意愿、改厕障碍等。问卷调查涵盖西藏自治区、四川省、云南省、新疆维吾尔自治区四个省级行政区，包括 9 个市区及下属的 8 个县区，在调查区域选取时，采用等距随机抽样、方便抽样、交通控制配额抽样相结合的方法，基于数据的可获得性和完整性，共获取有效样本 2808 个，样本分布如表 2-4 所示。

表 2-4　问卷调查样本情况表

项目	昌都市	稻城县	德格县	迪庆藏族自治州	山南市	甘孜藏族自治州		拉萨市		林芝市		日喀则市	
						巴塘县	康定市	堆龙德庆区	达孜区	波密县	墨脱县	亚东县	吉隆县
样本量 / 份	144	95	60	122	5	1372	46	183	462	11	40	97	171
						1418		645		51		268	
占比 /%	5.13	3.38	2.14	4.34	0.18	48.87	1.64	6.52	16.45	0.39	1.42	3.45	6.09

数据来源：基于课题组调查问卷统计分析。

在受调查的 2808 个样本中，男性占比略高于女性，年龄主要集中在 18 ～ 50 岁，属于主要劳动力。村民的学历水平跨度由小学到本科，本科及以上学历的农村居民仅占 6.23%，文化程度为初中及以下的农村居民占 78.53%，高中学历的占 7.37%，大专学历的占 7.87%。97.83% 的受调查居民来自少数民族，藏族居民占总调查人数的 94.16%，村民所在家庭的收入主要来自三种方式：外出务工、农产品和养殖业。其中主要以外出务工获取收入的家庭占比为 32.02%，主要以农产品获取收入的家庭占比为 23.29%。村民的家庭年人均收入差距较大，16.42% 家庭年人均收入为 3000 元以下，5.52% 家庭年人均收入在 80000 元以上，家庭年人均收入为 3000 ~ 50000 元占比最大，为 64.03%（表 2-5）。

表 2-5　问卷调查样本情况统计表

统计项目	基本数据						
性别 /%	男				女		
	62.86				37.14		
年龄 /%	18 岁以下	18 ~ 30 岁		31 ~ 50 岁		50 岁以上	
	1.25	24.29		54.62		19.84	
文化程度 /%	初中及以下	高中		大专		本科及以上	
	78.53	7.37		7.87		6.23	
家庭耕地规模 /%	5 亩以下	5 ~ 10 亩		10 ~ 20 亩		20 亩以上	
	62.60	24.47		10.15		2.78	
家庭可支配现金 /%	5000 元以下	5000 ~ 10000 元		10000 ~ 20000 元		20000 元以上	
	30.59	25.64		18.66		25.11	
民族 /%	汉族	藏族	彝族	羌族	苗族	回族	其他
	2.17	94.16	0.21	0.11	0.11	0.07	3.17
主要收入来源 /%	农产品	养殖业	外出务工	家庭副业	政府补贴		其他
	23.29	10.90	32.02	7.3	7.66		18.83
家庭年人均收入 /%	3000 元以下	3000 ~ 20000 元	20000 ~ 50000 元	50000 ~ 80000 元		80000 元以上	
	16.42	35.93	28.1	14.03		5.52	

数据来源：基于课题组调查问卷统计分析。

2.3　青藏高原农村可持续生计发展的现状和问题

2.3.1　青藏高原农村可持续生计现状

1. 青藏高原实现全面脱贫

西藏自治区曾是全国唯一的省级集中连片特困地区和整体深度贫困地区，自然条件差、致贫原因杂、贫困程度深、扶贫成本高、脱贫内生动力不足，是全国脱贫攻坚的主战场。经过不懈努力，青藏高原打赢了脱贫攻坚战，各族人民实现了不愁吃、不愁穿和义务教育安全有保障。截至 2019 年底，西藏自治区 62.8 万建档立卡贫困人口已全部脱贫，74 个贫困县全部摘帽。贫困发生率由 2016 年的 17.15% 降至 0，历史性消除了千百年来困扰西藏各族群众的绝对贫困，打赢了脱贫攻坚战（表 2-6）。村庄基础设施条件显著改善，各类产业蓬勃发展，百姓生产生活水平明显提升。青藏高原使用管道供水的农户比重达到 90%，使用经过净化处理自来水的农户比重为 58.2%，拥有独用厕所的农户比重达 96.5%，青藏高原群众的生产生活条件得到了极大改善。

表 2-6　2016 ～ 2020 年西藏自治区脱贫攻坚情况

项目	2016 年	2017 年	2018 年	2019 年	2020 年
减贫人数 / 万人	14.7	15	18.1	15	0
摘帽县区数 / 个	5	25	25	19	0
贫困发生率 /%	17.15	12.40	5.64	0.00	0.00
农牧民人均可支配收入 / 元	9094	10030	11450	12951	14598
农牧民人均可支配收入增速 /%	10.3	10.3	14.2	13.1	12.7

数据来源：《中国农村贫困监测报告》(2020)、《西藏和平解放与繁荣发展》(2021)。

2. 农村居民收入和消费大幅提高

经过脱贫攻坚战，青藏高原贫困人口的收入和消费水平大幅提高。西藏贫困地区农村居民人均可支配收入从 2013 年的 6553 元增长到 2019 年的 12951 元，年均增长 12.02%，增长持续快于全国农村平均水平；四省涉藏地区（指青海、四川、云南、甘肃）贫困地区农村居民人均可支配收入从 2013 年的 4962 元增长到 2019 年的 10458 元，年均增长 13.2%，增速比全国农村高 3.8 个百分点（图 2-2）。

图 2-2　2013 ～ 2019 年青藏高原农村常住居民人均可支配收入

数据来源：《中国农村贫困监测报告》(2020)

青藏高原农牧民的生计策略发生了较大的变化。由于青藏高原独特的地理位置和气候条件，以前农村居民大多依靠种植业、畜牧养殖等方式维持生计，随着精准扶贫等政策的实施，农牧民的生计选择越来越多，外出务工成了农村居民维持生计的首选，带动收入增长最明显。受调查的农牧民中，带动增收最显著的分别为外出务工（34%）、政策收入（17%）、种植收入（14%）（图2-3）。村民所在家庭的收入来源主要来自三种方式：务工（32.02%）、农产品（23.29%）和养殖业（10.9%）。

图 2-3 青藏高原脱贫攻坚以来受调查农牧民收入增长来源分析

数据来源：基于课题组调查问卷统计分析

3. 农牧民物质资本日益丰富

物质资本是农户维持生计的物质基础，包含生产生活的基本资料和基础设备（郝文渊等，2014）。它通过农牧民的农业作业、信息沟通、出行成本以及面对风险时资产抵押变现能力等影响农牧民的生计策略选择，从而影响农牧民的收入。青藏高原农村居民物质资本日益丰富，耐用消费品成倍增长。随着青藏高原农村居民人均可支配收入水平的提高，家中电视机、移动电话等基本耐用品已全面普及，汽车、电冰箱、洗衣机等用于提高生活品质的耐用消费品拥有量成倍增长。2019 年，青藏高原连片特困地区平均每百户农户拥有汽车 19.6 辆、洗衣机 90.8 台、电冰箱 91.5 台、移动电话 272 部、计算机 16.5 台（图2-4）。

图 2-4 2013～2019 年连片特困地区农户耐用消费品拥有情况

数据来源：《中国农村贫困监测报告》（2020）

随着脱贫攻坚进程的不断推进及全党全社会的不懈努力，青藏高原人民生产生活水平得到了很大提高。调查地区农户的衣食住行、用电通信等基本生产生活条件得到了明显改善。受调查的农牧民中，改善最为明显的是住房安全（12.64%）、吃（11.34%）、穿（11.06%）（图 2-5）。

图 2-5　青藏高原脱贫攻坚以来受调查农牧民生活改善情况分析

数据来源：基于课题组调查问卷统计分析

4. 村庄基础设施条件显著改善

村庄基础设施条件显著改善，各类产业蓬勃发展，百姓生产生活水平明显提升。青藏高原幅员辽阔、沟壑纵横、高寒缺氧，多数地方生产生活条件恶劣。在党中央的关怀下，青藏高原地区投入逐年增加。西藏自治区加大资金统筹整合力度，2016 ～ 2020 年累计整合和统筹整合中央和西藏自治区财政涉农资金 753.8 亿元，用于支持西藏自治区脱贫攻坚及巩固脱贫成果，年均增长 10%。在脱贫攻坚整合资金中，财政专项扶贫资金投入稳步增长，由 2016 年的 35.4 亿元增至 2020 年的 106.4 亿元，五年来资金投入量达 388.8 亿元，年均增长约 32%。同时，西藏自治区及时将自治区、地市、县区结余 1 年以上和结转 2 年以上的财政涉农资金全部统筹整合用于扶贫开发，提高资金使用效益。援藏扶贫资金投入每年较为稳定，年均投入 37.4 亿元，五年来资金投入量达 187 亿元（图 2-6）。分项规划投入方面，2016 ～ 2020 年，西藏自治区产业扶贫资金到位 395.41 亿元，完工项目 2767 个；易地扶贫搬迁累计完成投资 193 亿元，占总投资 198 亿元的 97.5%。

脱贫攻坚以来，青藏高原县、乡、村充分享受到国家更加优惠的政策，水、电、路、居等人民生活急需的基础设施加大了建设力度。2017 年西藏发布《西藏自治区边境地区小康村建设规划（2017—2020 年）》，主要目标是改善边民的住房条件和边境村庄的"水电路讯网、教科文卫保"以及产业建设。截至 2019 年底，连片特困地区自然村公路通达通畅，实现村村通电话，移动通信网络全覆盖。2013 ～ 2019 年，所在自

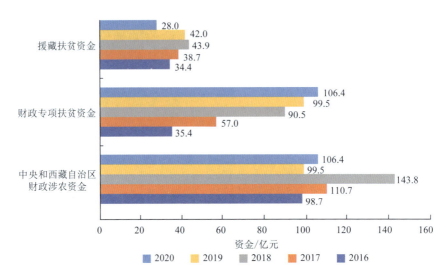

图 2-6 2016 ～ 2020 年西藏自治区各项扶贫资金情况

数据来源：西藏政府工作报告

然村进村主干道道路硬化的农户比重从 88.4% 上升至 99.4%，所在自然村能便利乘坐公共汽车的农户比重从 53.5% 上升至 75.5%，所在自然村垃圾能集中处理的农户比重从 30.3% 上升至 85.1%（图 2-7）。通过实施农村危房改造，农村居民告别了破旧的竹草土坯等危房，住上了宽敞明亮的安全房。对于部分无力改造住房的特困群众，通过统建农村集体公租房、修缮加固现有闲置公房等方式，兜底解决其住房安全问题。通过实施农牧民安居、城乡保障房建设等系列工程项目，2020 年西藏农牧民人均自有住房面积达 41.46m^2。

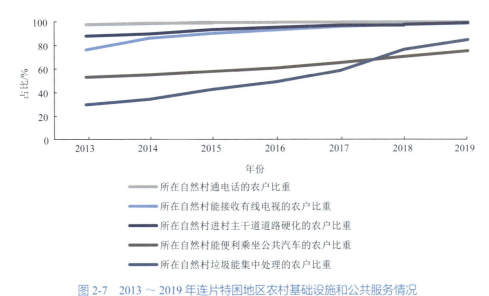

图 2-7 2013 ～ 2019 年连片特困地区农村基础设施和公共服务情况

数据来源：《中国农村贫困监测报告》（2020）

2.3.2　青藏高原农村可持续生计存在的问题

2020 年后，西藏自治区脱贫攻坚已由集中攻坚阶段转向成果巩固提升阶段，由消除绝对贫困阶段转向建立解决相对贫困长效机制阶段，由集中连片的区域贫困分布转变为脱贫不稳定户、边缘易致贫户散点分布，处于巩固脱贫攻坚成果、解决相对贫困问题、衔接乡村振兴战略实施的交汇期，巩固脱贫攻坚成果，有效衔接乡村振兴任务艰巨。

1. 农户抗风险能力有待增强

农业风险无处不在。青藏高原地区农业技术水平相对较低，容易因为天气变化、自然灾害等不可预见的因素造成农产品绝收、滞销，农民蒙受巨大损失。加强农业抗风险能力建设尤其紧迫。受调查的农牧民中，最担心的问题分别是担心自己或家人患病（66.77%）、担心自然灾害（49.32%）、担心自己技术跟不上产业发展需求（43.30%）、担心农作物收成（32.69%）、担心农牧产品价格下跌（26.89%）（图 2-8）。为提高农户抗风险能力，一是应加强农业抗自然灾害能力建设。修复完善农田水利基础设施，筑牢抗自然灾害的第一道堤坝。健全自然灾害监测预警体系，建立自然灾害预测预警响应机制。加强灾后恢复重建系统建设，为农业产业增强自愈力。二是充分发挥政策性农业保险、商业保险、互助组织的兜底补偿保障作用。发挥农业政策性保险的兜底作用（李林和李雅超，2016）。

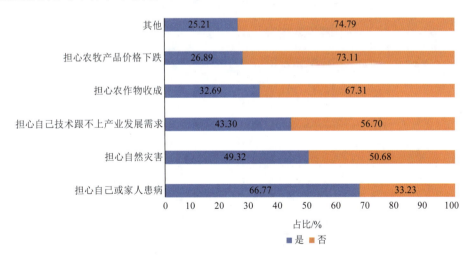

图 2-8　青藏高原脱贫攻坚以来受调查农牧民抗风险情况分析

数据来源：基于课题组调查问卷统计分析

2. 农村居民经济发展方向尚不明晰

农牧民整体素质与市场经济发展要求不适应制约了农村经济的发展。青藏高原农村居民对现代农业技术的掌握能力相对较弱，影响农业新技术的推广应用。居民接受的现代职业技能培训相对较少，对于在农业生产中遇到的一些棘手问题，也只能依靠自身传统经验来解决。在市场经济条件下，部分农村居民发展意识不强，对市场经济的认识不够，在经济发展过程中存在"盲目跟风"心理，对农业生产和农村产业发展面临的机遇、挑战与风险认识不足。受调查的农牧民中，认为农村发展中存在的最大问题分别是不知如何开展经济活动（47.33%）、农产品不好销售且价格低（27.60%）、负担重（12.14%）、农产品生产成本高（11.29%）（图 2-9）。其中，不知如何开展经济活动是阻碍乡村发展最严重的问题，引导和支持村民通过各种渠道提升自身技术水平，创造经济活动条件显得格外重要。

为使农村居民明确发展经济方向，一是加大教育培训力度，提高农民的素质与技能，加强农民的基础教育，消除文盲，提高农民的科学文化水平；加强农民的职业技能培训，提高农民的实际处理问题的能力，让农民都拥有一技之长，培养具有创新能力和实践能力的农村新型实用人才。不断转变农民的传统观念，提高农民的市场意识、风险意识，培育农民的竞争合作精神，坚持以市场规律为导向，以科学发展观为指导，逐步掌握并利用市场规律。二是转变经济增长模式，以绿色发展的理念促进经济的发展，倡导农民进行绿色生产和绿色消费，把环境保护与经济发展放在同等重要的位置上，走可持续发展道路。

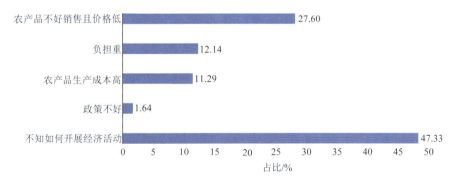

图 2-9   青藏高原脱贫攻坚以来受调查农牧民认为农村发展中存在的问题分析

数据来源：基于课题组调查问卷统计分析

3. 农村基础设施建设相对薄弱

"十三五"期间，我国持续加大对农业农村的投入力度，加快补齐农村基础设施短板，推动农村基础设施提档升级，青藏高原地区满足基本生活需要的基础设施已经较为完备，但总体上仍需要加大基础设施建设力度，特别是排水设备、厕所、农田灌溉、物流网点的建设完善。农村基础设施建设不仅是促进乡村经济发展的保障和基础，也是吸纳外部资金和人才的关键。受调查的农牧民中，认为还需要改善的基础设施分别为排水设施（19.88%）、厕所（15.42%）、农田灌溉（15.19%）、物流网点（14.79%）（图 2-10）。

图 2-10　青藏高原脱贫攻坚以来受调查农牧民认为还需改善的基础设施情况
数据来源：基于课题组调查问卷统计分析

2.4　青藏高原地区农村人居环境整治的现状和问题

青藏高原地区始终坚持巩固拓展脱贫攻坚成果，在发展可持续生计的同时，以农村人居环境整治提升为主要抓手启动乡村建设，落实最严格的生态环境保护要求，把"守住生态保护红线、发展绿色高原生物产业"贯穿农村人居环境整治各阶段各环节。实行自治区统筹、市县负责的管理体制，在摸清各地农村人居环境现状的基础上，坚持缺什么补什么，以填平补齐为原则，科学制定农村人居环境整治的"施工图"。以"厕所革命"、污水治理和生活垃圾治理等为主攻方向，有序推进农村人居环境突出问题治理，全面提升农村人居环境质量。

在党中央的关怀下，青藏高原地区人居环境整治投入逐年增加。据《青藏高原生态文明建设状况》白皮书，2009～2018 年，国家累计投入 62.94 亿元，支持西藏自治区、青海省以及四川、云南、甘肃涉藏地区城镇的生活污水垃圾处理设施及污水管网项目，提高了当地城镇生活污水、垃圾处理能力。"十二五"期间，国家累计投入 54.52 亿元，支持青藏高原地区开展农村环境综合整治。其中，西藏自治区 3.49 亿元、四川省 16.31 亿元、云南省 14.54 亿元、甘肃省 8.99 亿元、青海省 11.19 亿元。

2.4.1　青藏高原农村人居环境整治的现状

1. 农村生活垃圾治理水平明显提升

青藏高原地区农村生活垃圾清运力度加大，生活环境改善。2020 年西藏生活垃圾清运量为 62.3 万 t，生活垃圾无害化处理量为 62.1 万 t，生活垃圾无害化处理率达到 99.6%，清运量逐年增加，增速逐渐加快（图 2-11）。青海省农村生活垃圾得到治理的建制村达到 91.7%，生活垃圾无害化处理率达到 99.3%，所有建制村均建立了日常保洁机制[①]。

图 2-11　2016～2020 年西藏自治区生活垃圾清运量和生活垃圾无害化处理量以及生活垃圾无害化处理率

数据来源：《中国统计年鉴》(2021)

青藏高原地区因地制宜建立健全生活垃圾收储运体系。根据村庄分布、转运距离、经济条件等因素确定生活垃圾收运和处理方式。优先利用城镇设施处理农村牧区生活垃圾，距离城镇垃圾处理场较远的乡镇采取"户集中、村收集、乡转运、县处理"模式，运输能力允许的可适当扩大收运范围。对于距离城镇较远、人口相对集中的村镇，采取"户集中、村收集、乡镇处理"的集中治理模式。偏远及人口分散的村镇，采取"户集中、村收集、村处理"的分散治理模式；不具备条件的应妥善储存、定期外运处理。例如，2018 年西藏昌都市开展农村人居环境整治三年行动以来，投入近 1.5 亿元购置垃圾收集、转运设施，努力完善"村收集、乡转运、县处理"垃圾无害化处理模式，210 个村建立了"村收集、乡转运、县处理"垃圾处理体系。青海省农村生活垃圾也得到了有效治理，全省所有建制村全部配齐垃圾收集转运设施，村收集、乡镇转运、县处理机制进一步完善，城乡一体化垃圾处理体系在部分县探索推广。

青藏高原地区垃圾分类处理推行力度逐渐加大，但居民垃圾分类习惯仍需养成。西藏拉萨市垃圾分类体系初步形成，居民小区生活垃圾分类设施投放覆盖率达86.46%。截至 2020 年 9 月，西藏日喀则市共投放四分类垃圾投放设施 188 套，涉及 46个小区。青藏高原其他地区也在积极探索适合本地区的推进方式。西藏昌都市在农村生活垃圾治理过程中坚持试点引领，以"可回收物和其他垃圾"为生活垃圾分类基本原型，选择适宜的垃圾处理模式，146 个村开展了农村生活垃圾分类，874 个村建有垃圾集中收集点，50 个乡镇建有垃圾中转站，整治非正规垃圾堆放点 125 个。阿里地区在各县共投放分类垃圾桶 1600 余个，各县全面推行可回收物分类收集和处理，在末端

[①] 付凌晖，刘爱华 . 2021. 中国统计年鉴 . 北京：中国统计出版社 .

分类处理设施还未建设的有限条件下，在生活垃圾填埋前先将可回收物进行分类，共 90 余人专门负责垃圾分类工作，并积极与废品回收企业对接，初步实现了环卫收集与废品回收的"两网"融合。

青藏高原地区非正规垃圾堆放点排查整治工作正在开展。重点整治垃圾山、垃圾围村、工业和城镇污染"上山下乡"。全面清扫和清运村边、路边、水边、田边、树林中的各类露天堆放垃圾，疏通沟渠，清理柴堆、粪堆，做到无暴露垃圾、无卫生死角。自 2018 年开展农村人居环境整治三年行动以来，青海省 195 处非正规垃圾堆放点已全部完成整治销号。针对垃圾处理和污水排放不符合标准、村庄环境"脏乱差"等问题，西藏自治区出台相关政策，全面推进农村人居环境整治工作。截至 2020 年 10 月，西藏非正规垃圾堆放点全部完成整改，30% 以上村庄的生活污水乱排乱放现象得到管控，136 个村庄开展美丽宜居示范村创建。

2. 农村生活污水治理和管控持续推进

青藏高原地区农村生活污水治理率逐步提高。自 2018 年开展农村人居环境整治三年行动以来，青海省累计完成 456 个建制村生活污水治理项目，有效治理率达到 11%，超额完成 10% 的目标任务，农村生活污水治理率逐步提高。西藏自治区 233 个村庄纳入污水管网，412 个村庄建有集中式、分散式等农村生活污水治理设施，277 个村庄开展黑臭水体排查治理并建立台账，1045 个村庄统筹推进农村治污与改厕工作，399 个村庄采用适合本区域特点的农村生活污水治理技术，1588 个村庄农村生活污水乱排乱放得到管控。

青藏高原地区农村因地制宜地选择经济适用、简便有效的农牧区污水治理技术路线和治理模式。按照区位条件、村庄人口聚集度、污水产生量、经济发展水平等，梯次推进污水治理，科学确定污水治理方式和技术。对人口聚集度较高、污水排放相对集中的村庄，鼓励采用集中处理方式；县城、乡镇近郊的村庄，生活污水纳入县城和乡（镇）污水收集管网集中统一处理；对于相对分散的村庄采用化粪池、净化沼气池等污水处理系统进行处理。在高寒、高海拔地区推广污水处理的新技术、新工艺、新材料、新设备。四川省甘孜藏族自治州（简称甘孜州）实施"垃圾污水处理三年行动"，2017 年落实地方政府专项债券资金 2.75 亿元用于新型城镇化建设。截至 2017 年底，四川省阿坝藏族羌族自治州（简称阿坝州）共投资 5.85 亿元用于建设污水、垃圾处理设施。云南省迪庆藏族自治州（简称迪庆州）禁止在辖区内销售、提供、使用不降解的塑料制品，水污染、土壤污染和大气污染治理取得明显成效。甘肃省甘南藏族自治州（简称甘南州）已投入 52.46 亿元，实施 703 个生态文明小康村建设项目，改善了这些村基础设施、公共服务、社会保障和生态环境等生产生活条件。

康定市姑咱镇污水处理厂

姑咱镇污水处理厂位于康定市姑咱镇黑日村村委会处（图 2-12），项目总投资 2390.44 万元，环保投资 121.5 万元。该项目的污水处理量为 1600t/d，配套管网 3019m，采用预处理＋流化床 -MBR

一体化设备处理。项目于 2018 年 10 月开工建设，于 2019 年 4 月竣工，于 2019 年 9 月通过技术指导调试试运行并正式运行，目前运行状况正常，出水水质达到《城镇污水处理厂污染物排放标准》（GB 18918—2002）一级 A 排放标准。

图 2-12　康定市姑咱镇污水处理厂

3. 农村"厕所革命"取得积极成效

习近平总书记指出"要推动乡村生态振兴，坚持绿色发展，加强农村突出环境问题综合治理，扎实实施农村人居环境整治三年行动计划，推进农村'厕所革命'，完善农村生活设施，打造农民安居乐业的美丽家园，让良好生态成为乡村振兴支撑点"。青藏高原结合厕所革命和乡村旅游发展，推进农牧区厕所建设，农村卫生厕所普及率大幅提高（图 2-13）。经过三年的农村人居环境整治行动，截至 2020 年，青海省三年

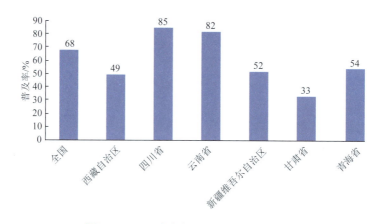

图 2-13　2020 年各地户用卫生厕所普及率

数据来源：农业农村部、西藏自治区农业农村厅、四川省人民政府办公厅、云南省人民政府、青海省人民政府、甘肃省人民政府、新疆维吾尔自治区农业农村厅

改造卫生户厕 20 万座，卫生厕所普及率提高 22.5%，达到 54.5%。云南省迪庆州自 2018 年开展农村人居环境整治三年行动以来，卫生户厕覆盖率达到 66.5%，每个建制村达到村委会所在地至少有一座无害化卫生公厕的使用标准，全州改厕技术指导员有 1262 名，农村如厕环境有了明显改善。西藏自治区各地持续组织开展村庄清洁行动，加快建设生态宜居美丽乡村，截至 2021 年 4 月，全区共完成农村户用卫生厕所改造 4746 座，农村户用卫生厕所普及率达 49.45%。

青藏高原地区根据经济条件和农牧民生活习惯，因地制宜地选择改厕模式。以农牧民新建住房为重点，积极引导推动厕所进院入室，建设无害化卫生厕所。在污水管网可覆盖的村庄，鼓励使用水冲式厕所，推进厕所粪池共同治理；在缺水地区或人口相对分散的村庄，鼓励选择粪尿分集或双坑交替式厕所；同时结合乡村旅游发展，重点推进一批农牧区厕所旅游化改造，提高厕所建设管理水平。加强村民广场、乡村集市、中小学校、乡镇卫生院等人员密集活动场所卫生公厕建设，改建翻修一批农区公共厕所，逐步消除旱厕、露天厕所。

青藏高原地区"厕所革命"补偿机制逐步完善。西藏自治区农业农村厅联合西藏自治区财政厅印发了《西藏自治区 2019 年度"厕所革命"整村推进财政奖补资金使用方案》，确定对 57850 户家庭实施整村推进财政奖补政策，每户家庭补助财政资金 2000 元，其中中央、西藏自治区统筹解决 1500 元（中央补助 1000 元/户、西藏自治区补助 500 元/户），地市、县（区）承担 500 元。同时，建立"一村一档、一户一卡"管理制度，做到可调度、可追溯、可跟踪。

4. 村庄清洁行动深入开展

西藏自治区农村积极实施"四清两改"，即清理农村生活垃圾，清理村内塘沟，清理畜禽养殖粪污等农业生产废弃物，清理饲草料堆放；改变影响农村人居环境的不良习惯，改变人畜混居。仅 2020 年，西藏自治区共清理农村生活垃圾 5.4 万 t，清理村内水塘 10612 口、沟渠 3.05 万 km，清理秸秆乱堆乱放 1.4 万处，清理畜禽粪污废弃物 2.05 万 t。自 2018 年开展农村人居环境集中整治以来，青海省以"三清一改治六乱"为重点，全面组织开展村庄清洁行动，4146 个建制村村庄清洁行动全覆盖，91.7% 的建制村生活垃圾得到治理，完成 456 个建制村生活污水治理项目，有效治理率达到 11%，村容村貌显著改善。为推动村庄清洁行动常态化，截至 2021 年 5 月，云南省设置村庄保洁员 26 万余名，所有自然村均有 1 名以上村庄保洁员。四川省重点推进农村生活垃圾处理、污水处理、村庄清洁、"厕所革命"和畜禽粪污资源化利用"五大行动"，突出"垃圾、污水、厕所"三大革命，重点做到"三清两改一提升"，即清理农村生活垃圾、清洁农村水源水体、清理畜禽养殖粪污等农业生产废弃物、改造农村户用厕所和公厕、改变影响农村人居环境的不良习惯、不断提升村容村貌。

青海省两县入选全国村庄清洁行动先进县

青海省互助县聚焦生活垃圾、污水、农业面源等污染防治重点，扎实推进以"四清一改治十乱"为重点的村庄清洁行动，建成村庄污水收集处理项目4个，高标准建成高原美丽乡村23个，对1911户实施居住条件改善工程，改造农村户用卫生厕所2500座。玛沁县探索推行"1+10+N"基层党建工作模式，开展"卫生评比流动红旗走进牧民家庭"活动，激励牧民群众积极动手"整庭院、理居室、争净优"，新建改扩建农村户厕2553座，建成科技循环产业示范园、畜禽养殖废弃物堆放点4处，规模化养殖场粪污综合利用率达75%以上。

2.4.2 青藏高原农村人居环境整治的问题

1. 垃圾对农牧区生态环境产生巨大压力

随着农牧区生活垃圾产生量不断增加、增幅加快，对农牧区生态环境造成的压力日益增大，垃圾成堆问题不同程度地存在，农牧民群众对此反应强烈。特别是随着经济社会的发展，旅游人口激增，农牧区生活垃圾成分和结构发生较大变化，各种有害垃圾、塑料垃圾快速增长，与农牧区传统生活垃圾相比，危害范围更广、程度更深、时间更久，必须进行科学分类和回收利用。

随着经济条件的发展，交通条件的改善，生活垃圾的产量及填埋场建设运行的数量日益增多，填埋场作为目前该区生活垃圾的主要处理设施，已经遍布高原。当前，填埋场设施设备建设不健全，运行管理过程不规范，填埋场运行和稳定化时间长，二次污染日益凸显，导致填埋场环境风险逐渐增大。

青藏高原目前还没有建立全链条的完善的垃圾分类处理体系。青藏高原现有的垃圾处理设施以填埋场和焚烧厂为主，适用于以前混合收运生活垃圾无害化处理的需要，但是对于分类后的垃圾处理缺乏针对性的分类处理设施。54%的受调查者所在地区采用集中分类处理的方式处理生活垃圾，39%的受调查者采用焚烧或填埋的方式进行垃圾处理，剩余7%采用随意分散处理的方式（图2-14）。

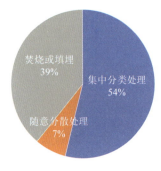

图2-14 青藏高原脱贫攻坚以来受调查农牧民生活垃圾的处理方法分析
数据来源：基于课题组调查问卷统计分析

开展农牧区生活垃圾分类就是对传统垃圾收集处置方式的改革，是对垃圾进行有效处置的一种科学管理方法。为保护青藏高原生态本底，提升垃圾处理水平，需要进一步推进农牧区生活垃圾分类处理，通过宣传教育等方式帮助农牧民提高垃圾分类能力和增强垃圾分类意识，从而有效节约原生资源、改善环境质量、带动绿色发展、引领绿色生活。

2. 探索青藏高原污水处理技术

青藏高原地区多为山区，地形条件恶劣，存在昼夜温差大、冬季气温较低、含氧量少、微生物活性弱等特点（杜本志，2020）。调查表明，青藏高原地区污水处理存在以下问题：高海拔影响氧转移效率、低水温影响生物反应速率和反硝化作用、农村生活污水浓度低影响生物脱氮除磷效率等，导致高原农村污水处理效果不理想。相关研究表明，当污水的水温低于10℃时，污泥的活性大大降低，处理效果较差；当水温低于4℃时，传统的生活污水处理则几乎无处理效果（杜本志，2020），亟须尽快探索适宜青藏高原地区特点的污水处理技术。

3. 农村卫生厕所普及率仍需提高

由于青藏高原的特殊海拔位置等因素，在受调查的农牧民中，家中没有独立厕所、只有公厕的占11%，几家共用一个厕所的占3%。剩余的86%的受调查者家中都有独立厕所，其中独立厕所类型调查中：水冲式厕所占42%，有顶有电式旱厕占16%，有顶无电式旱厕占13%，无顶式旱厕占8%，剩余的7%为其他类型的厕所。大部分水冲式厕所并没有完善的污水处理系统（图2-15）。

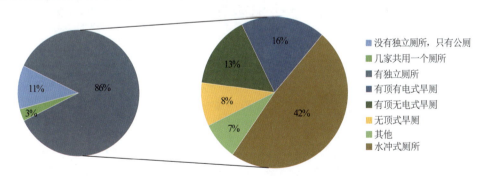

图 2-15　青藏高原脱贫攻坚以来受调查农牧民家中厕所情况

数据来源：基于课题组调查问卷统计分析

公厕数量和使用频率仍需提高。有26.6%的受调查者表明当地有没有公厕，在有公厕的农村地区，70%的居民经常会使用当地公厕。在没有公厕的农村地区，35%的居民了解到当地近三年已经计划建厕，其余居民并未了解到相关动态。大部分地区已经存在公厕，但公厕的普及率仍然有待提高（图2-16）。

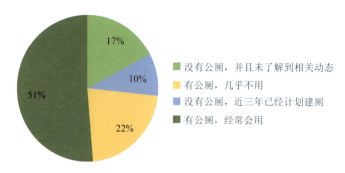

图 2-16　青藏高原脱贫攻坚以来受调查农牧民当地公厕状况

数据来源：基于课题组调查问卷统计分析

调查过程中发现，受访者对改厕期望普遍较高。青藏高原地区大多数农牧民都已经认识到了厕所卫生的重要性，并了解国家政策。仅有 21% 的受调查者对家里的厕所感到满意，认为不需要再进行改动，剩余 79% 的受调查者都认为，如果进行"厕所革命"，希望家中的厕所能够得到改进。其中 54% 受调查农牧民都希望家里的厕所改为水冲式厕所，其他希望的改厕类型分别为有顶有电式旱厕（16%）、有顶无电式旱厕（13%）、无顶式旱厕（8%），8% 的居民则希望家中厕所改为微生物无水厕所（图 2-17）。

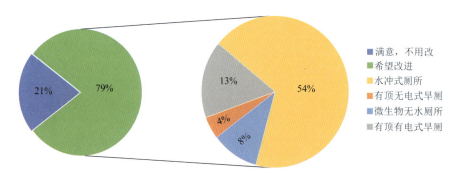

图 2-17　青藏高原脱贫攻坚以来受调查农牧民期望改厕方向分析

数据来源：基于课题组调查问卷统计分析

4. 环境整治人才、技术仍有待加强

青藏高原农牧区普遍存在缺水缺电、冰冻期长、基础条件差等问题，适用于青藏高原地区的环境整治技术仍不能满足现实需求，特别是针对高寒缺氧、冰冻干旱方面的厕所改造、生活垃圾污水治理等方面的技术科研成果和产品开发工作滞后，人才短缺现象严重，高层次专业技术人才不足，结构失衡。青藏高原农牧区群众居住相对分散，牲畜养殖现代化、集约化程度低，农村生活污水、畜禽粪污处理、垃圾治理等基础设施建设成本高、技术难度大。目前部分地区改厕与保障供水、污水处理并未同步推进。建设过程中，存在集中下水道收集式卫生厕所污水直排和并未纳入污水管网，三格化粪池式厕所使用效率低，双坑交替式厕所两个厕坑储粪室并未有效分开等问题。

5. 部分群众思想认识、文化观念仍需转变

厕所革命方面，部分农牧民对文明如厕的概念认识不到位，卫生习惯较差。调查数据显示，34% 受调查者认为民众自身对厕所卫生不上心，14% 认为政府对于"厕所革命"宣传力度不够，13% 认为政府后续管理和服务跟不上，11% 认为是政府在经济投入上的忽视（图 2-18）。厕所革命推进的阻碍因素主要是两个方面：民众自身方面和当地政府方面（政策、经济、执行和宣传），提高政府干部的认识、因地制宜地完善政策措施、加大"厕所革命"的宣传，提升技术水平和建设能力对于推进厕所革命至关重要。

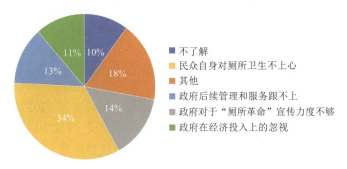

图 2-18　受调查农牧民认为"厕所革命"推进的阻碍因素分析
数据来源：基于课题组调查问卷统计分析

调查结果显示，民众对"厕所革命"的出资意愿不高。受调查者中愿意出资金额在 3000 元以下的有 524 人，出资金额位于 3000 ~ 5000 元的有 221 人，位于 5000 ~ 10000 元的有 109 人，位于 10000 ~ 20000 元的有 61 人，位于 20000 元以上的有 23 人（图 2-19）。绝大多数受调查者的出资意愿不高，集中在 3000 元左右，对于青藏高原地区而言，"厕所革命"执行需要国家给予更多的支持和补助，提高农村居民改革的积极性和主动性，提高青藏高原地区人民的生活质量。

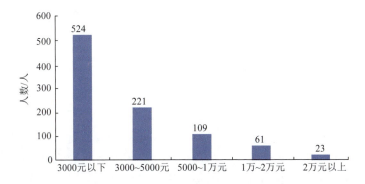

图 2-19　青藏高原脱贫攻坚以来受调查农牧民对"厕所革命"的出资意愿分析
数据来源：基于课题组调查问卷统计分析

2.5 政策建议

2.5.1 对易返贫致贫人口实施常态化监测

对农牧区低保对象、特困人员、易返贫致贫人口、家庭收支变化大特别是因病、因残、因意外事故和重大自然灾害等刚性支出较大，或家庭收入大幅度缩减导致基本生活出现严重困难人口及农牧民低收入群众等开展动态监测，定期检查、动态管理，重点监测其收入支出情况、"两不愁三保障"及饮水安全等情况，有效防范化解规模性返贫风险。

2.5.2 加强农牧区人居环境整治规划的顶层设计

开展《西藏自治区农牧区人居环境整治提升五年行动方案（2021—2025)》编制，将农牧区人居环境整治建设工程纳入西藏自治区"十四五"规划中。围绕农牧区人居环境整治整县推进、农村厕所革命、村庄污水垃圾基础设施建设等方面进行统筹规划。

2.5.3 尽快研发适用于高寒高海拔地区的厕改模式和污水处理技术

慎重推广集中下水道收集式卫生厕所和三格化粪池式厕所，尽快研发适用于高寒高海拔地区的厕改模式和污水处理技术。集中下水道收集式卫生厕所需要与污水管网或污水集中处理设施连接，仅适用于有条件建设供水、污水管网村庄的厕所改造，包括县城周边可并入城市管网的村镇，或人口相对密集并有条件建立村级集中处理设施的村镇。在无法衔接污水处理设施的村镇，应严格禁止推广集中下水道收集式卫生厕所建设。受使用习惯影响，三格化粪池厕所在当地使用率较低，清掏困难，不建议在高寒高海拔地区大规模推广。积极推动农牧区原有的简便式厕所改造为卫生、环保、安全的旱厕。应尽快研发适用于高寒高海拔地区的厕改模式和污水处理技术。

2.5.4 充分保护藏族文化，提高乡村文明程度

充分保护藏族文化，提高乡村文明程度，倡导科学、健康、文明的生产生活方式。在推进农村人居环境整治过程中，应充分尊重风土民俗，注重保护村庄既有传统建筑、历史建筑和自然景观，延续传统风貌和历史环境。提高乡村文明程度，普及健康卫生知识，引导农牧民群众改变不良卫生习惯，进一步增强农牧民参与人居环境整治的自觉性、主动性和积极性，提升农牧民群众获得感、幸福感和安全感，建设美丽宜居示范村。

2.6　应用示范

2.6.1　可持续生计示范点建设

在第二次青藏科考的支持下，中国科学院、中央财经大学、智惠乡村志愿服务中心在日喀则市吉隆县共同开展精准帮扶活动。在实地调查、了解青藏高原贫困地区绿色产业发展现状以及脱贫攻坚的进展的基础上，以"绿色发展"为主题建立 1～2 个示范点，采取"驻村培训 + 线上培训"相结合的方式，面向当地农牧民开展产业、转移就业技能、城市融入、电子商务等相关课程培训。通过建设农牧民可持续生计示范点，提高农牧民收入，增强抵御贫困风险的能力，探索持续脱贫路径，为村镇绿色发展模式提供有效示范。建立学员档案及跟踪回访机制，进行效果跟踪和评估。

（一）可持续生计培训

项目组于 2020 年 8 月 16～21 日在吉隆县吉隆镇、萨勒乡、宗嘎镇等地开展培训课程，共 123 人参与培训。参与培训的人员男女比例较为均衡。藏族学员共 120 人，占据绝大多数，其中 84 人可同时使用汉语与藏语沟通工作，36 人仍不懂汉语。参与培训的村民中高中学历以下占据多数。在对参训人员进行的调查中，平均每个家庭人口数量为 6 人，人均年收入为 1.79 万元，其中 95 人收入来源单一，28 人具备第二收入来源（表 2-7）。

表 2-7　参与培训村民家庭基本情况及经济情况统计表

性别	男	女					
人数	69	54					
年龄	20～25	26～30	31～35	36～40	41～45	46～50	51～55
人数	38	18	26	10	14	9	8
民族	藏族	汉族					
人数	120	123					
最高学历	小学	初中	高中	专科	本科		
人数	20	29	41	11	22		
政治面貌	群众	团员	入党积极分子	预备党员	党员		
人数	79	30	2	1	11		
家庭人口	5 人以下	6～10 人	10 人以上				
人数	61	61	1				
收入来源	投资	低保	外出务工	种植	养殖	其他	
人数	5	2	40	61	29	14	
家庭人均收入	1 万元以下	1万～2万(含1万)	2万～3万(含2万)	3万～4万(含3万)	4万～5万(含4万)	5 万以上	
人数	45	28	21	14	4	11	

1. 生态种植

生态种植课程由西藏自治区农牧科学院高级畜牧师讲授，全程使用藏语，总计 8 个课时，其中理论课程 4 个课时，在吉隆县吉隆镇开展 2 个课时，有 64 名村民全程参与；在宗嘎镇开展 2 个课时，有 21 名村民参与。实地指导 4 个课时，其中冲色养鸡合作社 1 个课时、藏香猪养殖基地 1 个课时、霍尔巴羊养殖基地 2 个课时。在对村民进行的满意度调查中，村民对培训课程满意度达 89%，大部分希望再次参与，认为藏语授课更为方便理解。

2. 生态养殖

生态养殖课程由西藏自治区农牧科学院副研究员讲授，全程使用藏语，总计 6 个课时，其中理论课程 4 个课时，2 个课时在吉隆县宗嘎镇开展，有 21 名村民参与；2 个课时在萨勒乡开展，有 13 名村民参与。实践指导 2 个课时，在吉隆吉普蔬菜种植农民专业合作社开展。在对村民进行的满意度调查中，村民对培训课程满意度达 85%，大部分村民愿意继续参与，且表示更接受藏语授课。

3. 绿色文旅

绿色文旅课程由西藏深度教育科技有限公司副总裁讲授，授课使用汉语和藏语，总计 10 个课时。其中吉隆镇开展 8 个课时，有 62 名村民参与；在吉隆镇吉普村实地指导 2 个课时。在对村民进行的满意度调查当中，村民对培训课程满意度达 76%。培训过程中 3 名乡村振兴专干与导师深度沟通，建立长期指导关系，通过反馈了解到语言不通是影响培训效果的主要因素。

4. 电商培训

电商培训课程由日喀则市珠峰电子商务有限公司业务经理讲授，授课使用汉语和藏语，总共开展 4 个课时，全部在吉隆镇开展，有 46 名村民参与。在对村民进行的满意度调查当中，村民对培训课程满意度达 73%。5 名农民合作社负责人与导师深度沟通，建立长期指导关系，针对合作社资质申请以及吉隆镇电商物流建设等进行长期指导。

5. 乡村主播打造与短视频策划

乡村主播打造与短视频策划内容由爱国者新媒体公司负责，授课使用汉语和藏语，总计 6 个课时，全部在吉隆镇开展，有 47 名村民参与。在对村民进行的满意度调查当中，村民对培训课程满意度达 76%。7 名乡村振兴专干与 3 个农民合作社负责人与导师建立长期指导关系，针对自身产品品牌打造与短视频内容策划进行长期沟通。

针对吉隆镇需求，本次培训加大了对村民如何参与文旅产业的创业、就业培训内容的占比，同时组织各位专业导师前往各农村合作社实地指导。西藏自治区农牧科学院高级畜牧师次仁多吉前往吉隆镇冲色养鸡合作社、霍尔巴羊养殖基地、藏香猪养殖基地进行实地指导，对养殖基地遇到的防疫、饲料、生态环保等问题进行解答与建议；西藏自治区农牧科学院副研究员边巴前往萨勒乡养殖基地与吉隆吉普蔬菜种植农民合作社，对相关植物的育种、病虫害的防治等实际内容进行了指导；西藏深度文化教育有限公司副总裁与吉隆县旅游局局长前往吉铺村对吉铺村的整村文旅打造与县域新媒体运营的方式进行了探讨，并对吉隆镇文旅发展建言献策。总体培训效果较为显著，各村乡村振兴专干也积极与各位专业导师对接，积极策划后续带动村民致富的相关项目。

综合项目整体落地过程培训内容仍存在以下部分问题。

村民参与培训的自主性不高。在对村民培训的过程中，村民对于培训的积极性与参与度较其他地区仍然较低。在与镇领导的沟通过程中了解到，动员村民参与培训一般都相对困难，在没有任何补助、礼品的前提下，很难有大量村民参与。部分前来参与培训的村民也存在流于形式的现象。

村民语言能力程度不一。在培训期间，项目组随机选择了 100 位村民，对他们的语言能力进行了一定程度的调查。其中，27 人表示普通话汉语课程基本都可以听懂，49 人表示可以听懂部分，24 人表示仍不习惯听取普通话汉语课程（图 2-20）。在交流过程中，23 人可以完全用汉语交流，51 人可以用汉语简单交流，26 人无法用汉语交流（图 2-21）。虽然大多数村民表示可以接受汉语课程，但吉隆镇村民的汉语接受能力参差不齐。在与参与培训的 3 名汉族村民的沟通中了解到，如果课程完全使用藏语，他们实际也较难理解课程的大部分内容。

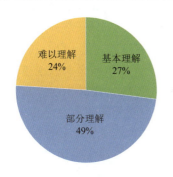

图 2-20　对汉语培训课程的理解程度
数据来源：基于课题组调查问卷统计分析

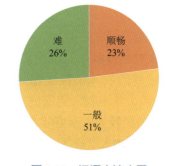

图 2-21　汉语交流水平
数据来源：基于课题组调查问卷统计分析

理论与实践的结合转化仍有提升空间。在培训过程中，参与会议培训的多为培训地点附近的村民，参与实践指导的则全部为合作社、景区的管理人员。理论培训与实践指导仍然存在转化困难。

村民对培训内容有多方面需求。在与村民的沟通过程中了解到，除了已经开设的生态养殖、生态种植、文旅创业就业、电商基础技能、乡村主播与短视频策划外，村民及合作社也表露出其他的培训需求，如边贸服务相关知识培训、防疫技术培训、民宿服务人员技能培训、酿酒节能、财务知识等。

（二）问卷调查数据库建设

在培训过程中为更好地了解村民的基本情况与需求，项目组根据项目需要随机对 123 名村民及其家庭进行了抽样走访调查，此次走访调查共涉及 713 名村民，具体调查情况如下。

1. 描述性统计

所有走访村民中，男性 68 人，女性 55 人，男女比例近似 1：1；总体年龄在 20 ～ 54 岁，平均年龄 33 岁，20 ～ 29 岁群体占 45%，超过 50 岁的群体仅占 11%，说明村民整体较为年轻（表 2-8）。男性与女性的年龄结构较为相似，但女性平均年龄比男性平均年龄更小。

表 2-8　描述性统计结果

项目	最小值	最大值	均值	标准偏差
年龄 / 岁	20	54	32.96	9.731
家庭人口数 / 人	2	12	5.80	2.036
家庭年人均收入 / 万元	0.12	8	1.80	1.519

数据来源：基于课题组调查问卷统计分析。

村民的学历水平跨度由小学到本科，无硕士等高学历者。高中学历相对更普遍，占比 33.3%，高中及以上学历者占比 50.4%，说明该地区村民受教育程度处于较为中等水平。村民中绝大部分是藏族，占比 97.6%；党员（含预备党员）占比 9.7%，团员占比 24.4%。

村民的家庭规模范围为 2 ～ 12 人 / 户，平均家庭规模为 6 人 / 户，其中家庭规模在 4 ～ 6 人 / 户的最多，占比 49%，其次是 7 ～ 9 人 / 户，说明该地区家庭规模普遍较大。村民所在家庭的收入来源主要来自三种方式：养殖、种植与外出务工。其中靠种（养）植（殖）获取收入的家庭占比 61%，外出务工获取收入的家庭占比 31%。村民的家庭收入差距较大，家庭年人均收入范围为 0.12 万～ 8 万元，平均家庭年人均收入为 1.8 万元，整体水平较低。其中，年人均收入不超过 1 万元的家庭占 52%；年人均收入超过 5 万元的家庭占 2%。

2. 交叉分析

1）选择外出务工的年轻人最多，但仍有大部分年轻人选择在家

通过对样本年龄与收入来源两组变量进行交叉分析，发现外出务工群体中，20 ～ 29 岁年龄层的村民最为集中（表 2-9），占外出务工群体的 52.4%，即该地区年轻人更喜欢外出务工，但同时也有极大部分年轻人愿意留在该地区从事种植、养殖等工作获取收入。大于 50 岁的村民基本都选择通过种植获取收入。

表 2-9　年龄与收入来源交叉表分析结果

年龄层	仅种植	仅养殖	仅外出务工	外出务工及种（养）植（殖）	其他	总计
20 ～ 29 岁	14	10	14	8	10	56
30 ～ 39 岁	9	4	3	6	9	31
40 ～ 49 岁	5	3	6	4	5	23
≥ 50 岁	11	0	0	1	1	13
总计	39	17	23	19	25	123

数据来源：基于课题组调查问卷统计分析。表中数据为各项人数。

2）村民收入水平随年龄的增长而提高

为比较每个年龄层的收入水平，对不同收入区间进行了编号（如年人均收入 ≤ 0.5 万元，记为 1，以此类推），与人数相乘取平均值，作为收入水平的参考，记作"收入水平指数"。为度量收入水平的相对差距大小，将两组数据或多组数据值的波动范围超过 20%（相对最小值的基础上）的情况定义为"差距较大"，反之则差距较小。

通过对样本年龄与收入水平两组变量进行交叉分析，发现年龄为 50 ~ 54 岁的村民收入水平最高，即呈现出年龄越大、收入水平越高的总体趋势。处于 20 ~ 29 岁较为年轻的年龄层的村民，收入水平指数的平均值为 2.518，家庭年人均收入水平在 0.5 万 ~ 2 万元这个区间最为集中；处于 50 ~ 54 岁较为年长的年龄层的村民，收入水平明显高于年轻人，收入水平指数的平均值为 3.462，家庭年人均收入水平在 2 万~ 3 万元这个区间最为集中。其他年龄层所处收入区间较为分散（表 2-10）。

表 2-10　年龄与收入交叉表分析结果

年龄层	≤ 0.5 万元	0.5 万~ 1 万元	1 万~ 2 万元	2 万~ 3 万元	3 万~ 5 万元	5 万~ 10 万元	总计	平均值
20 ~ 29 岁	7	27	12	7	2	1	56	2.518
30 ~ 39 岁	9	8	7	1	6	0	31	2.581
40 ~ 49 岁	5	5	4	3	4	2	23	3.087
≥ 50 岁	0	3	1	9	0	0	13	3.462
总计	21	43	24	20	12	3	123	—

数据来源：基于课题组调查问卷统计分析。表中数据为各项人数。

3）村民收入水平目前与学历水平相关性较小

通过对样本学历水平与收入水平两组变量进行交叉分析，发现不同学历群体的收入水平并未随大多数研究结论一致，即"学历越高可能伴随着收入水平越高"。由平均值可以看出（表 2-11），该地区不同学历之间的村民，家庭收入水平差距并不大，收入水平指数平均值波动范围为 2.552 ~ 2.950，即波动幅度为 15.6%（小于 20%）。处于小学学历水平的村民，收入水平指数可达 2.950，而处于专科学历水平的村民，收入水平指数平均值也可达 2.909。该地区村民年人均收入水平在 0.5 万 ~ 1 万元这个区间最为集中，其中学历水平为初中、高中的村民占比最大。

表 2-11　学历与收入交叉表分析结果

学历	≤ 0.5 万元	0.5 万~ 1 万元	1 万~ 2 万元	2 万~ 3 万元	3 万~ 5 万元	5 万~ 10 万元	总计	平均值
小学	5	2	3	9	1	0	20	2.950
初中	7	12	3	3	2	2	29	2.552
高中	6	16	8	3	7	1	41	2.805
专科	0	4	4	3	0	0	11	2.909
本科	3	9	6	2	2	0	22	2.591
总计	21	43	24	20	12	3	123	—

数据来源：基于课题组调查问卷统计分析。表中数据为各项人数。

4）不同政治面貌的村民收入水平差距较大

通过对样本政治面貌与收入水平两组变量进行交叉分析，发现不同政治面貌群体的收入水平差距较大，收入水平指数平均值波动范围为 2.000～3.364，即波动幅度为 68.2%（远大于 20%）。由平均值可以看出（表 2-12），收入水平最高的是党员，收入水平指数平均值为 3.364；其次是群众，收入水平指数平均值为 2.772。群众和团员中，极大部分人收入水平在 0.5 万～1 万元这个区间。由于绝大部分村民都为群众或团员，入党积极分子与预备党员的样本量过小，因此该交叉分析结果仅作为参考。

表 2-12　政治面貌与收入交叉表分析结果

政治面貌	≤ 0.5 万元	0.5 万～ 1 万元	1 万～ 2 万元	2 万～ 3 万元	3 万～ 5 万元	5 万～ 10 万元	总计	平均值
群众	13	28	15	13	7	3	79	2.772
团员	6	12	4	7	1	0	30	2.500
入党积极分子	0	2	0	0	0	0	2	2.000
预备党员	0	1	0	0	0	0	1	2.000
党员	2	0	5	0	4	0	11	3.364
总计	21	43	24	20	12	3	123	—

数据来源：基于课题组调查问卷统计分析。表中数据为各项人数。

5）不同规模的家庭收入水平差距普遍较小

通过对样本家庭规模与收入水平两组变量进行交叉分析，发现家庭规模在 10 人以下，收入水平差距较小，收入水平指数平均值波动范围为 2.634～2.767，即波动幅度仅约为 5.0%（小于 20%）。由平均值可以看出（表 2-13），收入水平最高的是家庭规模在 10～12 人的家庭，收入水平指数为 3.200，相较于家庭规模在 7～9 人的家庭，波动幅度为 21.5%（大于 20%）。但由于家庭规模在 10～12 人的样本较少，仅占总样本的 4.1%，因此该交叉分析的部分结果仅作为参考。该地区村民家庭规模在 4～6 人且年人均收入在 0.5 万～1 万元这个区间最为集中。

表 2-13　家庭规模与收入交叉表分析结果

家庭规模 / 人	≤ 0.5 万元	0.5 万～ 1 万元	1 万～ 2 万元	2 万～ 3 万元	3 万～ 5 万元	5 万～ 10 万元	总计	平均值
≤ 3	4	7	1	0	4	1	17	2.765
4～6	9	23	10	11	5	2	60	2.767
7～9	8	12	10	9	2	0	41	2.634
10～12	0	1	3	0	1	0	5	3.200
总计	21	43	24	20	12	3	123	—

数据来源：基于课题组调查问卷统计分析。表中各项数据为家庭个数。

6）村民收入来源越多元化收入水平越高

通过对样本收入来源与收入水平两组变量进行交叉分析，发现不同收入来源的家庭收入水平差距较大，收入水平指数平均值波动范围为 2.000 ～ 3.320，即波动幅度为 66.0%（远大于 20%）。收入来源越多元化，家庭收入水平越高。由平均值可以看出（表 2-14），仅种植或仅养殖获取收入的家庭，最终的收入水平并不高，收入水平指数分别为 2.487 和 2.000；仅外出务工获得收入的家庭，收入水平指数相对较高，收入水平指数为 2.870。然而，靠外出务工及种（养）植（殖）多元方式获得收入的家庭，最终的收入水平相比于前三者更高，收入水平指数平均值为 3.000。同时，也存在一些收入来源更加多元化的其他的家庭，他们不仅选择仅种植或仅养殖或外出务工，还选择投资等方式获得家庭收入，收入水平指数平均值可达 3.320。该地区收入来源为种植业的村民且年人均收入在 0.5 万～ 1 万元这个区间最为集中。

表 2-14　收入来源与收入交叉表分析结果

收入来源	≤ 0.5 万元	0.5 万～1 万元	1 万～2 万元	2 万～3 万元	3 万～5 万元	5 万～10 万元	总计	平均值
仅种植	5	19	6	9	0	0	39	2.487
仅养殖	6	5	6	0	0	0	17	2.000
仅外出务工	5	8	0	6	3	1	23	2.870
外出务工及种（养）植（殖）	2	6	5	2	4	0	19	3.000
其他	3	5	7	3	5	2	25	3.320

数据来源：基于课题组调查问卷统计分析。表中各项数据为家庭个数。

（三）典型案例梳理

1. 乡村振兴专干情况

在西藏自治区，为了优化村（居）干部队伍结构，提升村（居）"两委"班子工作水平，打赢脱贫攻坚战、助力全面建成小康社会、推动乡村振兴，同时也为了促进高校毕业生就业，西藏自治区招募了一大批服务乡村、服务基层的高校学生作为乡村振兴专干，开展基层工作，带领群众致富。在西藏自治区的招聘计划中，2019 年西藏自治区计划招聘乡村振兴专干 5399 名，其中拉萨市 247 名，日喀则市 1670 名。乡村振兴专干主要工作为协助村（居）"两委"抓好社会稳定、脱贫攻坚、产业发展、生态环保、移风易俗、服务群众、基层党建等工作；推进乡村治理体系和治理能力现代化，夯实乡村振兴基层基础；推动乡村精神文明建设，淡化宗教消极影响，引导群众发展产业，理性对待宗教，过好今生幸福生活。

在培训过程中，吉隆县吉隆镇各村乡村振兴专干表现积极活跃，全程参与全部课程，在导师讲解过程中，积极与导师互动探讨，并在课后解决帮扶，在电商、短视频策划、创业就业等方面长期扶持。在与吉隆县人社局的沟通中，对乡村振兴专干的培训赋能也是县内人员培训的重点方向。

2. 非遗传承人情况

吉隆镇共有两位非遗传承人，分别从事木碗制作与竹编制作。在吉隆县文旅局的对接下，项目组对吉隆镇郎久村木碗制作传承人欧珠进行了专访。通过访谈了解到，藏族同胞对于木碗有着不一样的情怀，藏式木碗与日常生活饮食息息相关。吉隆木碗以当地原始森林中的桦木为原料，经手工艺人精雕细琢而成，质地结实，不易破裂，具有光滑、细致、耐用、不烫嘴、不变味、携带方便等优点。在木碗的外表层突出所选木料的纹理，配上银盖，或在碗边、碗托包上银边，则更加美观、珍贵，给人以清新华贵的感觉。

非遗传承人欧珠，藏族，55 岁，从事木碗制作 40 多年，工作室位于吉隆郎久村一石屋内。整个作坊以水作为动力，利用溪水的落差冲击木质桨叶，带动钢轴作为动力，主要工具为 5 把 1m 长的刻刀。关于木碗售价，每个小木碗 10 ～ 25 元，最大的一般在 200 ～ 300 元，一天制作量一般在 20 个左右，通常可以全部出售。欧珠共有 4 个孩子，2 男 2 女，在对其子女的采访中了解到，子女有较强烈的电商创业的意愿，希望将父亲的木碗向社会推广，但目前存在对电商相关操作等基础知识缺乏、对电商对接渠道了解甚少等问题。

3. 吉隆县物流情况

吉隆县距离日喀则市 489km。目前日喀则市吉隆县暂无冷链物流，但是已有相关规划。目前共有 8 家配送快递，所有快递都无法完全配送至吉隆县各乡镇。

在对吉隆蔬菜种植基地以及藏香猪、藏香鸡种植养殖基地的调查中了解到，当地农民合作社的产品销售对象多为吉隆镇村民及游客。在对藏香猪的养殖基地调查中了解到，物流运输问题是目前的主要经营难题。吉隆镇处于珠峰自然保护区内，对农副产品加工的限制较大，养殖场无法对猪肉进行二次加工后处理。在适宜的条件下生猪肉的保鲜期一般为 2 ～ 7 天，然而以目前的运输条件基本无法配送至日喀则市以外地区。因此，同大多边远地区所面临的困境一致，商品保鲜期和物流运输仍是当地电商发展的一大阻碍。

2.6.2 厕所革命推进情况调查

（一）西藏自治区区域划分标准

低海拔丰水地区：藏东南和喜马拉雅山南坡海拔 1100m 以下的地区属于热带山地季风潮湿气候。这里最暖月平均气温在 22℃以上，最冷月平均气温在 13℃以下。年降水量为 2500mm，个别地方达 4495mm，是西藏降水量最多的地区，也是全国多雨地区之一。海拔 1100 ～ 2500m 处属于亚热带季风湿润气候，年降水量 1000mm 左右，终年温暖，雨量充沛。

河谷农区：喜马拉雅山以北，冈底斯山和念青唐古拉山以南的雅鲁藏布江谷地，海拔 500 ～ 4200m，属于高原温带季风半湿润、半干旱气候，太阳辐射强，日照百分率为 66% ～ 75%。最暖月平均气温为 10 ～ 18℃。

高海拔牧区：冈底斯山—念青唐古拉山以北藏北高原南部湖盆地区，海拔 4200 ～ 4700m，属于高原亚寒带季风半干旱和干旱气候。最暖月平均气温为 6 ～ 10℃，年降水量 100 ～ 300mm，是西藏的大草原，以牧业为主。

藏北高原北部海拔 4700 ～ 5500m 的地区属于高寒带季风干旱气候，最暖月平均气温在 6℃以下，年降水量为 100 ～ 150mm，是广阔的天然牧场。海拔 5500m 以上的地区终年积雪。

（二）改厕模式

1. 无水冲厕所模式

改良阁楼式卫生厕所。阁楼式厕所是河谷地区较为传统的厕所模式，需上多级台阶入厕，因当地蒸发量大、储粪室空间大，又不断撒入牛粪灰，即使尿便不分离，粪便也会很快脱水干化，一般 6 ～ 12 个月清理一次，但由于密封性差，易滋生蚊蝇，有臭味，影响村民健康。改良型阁楼式厕所是通过在现有基础上改进提升形成的一种卫生厕所。改进提升的功能主要包括增加储粪池密封性、加设排气管、根据需要加设便器等，也可采用尿便分离式便器。其主要用于河谷地区对现有阁楼式厕所的改造。

双坑交替式卫生厕所。双坑交替式卫生厕所由两个厕坑、两个便器组成，两个厕坑交替使用，储粪室较小，清理时间 3 ～ 5 个月，清理出的粪污应集中后进一步封存或做堆肥处理。其主要适用于蒸发量较大的河谷地区及高海拔地区与缺水地区。

干封双坑式卫生厕所。改良生态旱厕在现有双坑式厕所基础上，在储粪池上增加晒板，并采用尿便分集的模式，在阳光加温及排气管抽吸作用下，粪便经 6 个月左右的封存脱水，基本实现无害化，同时粪便干化为粉状，便于清掏。其主要适用于河谷地区以及低海拔丰水地区的缺水型村庄。

2. 冲水式厕所模式

集中下水道收集式卫生厕所通过污水管网把冲厕污水输送至集中存储设施进行处理。

三格化粪池式厕所是一种应用较广的卫生厕所。三格化粪池式厕所粪便无害化处理效果好，厕室基本无臭味，不同地区适应性强，既适用于我国南方地区，也适用于北方地区。该厕所由厕房、便器和三格化粪池等几部分组成，其核心部分是三格化粪池。三格化粪池结构特点是化粪池分成三格，1 格、2 格和 3 格容积比例为 2∶1∶3。三格主要功能依次可称为截留沉淀与发酵池（1 格）、再次发酵池（2 格）和储粪池（3 格）。三格之间有两个过粪管相连，化粪池加盖封闭。三格化粪池粪便无害化处理工艺流程是：

粪便首先进入1格发酵分层,寄生虫卵沉淀,过粪管截留粪皮粪渣,1格粪液采取中层过粪形式从过粪管进入2格;进入2格的粪液继续发酵,残余的寄生虫卵继续沉淀,粪液经过粪管进入3格储存粪液。三格化粪池主要利用过粪管阻拦粪渣粪皮、粪便厌氧发酵、寄生虫卵自然沉淀的原理,对粪便进行无害化处理。

(三)改厕案例

1. 四川省巴塘县松多乡

受访的农户家紧挨乡政府,家用厕所属于集中下水道收集式卫生厕所(图2-22)。这种厕所通过污水管网把冲厕污水输送至集中存储设施进行处理。排泄物由乡上化粪池统一处理,厕所是农户自行修建的,政府没有资助,厕所改造花费8000~12000元。乡政府有污水管道,建设时就提前预留管道。据介绍,远离乡政府的旱厕就不用化粪池,采用阁楼式厕所,需上多级台阶入厕,因当地蒸发量大、储粪室空间大,又不断撒入牛粪灰,即使尿便不分离,粪便也会很快脱水干化,一般6~12个月清理一次,但由于密封性差,易滋生蚊蝇,有臭味,影响村民健康。改良型阁楼式厕所是通过在现有基础上改进提升形成的一种卫生厕所。改进提升的功能主要包括增加储粪池密封性、加设排气管、根据需要加设便器等,也可采用尿便分离式便器。其主要用于河谷地区对现有阁楼式厕所的改造。高原地区部分厕所不适合用水冲洗,甚至很多乡政府都是旱厕,生活用水是通过排水沟处理,与厕所污水不在一起处理。

图 2-22 松多乡某农户家

2. 西藏自治区波密县古乡雪瓦卡村

受访农户家的厕所是 2019 年底自行修建的水冲式厕所，属于集中下水道收集式卫生厕所（图 2-23）。这种厕所通过污水管网把冲厕污水输送至集中存储设施进行处理。其总共花费 7000 ~ 8000 元，各种补贴累计 2000 元，尚未建设化粪池，污水暂时排放至地里，上水来自村里的水网。当被问及当地厕所最严重的问题时，村民说自来水不稳定，夏季经常断水，一旦暴雨，水源污染就会停水。村里的垃圾处理是村民们将垃圾集中至村委会，村委会将垃圾统一运送到县里处理。

图 2-23　古乡雪瓦卡村某农户家

3. 云南省迪庆藏族自治州香格里拉市小中甸镇

小中甸镇 2018 年开始"厕所革命"。迪庆州每年 15 亿资金用于厕改，小镇每户补贴 1000 元。厕改项目中，农户家的厕所至少改成有化粪池的旱厕，鼓励水厕入园。环保排污系统和管网比较分散，能通过验收的厕所才能领取补贴。

在厕改项目的进行过程中，也暴露出一些问题。首先，大范围使用的水冲式厕所在高寒地区依然存在冬季结冰堵塞现象，存在一定的损坏风险且产生较高的维护成本。其次，受制于州内农牧杂糅与土地情况，村庄地理位置相对分散，尽管在城镇内可以实现厕所废物集约化处理，但是偏远地区的简易污水处理技术无法满足环境保护的要求，依然会造成污染。

为解决这些问题小甸镇积极采取了措施应对。对于已经改建为水厕的，可建立长效维护保障机制，发动群众定期清理、维修管道以及相关污水处理设施。同时根据地理位置关系划定村庄片区，将邻近村落并入统一管网及污水处理设施进行处理。对于较为偏远或分散地区可考虑专人上门进行废物收集或者暂时保留当前污水处理方式并继续探索更加合适的技术模式。对于还未改建的厕所，参照西藏地区改厕指南，将改厕按照海拔、气候、水源环境、人文传统、地方经济发展条件等因素因地制宜地推广不同类型的厕所以及污水处理方式。必要时可以保留或修缮现有旱厕，不应无差别推进水厕建设。

4. 云南省迪庆藏族自治州维西傈僳族自治县塔城镇启别村

启别村的改厕类型是集中下水道收集式卫生厕所。这种厕所通过污水管网把冲厕污水输送至集中存储设施进行处理（图 2-24）。启别村海拔较低，在冬季水厕也能正常使用。政府每户补贴 2400 元改厕所，补贴费用只涵盖材料费，蹲坑、水池、三格化粪池原材料总计 650 元，剩余的钱需要农户自己投资。村里给每户化粪池提供技术指导。目前村民的化粪池一年一清之后直接将其作为肥料排入田里。如图 2-25 为玻璃钢材质、$1.5m^3$ 容积的三格式化粪池。

图 2-24　启别村污水处理厂

图 2-25　启别村三格化粪池

5. 四川省甘孜州稻城县傍河乡

傍河乡距离稻城县约 6km 距离，全乡为"厕所革命"的试点区域。目前全乡依照地理区位设计厕所污水处理设施，其中，对于邻近县镇的村子采用集中并入管网处理，而对于较为偏远、分散的村子则采用单独的玻璃钢化粪池独立处理。在应对高寒地区冬季结冰的问题上，该地区采取了深埋管道的措施来防止结冰。

在污水处理方面，由环境保护局负责统一处理从化粪池流出的污水，各家配有一个无动力的消解泵，可对厕所废水有更进一步的处理。在偏远地区，化粪池及消解泵处理的废水将因地制宜地直接排放，若在河边则排入河中，若远离河流则采取渗入地下的方法。不过，目前在偏远地区，农民普遍排斥使用储存发酵的粪肥作为农田肥料使用，造成了一定的浪费。上述的外部设备总价约 20000 元，属于成都生产，但是经过省州县三级补贴后，农户不需要出资建设，且后续处理费用上因仅需要基础清掏，故也不会产生额外成本。

图 2-26　傍河乡"厕所革命"示范点

第 3 章

青藏高原农牧业绿色发展考察研究

青藏高原被誉为世界最后一方"净土"，具有显著的区域、民族和文化特色以及巨大的环境附加值。探明农牧业发展现状、问题，结合区内外经济环境的发展变化，挖掘当地农牧业发展潜力，确定产业发展重点与绿色发展路径，是促进农牧民持续增收，实现青藏高原全面建成小康社会和跨越式发展的一项重大任务。正如"绿水青山就是金山银山"科学论断所揭示的，青藏高原最大的经济价值蕴含在"净土"中。通过近两年对昌都、拉萨、山南、林芝、格尔木等十余个地区的科学考察发现，青藏高原地区农牧业的发展正在偏离尊重和开发环境附加值的科学道路，逐步走上盲目追求增产、依靠增产致富的老路，这条老路不但不适合青藏高原的自然条件，而且正在破坏这方"净土"。此外，农牧业还面临分散经营为主、产量低、规模小、产品定位低、产业链短等问题，青稞、牦牛等"高寒"地区具有独特价值的农牧产品尚未得到充分开发。在深入调研青藏高原特色小镇、农牧家庭、产业园区等基础上，结合与自治区、市、县等相关部门座谈，建议青藏高原地区着力打造"全域绿色有机"品牌，充分挖掘环境附加值，将青藏高原地区打造成绿色、高端农牧产品输出地，大幅提高其农牧产品价值，有力推动当地农牧民持续增收和农牧业绿色发展的同时，助推青藏地区融入全国新发展格局，实现青藏地区与全国各地协同发展。

3.1 青藏高原经济与人口增长简析

3.1.1 经济发展现状

1. 西藏 GDP 持续增长，农林牧渔业占比持续下降

图 3-1 显示了近西藏地区 GDP 增长情况。由图 3-1 可以看出，2011～2019 年西藏自治区 GDP 持续增长，从 611.52 亿元增长至 1697.82 亿元。人均 GDP 也由 20265 元上升至 48902 元，增长趋势与 GDP 类似，经济发展十分迅速。农林牧渔业占全省 GDP 的比重除 2016 年有所上升以外，其余年份均呈现下降趋势，从 2011 年的占比 11.42% 下降至 2019 年的 8.14%，农林牧渔业在西藏自治区经济发展中的重要性有所下降，但并不显著。

2. 青海省 GDP 持续增长，农林牧渔业占比稳定在 10% 左右

图 3-2 显示了青海省近年的 GDP 增长趋势。从图 3-2 中可以看出，2011～2019 年青海省 GDP 持续增长，从 1370.4 亿元增至 2965.95 亿元。人均 GDP 也由 24220 元上升至 48981 元，与 GDP 增长趋势相似，经济发展呈现稳定向好态势。农林牧渔业占全省 GDP 的比重在 10% 左右波动，最高达到 12.12%(2013 年)，最低为 9.82%(2017 年)，说明青海省的农林牧渔业发展与经济总体发展较为同步。

图 3-1　西藏自治区 GDP 及人均 GDP

数据来源：《西藏统计年鉴》(2020)

图 3-2　青海省 GDP 及人均 GDP

数据来源：《青海统计年鉴》(2020)

3.1.2　人口现状及特征

区域人口与区域可持续发展密切相关，人类经济社会的发展影响也受制于人口数量、素质、分布和流动等因素。青藏高原是藏族人口分布最为集中的地区，特殊的高原自然条件和社会文化环境影响青藏高原的人口变化，而人口变化也会对青藏高原可持续发展产生重要影响。

1. 人口总量持续增长但城镇化率偏低

由表 3-1 可以看出，近年来西藏、青海的人口增长较快，分别从 2015 年的 324 万人、

588 万人增至 2019 年的 351 万人、608 万人。两省人口占全国总人口的比重由 0.66%
上升到 0.68%，人口总量增长速度快于全国平均水平。但从城镇化率来看，西藏和青海
的人口城镇化水平远远低于全国平均水平，2019 年两省的城镇化率分别为 31.54% 和
55.52%。

表 3-1　2015 ～ 2019 年西藏、青海人口总量及城镇化率与全国对比

年份	常住人口数 / 万人		两省人口占全国比 /%	城镇人口数 / 万人		农村人口数 / 万人		城镇化率 /%		
	西藏	青海		西藏	青海	西藏	青海	全国平均	西藏	青海
2015	324	588	0.66	90	296	234	292	56.1	27.74	53.3
2016	331	593	0.67	98	306	233	287	57.35	29.56	51.63
2017	337	598	0.67	104	317	233	281	58.52	30.89	53.07
2018	344	603	0.68	107	328	237	275	59.58	31.14	54.47
2019	351	608	0.68	111	337	240	271	60.6	31.54	55.52

数据来源：《中国统计年鉴》(2020)。

2. 高出生率、低死亡率导致高人口自然增长率

近年来青藏高原人口能够维持持续、较快增长，重要原因之一在于其高出生率导
致人口自然增长率高。由表 3-2 可以看出，西藏和青海的人口出生率明显高于全国平均
水平，而人口死亡率低于全国平均水平，因此其人口自然增长率大大高于全国平均水平，
这也将助力于青藏高原地区经济发展。

表 3-2　2015 ～ 2019 年西藏、青海人口自然增长情况与全国对比

年份	人口出生率 /%			人口死亡率 /%			人口自然增长率 /%		
	全国平均	西藏	青海	全国平均	西藏	青海	全国平均	西藏	青海
2015	12.07	15.75	14.72	7.11	5.10	6.17	4.96	10.65	8.55
2016	12.95	15.79	14.70	7.09	5.11	6.18	5.86	10.68	8.52
2017	12.43	16.00	14.42	7.11	4.95	6.17	5.32	11.05	8.25
2018	10.94	15.22	14.31	7.13	4.58	6.25	3.81	10.64	8.06
2019	10.48	14.60	13.66	7.14	4.46	6.08	3.34	10.14	7.58

数据来源：《中国统计年鉴》(2020)。

3. 人口的年龄结构呈现年轻型

人口的年龄结构是影响人口增长的最基本、最直接的因素，直接影响人口未来发
展趋势。表 3-3 显示出西藏、青海的少儿抚养比高于全国平均水平，而老年抚养比低于
全国水平，说明西藏和青海的年龄结构呈现出年轻型的特点。这有助于增强青藏高原
地区发展的内生动力。但需要注重该地区日益增长的少儿抚养教育问题。

表 3-3　2015 ～ 2019 年西藏、青海少儿、老年人口抚养比与全国对比（%）

年份	少儿抚养比			老年抚养比			总抚养比		
	全国平均	西藏	青海	全国平均	西藏	青海	全国平均	西藏	青海
2015	22.63	33.32	27.55	14.33	8.07	9.74	36.97	41.39	37.29
2016	22.95	33.87	26.98	14.96	7.01	9.89	37.91	40.88	36.87
2017	23.39	34.14	27.80	15.86	8.22	10.96	39.25	42.36	38.76
2018	23.68	33.23	26.83	16.77	8.04	10.42	40.44	41.27	37.25
2019	23.76	38.38	27.12	17.80	8.86	11.85	41.56	47.23	38.97

数据来源：《中国统计年鉴》（2020）。

4. 人口教育水平与文化素质相对较低

人口的文化素质与教育水平的提高对区域经济发展起着重要的作用，同时教育状况也是区域社会经济文化综合发展的结果。随着现代教育在青藏高原地区的普及和发展，青藏高原人口的文化素质提升很快，但其水平仍然较低。根据表 3-4 所示，2019 年西藏和青海文盲、半文盲占 15 岁及以上人口的比重分别为 33.11% 和 10.60%，远远高于全国平均水平 4.59%，为全国各省（自治区、直辖市）教育水平最落后的地区，成为制约地区经济社会发展的不利因素。

表 3-4　2015 ～ 2019 年西藏和青海文盲、半文盲占 15 岁及以上人口比重与全国对比（%）

年份	全国平均	西藏	青海
2015	5.42	37.33	16.63
2016	5.28	41.12	13.45
2017	4.85	34.96	9.63
2018	4.94	35.23	10.24
2019	4.59	33.11	10.60

数据来源：《中国统计年鉴》（2020）。

3.2　农牧业发展现状及特征

3.2.1　农业

1. 耕地资源总量较少、质量较差

青藏高原的土地利用以畜牧业为主，但耕地资源较少。现有耕地面积占全区农用地面积的不到 1%，是全国耕地面积最少、比重最小的地区。从 2010 年以来，西藏的

耕地面积略有增长，从 229530 hm² 上升到 2019 年的 248860 hm²，青海的耕地面积则一直维持在 59 万 hm² 左右。由于两省的人口数量一直持续增加，因此人均耕地一直处于下降趋势。

分地区来看，西藏日喀则市的耕地面积最大，该市 2019 年末耕地面积达 39%，其次是昌都市（20%）和拉萨市（15%），阿里地区和那曲市耕地所占面积较小，分别各占 1% 和 2%。青海各地区中海东市的耕地面积占比最大，2018 年末耕地所占面积达 38%，其次是西宁市（25%）和海南藏族自治州（14%），果洛藏族自治州（0%）、玉树藏族自治州（2%）、黄南藏族自治州（3%）的耕地所占面积较小。

根据农业农村部发布的《2019 年全国耕地质量等级情况公报》，全国耕地按质量等级由高到低依次划分为一至十等，平均等级为 4.76 等；青藏地区总耕地面积 106.67 万 hm²，耕地质量平均等级为 7.35 等，其中 65.79% 的耕地质量等级评价为七至十等（图 3-3），这部分耕地主要集中在横断山区、青藏高寒地区山地中上部，甘南高原西部及祁连山山地中上部，以及环青海湖区、青南高寒地区山地中上部，耕地海拔高、积温低，且土层较薄、土壤养分贫瘠，灌溉能力差，耕地生产能力较低（农业农村部，2020）。应通过改善农田灌排条件、持续推进有机质提升工程、加强坡耕地治理等措施，提升耕地综合生产能力。

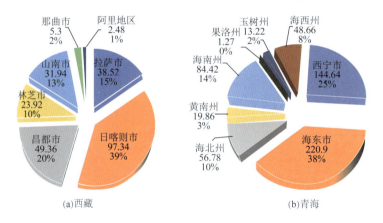

图 3-3 2019 年西藏和 2018 年青海各地区的耕地面积（千 hm²）及所占百分比
数据来源：《西藏统计年鉴》（2020）、《青海统计年鉴》（2020）

2. 农业总产值持续上升，地区发展不平衡

从图 3-4 可以看出，近 15 年来西藏和青海的农业总产值都呈现上升趋势，青海的农业总产值高于西藏。2005 ～ 2019 年西藏的农业总产值从 29.89 亿元上升到 94.90 亿元，年均增速约 8.6%，其中 2007 年和 2010 年更是实现 10% 以上的年增速，农业发展较为迅速。同期青海的农业总产值从 36.44 亿元上升到 181.25 亿元，产值增加近 4 倍，年均增速达 12.14%，农业实现巨大发展。

图 3-4　2005 ~ 2019 年西藏和青海的农业总产值及增长率

数据来源：《西藏统计年鉴》（2020）、《青海统计年鉴》（2020）

从地区农业发展来看，如图 3-5 所示，西藏农业总产值最高的地区是日喀则市，2019 年农业总产值达到 34.21 亿元，其次是昌都市（20.42 亿元）、拉萨市（13.78 亿元）、那曲市（11.85 亿元）；阿里地区的农业总产值最低（0.54 亿元）。青海农业总产值最高的地区是海东市，2019 年农业总产值达到 67.42 亿元，其次是西宁市（41.95 亿元）和海西州（33.10 亿元）；农业总产值最低的地区是果洛州和黄南州，分别仅为 1.68 亿元和 5.97 亿元，表明青藏高原农业发展内部各地区差异较大。

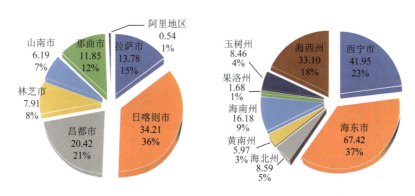

图 3-5　2019 年西藏和青海各地区的农业总产值（亿元）及所占百分比

数据来源：《西藏统计年鉴》（2020）、《青海统计年鉴》（2020）

3. 西藏粮食产量总体上升，青海较为平稳

由图 3-6 可以看出，2011 ~ 2019 年西藏的粮食产量总体呈现上升趋势，从 93.73 万 t 上升到 104.71 万 t。当地主要粮食作物青稞的产量呈现同步的上升趋势，从 62.19

万 t 上升到 79.85 万 t；小麦产量则总体下降，从 24.91 万 t 下降到 18.73 万 t。而青海省 2013 ～ 2019 年粮食产量较为平稳，稳定在 100 万 t 左右（图 3-7）。其中小麦产量略有下降，从 43.3 万 t 下降到 40.29 万 t；青稞产量在 2019 年明显上升，达到 14.41 万 t。

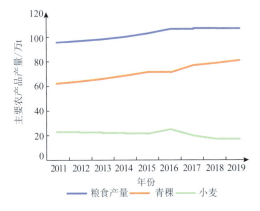

图 3-6　2011 ～ 2019 年西藏主要农产品产量

数据来源：《西藏统计年鉴》（2020）

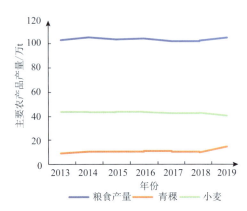

图 3-7　2013 ～ 2019 年青海主要农产品产量

数据来源：《青海统计年鉴》（2020）

3.2.2 牧业

1. 牧业总产值持续上升，地区发展不平衡

从图 3-8 中可以看出，近 15 年来西藏和青海的牧业总产值都呈现上升趋势，青海的牧业总产值高于西藏。2005 ～ 2019 年西藏的牧业总产值从 30.05 亿元上升到 108.41 亿元，年均增速约 9.6%，牧业发展较为迅速。同期青海的牧业总产值从 51.70 亿元上升到 250.81 亿元，产值增加近 4 倍，年均增速达 11.94%。两地牧业均实现巨大发展。

图 3-8　2005 ～ 2019 年西藏和青海的牧业总产值及增长率

数据来源：《西藏统计年鉴》（2020）、《青海统计年鉴》（2020）

2. 牛肉重要性提升，奶类产量持续上升

西藏近年肉类产品如图 3-9 所示。由图 3-9 可知，2011 ～ 2019 年西藏的畜产品产量整体呈现先上升后下降的态势，2017 年产量最高，为 30.03 万 t，2019 年产量则下降至 27.75 万 t。其中牛肉是西藏产量占比最高的肉类，产量不断提升，从 2011 年的 17.89 万 t 上升到 2019 年的 21.15 万 t。而猪肉、羊肉产量均呈现明显的下降趋势，分别从 1.17 万 t 下降到 0.83 万 t，8.61 万 t 下降到 5.77 万 t。奶类产品的产量上升明显，仅在 2018 年有轻微波动，其余年份均呈现上升趋势，2019 年达到 46.66 万 t。

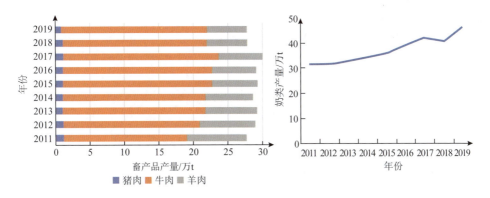

图 3-9　2011 ～ 2019 年西藏畜产品及奶类产量

数据来源：《西藏统计年鉴》（2020）

青海近年肉类产品如图 3-10 所示。由图 3-11 可知，2011 ～ 2019 年青海的畜产品产量呈现上升态势，从 27.78 万 t 上升到 37.41 万 t。其中牛肉和羊肉是青海肉类产量中占比较高的肉类，两者占比相仿且比重持续扩大。猪肉产量占比呈现持续卜降趋势，从 2011 年的 8.36 万 t 下降到 2019 年的 7.70 万 t，占比从 30% 下降至 21%；牛肉产量和羊肉产量和占比进一步提升，分别从 8.70 万 t 上升到 14.63 万 t，9.78 万 t 上升到 13.93 万 t。奶类产品的产量上升明显，从 27.35 万 t 上升到 35.45 万 t。

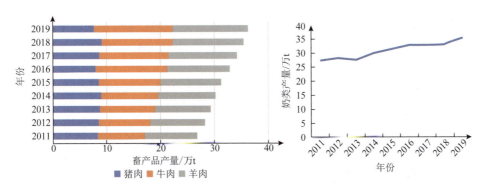

图 3-10　2011 ～ 2019 年青海畜产品及奶类产量

数据来源：《青海统计年鉴》（2020）

3.2.3 化肥、农药使用情况

1. 化肥、农药施用总量有所下降，但仍偏高

农药、化肥的应用极大地促进了粮食增产，但也带来了一系列问题，如氮肥的过量施用导致土壤酸化；有机氯农药可在土壤中长期残留，严重威胁耕地产出能力和农产品质量安全，也是农业面源污染的重要来源。

如图 3-11 所示，西藏自治区的农药施用量、化肥施用折纯量从 2004 年开始激增，在 2015 年左右达到峰值（农药 1074t，化肥 6.03 万 t），此后响应国家农业部"农药、化肥零增长"行动，逐年实现农药、化肥的"双减"，到 2019 年西藏的农药施用量和化肥施用折纯量分别达到 802t 和 4.82 万 t。

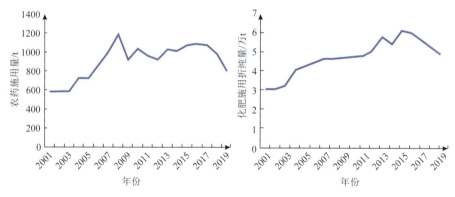

图 3-11　2001 ～ 2019 年西藏自治区农药施用量、化肥施用折纯量

数据来源：《中国农村统计年鉴》（2020）

2. 施用强度低于全国平均水平，但较西部其他省份偏高

从西部部分省份和全国平均水平来看，如图 3-12 所示，2019 年西部省份贵州、宁夏、青海、西藏、新疆、四川、云南七省的农药施用强度均低于全国平均水平，其中西藏自治区的农药施用强度为 2.95 kg/hm²，高于贵州（1.68 kg/hm²）、宁夏（1.95 kg/hm²）、青海（2.53 kg/hm²）。而西藏自治区的化肥施用强度为 176.8 kg/hm²，低于全国平均水平（325.65 kg/hm²），但高于青海（112.01 kg/hm²）和贵州（151.78 kg/hm²），宁夏、新疆的化肥施用强度高于全国平均水平。

作为"世界上最后一方净土"，青藏高原最大的价值在于生态，最大的责任也在生态。诚然西藏农牧业生产有其高寒、土壤条件差等不利条件，但还是应将农药、化肥的减量增效作为其农牧业工作的重中之重，执行最严格的标准，让"最后一方净土"更净，提升其环境附加值。

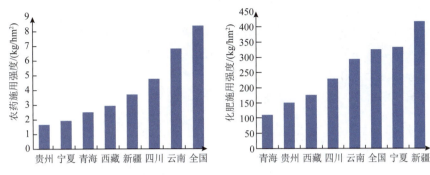

图 3-12　2019 年西部部分省份和全国的农药、化肥施用强度

数据来源：《中国农村统计年鉴》（2020）

3.3　农牧业发展制约因素及挑战

3.3.1　自然因素及挑战

1. 地形复杂，集中连片土地较少

青藏高原由山系和高原面组成，地形起伏强烈，地表破碎复杂。缺少平整、集中的土地，现代农业难以发挥其规模效益和技术优势。因此，土地是青藏农牧业绿色发展的制约因素之一。除河谷地区拥有集中连片的土地外，大部分高海拔地区可利用耕地面积较小、分布较散、质量较差，机械化耕作适用范围较小，精细化耕作难度成本较大，难以形成规模效益和示范作用。同时，部分耕地还面临着严重的水土流失、植被退化、土地沙化、土壤碱化等一系列问题。

2. 温度较低，农业积温不足

青藏高原属于高原山地气候，气候干燥寒冷，垂直差异明显，气温随海拔升高而降低。高海拔导致青藏高原气温相对较低，与同纬度其他地区相比，青藏高原是最寒冷的地区，其年均温不超 11℃。其中，三江源地区气温最低，年平均气温多在 0℃ 以下，川西及藏东南地区气温最高，年平均气温达 8 ～ 10℃（杨祎，2019）。因此，低温是限制其绿色发展又一主要因素。青藏高原北缘海拔 3000m 以上地区常年积温不足，谷物难以成熟，培育周期较长，牧畜也只能以耐高寒的牦牛、藏绵羊、藏山羊为主（储昭斌和谢培秀，2012），不利于传统农牧业规模和品种的扩大和培育。

3. 气候干旱，水资源较少且时空不均

青藏高原大部分地区属于干旱或半干旱气候区。水资源是农牧业绿色发展的另一大阻碍因素。大部分区域水资源较为短缺且时空分布不合理，致使农牧业生产稳定性波动较大。海拔 2000 ～ 3000m 的地区兼有高原寒冷及沙漠干燥的气候特点，农牧业主要依靠地表水或地下水。海拔 2000m 以下的地区，由于远离海洋，内陆沙漠气候特征明显，日照时间长，年降水量稀少，而年蒸发量极高，地表水资源贫乏，气候极端干燥（储昭斌和谢培秀，2012），节水农业发展需求迫切。

4. 草地退化、牧场过载、草原鼠患、生物入侵，形成恶性循环

青藏高原拥有世界上最大的高寒草地生态系统，草地面积约 16.54 万 km^2，占中国草地面积的 41.88%，占世界草地面积的 6%，但其草地退化面积约占青藏高原草地总面积的 38.8%（郝爱华等，2020）。青藏高原草地退化导致地上和地下生物量减少 40%，土壤有机碳降低幅度达 42%，其中过度放牧导致的草地退化多发生于海拔 3500 ～ 4500m 的南坡，靠近居民点、水源和主要公路的草地退化尤为严重（莫兴国等，2021）。而长期的过度放牧极易造成高寒草地生态系统承载力超载，导致牧草高度降低、植被覆盖度下降、草地沙化加剧，为鼠兔提供了良好的生活条件和理想的繁殖环境，增加了鼠害隐患。而草原鼠患在某种程度上加剧了牧草减产、土壤裸露、水土流失，进一步导致草地退化。对鼠患防治的不正确认识和不科学方法的使用，在消耗巨大人力、物力、财力的同时，更加致使其天敌减少、生物多样性下降，甚至生物链断裂，给外来物种入侵提供了可乘之机，进而加剧了生态系统破坏的恶性循环，严重威胁青藏高原生态环境、生物多样性保护和畜牧业经济发展。

可见，农牧业产量提升存在严重的自然因素瓶颈。一方面，受自然本底要素的条件影响，土地破碎，土壤贫瘠，气候寒冷，积温不足，水源匮乏，致使农牧产品产量有限；另一方面，即使使用化肥农药等现代农业技术，农牧业增产也存在天花板问题。因此，依靠产量推动青藏地区高质量发展的难度较大、经济附加值较低、生态效益较差、可持续性较弱，难以再走现代农业"以量取胜"的规模化道路。

3.3.2 社会因素及挑战

1. 化肥农药减量与作物增量提质之间存在一定矛盾

化肥农药减量的发展要求与作物增量提质的现实需求之间的矛盾日益增加。青藏高原的绿色发展必须认真贯彻落实习近平总书记的重要讲话精神和科学论断，坚定不移地走有机农牧业的绿色高质量发展之路。这就要求必须减少使用污染较大的化肥农药。2015 年农业部制定了《到 2020 年化肥使用量零增长行动方案》和《到 2020 年农药使用量零增长行动方案》。自"双减行动"以来，我国农产品产量得到保障，质量安全水平显著提高。但同时也在一定程度上面临着各种"农业增长、农民增收、农村稳定"的发展压力。

在农业仍作为大多数农民主要收入来源的背景下，由于青藏高原农副产品的供需

应求多发生于区域内部，以内循环为主，短期内依靠科技手段所增收提质的作物规模难以弥补化肥农药投入的快速下降所导致的大规模减产损失，不利于农民收入的稳定提升。同时，随着人口数量、农牧业规模以及城镇化的发展，对当地口粮、饲料及相关农副产品等的数量需求和质量要求将日益增长，因而在一定程度上可能造成农牧产品的供应波动，长此以往不利于农牧业的可持续绿色发展以及社会民生的稳定和谐。

2. 农牧业调整升级与基础设施失配失修之间存在一定矛盾

农牧业调整升级的必然趋势与基础设施失配失修的滞后现状之间的矛盾日益显现。农机装备、水利设施、交通路网、通信网络、物流快递等基础设施是农牧业高品质绿色发展的必要条件和重要途径。农牧设施设备的配套完善将大大提高农牧业的生产效率，改善青藏高原的耕牧环境和生产条件，促进农村劳动力的进一步解放，进而促进精细农业、精深加工、品牌营销、农牧科研等领域的发展；交通路网的巩固延伸有利于龙头企业和投资资本的"引进来"以及绿色产品和有机品牌的"走出去"；通信网络和物流快递的结合有助于依托电子商务开拓区外市场，并助力品牌体系的推广。

但目前部分农牧设施设备老化失修，使用不便，效率降低；交通路网已基本实现村村通公路，但部分路段仍需关注其维护保养等后续工作；通信网络、物流快递的建设日趋完善，但二者协同作用的更大发挥仍有待时日；此外，存在基础设施配置不合理不适用的情况，如现代化水厕虽改善了农村人居环境，但其也损失了"粪肥还田"的途径，并额外增加了污水处理的负荷，且不适用于分散居住的牧区农户。

3. 农牧业人才需求与人才体系周期较长之间存在一定矛盾

农牧业高端人才的紧迫需求与人才体系的搭建周期之间的矛盾日益浮现。基础设施"硬件"的配套修缮也要求人才体系"软件"相应搭建完善。在种植技巧、育种技术、加工技艺、产品研发、电子商务、物流运输等农牧业生产全流程中均需一定规模和素质的人才支撑，如迪庆州的维西哈达农庄资产经营有限责任公司通过公司技术人员免费指导当地百姓种植葡萄，为腊普河谷酒庄提供了丰富优质的酿酒原料，打造出了独特的冰酒品牌。

但青藏高原是全国劳动力欠发达的地区之一，其农牧企业员工主体多为先前集体制企业职工、合同制个人以及附近村民农户，现有的劳动力素质极大地影响了先进农业技术的应用，严重制约着青藏特色农业的发展。而通过本地培育、外来引进等方式的人才体系搭建均需一定的周期时长。此外，在留住人才、示范效应、知识溢出等方面也需要进一步探索，短期内农牧业对高端人才的紧迫需求与人才体系的供应不足之间的矛盾仍会存在。

4. 宏观政策制约与农牧业绿色发展之间存在一定矛盾

国家宏观政策的约束限制与农牧业绿色发展的实际需要之间的矛盾日益凸显。国家政策往往从全局出发，指引宏观层面的行为活动，但在某些实际过程中，也存在部分宏观政策难以支撑青藏农牧业绿色发展需求的情况，如生态保护红线是维护国家生态安全、改善环境功能质量、约束自然资源利用、增强可持续发展能力的重要政策制度，但在农牧区内，农牧民基本生产生活的修建活动与红线禁止任何开发建设的要求之间也容易产生冲突矛盾；此外，耕地"非粮化"与发展特色农牧产品之间的生存矛盾，以及基本农田的指标要求与土地流转的创收模式之间的发展矛盾等，也在农牧业发展过程中逐渐凸显。一方面，国家需要保障粮食生产的安全稳定，推进生态环境的保护防治，维护社会经济的绿色持续；另一方面，农牧民在耕种作物以满足基本口粮和牲畜饲料的基础上，也需要依托中草药材、果蔬酒奶等非粮特色产品以及耕地流转、土地入股、民宿租赁等经营创收模式，以提高家庭收入、保障耕牧资产、遵循文化传统。当国家宏观政策限制相关发展需求时，如何协调二者关系并寻找新型绿色发展路径，则成为未来探索的难点和关键。

3.4 农牧业绿色发展面临的问题

由于上述自然和社会经济多方面的制约因素，青藏高原地区农牧业绿色发展面临诸多问题亟待解决。

3.4.1 生态脆弱、难以大规模开发

青藏高原自然条件严酷、生态环境脆弱，限制了其农牧业生产的多样化、规模化、机械化。首先，高原山地气候虽辐射强、日照长、温差大，但气温低、积温小、降水少、冻土广、灾害多，因而其农作物以耐寒、耐旱的青稞、土豆等为主，作物品种较为单一且产量较低。如地处高寒坝区的迪庆州小中甸镇，其青稞亩产仅有 150kg；年均气温 6.7℃、无霜期 115 天左右的德格县亩均仅产青稞 200 ～ 400 斤[①]。其次，自然环境复杂多变，区域差异较大，且耕地零散，难以大规模推广农业机械。最后，生态系统结构和功能较为简单，抵抗力稳定性和恢复力稳定性较差，大规模机械化生产方式极易危及其脆弱的生态系统，因而不可进行大规模机械运作的工业化农牧生产。

3.4.2 基础薄弱、人才短缺、发展滞后

青藏高原农业基础设施不足、专业技术人才缺乏。2019 年西藏农用排灌电动机仅有 4247 台，农用水泵仅有 806 台，农村小型水电站仅 219 个，农用收获机械仅 9693 台，整体机械化程度较低，基础设施建设滞后，致使农牧生产需投入大量人力、畜力。而农业技术人员仅 8405 人，专业技术队伍普及率较低，农业技术推广体系不健全，农牧

---

① 1 斤 =500g。

科技投入不足，整体劳动者素质相对较低，技术团队业务水平有待升级，高级专业人才较为缺乏，难以适应青藏农牧业绿色发展的人才要求。2019 年西藏自治区人均 GDP 为 48902 元，青海省人均 GDP 为 48981 元，远低于全国 70892 元的人均 GDP 水平。综合来看，青藏地区的人均 GDP 增长率大体相当于全国的平均水平，但由于基础薄弱，体量较小，发展仍相对滞后，需继续坚持和完善能有效激活发展潜力的模式。

3.4.3　产品以自给自足为主，定位低、品牌效应差

2021 年西藏粮食产量达 106.5 万 t，已连续 7 年稳定在 100 万 t 以上，青稞产量 82 万 t，创历史新高。肉奶、蔬菜产量分别达 82 万 t 和 88 万 t，"三品一标"（无公害农产品、绿色食品、有机农产品和农产品地理标志）农产品总数 1014 个。然而，青藏农牧产品多以内销为主，且商品定位以普通家庭日常消费为主，致使品牌未能充分发挥其效益。首先，从粮食生产角度而言，由于自然环境和人文社会综合因素的作用，青藏高原粮食生产成本高、难度大、周期长，因而相对而言，粮食生产不是青藏高原的比较优势。其次，从粮食消费角度而言，藏族等少数民族的粮食消费以青稞为主，而青稞必须依托具有明显青藏高原地域特色的农牧资源进行生产，而大米等普通农产品则可通过内地供给以满足其需求。因此，由于生产规模、饮食习俗、销售渠道等因素，以青稞为代表的青藏农牧产品形成了"自给自足"的内销体系，而难以支撑其大规模的区外销售，致使其产品的传统商品化路径受阻，进而影响其品牌化的形成以及品牌效益的充分发挥。

这种现象在青藏地区普遍存在。例如，在玉树州产业扶贫一条街中，玉树市隆宝高原牛羊养殖农民专业合作社采取"向农户收购＋合作社加工＋销售后分红"的经营模式，以销售诸如牛肉干、蘑菇、奶酪、蕨麻、虫草等的农牧产品为主，但由于其以本地客户为主要市场，而外地市场尚未打开，因而其绿色、有机的高质量商品仅处于区内日常消耗品定位，品牌产品未能与普通产品明显区分，进而难以充分发挥其品牌效益，未能使质量更高的产品获得更多的额外收益，"质高而价低"的现象则更不利于商品的定位升级和品牌的长期营造，由此形成恶性循环的路径依赖。

这种情况在德格县同样存在。德格县已具有部分"无公害""绿色"标志的产品，但由于商品定位较低，以面向区内普通家庭的日常消费为主，客户群体的消费能力有限，且品牌经营的经验不足，部分标志的复审成本较大，导致部分企业存在放弃已申请标志的现象，某种程度上也说明了其仍未能通过"三品一标"，未能在更大尺度的市场中发挥作用而获得更大的额外收益。

3.4.4　产业链短、精深加工不足、产业化低

青藏高原农牧产业链条较短，精深加工能力不足，产品附加值较低，整体产业化水平仍处于初级阶段。2014 年其农产品加工转化率仅为 39.5%，远低于全国平均水平

（西藏自治区农牧厅，2015），大部分农牧产品仍停留在出售生产原料和初级加工阶段，特色产品供给、加工、营销的能力不足、联系不强、信息不全、渠道不畅、附加值不高，如香格里拉市忠浩中药材种植有限责任公司虽然在小中甸镇自有中药材种苗基地85亩，并与农牧民合作推广种植各类中药材2000多亩，但其缺乏深加工能力而仍以初级产品为主，部分仅能粗加工至饮片等产品，缺乏后期制药等高附加值环节，致使其特色中药材产品的市场竞争力有待进一步提升。

在特色农牧产品产业化方面，青稞、牦牛、藏香猪、藏香鸡等是青藏特色农牧产品体系的重要组成部分，但相关产业的公共基础设施和服务体系建设还较为滞后，以信息化、网络化为特征的现代物流体系尚处于发展阶段，以机械化、科技化为特征的现代农业应用尚处于起步阶段，企业创新能力不足，产业技术支撑不强，行业创新氛围较淡，产品创新含量较低，区域市场竞争能力有待提升，产业化辐射带动能力整体较弱。同时，随着市场逐渐挖掘特色农牧产品增收创收作用，部分农牧产品价格快速上涨，有些企业、地方热衷于追求特色农牧产品带来的额外收益，而对国内国际消费市场的理性分析不足，缺乏科学合理的产业规划，部分产业项目开发过度，致使一方面由于产量上升过快引起质量下降的可能性增大，另一方面过多、过快的前期投入极其容易受市场波动的影响，给农牧民稳定增收造成一定的隐患。因此，需同时注意"滞后产业化"和"虚假产业化"带来的问题，清晰认识产业化的"双刃剑"作用，使其最终助力于农业的稳定发展和农民的持续增收。

3.4.5 农户分散经营、合作社能力有限、企业利薄

农牧民仍采取以小农经济为主的传统分散经营方式。由于环境、文化、资金等限制，青藏高原仍未完全脱离传统耕牧的粗放模式。一家一户分散生产经营的模式难以形成地方化、规模化的特色产业，而依托新媒体、新技术、新平台的新型生产组织模式起步较晚、发展滞后，致使农户抵御风险能力较差、耕牧技术应用滞后、信息集散反馈不畅、品牌策划营销缺乏、前后环节联动闭塞，进而影响产品品质的保障和商品转化的进程。

现有合作社在资金运作、技术水平、共建共享、辐射带动等方面的能力有限。随着脱贫攻坚完成和乡村振兴的推进，合作社的数量有所增长，产业类型日趋多样，规章制度不断完善，但相比于正规企业，其发展基础仍然较为薄弱，面临运营能力不够充分、运作资金不够充足、技术水平有待提升、服务能力尚需完善、辐射带动模式单一、专业经验较难推广、成员联结缺乏引领等问题，部分合作社甚至存在"空闲散"的现象，尚未形成规模效应与集聚效应，尚未打通产加销一体化的产业链条，尚未构建分散农户与集中市场的衔接桥梁，难以防范和抵御较大的市场风险和金融冲击，难以巩固和开拓多元的产品体系和增收渠道，难以完善和提升专业的经营能力和技术水平。

利润、风险、周期、政策等因素导致龙头企业望而却入、入而不驻、驻而不固。一方面，虽然青藏高原自然资源独特、市场潜力巨大，但地方农牧业产业链较短，产

品附加值较低，自然灾害风险频发，耕牧培育周期较长，区位运输成本较大，因而利润较低难以吸引企业进驻入驻，让利不足则难以留下企业长驻扎根；另一方面，由于当地产业链条和关键企业有所缺失以及招商引资和利益分配的国家政策体系尚不完备，地方企业和政府存在利润被外来大型企业垄断攫取的顾虑，存在当地民众生产生活习惯与外来企业市场经营方式之间难以协调的担忧。因此，企业"想来而不敢来"，地方"想要而不敢要"，使外地企业不愿进驻、不想入驻，而本地企业入而不驻、驻而不固，造成大部分地区的龙头企业数量规模较小、资本实力较弱、品牌效益不足的局面，整体产业链仍仅处于"微笑曲线"的底端。

地方政府事权繁杂使其对农牧业绿色发展分身乏术。相比于维稳、防震、防汛、扶贫等繁重的日常工作，地方政府在面对引导农户、培育合作社、招揽龙头企业等项目时往往存在资金不够、精力不多、经验不足、吸引不大等现实困境。对农牧业绿色发展的高度关注与现实需求困境之间的多重矛盾，使其对经营主体培育不够充分，致使农牧民生产经营组织程度不够，专业合作机构管理不严，龙头企业与农牧民的利益联结不密，品牌体系规划构建不足，精深加工产业链不全，科学研究对产品营销的支持不足，外地市场开拓能力不强，试点示范带动作用不大，产业链上下游关联程度不紧。

3.4.6　藏文化与现代农业存在一定矛盾

"惜杀惜卖"的文化传统一定程度上制约着现代农业的规模化和商品化发展。在忌杀生灵的宗教文化以及人畜共生的自然环境中，藏族农牧民对牲畜存在一定的情感寄托，同时保持牲畜规模优势也是传统农牧业繁衍育种、抵御灾害的重要途径和必要手段，更是农牧民创造财富、储蓄理财的生产资料和有形资本，因而促成了"惜杀惜卖"的传统观念与文化现象。而在现代农业的发展阶段，"惜杀"使农牧民不愿屠宰已达到出栏条件的牲畜，一定程度上造成了生产浪费，而"惜卖"使其不愿意销售优质的农牧产品，影响绿色农牧业的商品率提升和品牌化营造，长期不利于市场发挥配置优质资源的角色作用。

现代农业对规模化、集中化、机械化、工业化的过分追求不适于当地农牧业的原生态传统。当地分散养殖的文化传统能充分利用青藏高原丰富的林草资源和农副产品等非常规饲料，减少对工业饲料的依赖，节约资源能源，保障动物福利，同时通过"粪肥还田"的耕牧文化，大大降低畜禽粪便的环境污染，降低种植业生产成本，并有利于土壤肥力的保育和作物产量的提高，促进生态农业的良性循环。但传统农业目前也面临着瘟疫疾病传播、耕牧数量超载、饲料转化率低、出栏周期较长、安全监管缺失、技术服务不便、质量标准参差等一系列问题。而现代农业的规模养殖在疫病防治、科学耕牧、饲料推广、安全监控、流程追踪、技术运用、标准统一等方面具有明显优势，有利于提高生产规模和饲养效率，保障较高且稳定的综合耕牧效益。但现代农业往往具有将大量工业部门生产的物质和能量投入农业部门以换取大量农业产品的倾向，由此带来巨大的能源消耗、饲粮浪费、药肥滥用、环境污染等问题，因而对规模化、集中化、机械化、工业化的过分追求不利于青藏农牧业可持续的绿色发展。需解决传统文化与现代农业生产技术之间的矛盾。

3.4.7 土壤环境监测投入不足，农业面源污染防治工作有待加强

目前，青藏高原大部分地区对水资源、大气环境的环保意识较强。多年来，西藏每年都开展全区 74 个县（区）的地表水环境质量监测和饮用水水源地水质监测，2020年全区水环境质量保持良好，西南诸河、西北诸河水质优良率（达到或优于Ⅲ类）为100%，地级城市集中式饮用水水源水质优良率为 100%，地下水考核点位水质极差率为 0，并已通过行政命令、法律法规、技术手段等方式关闭停运或改造升级了一系列效益较低、污染较大的小水电、小矿厂等。随着生态文明建设与环保相关措施的逐步推进和有效实施，青藏高原生态功能得到有效提升。

部分地区对地块土壤的环境保护意识较弱。青藏高原虽然平均污染程度不高，但由于较高的交通量及采矿活动等，青藏高原中部、东南部及东北部都存在一定程度污染，个别采样点污染较重（杨安等，2020）。同时，在部分以农牧业为主的地区，关于农药、化肥、农膜对地块土壤污染的关注和意识也相对较弱、较浅，缺乏对地块土壤全面、系统、协同、共享的检测和监测体系，缺乏对土地污染现状的多维度、多尺度、多跨度的透析和掌握，缺乏多学科、多视角、多技术的综合防治体系，如部分地区的河谷农业曾由于政府补贴的激励以及增产增收的需求而使用了大量的农药化肥，并形成了播散药肥的耕种习惯，对土壤产生了较大的化学污染，不利于发展绿色、有机、高端的青藏农牧业。再如，山南市对土壤矿物质和重金属污染展开了项目调查，但对其中的具体污染物质和相关指标尚不清楚；多处温室大棚存在大量农用地膜被丢弃、无人管理、散落于田间地头的问题。同时，该地区有 84 万亩地，却只有 400 个监测点，每年拨款275 万，监管体系缺乏人力财力，亟须上级政府从更高、更广的尺度推动全域范围的耕地环境质量检测。

3.4.8 与内地联系较弱，一体化程度有待加强

随着青藏地区交通基础设施建设的不断完善，青藏高原与内地的货物和人员流动有所加强。但青藏高原大部分地区农牧产品仍以自足为主，其地理环境导致交通成本较大，因而其在产品营销、品牌合作、企业交流、市场竞合等方面与内地的联系仍然相对较弱，产业链条上下游联动、产学研销前后端互动、区域物流一体化程序等方面有待加强。一方面，青藏农牧业"走出去"的能力不足。高原农牧产品局限于以满足基本日常活动为主的本地市场中，经济腹地范围有限，产品需求拉动不强，产品供给影响较小，投资资金较为匮乏，政策扶持碎片化特征明显，当地龙头企业的孵化能力较弱。另一方面，内地企业"引进来"的市场受限。由于环境保护和生态红线的需求和规定，企业向青藏高原地区产业转移的类型、规模和空间有所限制。同时，水电路

网、科教文卫等方面的基础设施和公共服务相对滞后，建设资金投入不足，发展基础相对薄弱，经济合作的综合成本较高，对先进企业和高端人才的吸引力不够，因而知识、技术、经验还较为局限，援藏省市资金、科技、人才、市场等优势还未充分体现，沿边沿疆的区位优势仍待有效挖掘。

整体而言，青藏地区与毗邻省份和东部地区的合作有待加强，多层次、宽领域、高水平的协同开放发展机制需进一步健全完善，着眼于全国经济发展，明确定位，融入全国"一盘棋"中。

3.5　政策建议

3.5.1　打造"全域绿色有机"品牌战略

青藏高原被誉为"世界最后一方净土"，其最大经济价值蕴含在"净土"中，这个价值来自"绿水青山就是金山银山"这一科学论断所揭示的环境附加值。但是，近些年农牧业发展正在偏离尊重科学道路，在政府的化肥政策激励下走上了盲目追求产量的老路，甚至有部分藏民已经养成了使用化肥和农药的习惯，严重地威胁着这里的土地，削弱了来自"净土"的农副产品的环境附加值。另一方面，青藏高原严酷的自然条件孕育了独有的高原农作物和动物，如青稞和牦牛，其本身具备的巨大开发价值和市场潜力尚未得到重视。为此我们建议，青藏高原的农牧业绿色发展要认真贯彻落实习近平总书记的重要讲话精神和科学论断，走有机农牧产品的绿色高质量发展之路。下决心用 10 年时间，将青藏高原打造为"全域绿色有机"农牧产品输出地。针对前文提出的目前发展存在的问题和限制因素，认为具体需要从以下几个方面开展工作。

实施化肥减量增效是落实绿色发展理念的关键举措。针对化肥农药用量问题，政府通过购买服务、对有机肥进行补助等措施，减少化肥、农药用量，提高利用率；推广有机肥替代化肥、绿色防控替代化学防治等各项关键技术，开展施用有机物料入户补贴试点，通过有效的资金撬动，让有机物料的投入成为农牧民自觉的生产行为，最终逐步实现化肥和农药使用量"清零"。具体来说，首先，要将农药、化肥减量增效行动年度制度化，并不断完善评价方法。各市县可以自行或委托第三方进行评估，深入细化到县级层面，对所辖各级的化肥、农药施用情况进行比较与评估，以更好地发挥对种植结构调整的指导作用，为推进化肥、农药的减量增效提供更好支撑；评估结果也作为相关考核的重要依据。其次，要切实增强有机肥替代化肥的效果，落实和推进有机肥生产和使用的补贴政策。一方面，要提高财政资金的使用效率，将资金使用的更多支配权交给地方，并逐步向大田作物延伸，扩大有机肥替代的作物范围。另一方面，在有机肥市场规范和监管方面，健全有机肥质量保障和质量控制体系，建立不同类别及用途有机肥的质量标准，开发适合不同土壤、不同作物的有机肥施用规范，严格肥效检验，将查处劣质有机肥列入农资打假专项行动。

青藏高原独特的自然条件孕育了优质的、无污染特色农牧产品，有限的耕地资源要尽可能多地种植高附加值的农作物，把资源价值向经济价值高效转化。作为绿色食品，从原料产地、加工过程到储运包装等各个环节必须严格遵守国家制定的一系列规范标准。以特色农产品生产为核心抓好产业结构调整，搞好牛羊肉、奶制品、绿色蔬菜、食用菌、中藏药材等"一村一品"专业村建设，实现差异化经营。依托当地优势资源和主导产业创立品牌，地方政府牵头积极研究和推广高寒"净土"农牧产品的健康价值，申请著名商标、申报地理标志农产品认定和绿色、有机食品认证，提升产品在品质、信誉等方面的信任度；通过标准化生产、企业化经营、市场化营销，着力打造若干个在区内外享有盛誉、市场优势明显、带动群众增收致富的"净土"农牧产品品牌，以促进农户增收，推动绿色有机农牧业向更高层次发展。

3.5.2 完善农牧业基础设施建设，同步提升农牧业发展的软实力

完善农牧业基础设施建设。政府应加大以水、林、土为主要内容的现代农业基础设施建设扶持力度，推进高标准农田、饲草料基地建设，扩大农业机械化覆盖区域。首先，加大土地开发整理和基本农田建设力度，大规模改造中低产田，按照田地平整、土壤肥沃、路渠配套的要求，提高耕地质量。其次，根据现有人工饲草料基地现状，采取新建、更新复壮、补播等技术措施，加强人工饲草料基地建设。最后，提高农机装备水平，具体包括改善农机装备结构，扩大农机装备总量，拓展农机服务领域。另外，对于干旱、半干旱的农业区域来说，水利设施的建设是重中之重，做好水利设施的基础建设，加大小型农田水利建设资金投入力度，完善农业灌溉体系，建立起科学化、合理化的西藏现代农业灌溉制度。

加强"种子工程"建设。农牧业种子工程建设包括种植业的农作物种子、蔬菜种子和畜牧业的畜品种。种植业上，要继续实施种子工程，规范种子基地建设与管理，切实加强以青稞、油菜等优良品种为主的原原种、原种、一级、二级农作物种子繁育体系建设，逐步地调教种子使之适宜当地的土壤条件，继而大范围推广种植，提高土地的单位产出。畜牧业上，一要加快优质牧草种子繁育基地的申报、建设步伐，以牧草种子为突破口，带动当地草产业的发展；二要加强特色畜品种选育，大力推广优质良畜，加大对农牧区畜改良工作的技术指导。例如，2018 年开展的帕里牦牛品种资源保护，实施类乌齐县牦牛育繁推一体化示范项目；工布江达县开展藏猪遗传资源保护场建设，建立藏猪良种扩繁基地等，都是畜牧业培育优种的战略尝试。今年西藏自治区农牧科学院提出"十四五"期间要实施的三大工程之一就是"省部共建青稞和牦牛种质资源与遗传改良国家重点实验室提升工程"，即种子工程，旨在充分发挥农牧科技创新、全力推动西藏农牧业高质量发展和农业农村现代化建设。

注重加大农牧业领域科技和人才的支持和投入力度，持续提升农牧业发展的软实

力。青藏高原特色农业经过十余年建设发展，已进入向现代农业发展的全面转型期，科技力量是最为经济、有效的现代高效农业运行加速器，应突出抓好农作物新品种繁育、特色优势畜种选育、粮油作物提质增量、畜牧业规模化养殖、农业标准化、重大动物疫病和植物病虫害防控等科技创新和技术推广，以及相关能源类科技创新（高寒地区畜粪沼气能源，风能发电，太阳能照明、取暖和供热技术，雨雪水储藏净化再利用技术等）。青藏高原气候和水热条件不适宜大多作物生长，但现代大棚农业技术为农业多样化、精细化发展提供了可能。例如，采取"密闭加厚夹心板覆盖＋光伏发电采光"技术的高原大棚可以实现作物与自然环境隔离，自动控制技术、微灌技术、光伏发电、保温技术、环保防虫等为作物营造了适宜的生长环境，为青藏高原进行大规模引种、育种工程提供新路径。诸如此类的设施农业还有很多，它们能够将当地丰富的光能资源与水土资源进行优化组合，通过减少热量损失与温度控制，克服高原地区露天条件下作物生长热量不足的主要限制性因素。因此，大力发展设施农业是快速提升当地农牧业现代化水平的重要途径，是现阶段当地农牧业转型发展多种模式适度规模经营的先进方向。

加强农业科技推广服务体系和队伍建设，不断改善服务条件，增强服务手段，提高服务水平。广泛开展全方位立体式的农牧业人才培训，整合农牧区的教育资源，建立专门用于培训农民专业技能的组织机构，加强对实用型人才的培训，建立高素质的现代职业农牧民队伍。另外，完善人才吸引和激励机制，制定管理方法和政策，让更多的人才回流青藏地区。从科技研发层面的人才培养来说，要加强涉农科研院所等农牧业创新平台的投入力度，培养、引进高端技术创新人才，引导并加强面向特色农牧业发展的基础理论与实用技术创新，为现代农牧业发展提供技术支撑。

3.5.3　延长农副产品产业链，提升产品附加值

农副产品产业链的延伸是以市场为核心，促进产业规模扩大和产品附加值提升的有效手段，也是促进农产品竞争力提升的必然要求。农副产品产业链的延伸应从横向拓展和纵向延伸两个方面来考虑。农副产品产业链的横向拓展着眼于农产品深加工、产业环节的增加；产业链的纵向延伸着眼于产业链各环节高技术、新知识的引进与发展。

充分发挥农业龙头企业的带动作用。在横向拓展模式中，农业龙头企业作为农业生产者和现代企业，能够推动资源要素的融合渗透与优化配置，在产业链延伸和附加值提升中发挥重要作用。一方面，通过农业龙头企业自建基地或者利用产业化组织模式建立订单基地，对接传统农业资源，扩大农户生产经营规模，提高农民组织化程度，形成一批专业大户、家庭农场和农民合作社，将产业链各主体打造成为风险共担、利益共享的共同体；另一方面，依托农产品加工环节，农业龙头企业凭借较高的管理效率和较强的市场营销能力，为农户、家庭农场开展技术指导和培训，

为重点发展的领域（青稞、肉类、奶类、皮毛绒、藏药材和林果加工等）深加工和对外销售提供技术支持和质量保障，推动农户、基地与市场的有机联结，从而将产业中的各个环节组织起来，由此形成完整的产业链，进而从各个环节挖掘增值空间，实现附加值的提升。

依托"农业企业＋基地"的模式，充分发挥技术创新对产品附加值增加的推动作用。在纵向延伸的模式中，科技创新是推动产业链延伸、实现农产品附加值快速增长、提高产业化效能的最为有效的途径。"农业企业＋基地"的模式是农业标准化和规模化要求的产物，也是提升农业产业价值的重要环节。这一模式在青藏高原地区已经相继出现，并具备了一定规模（例如拉萨市藏缘青稞酒业有限公司"公司＋基地＋农户"产业模式，忠浩野生中药种植有限公司"党组织＋基地＋农户"等）。这种模式一方面可以减少技术不成熟所带来的风险，为农业技术的全面铺开积累宝贵经验；另一方面可以对其他农产品生产主体起到示范作用，以看得见的效益来说明农业科技的作用，进而有利于减少农业技术推广的阻力。

3.5.4 助推农产品特色化发展，加快"三品一标"源头认证

通过提供特色化农产品和服务，精准定位市场打造梯级系列产品，规避内部带来的市场激烈竞争，促进青藏高原地区农业高质量发展。按照突出多层次、差异化的发展思路，综合考虑各区域的农业资源禀赋，一方面，布局发展具有区域特色的差异化农产品加工业；另一方面，根据产品品质和知名度将同一类别产品层次进行定位划分，形成高端线产品上档次、相对中低端产品广覆盖的发展格局。最终形成"布局合理化、产业规模化、产品特色化、经营合理化"的现代农业发展格局。

目前，青藏高原地区已初步呈现出地域性的产品差异，生产集中度也具有较为明显的地域性。依托日喀则市青稞牦牛现有良好的产业基础，推进产业"育繁推"体系、标准化示范区及新型经营主体培育，将片区打造成青稞牦牛产业生产区；依托林芝市特色林果种植产业带，茶叶、蔬菜、藏药材种植基地和藏猪养殖基地（一带四基地）的产业发展现状，打造相关产业特色发展区。下一步，为继续发展具有高原特色的优质农产品，要开展特色农产品营养品质评价和分等分级，加快绿色有机源头认证，同时设立专项奖励补助资金，用于全区"三品一标"农产品认证补助。

与此同时，针对高端产品，健全营销网络体系，重点扶持品牌创建，争创中国知名品牌和驰名商标；从技术创新、设备工艺提升等方面提高产业发展层次，助推青藏高原相关产业向基地化、规模化、品牌化方向发展。例如，实施黑白青稞、红土豆、藏红花等特色产品的产业、品牌、商标"三推进"工作。推进农牧业特色产业地理标志保护，开展青稞、牦牛、藏香猪、墨脱石锅、易贡红茶、波密蜂蜜、林芝苹果、朗县辣椒、洛隆糌粑、林芝苹果等品牌创建工作，逐步形成独具特色的优势产品、优势品牌和优势市场，打造全区的菜篮子、果篮子、肉篮子、茶园子。针对粮食作物，大力实施现代种业提升工程，在粮食主产区集中建设良种繁育基地，严把种子质量，实

施统一生产、统一供种。提升小麦、青稞、油菜籽、青饲料等产品供给能力。以高原绿色原材料资源为依托，重点发展青稞、土豆、荞麦、糌粑等高原粮食作物，挖掘精深加工潜力，以健康型、功能型、方便型食品为突破口，着力推进土豆粉、粉丝、薯条等绿色食品加工。

3.5.5　引导经营主体和经营模式多元化

引导农牧业经营发展模式向多元化转变，加强农牧民合作组织建设，培育新型经营主体。通过培育壮大新型农牧业经营主体，以龙头企业、专业合作组织、种养大户和家庭农场为主体，发挥各主体的示范引领作用，"搞活"农业农村经济，构建高原特色农业产业经营体系。

当地需要大力扶持农业产业化龙头企业。首先，选择一批基础条件好、发展前景好、带动效益好的企业，采取分级扶持的办法，打造一批农业产业化领军企业；其次，优化投资环境，积极吸引区外，特别是援藏省市的先进农业生产加工企业，投身西藏自治区特色农业开发和农业产业化经营领域。

"公司＋农户"是农牧业产业化经营的经典组织模式，农民生产农产品，龙头企业或乡镇企业负责产品的加工和销售，彼此之间合作密切，互惠互利，同时，企业会提供技术、资金支持，保证农户产出符合企业标准的农产品，双方之间的权利和义务按照合同界定，以保证这种关系的维系。"公司＋合作社＋农户"的组织模式在公司和农户之间加入了合作社，降低了农户和公司之间合作时产生的不必要的谈判成本，有助于农户摆脱与大企业谈判时处于的劣势地位。这种模式大多以农牧民专业合作组织为载体，推动土地流转，鼓励承包经营权向种养能手流转集中，培育种养大户，集中管理、规模化运营，同时雇佣农户做零工，实现农户以资金、土地、劳动力多要素参股龙头企业，使企业和农户建立起真正密切的利益联结关系。另外，"公司＋家庭农场"是"公司＋农户"这种形式的升级，由于农户不断地发展壮大，开始以严格的标准衡量自己的农产品，农户就逐渐发展成家庭农场，公司和家庭农场之间严格遵守契约准则，形成了长期的利益合作关系。这种模式下的龙头企业大多推行订单农业，采取预付定金、提供技术指导、实行保护价收购的方式和农民实现双方互惠互利。值得注意的是，土地流转规模扩大的同时，必须同时提升现代农牧业的社会化服务水平，否则最终结果很可能还是粗放经营，还会侵害农牧民权益。

3.5.6　充分尊重藏文化前提下逐步推进现代农牧业发展

青稞与牦牛是青藏高原的象征，也是西藏农牧业的代表和藏民传统生活方式的标志。与青稞、牦牛等相关的农业生产、娱乐活动早已成为藏文化的重要组成部分。其中，随着历史文化的传承发展，藏族农牧民与牦牛等牲畜之间在某种程度上存在无形的情感纽带，他们养殖的牲畜是整个家庭抵御风险灾害的重要资本。青稞和牦牛等当地产品是其饮食文化中的必需品，产品以内销为主，因此，与内地联动发展、建立高端农牧品牌需要稳步推进，以市场为主要动力，循序渐进，避免与藏文化冲突。

在这种文化背景下，"惜杀惜卖"在一定程度上阻碍了现代农牧业在当地大规模牲畜养殖买卖市场的形成和发展。而党的十九大报告明确指出"坚持以人民为中心"。在党和国家事业发展的各方面，必须坚持贯彻人民主体地位的发展思想，努力践行以人民为中心的发展道路，将人民对美好生活的向往作为奋斗目标，将增进人民福祉、促进人的全面发展作为出发点和落脚点。因此，尽管现代农牧业先进的技术能克服瘟疫疾病传播、饲料转化率低下等传统农牧业中面临的问题，但其推广必须要最大限度地遵循当地藏民的发展意愿，以百姓幸福感的提高为最终目标，以人民是否真正得到了实惠、人民生活是否真正得到了改善、人民权益是否真正得到了保障作为检验农牧业发展成效的最高标准。因此，青藏现代农牧业发展必须坚持人民主体地位，以社会主义核心价值观为引领，以符合藏文化为重要前提，积极尊重藏民发展意愿。

一方面，强化就业创业扶持政策，拓宽农牧民增收渠道，激发农牧资源要素的活力，挖掘经营性收入的增长潜力，稳定工资性收入的增长程度，拓展转移性收入的增长空间，释放财产性收入的增长红利，促进农牧民收入来源的多元化，减轻农户对牧畜的经济依赖，进而减少"惜杀惜卖"文化观念与市场经济相互冲突所带来的消极影响。另一方面，建立健全农牧业支持保护制度，加快构建政府引领、市场运作、社会参与的多元化农牧业社会服务体系，完善水电、交通、通信、互联网等相关产业基础设施建设，因地制宜地开展藏羊高效养殖、牦牛提纯复壮、牛羊标准化舍饲、饲草料加工储存利用、动植物病虫害防控、中高端农畜产品精深开发等现代农牧业技术研发、示范和推广，巩固和完善农牧区基本经济制度，深化农牧区集体产权、农牧业经营、农牧业支持保护等制度改革，推进农牧业供给侧结构性改革，引导农牧业绿色高产高效发展，促进青藏地区从传统农牧业加快向现代农牧业转型。同时，结合乡村振兴政策体系和保障机制，为农牧民提供更多的公共产品和公共服务，完善医疗、教育等社会保障体系，加强金融扶贫力度，改善农牧民基本生活条件，促进优秀藏文化与现代生活方式的有机结合，将牦牛等农牧产物与"对美好生活的向往"联系起来，丰富其新时代的文化形象与精神内涵。

3.5.7 拓宽销路，借力旅游业、电商互联网平台加大推广力度

在产业发展上，青藏地区正处于从以传统农业占支配地位的前工业化阶段向发达的成熟工业化阶段转型时期，其产业转型最可能的路径是从第一产业跳过第二产业直接转向第三产业。对于西藏而言，2017年中央一号文件中提出的"大力发展乡村休闲旅游产业"就是西藏发展的新动能，为西藏未来发展提供了思路，并不是狭义地依靠直接的旅游收入致富，而是实现各产业的深度融合发展。例如，将西藏地区的高端农牧业产品融入地区的旅游业开发中。因此，建议要积极促进农牧业与旅游业深度融合

发展，依托青藏地区的生态环境、民族风情、藏传文化等特色优势资源，整合农牧业生产、生活、生态功能，大力发展体验农业、观光农业、休闲农业等，积极打造"农牧业＋旅游"的发展新模式。

当地的农牧产品根据销售目标群体的不同，应当制定不同的营销策略和销售途径。对区内市场主导型为主的特色产业，其产品以满足当地人的日常生活需求为主，这类产业主要包括青稞、蔬菜、奶牛、牦牛、藏系绵羊等特色农产品，产业发展的规模应根据市场容量确定，同时鼓励多样化经营。对具有区外市场优势的特色产业，其产品以满足国内外旅客离藏时礼品需求和区外对当地净土农产品需求为主，以高端产品为主，如绒山羊、藏猪、藏鸡、藏药材、林果等具有高原唯一性的特色农产品。对于这批农产品来说，高昂的运输成本、生产存储成本是制约发展的因素，因此发展理念要向品质提升转变，以青藏地区优质生态环境为宣传亮点，突出绿色有机、无公害的特点，挖掘产品内在优势，最大限度地体现青藏高原特色优势。

销售渠道窄、物流成本高是制约西藏优质农产品走出去的重要因素。借助现代化的电商和物流平台，当地农牧民可站在田间地头将产品卖到全世界，省去了找市场的烦恼。国家应当全力拓宽西藏物流的运输渠道，加强物流基础设施的建设，利用现代高新技术使物流信息化。具体来说，一是创新营销方式，大力推广农村电商、直播带货、旅游带货等新型营销方式，发展农村电子商务，借助"互联网＋""飞机＋"等平台，拓宽销售渠道，让农牧民通过直销获得更大的收益。二是注重对外推介，不仅向国内市场推介，要主动对接和深度融入国家发展战略，强化农牧业对外交流合作，努力推动农牧业发展走出西藏、走出中国、走向世界。另外，当地有关部门需要出台税收、财政上的相应政策，降低当地特色农产品的储藏费和运输费，降低特色农产品的物流成本。

自国家打响脱贫攻坚战以来，京东成为国内首家进藏的电商企业，在拉萨建成仓储物流园区，这里的网购配送实现了当日抵达。西藏与京东集团签署"互联网＋"合作协议，就共同推进农村电子商务可持续发展生态圈建设，共同建设西藏旅游公共服务平台、医疗服务平台等达成了合作意向。京东平台作为农牧业产业的最后一环发挥了巨大作用，采取的"京东电商＋西藏龙头企业＋农村合作社＋农户"的订单农业合作模式，既保障了电商平台产品来源，又能让西藏农副产品走向标准化、规模化，合作社和农户从事生产也消除了后顾之忧，实现了政府、企业、农户的多方共赢。因此，要充分发挥电商在乡村振兴中的作用，有序推进农村电子商务建设，促进商贸流通现代化、提升农畜产品销售额、增加农牧民创业就业，同时也推动农牧区消费升级。

3.5.8　放眼国内大环境，与内地一体化联动发展

由于地缘关系及自身能力有限，西藏自古以来就是一个与周边区域存在多元、多向经济文化交流的地区，尤其是与内地的开放合作，是当代西藏经济社会发展中的

重要内容。但同时，西藏对外连通、对外合作的保障能力较低，产业对外开放合作的支撑弱，因此有必要顺应西藏产业结构的特征和优势，着眼于青藏高原的广大地区，放眼于国内大环境，与内地省份相联动，深化区内区外的市场联系，将西藏自治区的经济社会发展融入国家区域一体化发展的"一盘棋"之中。在全国一盘棋中，当地需发挥其"一方净土"的优势特色，充分利用其生态价值，找准定位，同时坚持互惠互利、协调发展、共同进步的原则，强化区域经济理念，以转变发展方式、促进区域经济繁荣、保障生态安全为共同目标。为此，需不断完善联动发展的基础设施，优化协调发展的政策环境，在更大范围内整合资源，在更高层次上优势互补，做到"走出去"和"引进来"的有机结合，尽快将西藏乃至青藏高原地区融入周边地区以及国家的经济发展中，从而更加有力地推动西藏自治区的协调发展、绿色发展、统筹发展。

3.6 案例

3.6.1 昌都市吉塘特色小镇

吉塘，藏语意为"安逸美丽之坝"，位于察雅县西南部，距昌都市区 63km，距邦达机场 60km。位于大香格里拉生态旅游圈、川滇藏旅游经济圈。

吉塘特色小城镇是昌都市自治区级别的特色小镇，建设项目总占地面积达到 1265 亩，建设中吸引多方投资达 7.39 亿元。其中，西藏察雅县雅吉投资有限责任公司投资 5.16 亿元，修建了垃圾填埋场、排洪渠、景观水系、公园、市政道路等基础设施，建筑面积达到 9.06 万 m^2（居民居住区建筑面积 3.16 万 m^2，公共服务设施建筑面积 0.85 万 m^2，商业开发商铺 2.04 万 m^2，商业开发住宅 3.01 万 m^2）；援藏资金投资 2500 万元，建设了标准化小学及卫生院等公共服务设施；招商引资 1.34 亿元，建设了温泉酒店、广东新村商业开发项目、加油站、雪通种养循环农业、洒咧营地、建材厂等产业；产业扶贫投资 6400 万元，建设了藏东现代农牧业示范园和卓玛温泉。集镇规划建设区总用地规模 182.4 hm^2，其中建设用地 113.23hm^2，集镇人口规模控制在 0.72 万人以内。

吉塘立足旅游、观光、休闲功能定位，大力推动"温泉度假、生态农林、民俗体验、空港物流"一体化发展，打造了"一轴、一街、多区"的新型城镇化空间格局："一轴"为南北走向的城镇发展轴，"一街"为位于中心区的康巴民俗风情街，多区为中心区、行政区、生态农业区、易地搬迁安置区、机场后勤区、产业区、预留用地区。小镇内生活配套与政务服务一应俱全，是产城融合的良好范例。区域中央内街是绵延的民俗风情商业街区，在高低错落的商业空间中步移景异，处处洋溢着热情绚丽的康巴文化；商业街西侧还修建了众多低层住宅，在繁华深处便是家的宁静。穿过街区，白塔公园与北部地芒山遥相呼应，这里是城南入口的门户节点。公园东侧的游客接待中心，将为游客提供咨询、参观、休息等一站式配套服务；而空港后勤服务区的建设，则给予空乘机组和乘客最快捷的悉心关怀；还能在小镇内的吉塘酒店和温泉度假区中享受温泉疗养、休闲度假的乐趣。

在毗邻色曲河的易地搬迁区、居民安置区和雪通村，一座座康巴新居正拔地而起，民俗村落旧貌换新颜，河光山色掩映着乡风文明。可以看到，小镇实现了高原农牧风情与现代农业设施的有机结合。作为"三产联动发展"的农牧示范区，这里正建设民俗观光、采摘体验的生态营地，以及花卉育苗、有机水培果蔬基地和有机果园，力争成为藏东察雅生态休闲旅游的示范标杆。为了实现绿色有机化种植，当地政府规定限量使用农药，禁止施用化肥，鼓励施用有机肥；农户在购买有机肥时首先需要在镇里申请，镇里根据其土地面积审批，农户拿着批件才能到县城里购买有机肥。

察雅县坚持把农牧民就业增收作为重中之重，农牧民可以通过民族服饰加工、经济林种植等各类产业项目就业增收，并能够围绕特色小镇建设、水系商业街开发等投工投劳，依托土地流转入股分红。政府通过技能培训增强群众就业本领和内生动力，建立三级就业平台，推广"支部＋协会""支部＋协会＋农户"等增收模式，培养劳务经纪人、劳务合作社等劳务输出组织，及时发布用工信息和开展就业咨询等，力争打通就业服务"最后一公里"，实现农牧群众从过去靠天吃饭到现在依靠勤劳双手创造财富的转变。

多点齐发，产业兴旺，吉塘还将全力打造空港物流园、果蔬集散中心、新客运中心等一批重大项目，按照习近平总书记乡村振兴的战略指引和市委市政府"七城同创"的发展要求，吉塘镇正逐渐成为一座"文明、卫生、宜游、生态、环保、民族团结、双拥模范型"的特色小镇。

3.6.2　昌都市卡若区生态农业体验园

农业体验园位于卡若区芒达乡佐巴村的高山深壑中，总占地面积 400 亩。因为少有平坦地势，这里曾经无人问津。2018 年，西藏昌都市卡若区投资 1399 万元，实施了卡若区蓝天圣洁生态农业体验园项目。项目分两期实施：一期建设项目包括二代节能温室 21 栋及化验检测室、培训学校等；二期建设项目包括二代节能温室 23 栋及附属配套工程，主要发展蔬菜种植、花卉等产业。

体验园采用"党支部＋合作社＋贫困户"的模式经营，不仅带动了乡村旅游，还解决了建档立卡户和剩余劳动力的就业，增加了群众收入；为 4 名建档立卡贫困户长期提供了就业岗位，人均月工资达到 5000 元；吸纳临时务工人员 600 余人次，共发放工资十余万元。昌都市农业农村局还聘请农业技术人员对当地农业生产进行指导，并将运营模式、销售方式等传授给当地农户。当地的土壤有机质含量低，大多为碎石块，因此需要进行长期的农作物种植，从而对土壤进行改良。技术指导员在此已经深耕约有 10 年，指导当地农牧民进行种植和栽培，夏季能够满足昌都本地市场农产品需求的

75%。由于土壤改良较为缓慢，蔬菜大棚初期只能种植大白菜、菜花等对土壤要求不高的蔬菜，经过长期驯化改良（5～10年）之后可以种植车厘子、草莓、枇杷等高经济价值的新型作物，为当地农牧民带来收入。同时，昌都市的蔬菜大多从外地供应，农产品价格与内地相比偏贵。为了平抑物价，蓝天圣洁农业生态园以稍低于市场的价格为昌都市民提供了优质蔬菜，经过农业园驯化的蔬菜种子可以传播到整个昌都甚至辐射到西藏自治区，从而让西藏地区的人民都能吃上物美价廉的蔬菜，这是成立这个农业园的初心。

体验园坚持生态理念种植瓜果，严格控制农药、化肥的种类和用量（图3-13和图3-14），因而所产食品均为绿色食品，而且蔬菜可以从大棚里直接到游客手中，没有中间环节，所以价格不算高，市场反应很好，常常供不应求。在园区不断发展过程中，群众将与企业同成长、共受益，形成产业扶贫长效机制，变输血为造血，实现稳定的增收致富。

图3-13　卡若区农业生态园使用农药公告

图 3-14　卡若区农业生态园所施用的农药：水烂花蔓枯

3.6.3　拉萨市藏缘青稞酒业有限公司

西藏藏缘青稞酒业有限公司（简称"藏缘酒厂"）成立于 2004 年 1 月，是一家集青稞研究、开发、深加工于一体的综合型企业。公司以"公司＋基地＋农户"产业模式运营，拥有青稞原料基地 2 万亩，8000t 青稞酒窖池流水线一条，年转化青稞 6000t，有效地促进了西藏特色产业的发展。目前已有各类青稞酒、矿泉水、青稞精粮等食品，以及保健品等系列产品。

藏缘酒厂作为国家农业产业化重点龙头企业，在达孜区做出了突出的贡献。2019 年企业建立了"西藏高原特色农产品联合研发中心"，通过了"拉萨市青稞深加工工程技术中心"等科研平台认定，年均科研经费投入 200 万～ 400 万元，占年均产销值的 3%～ 6%，公司与各乡镇签订了每年 5000 余吨的青稞订单收购协议，以最高 3.5 元 / 斤收购青稞原料，不但带动了更多农牧民就业（本地 206 名农牧民，包括建档立卡及困难职工边缘户 31 户），还带动了青稞种植、运输、牲畜养殖等产业链一体化发展，助力精准扶贫。

藏缘的产品理念非常前卫和新颖，很符合当下都市人尤其是年轻人的需求。例如，青稞酵素饮料、零卡零糖的藏缘 G+ 气泡水等，都是备受年轻人欢迎的热门单品，具有很高的外销潜力。但公司在下一步发展和战略选择上仍面临一些困难：一方面青稞产量制约产品规模的进一步扩大。当前公司推出的青稞饮品每年需要约 8000kg 的青稞原材料供应，已经约占整个西藏青稞产量的 1%，考虑到青稞作为重要粮食作物的粮食安全属性，公司难以收购更多的青稞原料来扩大生产。另一方面，技术、人才、运费等缺乏比较优势。尽管公司已经投入大量资金用以支持科技研发和人才培养，但与东部成熟的同类型公司相比，西藏地区的公司在产业基础、技术和管理水平、劳动力素质等方面都稍显不足，且远离内地市场，运输成本高昂，因此产品只能通过高品质和差异化来打造自身的竞争优势。这些问题不仅是藏缘酒厂的问题，更是所有西藏酒厂共同面临的问题。

3.6.4　奶牛养殖基地

西藏泰成乳业有限公司是拉萨市达孜区的产业扶贫重点企业，是一家集现代化、标准化、规模化、环保型及贫困农牧民养殖技术培训于一体的奶牛养殖、牦牛育肥企业。主要饲养奶牛和牦牛，当地奶牛体型肥硕，且产奶量高；牦牛体型虽矮小些，但也十分健壮。饲料及 60% 的饲草来自外地，其余来本地的饲草则是通过土地流转种植的燕麦，成本较高。得天独厚的自然条件，加上科学喂养和有效管理，使得泰成乳业占拉萨市全年育肥牦牛出栏的 41%。但奶牛养殖远不及牦牛养殖利润丰厚，当前企业产品主要销往本地，下一步的发展规划是走无污染、绿色、生态的奶制品路线，打造有机牛奶的高端化品牌。

山南市乃东区的滴新村过去一直是徘徊在贫困线上的小村庄，在全市精准脱贫攻坚战打响后，受益于奶牛养殖基地，滴新村在很短的时间内便彻底摘掉了贫困的帽子，现已成为乃东区收入最高的一个村，2022 年人均年收入达到 3.5 万元。滴新村养殖场的草料均为自己种植，尽管本地养殖场饲草喂养的奶牛不及内地饲料喂养的奶牛产奶量高，但本地牛的牛奶乳蛋白含量更高，营养价值更大，是牛奶中的"高端产品"。基地主要对从农户手里收到的牦牛进行短期育肥再卖出去，或是卖犊牛给农户，而产奶则是主要喂小牛，并不售卖。基地作为扶贫援藏项目，目前并未开始盈利。"基地一共就这么多奶牛，卖光了只能再返贫，长久致富才是大道理。"基地负责人如是说道，因此他们不急于一时，而是放眼长远，首先考虑扩大基地规模，村民还能得到养殖场更多的分红。

3.6.5　山南市乃东青稞糌粑生产厂

相比于昌都、甘孜等地，山南市具有大面积、集中连片的耕地，是西藏重要的青稞、小麦种植基地。位于雅鲁藏布江中游、海拔 3500m 以上的结巴乡地带，水质、大气、土壤均未受工业污染，具有青稞种植得天独厚的环境。选址于此，山南市建立了绿色青稞种植基地，把科技推广作为农牧业增产增效、群众增收致富的基础和关键，通过加强品种开发、良种选繁等科技攻关，研发出"喜拉 22 号"这一优良品种，并打造了"绿色青稞，喜马拉雅味道"这一形象，取得了良好成效。

山南市乃东区结巴乡格桑村的功德农产品开发有限公司（简称功德公司）正是以绿色青稞种植基地的青稞为原料来加工生产糌粑制品。作为西藏山南地区的一个青稞加工基地，功德公司从事青稞产品深加工；同时作为山南地区农牧业"产业、品牌、商标"三推进工作的项目之一，公司还是山南地区发展农牧业产业化的探索之地。当地藏民有一句俗语："论眼前的口福是甘蔗甜，可过日子还得指望蜜一样的糌粑。"糌粑是由生长在青藏高原的青稞干炒磨制而成，是藏民族千百年的传统主食之一。不仅具有丰富的营养价值和突出的保健作用，还能够改善胃肠功能，促进肠道畅通。功德公司生产的糌粑产品打造了"藏地圣田"这一品牌（图 3-15），先将青稞清洗、晾晒、去皮后，利用流水动力原理驱动石磨将青稞研磨成粉，与现代生产方式相比更为生态环保，糌粑的年产量达 200 万斤左右。

图 3-15　雅砻糌粑产品

值得一提的是，结巴加工基地依托江北快速通道、结巴小城镇建设及江北特色产业示范园区，借助桑耶寺等江北旅游资源和桑日光伏产业带，将其打造成了既具有浓郁、厚重藏南雅砻文化内涵，又生产糌粑绿色食品的集生产、加工、休闲、旅游于一体的综合性基地。

公司发展也遇到众多制约：公司要想做大做好需要进一步扩大生产规模，但符合标准的青稞原料供应受限，一方面集中连片的土地不足，另一方面西藏自治区对于青稞总量的分配也有所限制。此外，公司在打造"雅砻糌粑"品牌化的同时，也在着力推进农村电商建设，但受到人才、物流等限制，进展十分缓慢。

3.6.6 山南市昌珠镇全域绿色有机示范点

根据 2019 年西藏自治区农业农村厅开展的耕地质量等级评价结果，山南市耕地海拔较低、立地条件较好，具有大面积、集中连片的耕地，是西藏自治区重要的粮仓。但山南地区有效土层薄，土壤有效磷等养分含量偏低，保水保肥性差，部分田块灌溉条件不足。多年来为了追求作物产量，当地政府鼓励施用化肥，农牧民也已经养成了依赖化肥和农药的习惯，化肥、农药的使用情况非常普遍，这对当地的耕地质量产生了不利影响。

近年来，随着"化肥、农药减量增效"政策的实施，对化肥、农药也在进行总量控制，提倡采用科学方法合理使用，如政府部门派遣技术人员下乡对农户进行督导，指导农户对农药、化肥的合理用量；同时尽量采用更新换代的新型农药产品，由市级政府层面统一采购，由乡镇农牧管理人员按需发放，提高施用效率，降低对耕地和自然环境的污染破坏。同时，政府鼓励利用有机肥进行土壤改良和土质改善，或将有机肥与普通化肥混合使用，从而慢慢降低土地对化肥的依赖，促进产量的恢复。

昌珠镇全域绿色有机种植基地是当地实施的有益探索。这一项目是山南市乃东区昌珠镇与西藏长投农业科技发展有限公司共同支持的农业三产融合援藏产业项目。以昌珠 7000 亩常规种植田为对象，以油菜、青稞为核心品种，力争建设无任何农药、化肥使用的、符合地域生态特点的有机农业，助力昌珠镇为中国首个全有机种植乡镇，并以此为样板扩展到山南其他乡镇，同时将有机基地建设从油菜、青稞逐步扩展到牦牛养殖。

然而，有无普通化肥施用的作物亩产相差 200～400 斤，因此这种模式的大范围推广极其困难，需要结合地方情况对有机种植进行逐步尝试。

3.6.7 格尔木市农垦公司智慧农业示范园

格尔木绿科苑农业高新科技有限公司（原格尔木市农垦公司智慧农业示范园）始建于 2001 年，建有日光节能温室 161 座，是一家集新品种、新技术引进，观光、采摘、工厂化育苗、农技服务、产品供销、科普教育等于一体的综合性现代公司。智慧农业示范园区是 2020 年开始运营的新项目，土地均为集团公司的国有划拨土地，采用"公司＋农户＋合作社"的形式。公司会定期给农户开展技术培训，农民在受益中亲身体验农业科技成果，科学种田的积极性得到不断提高。

园区内安装了水肥一体化的系统，能够针对当地碱性水的特点，对水质进行软化处理，将其调整为中性或弱酸性水再进行灌溉和施肥。每个温室大棚内都安装有传感器，能够将信息解码传输到中控室，从而实现通过云台的远程控制，这就避免了人工监控可能产生的损失。园区的智慧农业管理平台不仅能够对大棚内的温度、湿度、二氧化碳浓度、光照等进行实时监控和管理，还能手动填充种植任务、制定和模拟种植计划等，各项操作均能通过手机 APP 进行便捷遥控。此外，园区还给每个大棚的作物都添加了溯源码，能对种植作物的种植信息、种子信息、气象信息进行溯源查询。园区现有九大类 40 多个品种的蔬菜，主要销往格尔木当地，能满足至少 10 万人的新鲜蔬菜需求。当地农户对于常规化肥、农药的使用习惯已有 10 年以上，给当地耕地、土壤造成了不同程度的破坏，近年来在政府提倡减量增效的引导和管控下，当地化肥、农药使用量明显降低，百姓的环保和有机产品意识也有提高，园区更是作为绿色有机农业的标杆工程发挥了带头和引领作用。

除此蔬菜种植园区外，公司还有其他作物的园区，广泛种植青稞、小麦等粮食作物和枸杞、藜麦等当地特色经济作物。值得一提的是，格尔木还是宁夏枸杞的重要货源地，在当地人口中格尔木枸杞的品质要更胜宁夏枸杞，但由于其产业形成时间短（2008 年才开始），因此知名度和影响力远远比不上宁夏枸杞。所幸当地政府已经开始重视品牌建设，有多个电商示范点指导种植户进行线上销售，还建设有枸杞教育大厅、投放广告等吸引外地游客。有理由相信，以格尔木枸杞为代表的宁夏农副产品发展会越来越好，得到内地民众的认可和喜爱。

当前园区更多作为一个政府支持的示范引领项目，其建设和管理成本较高且并未种植高利润的经济作物（如枸杞），因此一般农户难以采用。但该模式仍具有一定的实践意义和推广价值，如考虑以县为单位，专门划拨部分土地用于种植果蔬作物用以满足本地市场需求；鼓励施用有机肥和生物农药，避免盲目提高产量，凭借高科技、高品质、高价值的有机农产品实现农户增收致富。

3.6.8 香格里拉市小中甸镇忠浩野生中药种植有限公司

忠浩野生中药种植有限公司（简称忠浩公司）是当地重点培育的中药材种植企业。公司于 2011 年注册成立，主要经营中药材种植与粗加工销售。公司由党组织牵头，以"党组织 + 基地 + 农户"模式，发展中药材种植产业。公司自有的 900 多亩基地包括中药材种苗基地 85 亩和高原高寒中药材示范基地 800 余亩（图 3-16）。基地自建设以来，从三个村民小组流转土地 820 亩，每亩租金 600 元，为项目所在涉藏坝区农户实现增收 49.2 万元。公司免费发放中药材种苗，举办中药材种植培训，已经完成收购农户种植当归 184t，每吨鲜货收购价为 5000 元，为种植户实现产值 92 万元。完成收购农户种植秦艽 64.8t，每吨鲜货收购价为 16000 元，为种植户实现产值 103.68 万元。农户愿意将土地流转给公司，同时选择在公司打工获得收入。公司自己的员工仅 22 人，但农忙时令会雇佣大量的季节工人，提供的工资为每天 100～200 元，为务工农户实现显著的收入增加。

产品供给各地的药材加工企业和云南白药等制药公司（图 3-17）。其中滇重楼、秦艽、当归、云木香、松贝母这五类药材还成功申请了有机产品认证，不仅能够提高价格，还拓宽了销路。与农户合作推广种植的药材面积达 2000 多亩，涉及农户 700 余户，即使原料价格下跌，也会按照协议价格收购，帮助农户规避了种植风险，有效带动了农民增收，实现了公司农户双赢的发展目标。忠浩公司是药材种植带动当地农户增收致富的典型案例,其农产品有机标志认证、土地流转下的"公司+农户"模式具有值得推广的普遍意义,有待下一步研究和探讨。

图 3-16　忠浩公司中药材种植试验田

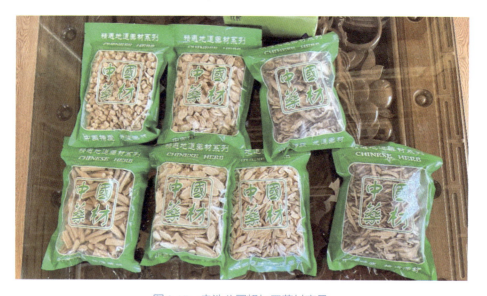

图 3-17　忠浩公司粗加工药材产品

3.6.9　塔城镇启别村鱼稻共生和葡萄酒庄

塔城镇启别村隶属于迪庆藏族自治州维西傈僳族自治县(图 3-18),平均海拔约2340m,年平均温度 13.1℃,年平均降水量 938.1mm,适宜种植粮食、水果等农作物。

图 3-18　塔城镇启别村俯拍图

境内拥有丰富的动植物资源、独特的人文自然景观和璀璨的民族文化，如藏传佛教信徒朝圣地达摩祖师洞、原始生态旅游区滇金丝猴"灵猴的家园"、被誉为"植物活化石"的启别千年银杏王等。启别村位于香维油路中段，是县城保和镇至香格里拉的必经之地，区位条件良好。村落依山傍水，森林茂密，农田错落有致，阡陌纵横，更有金沙江的支流——腊普河穿境而过，奔流不息。

受限干高寒高海拔的自然条件，主要农作物如玉米、蔓菁、油菜、青稞产量低下且波动极大，常年增产不增收。但是启别村依托流经其北部的腊普河，大力发展"鱼稻共生"养殖模式，助力脱贫攻坚。早在 2005 年，联合国粮食及农业组织就将浙江省青田县的"稻鱼共生系统"评选为世界上第一个"世界农业文化遗产"，青田稻鱼共生系统整合有限的水土资源，达一田两用、一水两用、稻鱼双收、互惠共生之利：一方面鱼为水稻除草、除虫、翻松泥土，鱼屎作为肥料，另一方面水稻为鱼提供了良好的食物来源和庇护场所，形成了稻鱼共生的生态循环系统。等水稻成熟之时，又可收获田鱼，一举多得。如今，青田的稻鱼共生面积从 2015 年的 4.2 万亩上升至 2020 年的 5.04 万亩，平均亩产水稻 900 斤、田鱼 70 斤。尽管目前塔城的鱼稻共生还不成规模，但这的确是一条值得坚持的绿色发展之路：现在的水稻售价只有 1.5 ～ 2 元 / 斤，而当其采用"稻鱼共生"的生态农业模式时，其水稻则可销售至 5 元 / 斤；若将来可以获得"有机认证"，经过三年的有机转换，其单价可达 10 元 / 斤。

启别村的另一个主打产业是葡萄产业。塔城镇腊普干热河谷区适宜葡萄生长，昼夜温差大，形成了世界上难得的冰葡萄种植"小天堂"。启别村哈达组村民积极探索"企业 + 农户"的产业模式，发展冰葡萄产业，充分挖掘葡萄种植潜力，提高葡萄产业附加值，该项目带动了两个村民小组 78 户 324 人的产业发展，同时为项目周边剩余劳动力提供了 51 个就业岗位，年使用临时工达 8000 人次，少数民族占 98.7%，大大提高了当地村民的经济收入，促进了民族团结。2019 年 9 月 24 日，启别村冰葡萄入选第九批全国"一村一品"示范村镇名单。

2006 年起，启别村哈达农庄公司在村内引进了"威代尔"品种酿酒葡萄，并建立了冰葡萄种植基地。2018 年扩大种植规模，发展到今天种植葡萄约 1670 亩。葡萄的种植主要是两种模式，其一，"企业＋农户"的合作模式，即在公司的专业种植技术指导下，农户自行耕种自己的承包地。其二，农户直接把土地流转给公司，由公司统一集中管理，规模化种植，公司根据土地质量等级支付农户租金，盈利之后按照一定比例分红。经调研发现，农户的流转意愿并不高，更愿意自己耕作。流转得到的土地仅有 300 亩，其余的 1000 多亩都是老百姓自己种植。葡萄种植始终坚持限产、限量，对农民个体也进行同等标准的要求，为确保产出最优品质的酿酒葡萄，葡萄园行距 3m，株距 2m，每株葡萄限量挂果 20 串，每亩葡萄园限产 350kg 酿酒葡萄。

3.6.10　塔城镇启别村"乡村旅游＋"

迪庆藏族自治州维西傈僳族自治县塔城镇是一个极具民族特色的地方，千百年来，不同的村落、不同的民族、不同的文化共生共荣。乡村旅游的卖点不是产品，而是为游客提供一种环境，从这个出发点来看，乡村要保留其最本真的原生态的面貌，带给游客最直观的感受。自全面打响精准脱贫攻坚战以来，维西傈僳族自治县将发展乡村旅游的定位思路提升为助力脱贫攻坚的有力路径和措施，致力于把旅游资源转化成旅游产品，真正让百姓从中受益，把旅游融入香格里拉旅游圈中。

受地理位置、气候条件、交通不便等诸多不利因素的影响，塔城镇的产业发展受到很大的限制。不过，独特的自然风光与别样的民族风情赋予了塔城镇更具有优势的旅游资源，发展旅游产业成为增收致富的有效路径。依托多元民族文化及香格里拉滇金丝猴国家公园的品牌影响力，塔城镇以旅游产业串联"生态—文化—体验"三位一体融合发展，围绕"旅游综合服务区""农旅休闲体验区""特色农业产业区"三大功能区定位，推进乡村旅游服务设施建设。2020 年 9 月，塔城启别村被农业部办公厅评为"2020 年中国美丽休闲乡村"。旅游业带动当地酒店民宿的蓬勃发展，开发方式以老旧宅基地改建和招商引资为主：2018 年塔城镇扶持了 15 户农户进行乡村旅游民宿改造，同时镇党委、政府积极与迪庆商会对接，推进哈达民宿建设，2019 年 5 月，20 户民宿开始动工；通过招商引资，投资 2200 多万建成四鸣精舍高档民宿酒店、哈布达精品民宿酒店。塔城镇境内已有以漫寻记和哈布达云谷为代表的精品民宿群落 16 家；以松赞塔城、腊普茸、凤和小筑等为代表的精品酒店 29 家，均对标颂赞系列旅游产品，定位在中高端，标间房型收费为 800 ～ 2000 元 / 晚。

依山傍水的自然风光奠定了塔城镇发展旅游业的基础，周边滇金丝猴、达摩祖师洞等自然人文景点的加持留住了更多的外来游客，同步带动当地绿色农牧产品的消费。

在塔城给人印象深刻的还有这里的火塘文化，藏香猪、纳西土鸡等传统美食都诞生于这一方小天地，同时还有许多口口相传的古老传说和人生阅历，也在每一个围炉夜话的星夜里代代传承，教会了世代腊普河畔的纳西人与大自然和谐相处，心怀善意对待世间所有生灵。偏安一隅的维西塔城，虽是乡野村寨，大自然的鬼斧神工却赋予了她独特的四季景色。随着塔城一步步走进人们的视野，原始生态的环境保护、旅游垃圾的处理等面临严峻的考验。如何在发展的同时尽量避免旅游的商业化和同质化，如何保留千百年来当地人民传承下来的淳朴民风习俗，也都是需要时刻警惕的事情。

3.7　结语

农牧科考小组考察了康定、巴塘、昌都、林芝、山南、格尔木、迪庆、稻城、德格、玉树等地，分别与自治区、市、县等各级发改委、农业农村局、乡村振兴局、文化和旅游局等相关部门进行了座谈，并对特色小镇、农牧家庭、产业园区等进行访谈，深入了解当地农牧业发展现状，分析存在的问题，探索发展途径。目前青藏高原地区化肥、农药已有控制，但仍有待进一步减量增效；农牧业以分散经营为主，产量低、规模小；产品产业链短且主要内销本地，电商发展较为缓慢，农牧民存在增产增收诉求，但逐步偏离尊重和开发环境附加值的科学道路，走上依赖化肥农药盲目追求规模、依靠增产致富的老路，而不是绿色高质量发展之路，不但不适合青藏高原的自然条件，而且正在破坏这方"净土"。青藏高原作为世界最后一方"净土"，其环境附加值未得以发挥。建议青藏高原地区着力打造"全域绿色有机"品牌，充分挖掘环境附加值，将青藏高原地区打造成绿色、高端农牧产品输出地，大幅提高其农牧产品价值，有力推动当地农牧民持续增收和农牧业绿色发展的同时，助推青藏地区融入全国新发展格局，实现青藏地区与全国各地协同发展。

第 4 章

青藏高原边境口岸及开放发展
科学考察研究

边境地区是国家行政管理的边缘，同时也是跨境经济交流和文化融合的地区。青藏高原边境地区作为我国面向南亚、中亚的安全屏障和对外交流的门户，其开放发展具有十分重要的战略意义。而口岸的开放发展则是实现区域开放发展的重要抓手和载体，对于青藏高原全面提升对外开放水平，深度融入共建"一带一路"，加快构建内外结合、优势互补、互利共赢的沿边开放经济带，建设面向南亚开放的重要通道具有重要意义。目前青藏高原地区已形成较为完整的口岸体系，共有一类口岸 9 个、二类口岸 1 个，但仍存在着口岸布局不合理、基础设施不完善等问题。第二次青藏高原综合科学考察分队于 2019 年 7 月至 2021 年 8 月期间四次赴青藏高原进行考察调研，对青藏高原地区边境口岸发展现状进行了分析，剖析当前存在的问题和困难，在此基础上针对性地提出了促进青藏高原边境口岸科学开放发展的建议。

4.1　青藏高原边境口岸及开放发展概述

青藏高原不仅是我国的生态安全屏障，也是我国面向南亚、中亚地区开放的重要窗口，是沿边开放的重要组成部分。青藏高原地区边境口岸是我国对内对外双向开放的重要节点，其建设与开放发展事关青藏高原的长治久安和长远发展，事关国家安全稳定。

4.1.1　边境地区地理环境概况

青藏高原是世界上海拔最高的高原，平均海拔在 4000m 以上，众多高耸的山脉矗立在此。喜马拉雅山脉自西北向东南屹立在高原南缘，高原北部有昆仑山、阿尔金山和祁连山，西部有帕米尔高原和喀喇昆仑山脉，东南部经由横断山脉连接云南高原和四川盆地，东及东北部与秦岭山脉西段和黄土高原相接。位于青藏高原南部的喜马拉雅山集聚了亚洲 14 座海拔大于 8000m 的高山，山脉近东西走向，南坡落差较大，从极高山到恒河平原形成约 6000m 的高差。在地质构造作用下，整个高原呈现出西北高、东南低的地势，相对于高原内部被较平坦的高原面占据，高原边缘被切割形成低海拔地区，其间山高谷深、河流纵横交错。

由于印度洋水系强烈的溯源侵蚀作用，这里形成了高原最强烈的高山深谷区，局部地段发育了数条近南北向的断裂山谷，形成了山脉的锯齿形转向及南向缺口。据统计，有 23 条垂直于喜马拉雅山脉的断裂河谷，自西向东分别为印度河谷、斯皮提河谷、象泉河河谷、甲扎岗嘎河河谷、恒河河谷、卡利河河谷、孔雀河河谷、卡利甘达基河谷、贡当沟、吉隆沟、樟木沟、绒辖沟、嘎玛沟、陈塘沟、提斯塔河谷、亚东河谷、帕罗河谷、桑科什河谷、洛扎河谷、勒布沟、西巴霞曲河谷、雅鲁藏布江河谷、察隅河谷。这些南北纵向的裂谷经过长期的自然过程和人类活动等综合作用，形成了青藏高原地区通往南亚次大陆的通道（表 4-1），以及民间互市交易场所，成了古代丝绸之路的重要组成部分。据统计，西藏自治区长达 3842km 的边境上形成了对外通道 312 条，常年性通道 44 条,季节性通道 268 条,其中通往尼泊尔的 184 条,通往印度的 85 条,通往不丹的 18 条,通往锡金的 8 条,通往缅甸的 5 条,通往克什米尔地区的 12 条。其中最广为人知的是喜马拉雅山脉中段与冈底斯山—念青唐古拉山中段之间打开五条南北纵向的裂谷,即樟木沟、陈塘沟、嘎玛沟、亚东沟和吉隆沟。这五条沟不仅是喜马拉雅景观的精华部分,也是目前青藏高原边境贸易的主要通道。五条沟位于日喀则和尼泊尔的接壤地区,附近的樟木口岸、陈塘口岸、日屋口岸、亚东口岸、吉隆口岸已逐渐发展成为青藏高原通往南亚次大陆重要的沿边口岸。1962 年中印边界冲突爆发后,中印、中不贸易通道全部关闭,边境贸易衰落;20 世纪 80 年代,随着中印关系的改善,中印通道开始恢复,但多数仍处于关闭状态,中尼通道集中了西藏大部分边境贸易。

表 4-1 喜马拉雅传统贸易通道

类别	数量	具体通道
中尼通道	6	①沿孔雀河河谷进入普兰及前往冈仁波齐朝圣;②从仲巴沿卡利甘达基河谷进入尼泊尔的木斯塘;③从吉隆沿吉隆沟到达加德满都;④从聂拉木沿樟木沟到达加德满都;⑤从绒辖沿绒辖沟进入尼泊尔;⑥从定结沿嘎玛沟或陈塘沟进入尼泊尔
中印通道	11	①桑三桑巴通道(印度拉胡尔与斯皮提地区的盖朗出发,沿斯皮提河谷经桑三桑巴通道进入西藏境内楚鲁松杰、扎西岗等地);②什布奇通道(从印度西姆拉出发,沿萨特累季河而上,经什布奇山口进入西藏,然后前往底雅、札达、噶大克等地);③公贡桑巴通道(从印度台拉登出发,沿巴吉拉提河谷而上,抵达葱沙地区,经公贡桑巴通道抵达西藏境内波林三多、达巴、札达、噶大克等地);④玛那山口或尼提山口通道(从古加瓦尔王国都城斯里纳加出发,沿恒河河谷而上翻越玛那山口或尼提山口,抵达西藏境内札达、达巴、冈仁波齐、噶大克等地);⑤强拉通道(从印度沿卡利河谷经强拉山口抵达西藏境内普兰、甲尼玛、冈仁波齐、噶大克等地);⑥达旺通道(从乌永古里出发,经德让宗、色拉山口等地到达达旺,然后再从达旺至错那和拉萨等地);⑦西巴霞曲,又称苏班西里河河道(从阿萨姆地区沿西巴霞曲而上,至宗教圣地扎日山山转山终点塔克新);⑧墨脱通道(从阿萨姆地区的巴昔卡出发,沿雅鲁藏布江河谷而上,经更仁、墨脱等地到波密地区);⑨察隅通道(从阿萨姆地区的萨地亚出发,沿察隅河河谷而上,经瓦弄、白玛等地至察隅地区);⑩噶伦堡至拉萨通道(近现代西藏通往南亚的主要通道,始于英国殖民者的开拓,1904 年英国入侵西藏并签订了《拉萨条约》,开放了亚东、江孜、噶大克通商口岸,将噶伦堡至拉萨的通道正式打通);⑪斯利那加至拉萨至康定迪道(从克什米尔首府斯利那加至拉萨至康定的通道连接了喜马拉雅山脉西段、中段和东段地区,涉及印度、尼泊尔、锡金、不丹、中国西藏等国家和地区,是喜马拉雅地区贸易的主干道)
中不通道	4	①从不丹的帕罗沿帕罗河谷经则莫拉山口进入西藏帕里,再至拉萨;②从不丹的普那卡沿桑科什河谷至康马,再到江孜、日喀则和拉萨等地;③从不丹沿洛扎河谷至西藏拉康、洛扎县境内,最后抵达拉萨;④从塔希冈沿玛纳斯河(勒布沟)到达达旺、错那,最后抵达拉萨

资料来源:吴仕海,阎建忠,张镱锂,等.2021.喜马拉雅地区传统贸易通道演变过程及动力机制.地理学报,76(9):2157-2173.

4.1.2 边境地区社会经济发展概况

中国境内的青藏高原分布在西藏自治区、新疆维吾尔自治区、青海省、甘肃省、四川省、云南省 6 个省区,总面积约 257.2 万 km^2。其中,西藏和青海两省区主体分布在高原内,新疆、甘肃、四川、云南四省份部分区域分布在高原内(表 4-2)。受高海拔、高寒等地质气候条件制约,青藏高原地区工业基础薄弱,经济发展以畜牧业和河谷农业为主。近年来,青藏高原地区利用自身优势发展生态经济、特色经济,经济发展水平得到显著提高。1990 ~ 2020 年,西藏自治区 GDP 从 27.7 亿元增长至 1902.7 亿元,青海省 GDP 从 69.94 亿元上升至 3005.9 亿元，均实现了经济总量的千亿级突破；另外，产业结构不断改善，第一产业占 GDP 的比重呈逐年下降态势。青藏高原地区的经济发展为沿边口岸的开发开放提供了强劲的经济支撑。

表 4-2　青藏高原地区行政区分布及面积

省（自治区）	县（市）	面积/10³km²	行政区范围
西藏自治区	73	1176.0	除错那、墨脱和察隅 3 县小部分地区外，均属于青藏高原
新疆维吾尔自治区	12	313.0	塔什库尔干县全部地区，乌恰、阿克陶、莎车、叶城、皮山、墨玉、策勒、于田、民丰、且末和若羌 11 县部分地区
青海省	40	721.0	除互助、乐都和民和 3 县小部分地区外，均属于青藏高原
甘肃省	21	74.9	合作、碌曲、玛曲、迭部 4 县（市）的全部地区，夏河、卓尼和临潭 3 县的大部分地区，阿克塞、肃北、肃南、民乐、山丹、武威、天祝、积石山、和政、康乐、岷县、宕昌、舟曲和文县 14 县（市）的部分地区
四川省	46	254.0	甘孜州的 17 个县和阿坝州的 9 个县及木里县的全部地区，以及九寨沟、松潘、平武、北川、茂县、绵竹、什邡、彭州、汶川、都江堰、温江、崇州、芦山宝兴、天全、泸定、石棉、冕宁、盐源 18 县（市）的部分地区
云南省	9	33.5	贡山、福贡县全部地区，德钦和香格里拉市的绝大部分地区，宁蒗、丽江、维西、兰坪、泸水 5 县的部分地区
合计	201	2572.4	

资料来源：张镱锂，李炳元，郑度.2002.论青藏高原范围与面积.地理研究，(1)：1-8.

青藏高原边境线漫长，毗邻塔吉克斯坦、阿富汗、巴基斯坦、印度、尼泊尔、不丹、缅甸 7 个国家，边境地区及口岸是青藏高原地区对外开放的前沿阵地。目前，青藏高原边境地区涉及 3 个省份的 27 个边境县（表 4-3），其中西藏自治区 18 个，新疆维吾尔自治区 6 个，云南省 3 个。2019 年，27 个边境县共有约 227.51 万人，其中西藏自治区约 37.73 万人，新疆维吾尔自治区约 155.79 万人，云南省约 33.99 万人；边境县 GDP 总计为 507.62 亿元，其中，西藏自治区约 120.43 亿元，新疆维吾尔自治区约 277.23 亿元，云南省约 109.96 亿元。2019 年全国人均 GDP 为 70892 元，而青藏高原边境 27 县的人均 GDP 仅 22189 元，其中西藏自治区为 31919 元，新疆维吾尔自治区为 17795 元，云南省为 32347 元，远远低于全国人均水平。从产业结构看，青藏高原边境三省的产业结构整体为 19.9∶28.4∶51.7，其中西藏自治区为 14.4∶38.3∶47.3，新疆维吾尔自治区为 24.1∶23.7∶52.2，云南省为 15.3∶29.5∶55.2（国家统计局农村社会经济调查司，2021）。结合统计数据与科考资料可以发现，虽然青藏高原边境 27 县的第三产业产值占比较高，但大部分人从事农牧业生产，产业结构有待进一步改善。

表 4-3　青藏高原地区边境地区的县市信息表

	边境县	毗邻国家
西藏自治区	日土县、噶尔县、札达县、普兰县、仲巴县、萨嘎县、吉隆县、聂拉木县、定日县、定结县、岗巴县、亚东县、康马县、浪卡子县、洛扎县、错那县、墨脱县、察隅县	巴基斯坦、印度、尼泊尔、不丹、缅甸
新疆维吾尔自治区	乌恰县、阿克陶县、塔什库尔干塔吉克自治县、叶城县、皮山县、和田县	塔吉克斯坦、阿富汗、巴基斯坦
云南省	泸水县、福贡县、贡山独龙族怒族自治县	缅甸

4.1.3　口岸发展态势

1. 口岸分布现状

2019 年底，青藏高原地区共有一类口岸 8 个、二类口岸 2 个。其中，两个空运口岸均为一类口岸，即拉萨空运口岸（拉萨贡嘎机场）、西宁空运口岸（西宁曹家堡机场）；一类公路口岸 6 个，分别是普兰公路口岸、吉隆公路口岸、樟木公路口岸、红其拉甫公路口岸、卡拉苏公路口岸、伊尔克什坦公路口岸；二类公路口岸 2 个，即日屋口岸和里孜口岸。另外，陈塘口岸距离日屋口岸较近，拟以"一口岸两通道"模式开放，以下简称为日屋—陈塘口岸。亚东口岸（通道）曾是西藏最重要的对外通商口岸，因中印冲突于 1962 年关闭，2006 年 7 月乃堆拉山口的边贸通道恢复开通。在地域分布上，拉萨口岸、普兰口岸、里孜口岸、吉隆口岸和樟木口岸、日屋—陈塘口岸、亚东口岸位于西藏自治区，伊尔克什坦口岸、卡拉苏口岸、红其拉甫口岸位于新疆维吾尔自治区，西宁口岸位于青海省（图 4-1）。

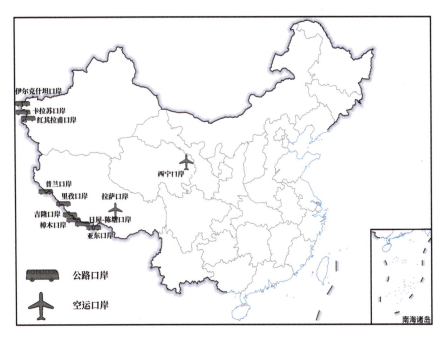

图 4-1　青藏高原地区边境口岸分布图

底图数据来源于"国家青藏高原科学数据中心"http://data.tpdc.ac.cn

2. 口岸区位条件

拉萨空运口岸（拉萨贡嘎机场）位于西藏自治区山南市贡嘎县，距离西藏自治区首府拉萨市 60km，是西藏自治区唯一对外开放的机场。

普兰口岸位于西藏自治区阿里地区普兰镇，县域西南与印度毗邻，南边与尼泊尔以喜马拉雅山为界，对尼泊尔为正式开放的国际性口岸，对印度尼西亚为印度官方香客朝圣和边民互市贸易通道。

里孜口岸位于西藏自治区日喀则市仲巴县，位于 219 国道内侧，是尼泊尔、印度香客朝拜阿里神山圣湖的重要交通点。

吉隆口岸位于西藏自治区日喀则市吉隆县，距离日喀则市 560km，距离拉萨市 830km，距离尼泊尔首都加德满都 85km，它是历史上中尼双方政治、经济、文化交流的主要通道，也是中尼间的传统边贸市场。

樟木口岸位于西藏自治区日喀则市聂拉木县，东、南、西面与尼泊尔接壤，距离日喀则市 470km，距离拉萨市 780km，距离加德满都 120km，2015 年尼泊尔大地震前曾是中国对外辐射尼泊尔及毗邻国家地区的西藏最大的边贸中心口岸。

日屋口岸位于日喀则市定结县日屋镇，距离日喀则市 310km，距离拉萨市 585km。陈塘口岸位于定结县陈塘镇，距离日屋镇约 70km，距离日喀则市约 373km，距离拉萨 554km，与日屋口岸以"一口岸两通道"模式开放，简称为日屋—陈塘口岸。

亚东口岸（通道）位于日喀则市亚东县下司玛镇，向南呈楔状伸入印度和不丹之间，距离日喀则市 300km，距离拉萨市 525km，是西藏距离印度洋出海口最近的口岸，当代的主要通道是乃堆拉山口。

伊尔克什坦口岸位于新疆维吾尔自治区克孜勒苏柯尔克孜自治州乌恰县，与吉尔吉斯共和国奥什州毗邻，口岸距离阿图什市 250km，是中国最西部的一个口岸，曾是古丝绸之路上的一个重要通道和驿站。

卡拉苏口岸位于新疆维吾尔自治区喀什地区塔什库尔干塔吉克自治县境内，与塔吉克斯坦毗邻，口岸距离喀什市 225km，距离塔方穆尔加布市 89km，起到了连接欧亚的大陆桥作用。

红其拉甫口岸位于新疆维吾尔自治区喀什地区塔什库尔干塔吉克自治县境内，与巴基斯坦毗邻，距离喀什市 420km，距离乌鲁木齐市 1890km，是世界上海拔最高的口岸（4733m），由于口岸海拔较高，1993 年口岸查验机构下迁至塔什库尔干县。

西宁空运口岸（西宁曹家堡国际机场）属于高原机场，海拔 2184m，距离市中心 28km，是青藏高原重要交通枢纽和青海省主要对外口岸（中国口岸协会，2021）（表 4-4）。

表 4-4　青藏高原边境口岸基础信息表

口岸名称	所属省份	口岸性质	接壤国家	境外口岸
拉萨口岸		空运口岸	—	—
普兰口岸		公路口岸	尼泊尔、印度	雅犁口岸（尼泊尔）
里孜口岸		公路口岸	尼泊尔	乃琼口岸（尼泊尔）
吉隆口岸	西藏自治区	公路口岸	尼泊尔	日索瓦口岸（尼泊尔）
樟木口岸		公路口岸	尼泊尔	科达里口岸（尼泊尔）
日屋口岸		公路口岸	尼泊尔	瓦隆琼果拉口岸（尼泊尔）
亚东口岸（通道）		公路口岸	印度、不丹	—

续表

口岸名称	所属省份	口岸性质	接壤国家	境外口岸
伊尔克什坦口岸		公路口岸	吉尔吉斯斯坦	伊尔克什坦口岸（吉尔吉斯斯坦）
卡拉苏口岸	新疆维吾尔自治区	公路口岸	塔吉克斯坦	阔勒买口岸（塔吉克斯坦）
红其拉甫口岸		公路口岸	巴基斯坦	苏斯特口岸（巴基斯坦）
西宁口岸	青海省	空运口岸	—	—

资料来源：中国口岸协会 . 2020. 2019 年中国口岸年鉴 . 北京：中国海关出版社有限公司 .

3. 口岸开放态势

青藏高原口岸体系中，普兰口岸、吉隆口岸、樟木口岸开放时间较早；里孜口岸开放时间较晚，口岸建设尚不完善。樟木口岸曾是我国最大的中尼陆路口岸，但受 2015 年"4·25"地震影响，樟木口岸受损严重，被迫中断运行，已于 2019 年 5 月 29 日正式恢复开通口岸货运通道功能（表 4-5）。

表 4-5　青藏高原边境口岸开放态势

	拉萨口岸	普兰口岸	里孜口岸（二类）	吉隆口岸	樟木口岸	日屋口岸（二类）	伊尔克什坦口岸	卡拉苏口岸	红其拉甫口岸	西宁口岸
开放状态	国际常年	国际常年	双边常年	国际常年	国际常年	双边常年	国际常年	国际常年	国际季节	国际常年
开放年份	1993	1961	2019	1962	1962	1986	1998	2004	1982	2010

资料来源：中国口岸协会 . 2020. 2019 年中国口岸年鉴 . 北京：中国海关出版社有限公司 .

注：开放时间为口岸正式开放时间。

拉萨贡嘎机场于 1965 年兴建，于 1993 年 6 月 29 日正式开放，以人员的出入境为主。普兰口岸于 1961 年 12 月设立普兰海关，受中印关系影响，普兰的中印通道曾于 1962 年关闭，随后在 1992 年恢复开通边贸通道，1995 年批准成为国家二类口岸，现为国际性陆路口岸。里孜口岸于 2019 年 11 月 30 日经国务院批准成为双边常年开放公路客运运输口岸。吉隆口岸于 1961 年 12 月确定设立吉隆海关，1962 年正式对外开放，1978 年被批准为国家一类陆路口岸，2015 年正式通关，成为国际性陆路口岸。樟木口岸于 1961 年 12 月设立聂拉木海关，于 1962 年正式对外开放，1983 年经批准成为国家一类陆路口岸，现为国际性陆路口岸。日屋口岸于 1972 年批准成为国家二类陆路口岸，1986 年正式开放，现为双边性陆路口岸。

伊尔克什坦口岸于 1996 年经中吉两国政府达成协议同意开放，1998 年 1 月 16 日国务院批准口岸对外开放为国际性常年开放口岸。卡拉苏口岸于 2004 年 5 月 25 日临时对外开放，2007 年 9 月 12 日国务院批准其为国际性对外开放口岸，2011 年 12 月 29 日扩大为国际性常年开放口岸。红其拉甫口岸于 1981 年 9 月由中巴两国政府达成协议同意为双边季节性开放口岸，1982 年 8 月对中巴两国公民正式开放，1986 年 5 月 1 日正式向第三国人员开放，口岸开放时间为每年 4 月 1 日至 11 月 30 日。

西宁曹家堡国际机场于 1991 年 12 月建成通航，2006 年 10 月国务院批复同意西宁航空口岸对外籍飞机开放，2010 年 9 月 23 日西宁曹家堡机场及相关进离场航线对外籍飞机开放，先后开通中国台北、中国香港、首尔、曼谷、吉隆坡、东京、麦地那、芽庄、暹粒、普吉等国际（地区）航线（中国口岸协会，2021）。

4.2　青藏高原边境口岸科学考察历程

2019 年 7 月 25 日至 2019 年 8 月 8 日，科考分队沿着拉萨市、日喀则市、吉隆口岸的科考路线，与西藏自治区发展和改革委员会、西藏自治区商务厅、西藏自治区经济和信息化厅、西藏自治区住房和城乡建设厅、西藏自治区铁路办、西藏自治区能源局、日喀则市发展与改革委员会、日喀则经济技术开发区等部门进行了会谈，全面调研西藏自治区边境口岸现状、中国—尼泊尔通道（简称中尼通道）跨境设施与经贸网络，研判青藏高原的地缘环境和边境城镇化固边现状，并根据科考研究进行问题诊断分析，探讨制约青藏高原地区边境口岸绿色发展的关键问题。之后科考分队由吉隆口岸出境，调研尼泊尔加德满都、博卡拉、蓝偡尼、热索等通道、口岸情况。在 8 月 7 日的 "'一带一路'背景下的中尼通道建设：机遇与挑战"研讨会中，与尼泊尔方外交部、交通运输部等政界、学界相关人员，研讨中尼经济走廊的发展现状与 "一带一路"建设背景下的机遇。

2020 年 8 月 2 日至 2020 年 8 月 22 日，科考分队沿着成都、林芝市、拉萨市、日喀则市，开展中尼边境口岸、中尼通道可持续发展相关政策的现状考察与研究工作。科考分队与四川省发展与改革委员会、西藏自治区发展与改革委员会、资源研究中心、科技创业服务中心、科技厅、自然资源厅、生态环境厅、农业农村厅、扶贫办、经信厅、商务厅、旅游发展厅、自治区生产力促进中心和科技信息研究所、林芝市发展与改革委员会、拉萨市发展与改革委员会、日喀则市发展和改革委员会、科技局、财政局、农业农村局、旅发局、统计局、扶贫办、教育局、交通局、聂拉木县樟木镇、定结县陈塘镇政府、吉隆县政府等部门，日喀则市仁布县康雄乡亚德细褐羊毛织品农民专业合作社、桑珠孜区江当乡郭加新村易地扶贫搬迁集中安置点、西藏帮锦镁朵工贸有限公司、朗明桑珠孜区 50MW "光伏＋生态设施农业"综合示范储能项目、西藏达热瓦青稞酒业股份有限公司等项目点与企业，调研了 "蓉欧班列"、天府新区、川港合作区、林芝特色小镇、粤林产业园、林芝经济开发区、林芝邦仲小康示范村、米林县南伊乡琼林村、南伊沟、日喀则经济开发区、吉隆口岸、樟木口岸、日屋—陈塘口岸等边境地区开放平台发展。通过野外实地调研、企业和政府部门的座谈访谈、农户问卷调查、录音录频等手段，完成了科考及分析工作。

2021 年，科考分队分两次完成了青藏高原的科考任务。2021 年 6 月 23 日～7 月 15 日，科考分队沿着成都—康定—巴塘—昌都—墨脱—拉萨—山南—那曲—格尔木—大柴旦的路线进行了系统的科考调研。其中在康定市、巴塘县等地与地方政府进行了深入的科考座谈，参与座谈的相关部门包括科技局、发改委、经信局、自然资源局、农业农村局、乡村振兴局、统计局、旅游发展局、能源局等，并对巴塘县地巫镇易地搬迁安置点、华能集团金沙江上游拉哇电站、巴塘县 3180 矿泉水厂、昌都经济开发区、嘎朗国家湿地公园、西藏泰成乳液有限公司、西藏山南市江南矿业公司、山南市 "民主改革第一村"

一泽当镇克松村以及周边的萨日索当村、藏青工业园等调研点进行了深入的考察调研。

2021年8月1日至2021年8月14日，科考分队在云南省丽江市、迪庆藏族自治州香格里拉市、四川省甘孜州稻城县、甘孜州甘孜县、甘孜州德格县、青海省玉树市、青海省海南藏族自治州共和县、青海省西宁市进行了科学考察。迪庆藏族自治州香格里拉市、四川省甘孜州稻城县、甘孜州德格县科考分队得到了地方政府的大力支持，积极组织安排了当地有关部门的座谈会及调研点。其中迪庆藏族自治州政府座谈部门包括迪庆州发展和改革委员会、迪庆州科技局、迪庆州工业和信息化局、迪庆州自然资源和规划局、迪庆州文化和旅游局、迪庆州生态环境局、迪庆州林业和草原局、迪庆州农业农村局、迪庆州交通运输局。稻城县座谈部门包括稻城县发展和改革局、稻城县农牧农村和科技局、稻城县经济信息和商务合作局、稻城县自然资源局、农业农村局、文化和旅游局等。德格县座谈部门包括德格县农牧农村和科技局、德格县发展和改革局、德格县自然资源局、德格县乡村振兴局、德格县生态环境局、德格县文化和旅游局等。科考分队重点调研了普朗铜矿、维西傈僳族自治县塔城镇、稻城亚丁机场空港物流园、稻城县额依扒戈村、噶通镇自俄村、海子山自然保护区、雨托花卉民宿村、康巴文都产业园、隆宝国家级自然保护区、玉树扶贫产业一条街等调研点。科考分队对边境地区基础设施、农牧业发展、产业经济、沿边开放合作、边民可持续生计等进行了系统科考与研究。

4.3　青藏高原边境口岸及开放发展现状

4.3.1　边境口岸发展现状

由于青藏高原及沿线国家及地区的经济发展较落后，交通、口岸等基础设施建设尚不完善，青藏高原边境口岸的进出口能力十分有限。2019年，青藏高原边境口岸进出口货运量总计102.3921万t，约占全国进出口货运量的0.02%；口岸出入境人员总计386686人次，约占全国出入境人员的0.06%。由此可见，青藏高原边境口岸在我国对外开放体系中的体量占比较小，未来仍有较大的发展空间。分省（自治区）来看，新疆维吾尔自治区的边境口岸进出口货物量、出入境交通工具占比较高；西藏自治区的边境口岸出入境人员占比较高（表4-6）。

表4-6　2019年青藏高原不同省份口岸进出口货物量、出入境人员、出入境交通工具对比

项目	进出口货物量/t	占比/%	出入境人员/人次	占比/%	出入境交通工具/（辆/架次）	占比/%
西藏自治区	217389	21.23	274085	70.88	36426	40.69
新疆维吾尔自治区	806521	78.77	82671	21.38	51823	57.89
青海省	11	0.00	29930	7.74	1269	1.42
合计	1023921	100	386686	100	89518	100

资料来源：中国口岸协会.2021.2020年中国口岸年鉴.北京：中国海关出版社有限公司.

注：受数据获取限制，本节仅统计一类口岸数据。

从口岸类型看，青藏高原一类口岸中有 6 个公路口岸、2 个空运口岸，公路口岸在青藏高原口岸体系中占有重要地位。从进出口货运量看，2019 年，青藏高原公路口岸的进出口货运量为 965310t，占青藏高原进出口货运总量的 94.28%；空运口岸的进出口货运量为 58611t，占比为 5.72%。从出入境人员数看，2019 年公路口岸的出入境人员数为 300889 人次，占青藏高原地区出入境人员数的 77.81%；空运口岸的出入境人员数为 85797 人次，占比为 22.19%。从出入境交通工具看，2019 年公路口岸的出入境交通工具为 87759 辆次，占比 98.04%，空运口岸的出入境交通工具仅为 1759 架次，占比 1.96%。可见，青藏高原地区的货运进出口、人员和交通工具出入境主要是通过公路口岸（表 4-7）。

表 4-7　2019 年青藏高原不同类型口岸进出口货物量、出入境人员、出入境交通工具对比

项目	进出口货物量 /t	占比 /%	出入境人员 / 人次	占比 /%	出入境交通工具 /（辆 / 架次）	占比 /%
公路	965310	94.28	300889	77.81	87759	98.04
空运	58611	5.72	85797	22.19	1759	1.96

资料来源：中国口岸协会 . 2021. 2020 年中国口岸年鉴 . 北京：中国海关出版社有限公司 .

分析近年来的口岸总体运行态势，青藏高原边境口岸近十年来呈平稳增长态势。2011 ～ 2019 年，青藏高原边境口岸的进出口货运量从 67.4342 万 t 升至 102.3921 万 t，增长约 51.85%。大部分口岸的进出口货运量均有明显增长。具体来看，拉萨口岸、吉隆口岸、伊尔克什坦口岸、卡拉苏口岸、红其拉甫口岸均有不同程度的增长。其中，伊尔克什坦口岸始终是进出口货运量最大的口岸，2019 年进出口货运量为 542694t；卡拉苏口岸的进出口货运量适中，排名第二，2019 年达 192881t。樟木口岸在 2015 年之前是我国中尼边境的最大口岸，受 2015 年尼泊尔大地震影响，樟木口岸损毁严重，进出口货运量大幅下降，直至 2019 年 5 月才恢复通行（表 4-8）。

表 4-8　2011 ～ 2019 年青藏高原地区口岸进出口货运量运营情况对比表　　（单位：t）

口岸名称	2011 年	2012 年	2013 年	2014 年	2015 年	2016 年	2017 年	2018 年	2019 年
拉萨口岸	127	100	54	43	191	172	254	247	58600
普兰口岸	—	26	43	—	43	—	—	—	—
吉隆口岸	—	579	—	807	16319	104704	117396	140184	127773
樟木口岸	160715	173854	177309	139905	35306	3110	—	—	31016
伊尔克什坦口岸	451000	581309	508505	416171	380856	427113	403017	406294	542694
卡拉苏口岸	9300	—	312400	51349	81615	223917	172383	191968	192881
红其拉甫口岸	53200	59481	51586		55524	57530	82216	47892	70946
西宁口岸	—	249	108	141	57	83	80		11

资料来源：中国口岸协会 . 2021. 2020 年中国口岸年鉴 . 北京：中国海关出版社有限公司 .

2011 ～ 2019 年，青藏高原边境口岸的出入境人员从 16.6726 万人次增长至 38.6686 万人次，增长了约 2.32 倍。其中，拉萨口岸、普兰口岸、吉隆口岸、卡拉苏口岸、红其拉甫口岸、西宁口岸整体呈增长态势。2011 ～ 2014 年出入境人员最多的口岸是樟木

口岸；吉隆口岸在 2015 年后取代樟木口岸成为我国中尼边境的主要通道，2019 年出入境人员为 16.2884 万人，也是青藏高原边境口岸中出入境人员最多的口岸（表 4-9）。

表 4-9　2011 ～ 2019 年青藏高原地区口岸出入境人员（人次）情况对比表

口岸名称	2011 年	2012 年	2013 年	2014 年	2015 年	2016 年	2017 年	2018 年	2019 年
拉萨口岸	15679	27847	28736	28838	45703	64180	59048	52919	55867
普兰口岸	17500	—	—	—	—	—	39736	44260	34134
吉隆口岸	25000	—	—	17	2638	76192	119095	154724	162884
樟木口岸	44820	107918	138238	149738	20233	6586	—	20	21200
伊尔克什坦口岸	43514	47236	44355	39922	38015	40045	30931	29365	36897
卡拉苏口岸	2737	—	19339	30665	14111	14681	10956	14161	15527
红其拉甫口岸	17476	18232	26314		9976	13117	9836	12225	30247
西宁口岸	—	—	3704	2348	31399	37209	16429	23612	29930

资料来源：中国口岸协会 . 2021. 2020 年中国口岸年鉴 . 北京：中国海关出版社有限公司 .

注：其中 2014 年卡拉苏口岸和红其拉甫口岸合并统计。

2011 ～ 2019 年，青藏高原边境口岸出入境运输工具由 62871 辆 / 架次增长至 89518 辆 / 架次，增长约 42%。其中，出入境飞机由 127 辆 / 架次增长到 1759 辆 / 架次，增长约 12.85 倍。拉萨口岸、吉隆口岸、卡拉苏口岸出入境运输工具整体呈增长态势。其中，2011 年和 2019 年出入境运输工具最多的口岸均是伊尔克什坦口岸，2019 年出入境运输工具 31868 辆 / 架次；吉隆口岸在 2015 年后出入境运输工具数大幅上涨，2016 ～ 2018 年均超过了伊尔克什坦口岸，2019 年略下降，为 29836 辆 / 架次（表 4-10）。

表 4-10　2011 ～ 2019 年青藏高原地区口岸出入境运输工具情况对比表　（单位：辆 / 架次）

口岸名称	2011 年	2012 年	2013 年	2014 年	2015 年	2016 年	2017 年	2018 年	2019 年
拉萨口岸	127	187	115	89	180	544	573	431	490
普兰口岸	—	—	—	—	—	—	—	1025	—
吉隆口岸	2800	—	—	92	4985	27505	32615	30023	29836
樟木口岸	15268	30430	33716	29157	8837	842	—	—	6100
伊尔克什坦口岸	33670	36977	32274	27469	25489	25608	25886	25324	31868
卡拉苏口岸	—	—	—	25883	12388	12242	9354	11468	12349
红其拉甫口岸	11006	13193	20776		8031	5162	3376	4226	7606
西宁口岸	—	—	31	19	258	253	121	2280	1269

资料来源：中国口岸协会 . 2021. 2020 年中国口岸年鉴 . 北京：中国海关出版社有限公司 .

4.3.2　在"一带一路"、西部大开发中的定位及现状

青藏高原地处中国西南边疆，青藏高原腹地与印度、尼泊尔、不丹等国接壤，是中国重要的生态安全屏障、战略资源储备基地、清洁能源接续基地、中华民族特色文化保护地以及世界旅游目的地，同时也是中国通向南亚各国的门户。

　　"一带一路"建设以六大经济走廊为抓手，致力于推动与沿线国家"五通"合作。南亚地区是丝绸之路经济带和 21 世纪海上丝绸之路的交汇点，是中巴、孟中印缅、中尼、中缅等经济走廊的必经区域，推动区域开放与合作的市场潜力巨大。2013 年提出的共建"一带一路"倡议为青藏高原地区发展提供了重大的历史机遇，青藏高原地区也积极参与并融入"一带一路"建设。同时，西部大开发作为我国全面推进社会主义现代化建设的一个重大战略部署，深刻带动了西藏地区发展。深入推进内陆地区开发开放是西部大开发的重要任务之一，而青藏高原地区是面向南亚开放、深化与南亚国家合作的前沿，青藏高原的开放发展对推动内陆地区开放、构建区域发展新格局有着重要意义。同时，自"一带一路"倡议提出以来，西藏积极参与并融入"一带一路"建设。

　　西藏自治区是青藏高原的核心腹地，西藏自古以来就是"南方丝绸之路""唐蕃古道""茶马古道"段的重要参与者。西藏毗邻印度、尼泊尔等国，拥有 4 个国家一类口岸、2 个国家二类口岸，与南亚国家经贸往来密切，是国家"一带一路"倡议的重要支撑，"孟、中、印、缅"经济走廊的重要节点。同时也是国家沿边地区开发开放规划布局"三圈三带"空间格局中环喜马拉雅经济合作带建设的重点区域。近年来，中尼贸易增加迅猛，合作空间巨大。实施更加积极的开放政策，广泛开展对外交流合作，强化西藏面向南亚开放的重要通道战略定位，不仅有利于促进西藏长足发展和长治久安，更有利于带动西部地区对外开放，扩大我国陆路向南开放的范围和领域，增强对南亚地区的影响力和话语权，支撑"一带一路"倡议在南亚方向取得新突破。

　　在经济发展方面，西藏自治区虽然经济总量较低，但经济增速始终位居全国前列，按现价计算，2019 年西藏地区生产总值为 1679.82 亿元，是 1999 年 105.98 亿元的近 16 倍，年均增长 14.82%。在人民生活水平方面，人民生活持续改善，按现价计算，2019 年农村居民人均可支配收入 12951 元，是 1999 年 1253 元的 10 倍多，城镇居民人均可支配收入 37410 元，是 1999 年 6109 元的 6.1 倍。在基础设施方面，西藏加快"电网、路网、互联网"三网的建设，2014 年拉日铁路正式运营；2016 年兰州至尼泊尔的国际联运货运班列"兰州号"运行，粤藏中南亚班列由沿海城市广州开往内陆西藏并抵达吉隆口岸，为中尼之间搭建了一条高效、快捷的贸易通道；截至 2021 年 6 月，川藏铁路拉林段开通运营。截至 2020 年底，边境一、二线建制村公路通畅，新建改建边境公路 130 条、3080km，主电网延伸到全部边境乡（镇），实现村村通邮，移动通信网络全覆盖，农村人口饮水安全得到保障。在对外贸易方面，在西藏的对外贸易中，边境小额贸易占据了主要部分。2019 年，西藏货物进出口总额 48.76 亿元，比上年增长 2.6%，边境小额贸易 29.33 亿元，比上年增长 21.6%，出口 29.01 亿元，增长 21.6%。尼泊尔、印度尼西亚和美国是西藏自治区的三大贸易伙伴，其中，对尼泊尔贸易总额 31.65 亿元，占全部进出口的 64.9%；对印度尼西亚贸易总额 4.30 亿元，对美国贸易总额 1.76 亿元。

　　总的来说，以西藏为核心腹地的青藏高原地区积极参与西部大开发、融入"一带一路"建设,在面向南亚开放方面具有显著的区位优势。近年来,经济不断增长,人民生活持续改善,基础设施逐渐完善,对外贸易不断扩大,作为面向南亚开放大通道的功能不断完善,但同时也面临着一些限制性因素。一方面,西藏自身经济发展水平较低,交通较为闭塞,与国内其他省份以及南亚国家联系的通道受限,对外开放的广度和深度受到限制。另一方面,接壤的尼泊尔工业化程度低,经济发展落后;而印度则态度保守,政治互信有限,严重制约了双方贸易的发展。

4.3.3　主要口岸发展情况

目前,西藏已有樟木口岸、吉隆口岸、普兰口岸和拉萨航空口岸4个较早对外开放的口岸,截至2020年,里孜口岸已获批开放、日屋—陈塘口岸和阿里机场口岸功能不断提升,以下对西藏主要口岸做详细介绍。

1.吉隆口岸

1)口岸基本介绍

吉隆口岸位于中国西藏西南边境,隶属于西藏自治区日喀则市吉隆县吉隆镇,地处28°5′N,85°3E′,是西藏历史上主要的对外通道之一,是中尼之间重要的边境口岸。从吉隆镇驻地到吉隆口岸所在的热索村有25km,吉隆口岸是中尼间的传统贸易口岸,是目前西藏自治区最大的陆路通商口岸,也是我国面向南亚开放的前沿区,更是承担着西藏全区贸易重任的重要口岸,战略、贸易地位十分重要。

吉隆口岸1961年批准开放,1972年被国务院批准为国家二类陆路口岸,后因樟木口岸的繁荣和吉隆口岸进出口贸易的基本停止,海关、商检等部门也随之撤销。1987年国务院批准吉隆口岸为国家一类陆路通商口岸,按照中央第六次西藏工作座谈会精神,西藏自治区提出重点建设吉隆口岸的发展战略目标,吉隆口岸开放进程不断加快。2014年12月中国吉隆与尼泊尔热索瓦双边性口岸恢复通关,2017年8月30日吉隆口岸正式对第三国人员开放,2018年1月吉隆口岸被国务院批准为中药材进口边境口岸。

2)口岸发展现状

(1)边境贸易稳步增长。2015年以来,吉隆口岸的贸易总额波动攀升,由6.12亿元增至2019年的37.52亿元,5年间增长了5倍多(表4-11)。贸易流向呈现出口贸易极化发展态势,出口总额占贸易总额的比重高达98%以上。吉隆口岸边民互市繁荣发展,贸易额波动提升,由2015年的0.05亿元增长至2019年的0.26亿元,出入境人次由2016年的12万余人次大幅增长至2019年的19万余人次,人员往来日益频繁。在贸易种类方面,中方从尼方进口的主要货物类型为手工艺品、铜制品、食品(方便面)、服装、卡垫、大米、红酒等,尼方从中国进口的主要货物包括日用百货、建材、通信设备、农副产品(洋葱、核桃、苹果、大蒜)、医疗物资、车辆、机械设备和建设设备等。

表 4-11　2015～2019 年吉隆口岸边贸发展情况

项目	2015 年	2016 年	2017 年	2018 年	2019 年
贸易总额 / 亿元	6.12	33.57	28.35	34.05	37.52
进口总额 / 亿元	—	0.31	0.23	0.3	0.61
出口总额 / 亿元	—	33.23	28.11	33.75	36.91
边民互市 / 亿元	0.05	0.11	0.08	0.12	0.26
出入境人次	—	124900	119095	154724	190575
出境人次	—	66321	62727	81661	101635
进境人次	—	58579	56368	73063	88940

（2）通关及边贸制度改革不断深化。近年来，吉隆口岸积极深化提效降费改革举措，大力推进跨境贸易便利化，持续优化口岸通关营商环境，充分发挥海关 H986 智能查验功能，巩固普及国际贸易"单一窗口"申报系统，口岸整体通关效率大幅提升，综合服务管理水平不断增强，边贸总额整体保持稳中向好。截至 2019 年 12 月 9 日，已有 650 名尼泊尔司乘人员通过办理临时入境许可从吉隆口岸入境。吉隆口岸边贸市场于 2019 年 9 月 12 日通过海关验收，10 月 1 日开始试运营，通过引进尼泊尔商户、边民与区内外企业合作在口岸国际边贸市场落户等方式，引导边民从事边境互市贸易，盘活市场，有效提升经济社会效益。鼓励各乡镇以建制村为单位组织成立边贸专业合作社，助推边贸产业发展壮大，促进全县群众增收，真正吃上边贸饭。

（3）基础设施建设稳步推进。在口岸功能建设方面，围绕口岸发展和边合区建设工作，已完成对口岸热索国门、帮兴出口货物查验场、吉隆边贸市场的卡口系统智能化建设；口岸检疫处理区项目、帮兴物流仓储一、二期等重点项目正在加紧施工建设；国际旅行保健中心、海关应急保障中心、二线联检区项目进入施工收尾阶段；吉隆口岸限定区域二期已完成项目可研报告，吉隆口岸信息化一期工程处于下达概算批复阶段；中尼铁路日喀则至吉隆段可行性研究工作已正式启动，帮兴作为口岸物流仓储枢纽区已预留火车场站选址；吉隆口岸贸易加工区，保税物流中心（A 型）项目正在申报衔接。

（4）招商引资有序开展。按照吉隆口岸功能布局和边境经济合作区（简称边合区）产业发展规划，吉隆县政府和口岸管委会积极梳理汇总吉隆边合区招商引资项目库，完善相关招商政策，积极优化营商投资环境。截至 2020 年，口岸已进驻开展业务的金融机构 2 家、商贸公司 30 余家、报关公司 8 家、物流公司 12 家，物流从业人员 160 余人（办公从业 50 名、专业装卸 100 余名），基本满足目前口岸物流服务运行需求，培育当地经贸人才 18 名并组建了进出口贸易公司开展边境小额贸易。

2. 樟木口岸

1) 口岸基本介绍

樟木口岸位于喜马拉雅山中段南坡，隶属于日喀则聂拉木县樟木镇，地处 27°58′N，85°57′E。东、南、西面与尼泊尔接壤，为国家一级公路——中尼公路之咽喉，距离拉萨 736km，距离加德满都 120km，是中国和尼泊尔之间进行政治、经济、文化交流的主要通道，是中国通向南亚次大陆最大的开放口岸。樟木口岸面对尼泊尔中腹地区，畅通的中尼公路带来了樟木边境贸易市场的发展和繁荣，地理上形成了从樟木口岸到日喀则、江孜、拉萨以至国内兄弟省区的连接。

樟木口岸海拔 2400m，距离国界友谊桥头 1700m。樟木境内有世界第 14 高峰，海拔 8012m 的希夏邦马峰，有茂密的原始森林、奇特的冰川和几十个大小湖泊，还有许多名胜古迹可供观光旅游。樟木地处中尼边境喜马拉雅山中段南麓沟谷坡地上，海拔 2300m，是一座依山而建的小镇。2015 年樟木口岸受 "4·25 地震" 影响，受到严重损失并关闭，直到 2019 年 5 月 29 日，修复后的樟木口岸恢复试运行，但是目前仅限恢复了货物口岸的功能。

2) 口岸发展现状

(1) 灾后口岸贸易额呈连续增长态势。在 2015 年 4 月 25 日尼泊尔地震发生前，樟木口岸一直是西藏自治区最大的国家一类陆路通商口岸，担负着对尼 80% 的贸易额，2011 ~ 2014 年樟木口岸的贸易进出口额分别为 10.01 亿美元、17.82 亿美元、20.44 亿美元、20.67 亿美元。但受到 2015 年地震的影响，口岸被迫关停，贸易中断，口岸群众被转移至日喀则市集中安置。2019 年 5 月 29 日口岸恢复货运通道功能，在恢复试运行期间，截至 12 月底货物贸易总额已经达到 4.3 亿人民币。特别是自 2020 年 11 月樟木口岸实行 "甩挂" 监管模式以来，报关单、出口贸易总值及出口总量又有了较大幅度提升。

(2) 基础设施有待完善。自樟木口岸恢复开通试运行以来，口岸联检查验设施、地质灾害防治、道路、桥梁河道治理、供水保障、电力建设等口岸重点建设项目持续推进，为口岸货运通道功能正常运行提供了有力保障。但尼泊尔 "4·25" 地震以来，樟木口岸一直处于封闭状态，至 2019 年 5 月 29 日开通货物通道，仅设置了国道 318 线聂拉木—樟木口岸段以及地质灾害治理和进出口贸易检验、检疫基础设施，基础设施目前仍处于瘫痪状态。口岸货物运输通道开通后，货物的仓储、运输及车辆的停放不便，能源相对缺乏基本上不能满足口岸的发展需要；交通路线单一，以公路为主，樟木口岸路况设施有待完善；区域内的通信设施基础薄弱，对外交流信息相对滞后，贸易信息相对闭塞。

(3) 通关效率有所改善但仍需提升。樟木口岸着力提升通关效率。一是相关部门简化货物车辆通行手续，所有出口货运车辆从聂拉木县城前往樟木，由口岸管委会出具证明即可，无须再次办理前往樟木特别通行证件，极大地提升通行便利性。二是针对货物倒装人员不足问题，由县政府牵头，组织县劳务输出公司与物流企业进行对接，增派疏导货物人员，截至 2020 年已有 33 人签订劳务合同。三是建立交通疏导站，组织交警部门对所有货运车辆停放进行查验管理，指导车辆有序停放，在车辆集中路段进行交通疏通，确保车辆安全、有序通行。四是组织设计单位对原有出口货物查验场进行勘察设计，着手对原有出口货物查验场升级改造。五是与尼方有关部门协商，解决了双方口岸作业时间不统一的问题，提高工作实效。六是积极与尼方相关部门进行联系沟通，及时掌握尼方运行情况，协商通关效率，解决相关问题，货运通道功能恢复以来，多次与尼方相关部门在中尼两侧召开座谈会。虽然樟木口岸通关效率不断提高但仍需进一步提升，例如货物倒装场地狭小，倒装工人装卸能力有待提升，物流企业现代化机械缺少，影响倒装效率，尼方达都巴尼边检站海关设施不完善，影响进口贸易。

(4) 多措并举确保口岸安全运营。自口岸货运通道恢复以来，樟木口岸积极开展各项工作确保口岸的安全运营。一是加强地质灾害监测工作，采用人工监测和设备监测相结合的方式，对各地灾隐患点进行全面监测。二是制定地灾应急预案，完善地灾预警机制，确保人员生命财产安全。三是加强交通隐患排查工作，由樟木公安分局增派交警力量严查酒驾、无证驾驶、超员超载超速等违法行为，并对樟木来往车辆进行交通疏导，对樟木路况开展巡查工作。四是开展安全生产隐患排查工作，口岸管委会牵头，由樟木消防联合应急管理局、林业局定期或不定期开展全面的安全生产大检查工作，切实降低了安全生产事故发生率。五是筑牢口岸检验检疫防线，口岸货运通道恢复开通以来，对数千辆次尼籍货柜车进行预防性检疫处理，对 60 批出口样品开展商品质量风险监测，对入境的近万人次的尼籍司乘人员、劳务人员进行体温监测。实现统筹指挥、协调推进社会面管理和边境管控工作。

3. 普兰口岸

1) 口岸基本介绍

普兰口岸位于西藏自治区东南部，隶属于阿里地区的普兰县，地处喜马拉雅山段南坡，30°1′N，80°9′E，西南面与印度毗邻，南面与尼泊尔以喜马拉雅山为界。普兰口岸是境外两国居民朝拜西藏境内神山圣湖的必经之地，也是国际旅游者进出中国的通道之一。普兰风景秀丽，气候宜人，旅游资源得天独厚，普兰县北部有神山冈仁波齐峰和圣湖玛旁雍错，是著名的佛教朝圣地区。

普兰口岸于 1954 年正式开放，1962 年由于中印边境形势恶化而关闭。1992 年 7 月 15 日经两国政府批准，中国的普兰与印度的贡吉相互开放。异于单通道的口岸类型，普兰口岸是以县为区域的特种口岸，有陆路通道和水路通道，包括多个山口 (21 个通外山口)、水道桥道和相关边贸市场 (只有强拉山口在三国交界点)。

2) 口岸发展现状

(1) 边境贸易规模较小。总的来说，普兰口岸边贸市场和边民互市贸易市场发展较为缓慢，规模也较小。2018 年普兰公路口岸进出口货物 0.03 万 t，进出口货值 7 万元，同比增长 164.1%。普兰口岸的货物贸易方式以边民互市贸易为主，边境的小额贸易规模较小,进出口商品主要为初级农畜产品和普通轻工产品。主要的出口货物为羊毛、羊绒、青稞、酥油、食盐和牲畜等初级农产品。近年来,服装、饮料、家电以及建材、日用百货比重有所提高。主要的进口货物有木材、咖啡、藏红花、红糖、食用佐料、服装、木碗、装饰品、化妆品和纺织品等。

(2) 基础设施不断完善。在交通基础设施方面,普兰位于西藏交通"三纵二横六通道"中的一纵一横终点和六通道之一,经 219 国道至拉萨 1300km,至新疆叶城 1455km,至印度、尼泊尔边境均可通车,交通基础设施较为完备。在能源基础设施方面,现有小水电站 3 个,装机 500kW 的县水电站正在建设中。在口岸基础设施方面,普兰县从 2015 年开始进一步加大口岸基础设施建设,目前普兰口岸货物联检现场已完成改扩建项目,唐嘎国际边贸市场、拉孜边贸市场平稳运行,普兰口岸一站式服务平台建设及边检应急和信息指挥中心项目已开工。

4. 拉萨航空口岸

1) 口岸基本介绍

拉萨航空口岸位于西藏自治区山南市贡嘎县甲竹林镇,距离西藏自治区首府拉萨市 60km,是西藏自治区唯一对外开放的机场。机场于 1965 年兴建,1966 年 11 月投入使用,1993 年国务院同意开放拉萨航空口岸,1996 年 6 月 29 日正式开展业务。拉萨航空口岸以人员出入境为主,2018 年出入境人员 5.29 万人次,同比减少 10.4%,其中出境 2.85 万人次,入境 2.44 万人次;出入境飞机 431 架次,其中入境 210 架次,出境 221 架次;2018 年进出口货运量 1856t;进出口值 182012 亿元,其中进口 17.98 亿元,出口 2212 万元。

2) 口岸发展现状

(1) 口岸基础设施不断完善。拉萨航空口岸以实现信息共享、提升通关能力、塑造国门形象,打造通往南亚的国际航空枢纽为目标,不断完善基础设施、加速口岸信息化建设。目前,拉萨贡嘎机场航站区改扩建工程正在如火如荼地进行,T3 航站楼已于 2021 年 8 月正式投运,第二跑道项目不断推进。此次机场改扩建工程完成后,将满足 2025 年旅客吞吐量 900 万人次、货邮吞吐量 8 万 t 的目标。

(2) 对外开放程度不断提高。2012 年拉萨航空口岸出入境人员和国际航班分别达到 28192 人次和 281 架次,而 2018 年拉萨航空口岸出入境人员和国际航班分别达到 52866 人次和 431 架次,是 2012 年的近两倍。近年来,拉萨航空口岸不断加大基础设施完善程度,拓展国际航线数量,不论是出入境人员还是国际航班数量都不断增加,对外开放程度不断提高(表 4-12)。

表 4-12　2012 ～ 2018 年拉萨航空口岸出入境飞机和人次

年份	出入境飞机 / 架次	出入境人数 / 人次
2012	281	28192
2013	279	28971
2014	381	39082
2015	180	45734

年份	出入境飞机 / 架次	出入境人数 / 人次
2016	697	64182
2017	573	59050
2018	431	52866

4.3.4 面临困难及问题

1. 口岸开放发展深受周边地缘环境影响

目前，西藏的边境口岸及开放发展尚受到"十四五"外部环境及不确定因素的制约，同时在布局和设施建设方面也存在诸多困难。首先，"十四五"时期国际环境，特别是周边环境具有一定的不稳定性。中印、中尼、中不、中缅关系的走向以及新冠病毒感染等重大国际安全问题都将直接影响口岸及开放平台的开放运行。其次，不丹、印度两邻国态度保守，明显制约了边贸发展。一方面，中国与不丹尚未建立外交关系，不丹政府禁止其国内边民商户进入我方进行互市贸易活动，阻碍了双方成规模边贸活动的发展。另一方面，印方在 2006 年乃堆拉边贸通道恢复前限制了贸易清单，印方边民进口的我方商品货物只能在印度甘托克范围销售，无法流通到印度一、二线城市；与之相比，我方之前则对进口的印度商品货物完全开放，造成巨大贸易逆差。同时，中印地方政府尚未建立会晤沟通机制，双方沟通协调仅依靠民间边贸商会。

2. 边境口岸布局不合理

西藏的口岸布局存在不合理之处。西藏毗邻印度、尼泊尔、不丹、缅甸 4 国，但对外开放口岸全部为对尼口岸，对印度、不丹和缅甸还没有开放口岸，口岸开放与合作对尼依赖性较大。而尼泊尔经济社会发展落后、内需不足、边境贸易体量小、发展缓慢、交通落后、自然灾害频发，在一定程度上限制了西藏边境口岸的发展。一旦尼泊尔社会发生重大事件，影响了西藏的对外经贸合作，就会直接导致西藏对外贸易大幅度下降。例如，2015 年尼泊尔"4·25"地震，樟木、吉隆口岸损毁严重，樟木口岸受此波折损失惨重。

3. 对尼进出口结构不平衡，边民交易商品种类单一

首先，尼方产业基础薄弱、贸易比较优势欠缺，限制了西藏自尼进口规模的扩大，造成中尼双边贸易不平衡、中方顺差过大的局面。其次，西藏外贸主体发育程度低，参与边贸的企业规模不大、边民总量偏低，且交易方式、渠道较为传统，交易时间较为短暂，整体规模相对有限。同时，现有边民互市贸易商品种类单一、数量较少，边民互市贸易的深度和广度不够。另外，目前我国进口中药材准入目录中尼泊尔植物源性食品（中药材）共七种（柯子、没药、乳香、山药、石斛、青蒿、血竭），可出口到我国的药材品种有限，导致吉隆口岸作为药材进口边境口岸的功能尚未得到完全发挥。

4.基础设施建设尚存不足，边贸运行保障能力还需加强

整体上，西藏口岸等开放平台的基础设施建设比较滞后。虽然经过多年的建设和发展，西藏的口岸基础设施建设已经发生了巨大变化，但与其他省市相比仍存在基础设施条件严重滞后的问题，距离融入"一带一路"建设、建设南亚大通道前沿基地的要求还有较大差距。

其中，吉隆口岸还存在口岸基础设施不够完善、服务条件不够优越、体制机制不够优化、口岸服务能力弱等问题。一是吉隆县通往口岸、边贸市场（点）的道路等级较低，与尼泊尔互联互通水平不高，快速通行能力差；二是水、电保障能力较弱，给排水、污水处理、垃圾分类、电力管网、供暖等有待于改善；三是物流仓储等设施建设滞后；四是尼泊尔作为建设吉隆边境经济合作区的主要合作伙伴，由于尼方受发展水平限制，尼泊尔至吉隆口岸的交通运输路况差，道路狭窄、等级低，通行能力不足。同时，尼方联检设施简陋，边境管理等基础设施较差，已成为南亚大通道建设的瓶颈，影响下一步中尼跨境经济合作区的建设。樟木口岸自"4·25"地震以来，一直处于封闭状态，至2019年5月29日开通货物通道，仅实施了国道318线聂拉木—樟木口岸段以及地质灾害治理和进出口贸易检验、检疫基础设施，基础设施目前仍处于瘫痪状态。随着口岸货物运输通道开通后，货物的仓储、运输及车辆的停放不便，能源相对缺乏，基本上不能满足口岸的发展需要；交通路线单一，以公路为主，樟木口岸路况设施有待完善；区域内的通信设施基础薄弱，对外交流信息相对滞后，贸易信息相对闭塞。里孜口岸虽然已经获得国务院批复同意对外开放，但各项基础设施建设距离正式开通运行尚有差距。陈塘、日屋在交通、通信、水电等配套服务设施建设方面滞后，尚未开放，而且，这些边境口岸的通关软环境，如国际贸易"单一窗口"等信息化项目亟待建设。

4.4　总结和建议

进入"十四五"阶段，青藏高原口岸平台发展及其对外开放均面临新的机遇和挑战。一方面，青藏高原的绿色发展需要建设更高水平开放型经济新体制，实施更大范围、更宽领域、更深层次的对外开放，构建以国内大循环为主体、国内国际双循环相互促进的新发展格局。另一方面，面对日趋复杂的国际环境，维护青藏高原的安全与稳定成为青藏高原边境口岸与开放发展的首要责任。中央第七次西藏工作座谈会中提出了"稳定、发展、生态、强边"的战略方针。西藏边境口岸与开放发展事关"稳定""发展"与长治久安，同时在"十四五"期间也将获得更多的政策红利与开放机遇。经过一系列科考活动与分析研究，科考分队在分析西藏边境口岸最新发展情况与困难问题的基础上，提出青藏高原边境口岸与开放发展的系列建议。

4.4.1　系统谋划、逐步推动青藏高原口岸建设

强化青藏高原边境地区疫情防控布局，科学规划、稳步推进樟木口岸功能恢复，陆续开放里孜、陈塘、日屋、阿里机场。紧抓国家推动"一带一路"建设的机遇，全面提升对内对外双向开放水平。以吉隆边境经济合作区、日喀则经济开发区为核心，重点推动中尼经济走廊建设，构建集交通、能源、物流、通信等功能于一体的互联互通跨境运输通道。加快构建内外结合、优势互补、互利共赢的沿边开放经济带，探索建设对缅甸和不丹的口岸，稳步推进一批边贸市场建设，加强与尼泊尔、印度、不丹的经贸往来，着力推动雅江中游绿色生态经济长廊建设，融入环喜马拉雅经济合作带，将西藏打造为面向南亚的开放门户和合作前沿。

4.4.2　推动航空物流等产业发展

借鉴稻城亚丁空港物流园发展模式，在青藏高原交通条件较好地区推动航空物流等开放型产业发展，发挥比较优势、促进地区经济发展。稻城亚丁空港物流园位于甘孜州稻城县桑堆镇，毗邻亚丁机场和稻城县城，是甘孜州航空物流港、稻城亚丁机场综合建设及桑堆镇旅游规划的重要组成部分。稻城亚丁空港物流园由甘孜州翔云航空服务有限责任公司建设，以机场为依托，以现代物流为基础，为航空公司、航空货运代理以及其他综合物流企业提供物流信息和场所。根据《关于修订民航中小机场补贴管理暂行办法的通知》（财建〔2020〕93号），"十四五"期间，中国民航局将进一步重视支线航空发展，通过构建"干支通，全网联"的航空运输网络，满足中小机场所在地区人民群众航空出行需求，服务当地经济社会发展。建议国家设立对青藏高原地区航空物流业等开放型产业的扶持资金，支持青藏高原地区更多航空物流业的发展。

4.4.3　推进口岸、边贸基础设施建设

加大口岸基础设施建设力度，加快联检查验、仓储物流，特别是智慧口岸、智慧物流相关的基础设施建设。同时，加强口岸配套设施建设，加快交通、能源、水电、通信和供暖、供氧等配套设施建设。另外，加大边贸市场基础设施建设力度，加强边境县交通、能源以及边贸市场、商贸市场、物流中心、配送中心建设。依托拉萨、西宁、乌鲁木齐、日喀则、格尔木等青藏高原对外开放节点城市，积极申报建设进口肉类、水果指定口岸/查验场和进境木材监管区。推进跨境电子商务示范性基地建设，加快外贸转型升级，形成特色鲜明、优势突出、集约化发展的边贸产业。选取吉隆、樟木等重点边境县市，加快其内外贸一体化的综合商品交易市场建设，推动形成集产品加工、包装、集散、销售于一体的商贸物流中心和配送中心。

4.4.4　促进跨境运输通道建设

加大对外援助与周边外交，多元方式促进跨境运输通道建设。鉴于青藏高原周边国家的基础设施赤字，推动与援助周边国家加强口岸及相关运输通道建设是青藏高原开放发展的关键环节之一。以中尼经济走廊建设为例，在"一带一路"倡议框架下，要不断加强中尼双边基础设施协同建设，落实《中华人民共和国和尼泊尔联合声明》，积极争取援尼项目资金，提升援尼基础设施力度；重点加快吉隆口岸至加德满都跨境运输公路升级、铁路建设以及阿尼哥公路（对应樟木口岸）、沙拉公路（对应吉隆口岸）、吉马塘卡至拉古瓦加特段公路（对应陈塘口岸）、里孜—乃琼口岸尼方一侧设施等援尼项目建设，打造中尼跨喜马拉雅互联互通网络，助推中尼通道的绿色可持续发展。

4.4.5　营造良好营商环境，促进通关便利化

在推动共建"一带一路"高质量发展框架下，高质量完成"五型口岸"建设（平安口岸、效能口岸、智慧口岸、法治口岸、绿色口岸）是青藏高原边境口岸建设的重要方向之一。一方面，推动国家加大对青藏高原的开放政策支持，在确保边境安全稳定的前提下，寻求更大规模、更深层次的对外交流合作，实施青藏高原自由贸易提升战略，全面深化改革，激发市场主体活力，全面塑造发展新优势。另一方面，进一步提升青藏高原口岸服务功能，优化通关服务、简便通关手续，形成口岸综合业务一站式服务模式，深入推广应用"单一窗口"申报功能、申报业务全覆盖，进一步清理和规范口岸收费，营造良好口岸营商环境。建设支撑国际贸易的信息化平台，推动贸易、海关、税务、金融等部门信息共享，实现电子口岸、物流、贸易、信用、金融等信息交换，实现电子口岸、综保区、跨境电商的联动，打造内陆智慧口岸。推动口岸提效降费，持续提升通关便利化水平，全力压缩货物通关时间。强化与省外口岸的联系与合作，建立"一带一路"沿线统一口岸平台，实现电子口岸互联互通，加强区域间共同防范与打击走私、口岸疫情疫病、恐怖活动等国门风险联防联控工作。

4.4.6　稳步推进西藏吉隆边境经济合作区开发开放

围绕南亚大通道建设，尽早明确吉隆边境经济合作区功能定位、发展方向，同步开展报批立项、对外协调等系列工作。积极推动吉隆边合区口岸建设重点发展中转物流、口岸物流、边境贸易、商贸物流、保税物流、国际能源物流仓储、物流服务等口岸经济产业。研究出台支持吉隆边境经济合作区发展建设的相关政策，以便更多的生产要素在吉隆吸引聚集，鼓励口岸与物流、生产等对接，形成安全、顺畅、便利的贸易、运输、生产链条，服务当地经济发展，推动吉隆边合区发展建设提速换挡。支持边境贸易企业参与大宗资源能源产品经营，规范边民互市贸易发展，探索开展边民互市贸易进口商品落地加工试点。鼓励吉隆与尼方深化物流合作和产业协同发展。推动落实

尼籍司乘人员方面,保持《关于做好吉隆口岸尼泊尔司乘人员入境事宜的通知》等政策延续性,允许吉隆口岸尼籍司乘人员临时入境许可政策长期执行;尼方经商人员方面,争取西藏自治区商务厅、公安厅、我国驻尼泊尔大使馆等有关部门的大力支持,在尼方经商人员护照或签证上注明经吉隆口岸入境,并协调国家移民管理局在吉隆口岸实行落地签政策,以简化尼方经商人员进藏程序。或在吉隆口岸设立进藏确认函业务办理分支点开展相关业务,为尼方经商人员入藏洽谈业务提供便利,允许其在边合区内开展商务活动。争取在吉隆边合区过境运输发展政策的支持,允许在边合区内谋划成立专业运输公司,并办理过境运输相关资质,解决我方运输企业不能过境的运输问题。

4.4.7 科学恢复与重构樟木口岸

樟木口岸具有得天独厚的优势。一是樟木口岸至今已有 300 余年的历史,中华人民共和国成立后 1965 年开始开放,边民互市开始进行,到 1975 年可以通车,再到近 30 年的快速发展,发展历史非常悠久。二是尼方心理认同感强,在边境线两边,有夏尔巴人的集聚区,两边语言都是藏语系,文化习俗相似,通婚情况普遍,两边的人民亲如一家。地震后,由于樟木口岸关闭,很多尼泊尔人都因此受到了很大影响,他们也非常迫切地希望口岸能够重新开放。三是从樟木口岸通往尼泊尔首都加德满都的道路更加通畅,从樟木口岸到加德满都比从吉隆口岸到加德满都的运输成本每车可以节省约 2000 元。综合来说,樟木口岸具有多种优势,应在保障口岸安全的前提下,科学制定重建规划,加强基础设施建设,进一步提高樟木口岸的开放水平。

第 5 章

青藏高原工矿区可持续发展考察研究

由于特殊的地理位置、地质构造以及恰当的气候环境，青藏高原地区矿产资源种类和储量十分丰富，是我国矿产资源分布的重要区域。而作为青藏高原主体，西藏自治区矿产资源种类丰富、储量可观，是青藏高原矿产资源富集和分布的主要区域。根据区位条件、经济发展基础、区域发展目标等，以青藏高原工矿区为考察对象，通过实地调研、部门访谈等质性研究方法，综合产业结构、增长方式、发展阶段，总结不同区域建设资源节约型、环境友好型绿色发展经验与模式，探索青藏高原不同类型区域工矿区绿色转型发展模式与路径。

5.1 考察目标与调研方法

本节主要采用实地调研、多途径访谈等质性分析方法。2019～2021年底，课题组先后在四川、西藏、青海、云南四个省份开展了十余次集中调研，对青藏高原矿产资源开发利用整体现状和问题进行深入考察和研究，具体如表 5-1 所示。正式调研主要采用半结构化访谈的方法，访谈时间通常在 2h 左右。研究团队先后与四川省甘孜藏族自治州康定市、四川省甘孜藏族自治州巴塘县、西藏自治区拉萨市、西藏自治区山南市、四川省迪庆藏族自治州、四川省甘孜藏族自治州等政府部门进行了正式座谈，包括发改委、自然资源局、经济和信息化局、商务局等，并前往玉龙铜矿、罗布莎铬铁矿、格尔木藏青工业园、察尔汗盐湖、大柴旦工业园、普朗铜矿等工矿区，与矿区开发企业和产业园区经营者进行了访谈，主要调查了当地的矿产资源分布与开发状况、矿区建设背景与发展情况、绿色发展举措与现存问题。此外，为对不同区域的矿产资源开发利用进行全貌把握，本章还利用了大量二手资料和数据，包括青藏高原地区各省市官方文件、权威媒体报道等资料。

表 5-1   调研信息

调研时间	调研地点	调研单位
2020.8.7	西藏拉萨市	西藏自治区发展和改革委员会、西藏自治区经济和信息化厅、西藏自治区商务厅、西藏自治区自然资源厅等，以及拉萨市发展和改革委员会、拉萨市经济和信息化局等
2021.6.24	四川省甘孜藏族自治州康定市	康定市自然资源局，以及甲基卡锂辉矿
2021.6.26	四川省甘孜藏族自治州巴塘县	巴塘县发展和改革委员会、巴塘县经信商务局、巴塘县自然资源局
2021.6.29～2021.6.30	西藏昌都市	昌都市发展和改革委员会、昌都市经信商务局、昌都市自然资源局，以及玉龙铜矿
2021.7.7	西藏拉萨市	西藏自治区发展和改革委员会、西藏自治区经济和信息化厅、西藏自治区能源局
2021.7.9	西藏山南市	山南市经济和信息化局、山南市自然资源局；罗布莎铬铁矿的西藏矿业、江南矿业
2021.7.12～2021.7.13	青海省格尔木市	格尔木藏青工业园、青海徕硕科技有限公司、青海西豫有色金属有限公司、青海盐湖工业股份有限公司、察尔汗盐湖
2021.7.14	青海省海西蒙古族藏族自治州大柴旦行政区	大柴旦工业园、大柴旦大华化工有限公司、青海柴达木兴华锂盐有限公司
2021.8.3	云南省迪庆藏族自治州	迪庆藏族自治州发展和改革委员会、迪庆藏族自治州工业和信息化局、迪庆藏族自治州自然资源和规划局，以及普朗铜矿
2021.8.6	四川省甘孜藏族自治州稻城县	甘孜藏族自治州自然资源和规划局
2021.8.9	四川省甘孜藏族自治州德格县	甘孜藏族自治州自然资源和规划局

本章主要选取青海察尔汗盐湖、西藏玉龙铜矿、西藏罗布莎铬铁矿、云南普朗铜矿为案例，总结其绿色发展经验。察尔汗盐湖位于青海省格尔木市和都兰县，是中国最大的可溶性钾镁盐矿床，主要经验包括走循环经济之路、多业并举发展盐湖旅游业、坚持科技创新引领发展、改造并重塑盐湖生态环境。玉龙铜矿位于西藏自治区昌都市江达县青泥洞乡，是国内第二大单体铜矿，主要经验包括依靠技术创新提高产能，完善尾矿库等环境保护工程，与当地社区融合发展。西藏矿业罗布莎铬铁矿位于西藏自治区曲松县，是国内储量最大、品位最高的铬铁矿床，主要经验包括整合铬铁矿开采公司，直接销售原矿进行异地冶炼，探索高原地区的最佳复垦措施，带动当地经济发展。普朗铜矿位于云南省迪庆州，是我国最大的地下铜矿山，主要经验包括统筹有序开发管理，积极保护矿山周边环境，同时将智能技术引入开采，建设成为绿色矿山与智慧矿山。

5.2　矿产资源分布、开发利用与保护现状

5.2.1　矿产资源分布

青藏高原位于全球三大成矿域之一的特提斯—喜马拉雅成矿域，复杂的地质结构及演化过程为矿产资源形成创造了有利的条件。目前全国重点成矿（部署）区（带）有 26 片，其中主要分布于青藏高原地区的有东昆仑成矿带（青海）、班公湖—怒江成矿带、冈底斯—藏南成矿带（西藏）和西南三江成矿带（四川、云南、青海、西藏）。

1. 西藏自治区

作为我国矿产资源的重要战略储备基地，西藏自治区在矿产资源领域具有十分重要的地位。西藏自治区的矿产资源主要分布在青藏铁路沿线及班公湖—怒江成矿带、冈底斯—藏南成矿带和藏东"三江"成矿带。截至 2018 年，西藏自治区已发现的矿种（亚种）有 103 种，有查明矿产资源储量的矿种 49 种，矿床、矿点及矿化点 3000 余处（西藏统计局，2018）。其中发现能源矿产 5 种，已查明资源储量的 3 种；发现金属矿产 32 种，已查明资源储量的 19 种；发现非金属矿产 64 种，已查明资源储量的 26 种；发现水汽矿产 2 种，已查明资源储量的 1 种。全区已发现的优势矿产资源主要有铜、铬、铅、锌、钼、锑、金、盐湖锂硼钾矿、高温地热、饮用天然矿泉水等，均具有广阔的找矿前景。在已查明矿产资源储量的矿产中，铬、铜、盐湖锂矿、高温地热等矿产资源储量在全国排名第一。

已发现的优势矿产资源的地域分布特征为：铬矿主要沿雅鲁藏布江断裂带和班公湖—怒江断裂带分布，已发现约 60 处矿（化）点，其中曲松县罗布莎矿床是国内唯一的大型矿床，国内铬矿自给部分的 75% 以上来自西藏。铜矿主要沿藏东"三江"

成矿带、冈底斯东段成矿带和班公湖—怒江成矿带分布，已查明的铜的资源储量已超过 5000 万 t，占全国总量的 1/2 以上，墨竹工卡县驱龙铜矿、江达县玉龙铜矿、改则县多龙铜矿查明的资源储量均已达到超大型规模，目前已列我国铜矿资源储量前三名。铅锌银多金属矿分布广泛，主要集中产于念青唐古拉和藏东"三江"地区，铅、锌资源潜力超过 7500 万 t，银资源潜力超过 27000t，昌都县哇了格铅锌多金属矿、墨竹工卡县帮浦铅锌矿、谢通门县斯弄多铅锌矿、嘉黎县蒙亚啊铅锌矿、工布江达县亚贵拉铅锌矿等经勘查后规模已达大型。盐湖矿产分布在阿里、那曲和日喀则西北部地区，全国三分之二以上的盐湖锂矿资源分布在西藏，已发现大于 $1km^2$ 的盐湖 490 个，其中发现盐湖矿床（点）100 余处，卤水富含硼、锂、钾、（铯、铷），其中仲巴县扎布耶盐湖、尼玛县当穷错、双湖区鄂雅错、改则县麻米错等盐湖的锂矿资源经勘查已达到了大型规模。高温地热资源已知地热显示区（点）700 余处，占我国地热资源总量的 80% 以上。

2. 青海省

青海省的矿产资源主要分布在东昆仑成矿带、"三江"北段成矿带、柴达木盆地成矿区、柴达木盆地北缘成矿带和祁连成矿带。截至 2020 年，青海省已发现的矿产有 134 种，矿产总类 87 个，已发现 4700 多处矿床、矿点及矿化点，已编入矿产资源储量表的矿产地 688 个，其中大型 134 个，中型 174 个，小型 380 个（青海统计局，2020）。在已探明的矿藏保有储量中，有 60 个矿种居全国前十位，38 种居前五位，26 种居前三位，盐湖类矿产资源（钾、镁、钠、锂、锶、硼等）储量相对丰富，镁、钾、锂、锶、石棉、芒硝、电石用灰岩、化肥用蛇纹岩、冶金用石英岩、玻璃用石英岩、制碱用灰岩 11 种矿产居全国第一位。

按矿产种类的区域分布，青海省大致有"北部煤，南部有色金属，西部盐类和油气，中部有色金属、贵金属，东部非金属"的特点。祁连成矿带以有色金属、石棉、煤为主；柴达木盆地北缘成矿带以贵金属、有色金属、煤炭为主；柴达木盆地以石油、天然气、盐类矿产为主；东昆仑成矿带以有色金属、贵金属矿产为主；"三江"北段成矿带以铜、铅、锌、钼等有色金属矿产为主。

3. 云南省迪庆藏族自治州

云南省迪庆藏族自治州的矿产资源主要分布在西南三江成矿带，东南亚锡矿带和玉树—义敦的铜、铅、锌、银、金、汞矿带横贯全境，是有色金属和稀有金属、非金属矿的富集区之一。截至 2020 年，已探明和发现金属矿产 17 种、非金属矿产 20 种，矿床和矿点达 323 处（迪庆藏族自治州统计局，2020）。其中金属矿产铍、铜资源量在省内居第一位，钨、钼居省内第二位，锑及铅、锌分别在省内占第三位及第四位。非金属矿产中普通萤石矿保有资源储量在省内居第一位。两座石膏矿山估算的资源量接近 9 亿 t，已超过省内其他矿山探明石膏资源储量的总和。

已发现的优势矿产资源的地域分布特征为：全州铜矿床和矿点有 42 处，集中分布于香格里拉格咱普朗、红山、雪鸡坪和德钦羊拉及周围矿区，探明铜金属储量 600 多万 t，铜资源远景储量可达 1000 万 t 以上。钨、铍、钼矿产资源集中于哈巴雪山麻花坪和格咱休瓦促、萨都格勒矿区，探明钨、铍储量 10 多万吨，钼储量 2 万多吨。铁矿资源集中于维西楚格咱、庆福、菖蒲塘及德钦县江波等矿区，探明储量近 1 亿 t。铅锌矿主要集中于德钦县里仁卡、南佐，维西傈僳族自治县康普和香格里拉安乐等矿区，探明储量 300 多万 t。锑集中分布于维西巴迪、永春乡白马吉、石门多和攀天阁乡阿南多塘等矿点。金矿主要分布于香格里拉市小中甸乡甫哥、三坝楚波、格咱普朗和德钦县霞若乡采贡龙坡矿区。石棉矿集中分布于德钦县云岭乡贡坡矿区。石膏矿集中分布于德钦羊拉乡那南贡、佛山乡巴美、纳古、升平镇若巴见、云岭乡红坡、南佐，维西傈僳族自治县石膏坡等矿区，储量可达 9 亿 t 以上。

4. 四川涉藏地区

四川涉藏地区（包括甘孜藏族自治州、阿坝藏族羌族自治州和木里藏族自治县）的矿产资源主要分布在西南三江成矿带中段和康滇地轴北段，是我国有色稀有贵金属矿产资源的主要成矿区带，拥有四川康定甲基卡—雅江县德扯弄巴锂铍钽矿这一国家级能源资源基地及甘孜有色金属矿基地、阿坝锂矿基地等省级能源资源基地。重点矿产包括锂（铍、铌、钽）、钨、锡、铅、锌、银、金，主要矿点包括甲基卡锂矿、里伍铜矿、呷村银多金属矿、夏塞银多金属矿、九寨松潘金矿和若尔盖铀矿等。

甘孜藏族自治州已探明储量的矿种主要有金、银、镍、铜、铅、锌、锡、锂、铍、铌、钽等 41 种，其中大型规模的矿床有 14 个、中型 25 个，锂（约占全省资源量的56%）、钽（约占全省资源量的 61%）、铍（约占全省资源量的 51%）、铌（约占全省资源量的 64%）、镍（约占全省资源量的 63%）、铂族（约占全省资源量的 70% 以上）等矿产资源量在省内占较大优势。阿坝州已发现矿种 54 种，大型矿床 12 处，中型矿床10 处，优势矿种有金（约占全省资源量的 49%）、锂辉矿（居全省资源量的第二位）、大理石（约占全省资源量的 33%）、水泥用石灰石（约占全省资源量的 22%）、泥炭（资源储量居世界之首）等。

5.2.2　开发利用现状

青藏高原矿产资源丰富，作为我国生态屏障区、水源涵养区和生态脆弱区，其对矿产资源绿色发展提出了高要求。目前，西藏整体矿产开发水平较低，主要开发铜矿、盐湖锂资源等优势矿山，禁止在自治区内冶炼；青海矿业门类齐全，形成了盐湖化工、石油天然气、有色金属等多产业融合发展的循环产业体系；云南迪庆在开采铜矿、铅锌矿的基础上，延长产业链，发展矿产深加工；川西高原以开发利用锂资源为特色。

西藏矿产资源丰富，因其以保护生态环境为先，西藏选择性开发优势矿山，禁止在自治区内冶炼，矿产开发水平较低。受青藏高原地区恶劣气候条件影响，1999 年国家才开始对青藏高原的中比例尺（1：25 万）地质调查（中国科学院，2005），此后西藏矿产资源才被较为全面地了解。21 世纪初，西藏便开始坚持"在保护中开发、在开发中保护"的原则，禁止开采对生态环境破坏较为严重的砂金、汞、砷和泥炭等矿种，仅开发和利用部分优势矿产资源（中国青年报，2009）。西藏以高标准发展矿业，对生态环保要求十分严格。近年来，西藏先后制定出台 30 多部地方性法规，严禁钢铁、冶炼、化工等环境污染风险大的项目进入西藏，从源头上掐断生态破坏严重的矿产开发环节（新华网，2017）。目前，西藏矿业发展以勘探为主，开发利用了少数大型铜矿和盐湖锂资源，例如驱龙铜矿、玉龙铜矿、甲玛铜矿、尼木厅宫铜矿、扎布耶盐湖、当雄错盐湖等。

青海重视矿业发展，逐步发展出了门类齐全的绿色矿业。矿业是青海省经济发展的主要贡献点，盐湖化工、石油天然气、有色金属三大青海支柱产业均以矿产资源开发为基础。中华人民共和国成立后，改变了青海省薄弱的矿业基础，建立了门类齐全的矿山与加工企业：1949 ~ 1965 年，国家注重恢复和发展煤炭生产，奠定了青海省的工业发展基础；1966 ~ 1978 年，青海磷矿等盲目开工的项目下马，矿业发展速度减缓；1979 ~ 1999 年，青海省政府提出"改革开放、治穷致富、开发资源、振兴青海"的经济发展战略，矿业作为资源开发重点得到了飞速发展（青海省自然资源厅，2007）；2000 年至今，我国先后提出西部大开发战略、开展国家循环经济发展先行区战略部署、全面推进绿色矿山建设，青海省逐渐进入矿产资源开发利用与生态环境保护相协调的阶段。目前，青海省主要开发石油资源、盐湖资源、有色金属与贵金属资源、煤炭资源、建材非金属矿产。

云南省迪庆州在矿产开采基础上，以冶炼为龙头带动矿产深加工发展，延长产业链，推进矿电结合，实现多产业协同发展。迪庆州矿业开发起步较晚，过去，迪庆州有的矿山只做了普查就进入开发，缺少详尽科学的地质资料与科学开采规划，矿山管理绿色发展不充分（李文慧，2007）。近年来，迪庆州坚持推进绿色矿山建设和矿产资源深加工，绿色矿业已成为迪庆州的四大主导优势产业之一。目前，迪庆州普朗铜矿、红牛铜矿、雪鸡坪铜矿、安乐铅锌矿、羊拉铜矿等矿山处于开采状态。此外，迪庆州打造香格里拉工业园区，其中维西新兴工业片区、格咱有色金属工业片区、老虎箐工业园区含有开采选矿、矿产冶炼等产业，并依托当地水电优势，积极推进铝电联营等多种形式的矿电结合，以加速矿业转型升级，优化工业布局。

四川省甘孜州、阿坝州为有色稀有贵金属矿产资源发展区，以锂资源开发为特色。由于甘孜州、阿坝州为高原区域，早期勘探难度和开采难度相对较高，前期铺设基础建设所耗费时间和投资亦较高。目前该区域内康定甲基卡和业隆沟锂矿处于开采阶段，雅江措拉镇、雅江县德扯弄巴、马尔康党坝锂矿处于停产状态，金川县李家沟锂辉石矿在建中，新三号脉（X03）仍处于勘探初期。其中，川西甲基卡锂矿是全球硬岩型氧化锂资源储量最大的锂矿山，目前亚洲最大的伟晶岩型锂辉石矿区，锂、铍、铌、钽等稀有金属资源储量居全国第一的地位。

5.2.3　绿色矿山建设现状

2007 年，国土资源部首次明确提出了"坚持科学发展，推进绿色矿业"的发展思路。2008 年，中国矿业联合会会同 11 家矿山企业、行业协会，共同发布《绿色矿山公约》，首次正式提出了"绿色矿山"的概念。2010 年 8 月，原国土资源部下发了《关于贯彻落实全国矿产资源规划发展绿色矿业建设绿色矿山工作的指导意见》（国土资发〔2010〕119 号），要求在 2020 年，全国绿色矿山格局基本形成，资源集约节约利用水平显著提高，矿山环境得到有效保护，矿区土地复垦全面提升，矿山企业与地方和谐发展，这标志着我国的绿色矿山建设正式开始启动。当前，绿色矿山建设不再是单纯的矿山复垦复绿，而是要求将矿山全生命周期的"资源、环境、经济、社会"综合效益最优化。

西藏严格管控矿产开发，矿产品冶炼加工需运往西藏自治区外。西藏自治区是我国生态屏障、生态安全屏障、战略物资储备基地，定位独特，将生态环境保护放在首位。为了实现青海柴达木盆地和西藏相关的矿产和盐湖资源的有效衔接，2013 年 8 月，藏青工业园区正式开工建设。藏青工业园区是西藏、青海两省区共建的，以西藏管理为主的园区，位于青海省格尔木市城区东侧，园区充分利用西藏特色优势矿产资源，构建了以资源加工为主导，循环经济产业和物流商贸产业为支撑的产业体系。2016 年，西藏自治区政府严格土地资源开发环境影响评价，严格重大工程项目环境监管，严格实行矿产资源勘探开发西藏自治区政府"一支笔"审批制度，严格执行环境保护"一票否决"制度，对"三高"企业和项目零审批、零引进。西藏自治区目前以发展绿色矿产勘探为主，并用高标准、严要求管控矿产资源开发。

青海积极响应绿色矿山建设号召，催生出多种绿色发展模式。2013 年，青海省实施《青海省建设国家循环经济发展先行区行动方案》（青发〔2013〕20 号），提出坚持减量化、资源化、再利用的循环经济理念，全面推进盐湖化工循环经济特色产业集群建设发展。2016 年初，青海省国土资源厅召开推进绿色勘查开发专题工作会议，全力推进矿产资源的绿色勘查开发，次年，青海省国土资源厅制定了《青海省绿色矿山建设标准》。此外，青海省积极开展省州县三级绿色矿山联创联建工作，加强对建设绿色矿山工作的规划和引导，全面部署绿色矿山建设工作，要求每个市（州）规划设立一个市（州）级绿色矿业发展示范区，涌现出都兰金辉矿业有限公司把沙漠戈壁变绿洲，青海盐湖工业股份有限公司察尔汗盐湖、青海中天硼锂矿业有限公司"矿产资源 + 旅游综合开发"等模式（人民网，2020）。

云南省迪庆州大力开展绿色矿山建设，进行生态保护和修复。规划先行，将矿业转型升级和绿色发展写入迪庆州矿产资源总体规划。保护生态、积极开展生态红线清理核实工作及"三江并流"世界自然遗产地内矿业权退出工作，全部公告注销 69 个矿业权，其中金属采矿权 10 个、探矿权 49 个、非金属采矿权 10 个。修复生态、开展长江经济带废弃露天矿山生态修复工作（云南网，2020）。

四川省甘孜州、阿坝州转变矿业发展方式，科学有序开发优势矿产。甘孜州康定市金鑫矿业通过技术革新，将金属回收率从 90% 提高到了 95%。甘孜州积极推动"飞地"

工业园区高质量发展，开工建设鸳鸯坝绿色锂产业园等州级工业集中区 3 个，汇集甲基卡锂辉矿 105 万 t/a 采矿扩能及矿山公路等多个项目；提档升级州级工业集中区 5 个，培育建设县级工业集中区 5 个，进一步延长产业链，提升附加值（人民网，2020）。阿坝州铝厂将生产的电解铝液转化为产品附加值高、单位工业产值高的下游产品，2020 年成为阿坝州第一家四川省级绿色工厂。

5.3　西藏玉龙铜矿案例

5.3.1　矿区概况

西藏玉龙铜矿位于西藏自治区昌都市江达县青泥洞乡，是一个特大型斑岩和接触交代混合型铜矿床，矿区海拔 4560～5118m，是国内第二大单体铜矿。矿区共有三个主要矿体，分别为 I 号矿体、II 号矿体和 V 号矿体，矿权范围内总资源量为 10.27 亿 t 矿石量，铜金属量 658 万 t，钼金属量 40 万 t。其特点是矿体埋藏浅，资源量大，品位较高，矿体的赋存条件和水文地质条件简单，适合大规模露天开采。

1966 年西藏第一地质大队就已勘探发现玉龙的铜矿资源，但恶劣的自然环境、落后的交通电力、缺少开发资金等因素制约着铜矿的开发。1994 年西藏自治区确定尽快开发玉龙铜矿，随着金沙电站建成发电、川藏公路 317 线和 318 线改造升级工程实施，制约玉龙铜矿开发的交通、电力、通信等问题基本解决。2004 年西藏自治区成立玉龙铜矿开发建设领导小组，2005 年西藏玉龙铜业股份有限公司在昌都市成立，主营玉龙铜矿及其伴生金属的探矿、采矿、选矿、冶炼、加工及销售。

玉龙铜业按照"全面规划、分步实施、滚动发展"的开发原则，一期工程于 2005 年开始建设，2016 年 9 月全面投产，目前生产规模为铜精矿及阴极铜含铜 3 万 t/a；改扩建工程是西藏自治区"十三五"重点矿业项目，总投资达 106 亿元，规划建设规模为 1890 万 t/a，设计年产铜精矿 38.3 万 t，钼精矿 1.4 万 t，项目自 2019 年 4 月启动，2020 年 12 月正式启动生产。公司资产从 2015 年的 53.6 亿元增至 2020 年的 122.5 亿元，利润由 2015 年的 0.65 亿元增至 2020 年的 4.22 亿元，2020 年上缴地方税费 1.45 亿元。玉龙铜矿改扩建工程完成后，公司将实现年产值 50 亿元，上缴税费 10 亿元。玉龙铜矿的开发经验主要包括利用先进技术提高产能和开采效率，强化生态环境保护工程建设，与当地社区融合发展等。

5.3.2　绿色发展经验

1. 利用先进技术提高产能和开采效率

玉龙铜矿与北京矿冶研究总院、北京有色金属研究总院等科研单位合作，依靠技术创新提高产能和开采效率。例如，西部矿业与北京有色金属研究总院签订合作协议，合作开发玉龙铜矿高效提取技术，共同建设高寒缺氧条件下提取复杂铜矿的工程化技术示范基地（吕秉财，2007）。Ⅱ号矿体氧化矿搅拌浸出系统与浮选系统的工艺技改项目荣获中国有色金属工业科学技术一等奖（青岩和张海荣，2019）。目前玉龙铜矿建有国内海拔最高的多种类选矿实验厂、国内日处理量最高的搅拌浸出湿法冶炼厂，通过技术攻关，解决了搅拌浸出工艺"固液分离"，搅拌浸出工艺与萃取电积工艺衔接通畅等问题。

玉龙铜矿采用露天开采，一期工程采用搅拌浸出工艺，包括 1000 t/d 氧化矿破碎磨矿系统、1200 t/d 硫化矿选矿系统、搅拌浸出系统等，年产电铜 1 万 t，铜精矿 2.4 万 t。改扩建工程建设内容主要包括 90 万 t/a 选矿工程和 1800 万 t/a 采选工程，选矿厂主要厂房设施包括粗矿堆、主厂房、顽石破碎厂房、铜钼分选厂房、浓缩车间、铜精矿过滤车间和钼精矿过滤干燥车间。硫化矿采用"半自磨 + 球磨"的碎磨流程，浮选采用混合浮选—混合精矿浓缩脱药—铜钼分离浮选，最终产出铜精矿和钼精矿。氧化矿采用"半自磨 + 球磨"的碎磨流程，硫化铜钼矿浮选—扫选尾矿进行氧化铜浮选产出氧化铜精矿。建成后日产 28% 品位的铜精矿 1300 余吨，47% 品位的钼精矿约 50t；年精矿含铜约 11 万 t，含钼约 4000t。玉龙铜矿矿区往南与川藏公路北线（317 国道）相接，距成都 1150km，矿区的设备、物资从成都运过来，产出的铜精矿等也通过公路运输到成都进行进一步加工。

2. 强化生态环境保护工程建设

玉龙铜矿 2019 年进入自然资源部"绿色矿山"名单，2020 年获评"国家级绿色工厂"。为保证环保工作落到实处、取得实效，西部矿业成立生态环境保护管理委员会，负责环保重大问题的决策和协调工作，并按照公司—分子公司管控模式设置了生产安全环保部门，负责对公司环境保护工作实施统一监督管理，配置了专业管理技术人员，形成了自上而下有效的环保管理体制。

一方面，完善施工过程中的水土保持、土地复垦等工程。一期工程建设过程中，水土保持总投入 6547 万元，采场、排土场、低品位矿石堆场外围均设截水沟，排土场、低品位矿石堆场下游设拦石坝，完成挡土墙 3630m，各类工程护坡 8.5 万 m^2，排水沟 3.5 万 m，土地整治 26.12hm²。土地复垦投入资金 21096 万元，随着排土场表面积的扩大，逐步复垦，采取的工程措施有表土剥离工程、土地平整工程、客土工程和道路工程，复垦面积为 176.16hm²，土地复垦率为 87.79%。

另一方面，高标准建设尾矿库等污染防治工程。玉龙铜矿产生的污染物主要有废气及粉尘、废水、废石和尾矿（表 5-2）。废气处理设施是将浸出、电积废气经酸雾吸收塔处理后外排，制酸尾气经脱硫设施处理后外排，锅炉废气经除尘脱硫设施处理后外排。此外，玉龙铜矿建有国内面积最大、库容近 4000 万 m^3 的全防渗尾矿库，这是目前国内矿山企业最大的环境保护工程项目，2013 年完成建设，投资 3.5 亿元，2017 年完成尾矿库加高工程，投资 1.5 亿元。尾矿库通过筑坝拦截谷口形成，在尾矿坝后设计了截渗坝，将尾矿库的渗透水收集后抽回至尾矿库。所有生产废水，包括设备冷却废水、选矿废水、冶炼废水、硫黄制酸废水及锅炉供暖废水经生产系统全部排往尾矿库，沉淀后上清液再进入生产系统进行回水循环利用，不外排。矿石选别后产生的尾矿及湿法提铜的浸渣、中和渣、焙烧的烧渣等工业废渣也进行中和处理堆存于尾矿库。

表 5-2　玉龙铜矿生产经营过程中的环境负荷　　　　　　（单位：t）

污染物	排放量 / 储存量	控制措施
废水	36629	污水处理站
危险废物（累计）	30	集中储存后交由有资质单位处置
二氧化硫（废气）	87.26	脱硫系统
氮氧化物（废气）	64.43	脱硫、脱硝、脱氮系统
烟尘、颗粒物（废气）	25.21	脱硫、脱硝、脱氮系统
硫酸雾（废气）	0	酸雾吸收塔
工业粉尘（废气）	9.14	洒水降尘
工业固体废弃物（尾矿）	2458591	尾矿库（玉龙沟尾矿库）
工业固体废弃物（其他）	88074194	采掘剥离集中堆存至排土场

数据来源：西部矿业 2020 年度环境报告。

3. 与当地社区融合发展

玉龙铜矿优先解决本地就业问题，本地藏族员工的比例很高。目前玉龙铜矿共解决本地就业 453 人，藏族员工占总员工的比例为 75%，平均工资年收入超过 17 万元。运输等工作常年外包给附近村民，玉龙铜矿改扩建工程全面开工后，以运输队的形式组织觉拥村和诺玛弄村村民参与到工程建设中，结算费用达 2.1 亿元。每年还向青泥洞乡玉龙矿区管委会支付 19.26 万元作为环卫工人工资。根据 2021 年印发的《西藏自治区招商引资优惠政策若干规定》，"吸纳西藏自治区农牧民、残疾人员、享受城市最低生活保障人员、高校毕业生及退役士兵五类人员就业人数达到企业职工总数 30%（含本数）以上的，或吸纳西藏常住人口就业人数达到企业职工总数 70%（含本数）以上的企业，免征企业所得税地方分享部分"。玉龙铜业符合优惠事项规定的条件，在优惠税率 15% 的基础上减免 6% 的地方分享部分，按 9% 的税率征收企业所得税。

此外，公司积极支持周边村庄的道路和桥梁修护、通电工程、产业扶持、学校建设和结对帮扶等。在"十三五"时期，一次性支付 5000 万元支持昌都市新农村建设，一次性向卡若区诺玛弄村支付 500 万元产业扶持资金，每年向江达县觉拥村支付产业扶持资金 200 万元，出资 190 万元帮助热拥村、诺玛弄村、觉拥村完成村道路、桥梁及饮用水井的修建等。按照昌都市脱贫攻坚指挥部及江达县委组织部（社会帮扶组）的统一指挥和部署，玉龙铜业长期派驻 3 名员工驻村开展村级事务，组织公司领导班子深入开展结对帮扶活动，2018 年 3 月至 2020 年 12 月期间，组织开展了 36 批次结对帮扶活动，除了米、面、油等物资外，班子成员个人支付 66000 元（5500 元 / 人）。

5.4　山南市罗布莎铬铁矿案例

5.4.1　矿区概况

罗布莎铬铁矿床位于西藏自治区山南市曲松县，矿区距离山南地市人民政府所在地泽当镇 65km，距青藏铁路拉萨火车站约 230km，在地貌区划上属于雅鲁藏布江中游河谷区。罗布莎铬铁矿区包括罗布莎、香卡山和康金拉三个矿段，一般海拔 4500 ～ 3700m，是我国目前储量最大、品位最高的铬铁矿床和著名的铬铁矿资源开发基地，被誉为"高原铬都"，开采量占国内矿石供应量的 75% 以上。

罗布莎铬铁矿从 20 世纪 80 年代开始开采，经过 30 多年的建设，现矿区内基础设施较为完善，由西藏矿业和江南矿业两家企业进行开采。西藏矿业山南分公司直属西藏矿业发展股份有限公司，是西藏自治区国有资产管理委员会直属企业，采矿权范围为罗布莎矿区Ⅰ、Ⅱ矿群，采矿区面积共 2.109km²。西藏江南矿业股份有限公司是山南市国资委管辖的国有企业，采矿权范围为除西藏矿业拥有的罗布莎矿区Ⅰ、Ⅱ、Ⅳ、Ⅴ矿群采矿权证外的所有地段，采矿区面积共 15.9667km²。目前罗布莎铬铁矿已由露天开采转入地下开采，现阶段开采方法为分层崩落法，采场内用凿岩机打浅眼，爆下的矿石用人工装胶轮车运至采场溜井，溜井下安装放矿漏斗，阶段运输采用翻斗式矿车，斜井采用串车提升。罗布莎铬铁矿的开发经验主要包括整合资源进行规范化发展，直接销售原矿进行异地冶炼，探索高原矿区生态修复措施，带动当地经济发展等。

5.4.2　绿色发展经验

1. 资源整合，规范化发展

为了更好地规范管理，西藏自治区国土资源厅对罗布莎铬铁矿的矿权进行资源整合，将原有的 20 多家铬铁矿开采公司整合为西藏矿业和江南矿业两家国企。过去矿产资源开发制度不完善，存在矿山布局不合理、资源浪费、破坏环境、影响安全生产等现象。西藏自治区国土资源厅在 2006 年将山南地区罗布莎、香卡山、康金拉矿区由原来的 20 多家企业整合成 5 家企业；2010 年将山南地区曲松县罗布莎铬铁矿勘查开发区列为西藏挂牌督办重点矿区，专门成立了以地区地委委员行署副专员为组长、十一个相关部门主要领导为副组长的整合工作领导小组，并下设了领导小组办公室；2016 年对采矿权进一步资源整合，由西藏矿业和江南矿业 2 家国企进行开发。

西藏矿业的"西藏曲松县罗布莎铬铁矿"采矿权属于矿产资源整合项目，含Ⅰ、Ⅱ、Ⅳ、Ⅴ矿群，目前已全面转入地下开采，规划生产能力为5万t/a。2016年9月28日，西藏自治区国土资源厅下发了《划定矿区范围批复》（藏国土 资划矿字〔2016〕02号），对4个采矿权进行资源整合，分别为"罗布莎铬铁矿区Ⅰ、Ⅱ矿群"（采矿权人为西藏矿业发展股份有限公司山南分公司，矿区面积为1.22km²），"西藏自治区曲松县罗布莎Ⅳ矿群"（采矿权人为西藏山发工贸有限责任公司，矿区面积为0.7633km²），"西藏自治区曲松县罗布莎116号矿体"（采矿权人为西藏山发工贸有限责任公司，矿区面积为0.09km²）和"西藏曲松县罗布莎铬铁矿Ⅴ矿群地表矿"（采矿权人为拉萨市矿业公司，矿区面积为0.1018km²）。以西藏矿业发展股份有限公司作为整合主体，矿区整合前4个采矿权证总面积为2.1751km²，整合后罗布莎铬铁矿采矿矿区总面积为2.109km²。现1号采区内Ⅰ、Ⅱ矿群（包含Ⅰ矿群、Ⅱ矿群Cr-80、Cr-118、Cr-119等矿体及28号地下开采采场）为正在生产矿区，Ⅳ、Ⅴ矿群均已停产。

江南矿业则对罗布莎矿床实施了除西藏矿业发展股份有限公司拥有的罗布莎矿区Ⅰ、Ⅱ、Ⅳ、Ⅴ矿群采矿权证外的所有地段探、采矿权整合，相继整合了西藏雅砻工矿实业开发有限公司、山南康达综合矿业开发有限公司的采矿权以及西藏地勘局第二地质大队、西藏高山矿业公司的探矿权。新设矿权名为西藏自治区曲松县罗布莎—香卡山—康金拉铬铁矿，面积为15.9667km²，采用地下开采，生产规模为6万t/a，罗布莎Ⅲ、Ⅶ矿群作为第一区块，香卡山ⅪⅩⅥ矿群和香卡山ⅩⅣ 141、142矿作为第二区块，香卡山Ⅷ、Ⅸ、Ⅹ矿群作为第三区块，康金拉铬矿、Cr-5、6、13、65矿体作为第四区块。

2. 探索高原矿区生态修复措施，建设绿色矿山

罗布莎矿区的矿石主要为Ⅱ级冶炼铬铁用富矿，不需要选矿，铬铁矿开采后直接销售原矿，铅锌矿浮选后加工成矿粉运输至格尔木。矿山废水产生量较小，主要为施工机械产生的废水和生活污水，没有尾矿设施，不会对地下水量产生较大的影响。矿区远离居民区，周围民房建筑物较少，矿山开采对周边的环境影响小，环境保护较易防治。矿山开采过程中产生的污染物主要是井下涌水和生活废水、分层剥落法开采过程中产生的矿石粉尘、开采过程中的弃渣和生活垃圾。采取的环保措施包括针对井下涌水和生活废水修建废水沉淀池，针对矿石粉尘通过洒水降尘的方式达到环保要求，弃渣用于采空区回填和矿区铺路、其余部分运至指定的废石堆渣场堆放等。

西藏矿业和江南矿业都注重生态环境修复治理，探索高寒地区矿山的最佳复垦措施。20世纪80年代后近20年的露天开采形成若干大小不等的采坑，造成罗布莎矿区地表景观及生态环境破坏，导致不稳定斜坡、泥石流及季节性冻土冻融灾害，因此矿山生态环境修复治理工程非常重要。矿山开采水土流失的治理措施主要有工程措施、植物措施、土地整治和复耕措施等。西藏矿业编写了《西藏曲松县罗布莎铬铁矿矿山地质环境保护与土地复垦方案》，总投资4008.76万元实施Ⅱ矿群地质环境保护与土地复垦工程，土地复垦方案实施后，复垦草地面积为63.014hm²。江南矿业也投

资 4010 万实施罗布莎—香卡山—康金拉地质环境保护与土地复垦工程，复垦总面积为 41.36hm²。西藏矿业罗布莎铬铁矿 2020 年进入自然资源部"绿色矿山"名单，江南矿业正在积极争取。

3. 参与精准扶贫，带动当地经济发展

西藏矿业和江南矿业都优先聘用当地农牧民、当地村运输车队，带动当地经济发展。矿区所在的曲松县罗布莎镇是半农半牧区，居民以藏族为主。农业主要集中在雅鲁藏布江沿岸及其主要支流下游地段，农作物主要有青稞、土豆和豌豆等，放养牦牛、绵羊、驴等家畜。工业主要为铬铁矿采掘业，区内丰富的铬铁矿资源支撑着西藏矿业和江南矿业的发展，矿山开采的进行带动了当地运输业、零售业的兴起，很大程度上改善了当地农牧民的生活状况。

两家企业还通过驻村、就业扶贫等举措参与当地精准扶贫。根据当地政府的脱贫攻坚相关文件精神，开展"百企帮百村"精准扶贫活动，西藏矿业自 2018 年开始派专人到山南市隆孜县日当镇才布村驻村，江南矿业也派专人到卡龙乡巴结村、贡米村驻村。基础设施方面，西藏矿业在 2018 年出资 50000 元修建水渠解决驻村点村民的饮水问题，2019 年又为重病村民解决了 5000 元的解困捐助金。产业扶贫方面，江南矿业还为贡堆村委会建立藏毯加工厂投入资金 3 万元，投入资金 2 万元用于贡麦村购进绵羊种羊 40 只，投入资金 6 万元为东嘎村委会建设黄牛养殖基地购进种牛 6 头。

5.5　青海察尔汗盐湖案例

5.5.1　矿区概况

察尔汗盐湖位于我国盆柴达木盆地的中东部，青海省格尔木市和都兰县境内，总面积为 5856km²，是中国最大的可溶性钾镁盐矿床，也是国家级绿色矿山。察尔汗盐湖蕴藏着丰富的钾、钠、镁、硼、锂、溴等自然资源，各类资源量达 600 亿 t，其中氯化钾资源量 5.4 亿 t、氯化镁资源量 40 亿 t、氯化锂资源量 1204 万 t、氯化钠资源量 555 亿 t，均居全国首位。察尔汗盐湖主要由青海盐湖工业股份有限公司（简称盐湖股份公司）开采。1958 年，青海省察尔汗钾肥厂（盐湖股份公司前身）建成投产，成为中国最大钾肥基地。2012 年，盐湖股份公司打破单一钾肥生产模式，开始提锂、提镁，开始了"以钾为主、综合利用"的发展模式。盐湖股份公司坚持"以钾为主、综合利用、循环经济"的发展理念，形成了从单一的钾肥向化肥产业、新材料、精细化工等多重跨越，涉及工业、农业、航天航空、建材、医药等领域。未来将着力打造世界级盐湖产业基地，中国锂新能源材料基地，"世界知名、中国一流"生态式循环经济区。

5.5.2　绿色发展经验

1. 坚持循环利用，构建循环经济体系

坚定不移走好盐湖循环经济之路，构建以资源综合开发为核心的循环经济产业体系。盐湖股份公司从构建生态绿色循环经济模式开始，构建循环经济体系，实现工业化与资源、环境、生态的协调发展。察尔汗盐湖开发前50年主要专注钾肥的开采，近年来，盐湖股份公司开始在察尔汗盐湖综合开发资源，按照"低能耗、少排放、高效率、可持续"产业发展模式，建成柴达木循环经济试验区察尔汗工业园，基本形成钾盐、镁盐、锂盐、钠盐、氯碱五大产业群，并实现了盐湖化工、煤化工、天然气化工、金属冶炼等多产业耦合与循环，构建了独特的生态式循环经济模式。

盐湖股份公司全面贯彻落实生态优先战略，形成"4R1E"生态绿色发展模式。通过技术创新提升回收率与利用率，实现减量化（reduce）；通过尾盐钾、尾液钾100%综合利用实现盐湖资源再利用（reusing）；通过将老卤全部返回矿区制取溶剂实现再回收（recycle）；通过生产勘探和固液转化、驱动开采再造盐湖增加再发现（rediscovery）；通过太阳能利用、人造湿地实现生态环境再改善（improve environment）。现在的察尔汗盐湖目标为建设全国最大的"生态镁锂钾园"，加快推进"走出钾、抓住镁、发展锂、整合碱、优化氯"的战略布局，打造"世界知名、中国一流"生态式循环经济园区（新华网，2017）。

盐湖股份公司循环利用生产过程中的资源，实现工业生产反哺生态保护。该公司在制取生产氯化钾原料光卤石过程中，利用察尔汗充足的太阳能和风能资源，采取大面积滩晒方式，实现了工业生产与生态环境保护的协调与平衡。近300km^2的达布逊湖、百余平方公里的百里水景线和200多平方公里的盐田，在察尔汗年近3000mm的蒸发量作用下，每年有近2亿m^3的水分进入大气，为格尔木市及周边生态环境和气候的改善提供了强大支撑。与此同时，盐湖股份在钾资源的生产加工过程中形成了五套工艺并存且互相补益的情形，针对不同的原矿特点进行有效的工艺优化，使钾盐综合回收率提高约20%，并形成无废水废液的无污染闭环生产，充分体现了人、企与自然环境的和谐共生。盐湖股份的盐田生产还充分利用柴达木盆地充足的太阳能、风能资源条件，进行蒸发晒制光卤石；盐田生产排放的老卤水导入盐湖镁业抽取无水氯化镁，继而再进入蓝科锂业公司提锂流程后，剩余部分与淡水兑制送回采区继续溶解固体钾矿，形成循环生产体系，最大限度地减少了废弃物排放。

察尔汗盐湖循环经济已取得一定成果。①"巩固钾"加速智能化。元通钾肥公司钾肥生产设备在线监测系统APP获得2019年工业互联网APP优秀解决方案。元通钾肥公司成为全国钾肥行业质量领军企业，青海省唯一一家国家循环经济试点单位。氢氧化钾、碳酸钾世界第一，为中国第一农用钾压舱石。②"抓住镁"正在破茧成蝶。金属镁一体化项目全面建成、全面试车，2019年察尔汗盐湖日产镁100t以上，脱水整

改验证性试车取得成效，特立镁镁合金压铸件顺利上市，青海盐湖金属镁及镁合金一体化项目获国际镁协环境责任奖。③"发展锂"进入快车道。达标达产，日产量稳定在 49 t，实现提量。2019 年生产 11302t，达到中国锂业第四，盐湖卤水提锂第一。吸附 - 纳滤耦合除镁生产电池级碳酸锂，实现提质。2 万 t 锂盐项目正在建设，3 万 t 项目正在启动，实现提速。

2. 坚持创新驱动，推动资源开发综合利用

多年来，盐湖股份公司注重盐湖资源综合利用前沿技术的研究，发挥作为盐湖资源开发头部企业的示范作用，积极融入国家创新驱动发展战略。谋创新就是谋未来，盐湖股份公司搭建科技平台、聚拢科技人才，科技创新成果颇丰。盐湖股份公司建有国家盐湖资源综合利用工程技术研究中心、博士后科研工作站、院士工作站，青海省盐湖资源综合利用工程技术研究中心，青海省盐湖资源综合利用重点实验室，青海省企业技术研究中心,盐湖资源综合开发技术中试基地。拥有各类工程技术人员 2000 多人，截至目前，在册享受国务院政府特殊津贴专家 2 人，青海省自然科学与工程技术学科带头人 3 人，青海省优秀专家 1 人，青海省优秀专业技术人才 1 人，青海省高端创新创业人才 17 人。参与修订国家、行业、地方和团体标准 30 余个，目前拥有 377 项技术专利，其中发明专利 82 项，荣获 3 项国家科学技术进步奖。

依靠科技创新和研发，察尔汗盐湖的资源开发和综合利用取得了重大突破，践行了"绿色"使命，将项目建设做到了环保、清洁，构建了盐湖资源高效开发产业链网络。钾产业方面，盐湖股份公司开发了低品位固体钾矿的浸泡式溶解转化技术，实现了老卤资源的循环利用，减少了氯化钾的开采损失，使得卤水可采量增加近一倍；完成了新型高效冷结晶器等关键装备的自主研发，实现了 5 种氯化钾生产工艺技术的产业化。形成 500 万 t 氯化钾及硝酸钾等系列钾盐产能，建成中国钾工业基地，成为我国"支农肥的压舱石"，为国家粮食安全做出了重要贡献。锂产业方面，盐湖股份公司攻克了超低含量、超高镁锂比盐湖卤水的提锂难题，开发了新型层状锂一代、二代吸附剂及成套制备技术，创新吸附 + 膜分离耦合提锂成套技术，并建成万吨级工业化示范装置，为青海盐湖锂资源开发提供示范。镁产业方面，盐湖股份公司的电解法制取金属镁技术则有效破解了老卤净化与脱水难题，实现了共伴生矿的综合利用。2016 年生产出第一块卤水电解金属镁锭，使 100 万 t 钾肥项目副产的共生氯化镁资源的利用率由 0 利用达到 5.8%（中国矿业报，2020）。

3. 坚持多业并举，积极发展文旅产业

察尔汗盐湖不仅是我国最大的钾肥工业生产基地，而且有得天独厚的旅游资源。色彩层次丰富的工业盐田、千姿百态的盐花奇景、飞禽遍布的人工湿地等景观，均是自然所赋予的宝贵的资源和财富。察尔汗盐湖旅游资源开发项目旨在深入挖掘盐湖特色旅游资源，突显盐湖文化及其工业文明，加快推进盐湖生态旅游、工业旅游、科普

旅游、文化旅游建设，拉长产业链条，实现盐湖资源开发与旅游产业的同步协调发展。建设以"打造大盐湖、发展大旅游、形成大产业"为目标的，"生态观光＋工业文明＋互动体验＋赛事活动＋科技文化"为主体的高原盐湖风光特色景区。

依托国家矿山公园打造出"梦幻盐湖"景区，同步带动了当地第三产业的快速发展。察尔汗梦幻盐湖景区由青海国投旅游资源开发有限公司、青海盐湖工业股份有限公司、格尔木投资控股有限公司三方股东于 2017 年 7 月共同出资设立的格尔木梦幻盐湖旅游文化发展有限公司进行打造。察尔汗梦幻盐湖景区建设规划期为 2018～2030 年，分三期投资建设，总投资约 14 亿元，采用边运营边建设的滚动发展模式。2018 年上半年，察尔汗盐湖旅游资源开发项目一期工程开工，开启察尔汗盐湖旅游资源开发的建设序幕。一期工程（2018～2020 年）重点打造自然观光为主的旅游项目，总投资约 6 亿元，包括游客中心、盐湖博览基地、盐湖博物馆、中心码头、百里水景线、淡水湿地、盐花世界等游览景点，辅以配套完善的景区服务系统。二期工程（2021～2025 年）重点打造以休闲体验和户外活动为主体的旅游项目，包括盐卤漂浮、黑泥体验、室内外盐浴、休闲疗养、互动体验、户外拉力赛等各类休闲体验项目。三期工程（2026～2030 年），景区进入较为成熟的运营后逐步打造工业旅游为主体的旅游项目，包括工业文明、循环经济、工厂车间、采卤采船等工业旅游的逐步开发（中国新闻网，2019）。2019 年 9 月 12 日，察尔汗梦幻盐湖景区试运行正式启动，对外开放接待来自全国各地的游客。

多业并举，多方共赢，实现自然风光、盐湖风光、生态旅游、文化旅游融合发展。首先，在格尔木的经济社会发展中，文化与旅游发展成为当地拉动内需、发展经济的内在要求，察尔汗梦幻盐湖景区顺应了城市发展需要，为当地经济增长注入了新动力。其次，盐湖景区开发促进了盐湖产业和文化旅游产业的深度融合，带动了文旅产业的质量提升与效率增强，构建了底蕴丰厚、业态多元的文旅融合发展新格局。最后，60 余年来盐湖开发凝聚了一代代人的智慧，形成了白手起家、艰苦奋斗的创业精神，扎根盐湖、默默无闻的奉献精神，瞄准世界、争创一流的创新精神，盐湖景区的设立对弘扬盐湖精神形成了重大推动。

4. 坚持生态优先，加强生态环境建设

察尔汗盐湖地处青藏高原，为干旱荒漠大陆性气候，干燥多风，降水量少，蒸发量大，日温差大，紫外线强。盐湖矿区内为盐渍土，地表及地下一定深度范围内均为大面积分布的石盐土及晶间卤水，不具备植物生长的水土条件。盐湖资源刚开发时，近万平方公里植被稀疏，土壤风蚀，盐渍化严重，自然景观单调，生态环境脆弱。盐湖股份公司坚持生态优先，加强生态环境建设，做好盐湖小区绿化、建设人造湿地，创造了盐湖地区生态多样性，可持续开发旅游资源，实现经济效益和生态保护的动态平衡，改善了盐湖地区的生态环境。

坚持生态优先，做好生态修复方案。盐湖矿产资源开发可能会破坏环境，但同样可以改善甚至重塑环境。盐湖股份公司在综合、科学利用盐湖资源的同时，坚持生态

保护优先，切实保护和改善盐湖生态环境。2008 年，盐湖股份公司编制了《矿区矿山环境保护与综合治理方案》，对矿区资源、青藏铁路、高速公路等加强了保护力度。2018 年，该公司编制了《矿山地质环境保护与土地复垦方案》，回填恢复已开发矿山，按步骤、分阶段开展盐湖小区绿化与人造湿地培植，改善盐湖周边生态环境。此外，盐湖股份公司结合当地气候与土壤的实际情况，开展生态修复技术攻关，引进了适应盐碱性土壤的植物。

建设人造湿地，创造生物多样性。察尔汗盐湖位于柴达木盆地低点，昆仑山雪水融化形成很多季节性河流，顺势流入察尔汗盐湖的各个角落。为了更好地利用这些淡水资源，自 2000 年以来，盐湖人修筑了 60 多公里的防洪堤，进行有组织的调水，使得河水渐渐积蓄，形成约 $200km^2$ 的湿地。现如今，这片湿地水草茂密、芦苇丛生，并吸引了天鹅、野鸭子等野生动物在此栖息，盐湖的生态价值和生物多样性得以增加。

合理开发旅游资源，实现可持续发展。盐湖既是重要的矿产资源，也是得天独厚的旅游资源，盐湖地区生态环境脆弱，资源环境承载力有限，不合理的旅游发展路径不仅会为资源开发带来负面影响，还会造成严重的环境后果，以及导致旅游体验的下降和发展的不可持续。在开发盐湖旅游资源前，盐湖股份公司在分析青海省各类盐湖自然、社会、经济、水文地质、水化学基本特征的基础上，寻找盐湖旅游资源开发与生态系统可接受阈值之间的动态平衡，在保持环境系统功能和结构不发生根本变化的前提下，在不影响盐湖资源开发正常生产的原则下，确定盐湖资源系统所能承受的旅游开发行为的规模、类型、强度和速度的界限（新华网，2021）。

5.6　云南迪庆普朗铜矿案例

5.6.1　矿区概况

普朗铜矿地处横断山脉东北部，位于云南省迪庆藏族自治州香格里拉市，拥有三江成矿带的超大型矿床，是全国最大的地下铜矿山。该铜矿带地处属于义敦岛弧南端的格咱岛弧，是晚三叠世甘孜—理塘洋壳俯冲向中咱地块而形成的产物。目前探明铜金属量 280 万 t，平均品位 0.34%；伴生金金属量 363t，银金属量 495t，钼金属量 55902t。普朗铜矿于 2017 年 3 月由云南迪庆有色金属有限责任公司（简称迪庆有色）开发。现普朗铜矿年采选矿石 1250 万 t，储量和产量均将进入全国铜矿山前十名。2019 年，普朗铜矿年产铜约 4.4 万 t，钼 1000t 左右，2019 年实现总利润 5.3 亿元，2020 年实现总利润超过 10 亿元。普朗铜矿地处的迪庆州是环境高度脆弱、敏感的地区。在矿山规划、建设和发展过程中，迪庆有色坚持科学选择适宜采选工艺、创新智慧矿山平台建设，务实推进绿色矿山建设，认真践行企业社会责任，成为我国西部环境脆弱区矿山建设的优秀典范。

5.6.2 绿色发展经验

1. 科学选择适宜采选工艺

普朗铜矿是目前国内采矿工艺最先进、装备水平最高的特大型铜矿山之一，迪庆有色根据矿石成分、埋藏位置、地形条件，针对性地选择了适宜的采选工艺以及高差自流的厂区布局，最大限度地节省能源、降低损耗及减少污染物排放。

在采矿工艺方面，普朗铜矿选择了适合矿山基底条件的自然崩落法。自然崩落法与传统采矿法不同，其在完成简单的拉底或切割工程后，主要依靠构造对矿体的切割，使矿岩在重力作用下实现自主垮落，基本不需要凿岩爆破。同时，自然崩落法适用条件严格，要求矿体规模足够大、矿化均匀、易于破碎、解理与水平面接近垂直等，因此自然崩落法尚不能广泛应用，而普朗铜矿的矿产条件则十分适用于自然崩落法的工艺。普朗铜矿属于特大型斑岩铜矿，首采区岩层破碎、完整性差，工程地质条件恶劣，矿石品位较低，矿体相对厚大，矿藏埋藏深度浅。通过自然崩落法，普朗铜矿实现了高效率、低成本、大规模的绿色开采，同时减小了对生态环境的扰动。

在选矿工艺方面，普朗铜矿根据矿石性质采用了流程简约化的 SABC 碎磨工艺技术。SABC 全称半自磨（Semi-Autogenous Griding）+ 球磨（Ball Mill）+ 顽石破碎（Pebble Crushing）。选别流程为粗磨后粗扫选丢尾、粗精矿再磨、浮选柱精选产出铜钼混合精矿、铜钼混合精矿脱药后再磨、铜钼分选产出铜精矿和钼精矿；脱水流程为铜精矿采用浓缩 + 过滤两段脱水、钼精矿采用"浓缩 + 过滤 + 干燥"三段脱水，整个流程具有工艺先进合理、高效节能等诸多优点。SABC 碎磨工艺为大规模低品位矿产资源开发解决了传统工艺成本高、环境污染严重等弊病，在国内外大中型矿山得到了广泛应用。普朗铜矿在应用过程中对其进一步改进，将中细碎筛分取消、实现多碎少磨，降低了大量电耗，同时又将产尘大的碎筛工序去掉，大大减少了粉尘的产生与排放。

在厂区布局方面，普朗铜矿依山而建，利用高差地形进行厂区布局有效降低了运行能耗。普朗铜矿矿藏埋藏深度浅，相对海拔较高，从而厂区得以选择台阶式竖向的布局。采矿、选矿场地利用场地高差，实现生产工艺物料、物流的无动力自流。在矿坑内，运输巷道采用重车下坡线路，使用振动放矿机装矿，提高运输能力；坑内排水系统利用标高最低的 3540m 平硐实现自流排放。尾矿输送隧洞由初步设计坑口高程 3800m 优化降低至 3700m，节约了输送能耗。此外，矿区生产及生活用水的水源地海拔相对较高，也可实现自流、降低能耗。

2. 创新智慧矿山平台建设

普朗铜矿积极将智慧技术、理论研究融入矿山的建设、运行与管理中。智慧矿山的建设帮助普朗铜矿有效提升总体调度水平，合理配置资源，提高生产效率。目前已建设覆盖地质、采矿、选矿、动力、生产管理全过程的自动化集中管控平台系统，利用先进的 5G 技术，对普朗铜矿的工艺、传输过程进行全自动控制和全流程监控。

普朗铜矿拥有覆盖全流程的自动化集中管控平台，促进了企业生产效率的提升。普朗铜矿的自动化集中管控平台技术水平居世界一流、国内领先。在引进世界领先的井下无人开采设备和先进的选矿设备基础上，运用智能控制系统，对普朗铜矿的整个地质、采矿、选矿、采选、传输、尾矿、动力进行全自动控制和全流程监控。各主要设备工艺过程参数和运转情况等数据可直接送至中央控制室，中央控制室可实时查看动态的声光报警画面、工艺流程画面和工艺参数的历史趋势记录曲线，操作人员不需要人在井下就可以及时了解主要设备的运转情况及生产过程情况（青岩和张海荣，2019）。普朗铜矿已经基本实现了无人矿井，只有设备检修时相关工作人员会进入矿井，其他时段无须工人井下作业。

普朗铜矿近期还实现了 5G 技术在矿山的应用。在信息无线传输技术上，原有的 WiFi 和 4G 技术由于带宽不足导致信息传输存在一定延迟，机械设备对实时、精确操作的要求较高，高延时可能带来一定的安全隐患。在 5G 技术不断普及的时代背景下，普朗铜矿率先将 5G 技术引入高原矿区，并实现了工业应用。普朗引入有轨运输无人驾驶系统、铲运机无人驾驶系统、井下 VoLTE 视频通话、井下安全系统、尾矿库安全在线监测系统、人员智能安全管理系统六大系统，深度融入生产管理的各个层面。通过 5G 技术在设备间进行控制信息传输，大幅提升了井下作业的信息传输效率，有助于实现安全、无人、绿色、高效的目标。

普朗铜矿投产建设的顺利展开离不开其背后扎实的技术研究的支撑。在规划建设阶段，开展如矿产品位分布、开采方法可行性选择、巷道修建方案等相关研究；投产运行后，通风系统优化、矿山开采可持续性分析等也在不断推进。普朗铜矿共计开展 40 余项重要研究项目，共获省部级以上科技进步奖 7 项，获授权专利 32 项，其中发明专利 4 项，部分研究形成论文发表在相关学术期刊上，其中《特大型贫矿床超大规模低成本安全高效开采关键技术研究》被中华环保联合会收录至全国 100 家绿色技术名录。《超大型极低含钼斑岩铜矿清洁高效利用关键技术及产业化》和《高海拔高浓度长距离粗颗粒尾矿管道输送技术研究与应用》分别获 2020 年度中国有色金属工业科学技术一等奖和二等奖。

3. 务实推进绿色矿山建设

普朗铜矿在推进绿色矿山的建设上取得了长足的成功，其在规划、建设、投产的全阶段始终重视环境保护与生态修复，积极采用多种尾矿处理、物理防尘等技术手段，现矿山可绿化区域绿化率达到了 100%，真正将普朗铜矿建设成为绿水青山。普朗铜矿在绿色治理上的成功一方面固然是因为其地下矿山的特性，另一方面也离不开迪庆有色对绿色矿山建设的不懈追求。

迪庆有色对矿产开发的合理规划为生态环境保护奠定了坚实基础。迪庆有色在获得了普朗铜矿的开发权后进行了翔实的绿色勘查，制定了完备的规划方案，获得批复后才开始施工建设。在投产建设后，迪庆有色制定了多项条例保障绿色矿山能够推进落实。有序的前置规划从源头上保护了生态环境，减少植被破坏、降低环境污染和提高生态恢复治理效益，实现资源的绿色开发、绿色应用、绿色发展。

迪庆有色对污染物排放、绿化复垦执行严格的监测管理。迪庆有色根据国家环评要求编制《环境监测实施细则》《环境监测实施方案》，每年初编制环境监测实施计划，根据监测分析和评估情况适时调整环境监测因子、监测频率。公司对地下水、地表水、生产废水、颗粒物排放口、厂界噪声、土壤环境等103类监测因子开展定期取样监测，并委托第三方检测机构进行检测。自普朗铜矿建设投产以来，各项监测数据均满足环评要求，矿区生态环境做到可控受控，并定期公布接受社会的监督。对于采矿过程中破坏的土地，迪庆有色积极进行环境治理，通过制定《云南迪庆有色金属有限责任公司环境卫生及绿化管理制度》明确了各区域的绿化养护计划及责任部门（人）。普朗铜矿一期采选工程基建结束后，在两年时间内完成采矿工业场地、选矿工业场地、尾矿库区、尾矿输送管线和办公生活区等全矿性的大规模生态修复工程，覆土绿化393934m³，对大量剥离、裸露场地的地面实施复垦工程，预计总投入7500万元，截至2019年底已投资6500万。目前矿区绿化率占可绿化面积的100%，建设成了真正意义上的"绿色矿山"。

普朗铜矿能够实现"绿色矿山"还要得益于相关技术的支撑。在集约用水方面，普朗铜矿工程水源由新水、井下回水、厂区精矿和尾矿浓密机回水、尾矿库回水和二次利用水组成。工业用水充分循环使用，一水多用，回水利用率高，综合重复利用率为77%，有效降低了水资源消耗。在尾矿输送方面，普朗铜矿也采用高效节能的隔膜泵，通过厂区浓缩回水降低了输送量，在节约了水资源的同时也降低了能源消耗。同时，在生产运输的全过程中普朗铜矿使用了多种技术手段用以控制污染物排放。厂房修建阶段，普朗铜矿采用洒水降尘的方式，防止扬尘对环境的影响。选矿厂与转运站所配置的除尘器除尘效率大于99%，处理后废气经过20m高排气筒排放，粗矿堆下4台胶带机，每台胶带机设3个卸矿点，每个卸矿点设1个除尘点。顽石破碎车间设2台圆锥破碎机，选用1台湿式除尘机组，各除尘设备除尘效率均大于99%，外排气体含尘浓度<80mg/m³，符合《铜钴镍工业污染物排放标准》。车辆运输过程中采用密闭车辆运输，同时在运输过程中对道路适时定期洒水。

4. 认真践行企业社会责任

普朗铜矿为云南省的经济与产业发展做出了重要贡献。2019年前三季度，云南迪庆州完成地区生产总值156.93亿元，其中，迪庆有色总产值占全州工业总产值的20%，税收额占全州总额的41.2%，有力支撑了地区经济发展。同时，普朗铜矿的投产运行打破了云南省冶炼企业铜精矿自给率相对较低的局面，为云南省补全了金属冶炼相关产业链。

除缴纳税款外，迪庆有色还积极反哺地方，从产业扶贫到就业扶贫再到定点帮扶，为当地村民脱贫致富做出了重大贡献。公司积极支持矿区所在地村庄的集体物流运输产业发展，让村民负责精矿运输工作，据统计周边村庄共有450余辆用于精矿运输的货车。投产以来，迪庆有色累计结算物流运输费用约1亿元，已成为周边村庄的主要经济来源。普朗铜矿的建设和投产帮助了周边地区的居民进矿完成就业，迪庆有色招收包括两个精准扶贫户子女在内的 31 名格咱村村民就业，助力村民脱贫。公司员工中的本地藏族同胞占比超过 1/3，解决了当地近 300 人的就业问题。投产以来，迪庆有色定点帮扶了周边村庄 60 余户居民，帮助其改善生活。同时，迪庆有色积极从事教育扶贫，为贫困生提供奖助学金，帮助其完成学业，还在附近的格咱乡小学成立了"中铝爱心驿站"，为全校师生捐赠文具、图书、校服等物品，定期为格咱乡小学的学生教授历史、音乐等课程。

5.7　考察结论与政策建议

5.7.1　主要结论

青藏高原处于我国西南地区，由于特殊的地理位置、地质构造以及恰当的气候环境，青藏高原地区矿产资源种类和储量十分丰富。通过青藏高原第二次科学考察，研究组先后在西藏、青海、四川、云南等省份开展了多次集中调研，对青藏高原矿产资源开发利用整体现状和问题进行深入考察和研究。研究发现，在矿业开发方面，青藏高原相关省（自治区）均要求发展符合环境标准、高标准的绿色矿业，以勘探工作为主，开发十分慎重、审批流程严格；在环境整治方面，各级政府和主体企业在环境保护和生态修复方面付出了巨大努力和资金投入，以绿色矿山作为青藏高原矿产资源开发和利用的总体目标；同时，围绕绿色矿山可持续发展，部分重点矿区探索出了一条因地制宜、符合当地实际情况、带动周边地区共同发展的工矿区可持续发展路径，并形成了一些有效的发展经验。

玉龙铜矿的典型经验是与当地社区融合发展。一方面，玉龙铜矿优先解决本地就业，运输等工作常年外包给附近村民，积极支持周边村庄的新农村建设和精准扶贫。另一方面，由于玉龙铜矿的藏族员工比例达到 75%，享受西藏自治区给予的免征企业所得税地方分享部分的优惠政策，实现了企业与当地社区的共赢。

罗布莎铬铁矿的典型经验是进行资源整合，建设绿色矿山。西藏自治区将原有的 20 多家铬铁矿开采公司整合为西藏矿业和江南矿业 2 家国企后，在更加规范的管理下，为了达到绿色矿山的标准，两家开采企业都投入大量资金实施了地质环境保护与土地复垦工程，探索适宜高原矿区的生态修复措施。

察尔汗盐湖的典型经验是构建循环经济体系，多业并举发展旅游业。首先，盐湖股份公司突破单一钾肥生产，综合开发钾盐、镁盐、锂盐、钠盐、氯碱等资源，实现多产业耦合与循环。其次，充分利用盐湖资源进行旅游开发，拉长产业链条，使得工业旅游成为绿色发展新动力。

普朗铜矿的经验是绿色矿山与智慧矿山建设。普朗铜矿立足生态脆弱区，建设投产过程中始终将环境保护与生态修复放在重要位置，控制污染物排放，可绿化面积绿化率达 100%。同时，普朗铜矿建成了覆盖全流程的中央信息管控平台，可以实时监测、控制生产状况，基本实现了井下无人作业。

5.7.2 政策建议

如何协调资源开发与生态保护之间的关系是青藏高原地区矿产资源开发利用的关键性问题。未来，应继续推进青藏高原优势矿产资源高效利用和国家资源安全保障能力，大力转变矿产资源勘查开发增长方式，积极推进节约集约与综合利用工作，鼓励和支持矿山企业提高矿产资源综合利用水平。强化绿色矿业发展理念，大力推进矿山企业开展绿色矿山建设，坚持集中冶炼，探索构建绿色矿业产业体系。继续加强矿区生态修复，稳步推进矿山地质环境保护工作，逐步解决历史遗留和政策性关闭矿山地质环境修复治理工作。

参考文献

白嘉启，梅琳，杨美伶．2006.青藏高原地热资源与地壳热结构．地质力学学报，(3): 354-362.

储昭斌，谢培秀．2012.青藏高原北缘地区现代农牧业发展战略探讨．青海社会科学，5: 73-76.

次吉美朵，谭瑞华．2021."电靓"雪域高原美丽乡村 | 国网西藏电力为乡村振兴精准供电．http://www.
　　xzxw.com/xw/xzyw/202109/t20210902_3850420.html[2021-11-18].

迪庆藏族自治州统计局．2020.迪庆藏族自治州统计年鉴 (2020 年).迪庆：迪庆藏族自治州统计局．

董洁，钟倩．2021."碧海蓝天"间的能源答案——奋力推进"一优两高"调研报告之十三．http://
　　www.sepf.org.cn/article/qyfc/17009.html[2021-11-10].

杜本志．2020.青藏高原地区农村生活污水处理技术进展．绿色科技，(8): 74-75, 80.

丰坤元．2018.浅析近现代中国西藏与尼泊尔边境贸易．中国国际财经 (中英文)，(2): 1-2.

高懋芳，邱建军．2011.青藏高原主要自然灾害特点及分布规律研究．干旱区资源与环境，25(8): 101-106.

国家统计局农村社会经济调查司．2021.2020 年中国县域统计年鉴．北京：中国统计出版社．

国务院．2018.国务院关于西藏自治区土地利用总体规划的批复．http://www.gov.cn/zhengce/content/
　　2018-08/30/content_5317711. htm[2021-11-11].

国务院新闻办公室．2021.国新办发表《西藏和平解放与繁荣发展》白皮书．http://ex.cssn.cn/mzx/
　　202105/t20210521_5335175.shtml[2021-11-16].

郝爱华，薛娴，彭飞，等．2020.青藏高原典型草地植被退化与土壤退化研究．生态学报，40(3): 964-
　　975.

郝文渊，杨东升，张杰，等．2014.农牧民可持续生计资本与生计策略关系研究——以西藏林芝地区为
　　例．干旱区资源与环境，28(10): 37-41.

湖南省科技厅．2019.湖南省科学技术厅和西藏自治区科学技术厅举行创新合作协议签约．http://kjt.
　　hunan.gov.cn/xxgk/gzdt/kjkx/201904/t20190422_5319305.html[2021-11-14].

蒋卓颖．2014.四大发电集团布局 西藏多个水电项目即将投产．http://news.sohu.com/20141126/n40638
　　6780.shtml[2021-11-13].

科学技术部．2020.西藏加入国家自然科学基金区域创新发展联合基金 提升自治区科技创新能力．
　　http://www.most.gov.cn/dfkj/xz/zxdt/202003/t20200310_152279.html[2021-11-11].

拉萨市发展和改革委员会．2017.拉萨市能源发展规划 (2016—2025 年).https://max. book118.com/html/
　　2019/1104/5341043234002144.shtm[2021-11-14].

李键，刘洪明．2021.新华全媒 +"世界屋脊"不断刷新"中国之最"．https://baijiahao.baidu.com/s?id=
　　1707980124358616741&wfr=spider&for=pc[2021-11-16].

李江宁，邹建华，孙禹晨，等．2020.世界首条清洁能源外送特高压通道架线全线贯通．http://energy.
　　people.com.cn/n1/2020/0502/c71661-31695844.html[2021-11-12].

李林，李雅超．2016.提高我国农业抗风险能力的对策分析．商，(12): 272.

李文慧．2007.云南迪庆矿产资源勘查开发若干问题研究．北京：中国地质大学．

刘畅．2020.藏电外送最大协议落地！未来三年西藏将向 11 省份送电 61 亿千瓦时．https://www.
　　chinanews.com.cn/cj/2020/11-21/9344257.shtml[2021-11-17].

刘成友，王梅．2021.青海 绿色发展风光好．http://gs.people.com.cn/n2/2021/0222/c396711-34586659.
　　html[2021-11-13].

刘荣高，刘洋，徐新良，等 . 2017. 近 30 年青藏高原南缘地理环境状况及变迁研究 . 中国科学院院刊，32(9): 1003-1013.

罗文礼 . 2021. 世界海拔最高风电场——西藏措美哲古项目全部机组吊装完成 . http://www.zswj.com/art/2021/10/8/art_2160_1234165.html[2021-11-17].

骆晓飞，张宏祥 . 2021. 青豫直流工程累计外送清洁电量 100 亿千瓦时 . https://baijiahao.baidu.com/s?id=1697542906173486862&wfr=spider&for=pc[2021-11-18].

吕秉财 . 2007. 实施可持续发展战略，构建和谐矿山——记西藏玉龙铜矿的开发建设 . 有色冶金节能，(3): 50-54.

莫兴国，刘文，孟铖铖，等 . 2021. 青藏高原草地产量与草畜平衡变化 . 应用生态学报，32(7): 2415-2425.

农业农村部 . 2020. 2019 年全国耕地质量等级情况公报 . http://www.ntjss.moa.gov.cn/zcfb/202006/P020200622573390595236. pdf[2020-02-06].

戚伟，刘盛和，周亮 . 2020. 青藏高原人口地域分异规律及"胡焕庸线"思想应用 . 地理学报，75(2): 255-267.

青海省统计局 . 2020. 青海统计年鉴 2020. 北京：中国统计出版社 .

青海省统计局，国家统计局青海调查总队 . 2020. 青海统计年鉴 (2020 年). 北京：中国统计出版社 .

青海省自然资源厅 . 2007. 青海矿产资源开发与可持续发展 . https://zrzyt.qinghai.gov.cn/tcnf?vid=2339[2019-3-7].

青岩，张海荣 . 2019. 从玉龙铜矿的发展浅谈昌都地区矿业企业发展模式 . 中国矿山工程，48(1): 16-21.

人民网 . 2020. 四川甘孜州矿业转型绿富同兴 . http://sc.people.com.cn/n2/2020/0906/c345509-34274871.html [2021-9-6].

沈大军，陈传友 . 1996. 青藏高原水资源及其开发利用 . 自然资源学报，(1): 8-14.

史科路，张一翔，雷庭，等 . 2020. 给贫困村送去"阳光产业"——对青海光伏扶贫项目的调研 . http://jx.people.com.cn/n2/2020/1105/c355185-34396562.html[2021-11-13].

孙睿 . 2020. 柴达木盆地储能消纳潜力将达到 10 亿千瓦时 . https://www.chinanews.com.cn/ny/2020/07-24/9247275.shtml[2021-11-14].

孙睿，吴梦雪 . 2020. 中国清洁能源大省青海首次向海外出口单晶 PERC 组件 . https://m.gmw.cn/baijia/2020-03/01/1301002788.html[2021-11-11].

唐弢，王炳坤 . 2021. 数说宝"藏"|倍增！西藏五年来全社用电量增幅超 100%. http://ttt.tibet.cn/cn/index/news/202101/t20210105_6930926.html[2021-11-17].

田莉华，周青平，王加亭，等 . 2016. 青藏高原草地畜牧业生产现状、问题及对策 . 西南民族大学学报 (自然科学版), 42(2): 119-126.

王炳坤 . 2020. 环保！西藏清洁能源发电占比接近九成 . http://www.xinhuanet.com/politics/2020-12/22/c_1126891513. htm[2021-11-11].

王超，阚瑷珂，曾业隆，等 . 2019. 基于随机森林模型的西藏人口分布格局及影响因素 . 地理学报，74(4): 664-680.

王成善，戴紧根，刘志飞，等 . 2009. 西藏高原与喜马拉雅的隆升历史和研究方法：回顾与进展 . 地学前

缘 , 16(3): 1-30.

王淑 , 王佳豪 . 2021. 西藏成立清洁能源专家工作站和清洁能源创新发展中心 . http://www.tibet.cn/cn/news/yc/202106/t20210624_7023586.html[2021-11-14].

王先明 . 1994. 西藏农业自然条件与资源特点 . 西藏科技 , (3): 36-52, 34.

王臻 . 2020. 青海省已建成绿色矿山 52 家 . http://qh.people.com.cn/n2/2020/0125/c182775-33743715.html [2021-1-25].

卫魏 , 罗红英 , 佘权威 , 等 . 2021. 西藏水电能源开发问题分析 . 高原农业 , 5(3): 301-308.

吴仕海 , 阎建忠 , 张镱锂 , 等 . 2021. 喜马拉雅地区传统贸易通道演变过程及动力机制 . 地理学报 , 76(9): 2157-2173.

西宁经济技术开发区东川工业园区管理委员会 . 2021. 园区介绍 . https://xnjkq.qinghai.gov.cn/dc/index. php?c=category&id=1[2021-11-13].

西藏统计局 . 2021. 西藏统计年鉴 2020. 北京 : 中国统计出版社 .

西藏自治区科学技术厅 . 2021. 西藏和平解放 70 年来科技事业发展成就 . http://sti.xizang.gov.cn/xwzx/qnkjdt/202107/t20210707_249767.html[2021-11-10].

西藏自治区农牧厅 . 2015. 西藏高原特色农产品基地发展规划 (2015—2020 年). http://www.xizang.gov. cn/zwgk/xxfb/ghjh_431/201902/W020190223566354636409.pdf.[2020-5-18].

西藏自治区人民政府新闻办公室 . 2021. 西藏举行和平解放 70 年来科技发展成就和"十四五"开局起步情况新闻发布会 . http://www.scio.gov.cn/xwFbh/gssxwfbh/xwfbh/xizang/Document/1705431/1705431.htm [2021-11-12].

西藏自治区统计局 , 国家统计局西藏调查总队 . 2018. 西藏统计年鉴 (2018 年). 北京 : 中国统计出版社 .

谢高地 , 鲁春霞 , 冷允法 , 等 . 2003. 青藏高原生态资产的价值评估 . 自然资源学报 , (2): 189-196.

解丽娜 . 2021.《青海打造国家清洁能源产业高地行动方案》正式印发 . https://www.tibet3.com/news/zangqu/qh/2021-07-14/228724.html[2021-11-15].

新华网 . 2017a. 青海察尔汗盐湖 : 梯级开发"巧"循环 打造"生态镁锂钾园". http://www.xinhuanet. com/fortune/2017-05/24/c_1121028177.htm[2017-5-24].

新华网 . 2017b. 沿着绿色可持续发展道路前行 —— 西藏构筑重要生态安全屏障纪实 . http://www. xinhuanet.com/politics/2017-06/04/c_1121083767.htm[2020-5-13].

新华网 . 2020a. 习近平在第七十五届联合国大会一般性辩论上的讲话 . http://www.gov.cn/xinwen/2020-09/22/content_5546169.htm[2021-11-10].

新华网 . 2020b. 中共中央 国务院关于新时代进西部大开发形成新格局的指导意见 . http://www.gov.cn/zhengce/2020-05/17/content_5512456.htm[2021-11-16].

新华网 . 2021. 青海盐湖工业股份有限公司 . http://www.xinhuanet.com/travel/2021-03/03/c_1127160737. htm[2021-12-3].

央宗 , 索朗仁青 . 2003. 西藏人口的变迁与特征 . 西藏大学学报 (汉文版), (4): 40-46.

杨安 , 王艺涵 , 胡健 , 等 . 2020. 青藏高原表土重金属污染评价与来源解析 . 环境科学 , 41(2): 886-894.

杨祎 . 2019. 青藏高原高寒草地生态承载力研究 . 石家庄 : 河北师范大学 .

于恋洋 . 2014. 龙源那曲高海拔试验风电场 : 全世界最高风电场 . https://www.chinanews.com.cn/ny/2014/

10-22/6707352.shtml[2021-11-12].

云南网 . 2020. 迪庆州大力推进生态保护和修复 . http://diqing.yunnan.cn/system/2020/11/27/031145665. shtml [2021-11-27].

张镱锂 , 李炳元 , 郑度 . 2002. 论青藏高原范围与面积 . 地理研究 , 21(1): 1-8.

浙江省科技厅 . 2018. 把"互联网 +""生命健康"科技送到雪域高原 浙藏签署科技创新合作协议 . http://kjt.zj.gov.cn/art/2018/12/26/art_1228971342_40842105.html[2021-11-19].

郑度 , 赵东升 . 2017. 青藏高原的自然环境特征 . 科技导报 , 35(6): 13-22.

中国电力企业联合会 . 2020. 中国电力统计年鉴 2020. 北京 : 中国统计出版社 .

中国电力企业联合会 . 2021. 中国电力统计年鉴 2021. 北京 : 中国统计出版社 .

中国科学院 . 2005. 我国实现中比例尺地质填图全覆盖 . http://www.cas.cn/xw/kjsm/gndt/200512/ t20051223_1002100.shtml[2005-12-23].

中国科学院青藏高原综合考察队 . 1983. 西藏地貌 . 北京 : 科学出版社 .

中国口岸协会 . 2021. 2020 年中国口岸年鉴 . 北京 : 中国海关出版社有限公司 .

中国矿业报 . 2020. 绿色 : 让盐湖更璀璨——青海盐湖工业股份有限公司察尔汗盐湖钾镁盐矿创建绿色 矿山纪实 . https://mp.zgkyb.com/m/news/18136[2021-7-31].

中国气象局风能太阳能资源中心 . 2020. 2020 年中国风能太阳能资源年景公报 . https://view.inews. qq.com/a/20220420A00X8X00[2021-5-30].

中国青年报 . 2009. 西藏大力发展特色优势产业 . http://zqb.cyol.com/content/2009-02/06/content_2529016. htm[2015-4-13].

中国日报网 . 2021. "坝"气!西藏首个装机超百万千瓦级水电站成功下闸 . https://baijiahao.baidu.com/ s?id=1690498553491939252&wfr=spider&for=pc[2021-11-18].

中国西藏网 . 2020. 习近平:全面贯彻新时代党的治藏方略 建设团结富裕文明和谐美丽的社会主义现 代化新西藏 . http://www.tibet.cn/cn/zt2020/xzzth/news/202008/t20200829_6844731.html[2021-11-16].

中国西藏新闻网 . 2021. 西藏自治区国民经济和社会发展第十四个五年规划和二〇三五年远景目标纲 要 . http://epaper.chinatibetnews.com/xzrb/202103/28/content_74616.html[2021-11-11].

中国新闻网 . 2019. 青海察尔汗梦幻盐湖景区迎客试运行 . http://www.chinanews.com/cj/2019/09-12/ 8954801.shtml[2020-9-12].

中华人民共和国国家统计局 . 2020a. 中国农村贫困监测报告 . 北京 : 中国统计出版社 .

中华人民共和国国家统计局 . 2020b. 中国统计年鉴 . 北京 : 中国统计出版社 .

中华人民共和国国家统计局 . 2021. 科技统计年鉴 2020. 北京 : 中国统计出版社 .

周建萍 . 2020. 西宁市新能源产业发展迅猛 . https://baijiahao.baidu.com/s?id=1668989576257406116& wfr=spider&for=pc[2021-11-17].

附　录

2019 年 "区域绿色发展路线图" 科考分队科考日志

时间：2019 年 7 月 25 日

地点：拉萨市

人员：中国科学院地理科学与资源研究所刘卫东、刘慧、宋涛、陈伟

今天正式开启"第二次青藏高原综合科学考察"行程。原定 7:35 起飞的 CA 4125 航班（北京—拉萨），昨天晚上收到国航通知航班延误。几经推迟，飞机终于在 14:30 起飞，18:10 安全抵达拉萨。拉萨气温只有 19℃，虽然日照强烈，但明显感觉非常凉爽。

从机场到酒店，途经美丽的拉萨河（水流量明显比我 2017 年 7 月来时看到的小很多！可能是今年降水少）。1 个多小时后到达酒店入住。

稍加休息，20:30 左右外出吃晚饭。虽然从酒店到吃饭的地方只走了约 15 分钟，但明显感觉头重脚轻，头有点晕，走起路来感觉很飘。用完餐后，感觉稍好。回酒店早早休息。

记录人：刘慧

时间：2019 年 7 月 26 日

地点：拉萨市

人员：中国科学院地理科学与资源研究所刘卫东、刘慧、宋涛、陈伟

早上 6:00 起床，准备了今天与西藏自治区发展和改革委员会、西藏自治区商务厅、西藏自治区自然资源厅等部门的座谈会的相关内容。

今天的座谈会由西藏自治区发展和改革委员会副主任主持，来自西藏自治区发展和改革委员会地区经济振兴处、经济贸易处、农村经济处，以及西藏自治区交通运输厅、西藏自治区商务厅、西藏自治区住房和城乡建设厅、西藏自治区铁路办、西藏自治区能源局等部门的专家约 20 人参加座谈会。科考小组刘慧、宋涛、陈伟等参加座谈会。

座谈会重点围绕中尼通道的战略定位、中尼通道基础设施建设的现状和问题、西藏自治区边境口岸发展的现状和问题以及西藏绿色发展中的政策和实施情况等几个重要议题展开座谈讨论。西藏自治区发展和改革委员会地区经济振兴处就以上重点议题做了汇报，特别强调了西藏自治区对中尼南向通道的期望及其对西藏未来深化开放的重要性。其他厅局的专家也做了汇报和讨论。

西藏自治区交通运输厅重点汇报了目前西藏自治区对内、对外公路交通的现状及问题，包括国内连接其他省份的道路等级低、通道资源少；区内道路多为低等级公路、季节性公路（晴通雨阻），断头路严重；口岸公路，地质灾害严重，抗灾能力弱等。西藏自治区经贸处重点汇报了口岸建设情况。自治区内的口岸中，吉隆口岸将重点打造边境经济合作区，但存在发展与保护的问题；樟木口岸边贸基础较好，但地质灾害严重，需要科学恢复樟木口岸；里孜口岸海拔高，自然条件差，对面的尼泊尔境内无公路通行；陈塘—日屋口岸无桥、无路，基础设施条件较差。西藏自治区自然资源厅、西藏自治区住房和城乡建设厅等汇报了目前存在的一些问题，如地质灾害调查的区域不匹配、城市维护管理资金缺乏等。到会的其他厅局也做了相关的汇报和交流。

记录人：刘慧

时间：2019 年 7 月 27 日
地点：拉萨市
人员：中国科学院地理科学与资源研究所刘卫东、刘慧、宋涛、陈伟

凌晨 2:00 醒来后就一直没有睡着，5:00 多天刚蒙蒙亮干脆就起床，打开窗户一看，外面下着小雨，感觉稍微有点凉。处理一些邮件和工作。8:00 开始酒店早餐。

渐渐沥沥的小雨下了整整一个上午，正好在酒店继续处理一些工作。中午过后，雨过天晴，艳阳高照。今天周末没有具体的工作安排，养精蓄锐，准备明天一早出发开启真正的长途野外科考！

记录人：刘慧

时间：2019 年 7 月 28 日
地点：拉萨市—日喀则市
人员：中国科学院地理科学与资源研究所刘卫东、刘慧、宋涛、陈伟

早上 9:00 准时从拉萨出发前往日喀则沿线考察。

沿着 318 国道首先到达位于雅鲁藏布江河畔的曲水县。第一次如此近距离地看到雅鲁藏布江，江水、白云、高山浑然一体，风景如画（附图 1）。江水汹涌澎湃，江面波澜壮阔。

附图 1   雅鲁藏布江

　　路途中经过羊卓雍错，这里海拔4998m。天气逐渐由山下的艳阳高照变为小到中雨，气温明显下降，有一些缺氧的感觉，走路稍快，就感觉喘息。虽然在大雨中未能看到阳光照射下色彩斑斓的羊卓雍错，但也看到了乌云密布下的另一番独特景象：近处乌云密布，大雨瓢泼，远处的羊卓雍错湖面却阳光明媚，与近处形成鲜明的对比。美丽的羊卓雍错吸引了不少游客，旅游相关收入成为当地居民的重要收入来源。但沿湖周边的乱开发现象与几年前相比明显增多，如湖边非正规停车场、观景点等的随意设置，缺乏统一规划和环境保护措施。

　　一路南行，途经卡罗拉冰川（地面海拔5030m），大约13:30到达浪卡子县（海拔4500m），午餐在此县城解决。我两年前（2017年）曾来过此县，明显感觉这两年来，该县城的道路、路灯等基础设施改善很大，而且县城的建成区面积也明显扩大。

　　午餐之后继续沿着318国道西行，途经日喀则市江孜县，驻车远眺建筑在山顶上的宏伟的江孜千年古城（附图2）。江孜是古代从拉萨出发通往印度、尼泊尔的必经之路，历史上商贸、经济发达。江孜县位于年楚河谷地（附图3），自然条件良好，农业发达，是重要的青稞、油菜种植基地。7月正是油菜花盛开的季节，一望无际的金灿灿的油菜花与高原的阳光、远处的高山、天空白云融为一体，绝无仅有！

　　沿着年楚河河谷继续向西北方向前行，途经白浪县。富饶的年楚河河谷是西藏重要的农业基地，一路上农业的发达程度、人口和村庄的密集程度都超出我的预料。作为山东对口帮扶的地区，沿路可以看到大规模由山东援建的现代化、标准化的农业大棚设施（附图4）。

附图 2　江孜古城

附图 3　年楚河谷地

附图4　年楚河谷地设施农业

19:30左右到达日喀则市。到达后即刻与日喀则市发展和改革委员会刘书记、巴顿副主任座谈，讨论第二天与日喀则市各相关部门座谈会的具体议程和实地考察项目的具体安排。

晚餐在日喀则市发展和改革委员会食堂自助解决，我们吃到了当地大棚自产的西瓜、西红柿等，美味无比！以前，日喀则的蔬菜基本上都需要从成都、拉萨等地运来。自从山东对口援助日喀则以来，根据当地日照充足的气候条件，援助当地建立了一批高质量、标准化的蔬菜大棚，不仅为当地带来了蔬菜瓜果种植技术，改变了当地传统的农业生产方式，也增加了当地农牧民的收入，提高了当地人民的生活水平。目前，西瓜、西红柿等常见蔬菜瓜果在当地大棚种植已相当成熟，基本能够满足本地需求。西红柿颜色呈现为紫色，口感非常好。草莓、火龙果等水果目前正在实验种植阶段。因此，在对口援藏中，除教育、卫生等民生项目之外，能为当地带来造血功能的技术和产业应作为未来对口援藏的重要领域，科技应为今后重要的援藏领域。

记录人：刘慧

时间：2019年7月29日
地点：日喀则市
人员：中国科学院地理科学与资源研究所刘卫东、刘慧、宋涛、陈伟

今天上午在日喀则市发展和改革委员会的统筹安排下，与日喀则市相关部门就日

喀则市参与 "一带一路" 建设、中尼通道建设、口岸建设、日喀则市绿色高质量发展等议题开展调研座谈。

　　参加座谈会的有日喀则市发展和改革委员会、交通运输局、住房和城乡建设局、商务局、生态环境局、自然资源局、经济和信息化局、旅游发展局、卫生健康委员会、科学技术局、日喀则经济开发区管理委员会等市属部门的领导和专家。座谈会由发展和改革委员会巴顿副主任主持。

　　日喀则市发展和改革委员会巴顿副主任首先介绍了日喀则市参与 "一带一路" 建设的基本情况及存在的问题。特别强调基础设施差、人文交流不畅等问题。日喀则市商务局重点介绍了边民贸易的问题，包括交通不便、商品结构单一、外贸企业素质不高等，建议对出口外贸企业进行专业培训。日喀则市旅游发展局提出中尼双方基础设施差距较大（跨境旅游难），强调吉隆沟是古代通往尼泊尔、印度最重要的一条线路。历史（特别是唐朝）故事多，名人遗迹多，旅游开发潜力大。同时，旅游与生态保护的矛盾突出，建议未来旅游业的发展需要开展高端旅游，而非大规模增加旅游人数。卫生局强调除吉隆口岸卫生设施（医院）较完善以外，其他口岸都缺少基本的医疗卫生设施。日喀则市科学技术局建议围绕种养殖开展科技创新，但人才缺乏。希望借力发力，与内地形成科技联盟，开展组团式科技援藏。

　　下午顶着似火的骄阳实地考察了日喀则市经济开发区（附图 5），它是日喀则市高质量发展的重要引擎。目前该区建设正处于起步阶段，招商引资进展顺利。产业以仓储业（冷链仓储）、特色农产品加工（如青稞加工）、设备制造（如太阳能设备）等为主。产业体系为 "4+3+X"： "4" 指珠峰南亚物流业、有机种养加工业、天然饮用水业、民族手工业，实现产城融合。 "3" 指金融服务、商贸会展、其他专业服务； "X" 指新型建材、环保设备等对本市经济社会发展有重要贡献的行业。

附图 5　日喀则经济开发区调研

记录人：刘慧

时间：2019年7月30日

地点：日喀则市—吉隆口岸

人员：中国科学院地理科学与资源研究所刘卫东、刘慧、宋涛、陈伟

　　昨天晚上日喀则下了一整夜的大雨。早上起来，大雨仍然未停止。早餐后冒雨驱车赶赴600多公里以外的吉隆口岸。

　　一路上，雨一直下个不停，气温明显下降。沿318国道一路西行，首先到达318国道5000km地标处（上海人民广场—西藏拉孜），稍作休整，继续前行，到达拉孜县嘉措拉山口（海拔5248m），这里也是珠穆朗玛峰国家自然保护区起始处（附图6）。保护区内白雪皑皑，重峦叠嶂、湿地草地遍布，不时还有牛羊出没。

附图6　嘉措拉山

　　翻越海拔5000m以上的拉轨岗日山脉，进入定日县境内，沿着朋曲河谷地一路西行，这里有一定的农业（油菜种植）用地，河谷湿地草地较多，时常可见牛羊成群，有幸还看见了2只野驴。雨停后，我们实地考察了定日支线机场选址区域，地质专家们正在做机场选址的地质勘探。中午时分到达定日县岗嘎镇（定日县老县城），午餐在此解决。天气好时，在这里可遥望巍峨的珠穆朗玛峰，虽然今天雨停了，阳光明媚，但因为昨晚雨较大，山上云层很厚，遗憾未能看见其真容。

　　继续西行，离开318国道，进入中尼公路，途经佩枯错（海拔4590m）（附图7）。它是一个构造湖，在此可遥望美丽的希夏邦马峰。再次翻越海拔5000m以上的孔唐拉姆山脉（5236m），到达吉隆县城（海拔4600m），由于落差极大，翻山公路崎岖，弯道极多，穿山公路隧道正在建设中。由县城一路南下，进入吉隆沟，随着海拔的降低，景观逐渐由高寒荒漠变为绿色植被。这里地质灾害频发，一路上遇到多处道路塌

方和泥石流（附图 8）。即将到达吉隆镇时，随着海拔降低，成片的原始森林呈现出一片茂密的森林景象。途经开热瀑布（附图 9），下车的第一秒，感觉空气无比清新、湿润，氧气充沛，空气中充满着林草的清香味。晚上 7:40 到达开放口岸吉隆镇（海拔2800m）。晚饭后，街头走走，发现这里人来人往、熙熙攘攘，社会经济充满活力（道路经常堵车，特别是尼泊尔的货运车辆很多，目前的道路状况已远远不能满足经济往来的需求）。这里有尼泊尔货车司机、在此打工（商店或饭店服务员）和经商的尼泊尔人、转山的印度人（信徒），还有大批来自内地在此经商的汉族人，以及少数经第三国而来旅游的欧美游客，这是一个开放繁荣的边境小镇。

附图 7　佩枯错

附图 8　沿途经过的崩塌泥石流

附图9　开热瀑布

记录人：刘慧

时间：2019 年 7 月 31 日
地点：吉隆口岸
人员：中国科学院地理科学与资源研究所刘卫东、刘慧、宋涛、陈伟

　　昨天晚上是开始考察一周以来睡眠最好的一夜，主要是因为我们住在海拔只有 2800m 的吉隆镇，对于刚从 4000 ～ 5000m 的高原下来的我们来讲，感觉舒服到都要醉氧了。过去几天，由于高原缺氧，每天晚上都要醒来 3 ～ 4 次，而且每次醒来后都难以再次长时间入睡，即使入睡也睡眠很浅。每天真正睡着也就 4h 左右。

　　上午与吉隆县发改局、吉隆口岸管理委员会、吉隆县商务局、吉隆县林业和草原局等召开座谈交流会。就吉隆口岸建设规划、中尼通道建设（公路、铁路）、珠峰核心区保护与口岸建设的关系等问题进行了座谈交流。

　　下午实地考察口岸六大功能区（仓储物流、检验检疫等），附图10 为吉隆口岸货物检验场。虽然 2015 年才开始建设，但各项进展很快。未来期望会发展得更好！

附图 10　吉隆口岸货物查验场

记录人：刘慧

时间： 2019 年 8 月 1 日
地点： 吉隆口岸—尼泊尔加德满都
人员： 中国科学院地理科学与资源研究所刘卫东、刘慧、宋涛、陈伟

今天早早起床，通过吉隆口岸前往尼泊尔首都——加德满都。

从吉隆镇到边境口岸大约 25km，海拔也从 2800m 降到了 1800m。口岸等待通关排队的人不少，有扛着大包小包经商的尼泊尔商人，也有乘坐大巴车朝圣归来的尼泊尔和印度信徒（附图 11），还有一些出境游客。

跨过界桥（热索桥）（附图 12）进入尼泊尔，尼方一侧的道路泥泞，基本上看不到硬质路面。从边境到尼泊尔首都 130km 的路程竟然开车走了 10h。在尼方合作专家的安排下，我们顺路走访了尼方离边境最近的一个村，当地村民对于中尼通道建设给予了极大的期望，并迫切希望能学习汉语，密切与中国进行商贸往来。中尼通道建设是中尼双方沿线民众的共同期盼！

附图 11　吉隆口岸等待出境的旅客

附图 12　中尼界桥——热索桥

记录人：刘慧

2020年"区域绿色发展路线图"科考分队科考日志

时间：2020年8月3日

地点：林芝市

人员：中国科学院地理科学与资源研究所刘慧、刘志高、宋涛、陈伟、韩梦瑶、
　　　张海朋、孙曼、杨欣雨；中国科学院科技战略咨询研究院温珂、郭雯、
　　　左亚彬、刘意

　　今天是我们正式开始2020年科考行程的第一天，科考队员们清晨8时从成都双流机场出发，于上午10时到达林芝机场（附图13）。受疫情影响，机场的人员筛查十分严格，在林芝机场落地后经过三次检查方可出站。

附图13　初到林芝

　　林芝位于西藏自治区东南部、拉萨以东，海拔2900余米，素有"西藏江南"的美称。8月正是林芝的雨季，降水频繁，所幸我们到达时天气晴朗，能见度很高。在前往酒店的途中，随处可见优美的田园风光，群山掩映，河流密布，牛、羊零星散布在田地里。夏季的雅鲁藏布江尤其宽广，其水源主要来自青藏高原冰雪融水和西南季风带来的丰沛降水，流经米林县后折向南行流入印度、孟加拉国。司机师傅告诉我们，每年的三四月和八九月是林芝的旅游旺季，但受到疫情影响，今年的旅游人数大幅缩减，以旅游业作为支柱产业的林芝经济也因此受到冲击。

　　中午稍作休整后，下午林芝市发展和改革委员会的同志带领我们去参观了比日神山森林公园。公园栈道全程 5km，步行约 1h，山顶能够俯瞰整个林芝市区。林芝的湿地公园将林芝市区分为新老城区两部分。传统的老城区范围在八一大街、广州大道附近，是林芝城市人口和商业最为密集的地方；新区建设已初具规模，网格化的街道规划整齐美观，北部沿河布置有水电基地项目，南部有以五星级酒店为首的餐饮旅游度假区，此外还有警察训练基地、体育训练基地等。幸福小区、青年公寓、太阳城以及众多东部省份援建的住宅区十分醒目，近年来新区房价增长迅速，现基本与老区持平，发展潜力很大。从产业发展来看，旅游业是林芝的主导产业，除此之外就是酸奶、啤酒等食品加工业，规模以上的产业类型非常少。值得一提的是西藏天禾啤酒有限公司（林芝啤酒），引入了青岛啤酒的最新生产线，发展势头良好。附图 14 为林芝市新区俯瞰图。

附图 14　俯瞰林芝市新区

　　林芝市下辖一区六县，其中墨脱县、米林县、察隅县、朗县四个边境县与印度接壤。林芝市是西藏自治区中汉化率最高的城市，林芝的三所高中都在主城区，由于教育资源匮乏，很多当地的家长都会选择送自己的孩子到外省读书考学，以前只有援藏省份有这种针对少数民族的高中、预科班，但是现在几乎所有省份都有类似的学校。在交流的过程中还了解到，虽然在这里也鼓励创新创业，但是大多数人还是希望被分配工作，创业的积极性不高。我们还了解到，消费能力不足是林芝经济发展的最主要问题，脱贫攻坚之前是连片的深度贫困县，但 2018 年已经实现了全市贫困摘帽，易地搬迁几千人，并于 2019 年 3 月实现全部入住。政府提供护林员、巡路员等生态岗位，同时辅助一些产业和公益性兜底岗位，对有意愿发展种植和养殖业的农户进行适当补助。国家布置的对口援藏也已从资金援助转向人才援助，倡导"科技＋产业"援助，助力西藏实现自主脱贫。

晚上我们吃了石锅鸡，是林芝最有名的美食之一，石锅鸡的卖点主要是石锅而不是鸡，这种石锅的原产地是墨脱，里面含有很多矿物质，松茸、手掌参配上藏香鸡，味道非常鲜美。晚饭后，天色暗了下来，藏民们在工布广场跳锅庄舞，映着远处的山脉和深蓝色的天空，一幅生机勃勃、悠闲惬意的景象。

记录人：孙曼　杨欣雨

时间：2020 年 8 月 4 日

地点：林芝市

人员：中国科学院地理科学与资源研究所刘慧、刘志高、宋涛、陈伟、韩梦瑶、张海朋、孙曼、杨欣雨；中国科学院科技战略咨询研究院温珂、郭雯、左亚彬、刘意

今天是本次科考的第二天。上午科考分队首先与林芝镇镇长和各政府部门进行了座谈，随后调研了央吉林卡农家乐和粤林产业园，下午与林芝市发改委、林芝市科学技术局、能源局、林芝市旅游发展局等部门围绕林芝市绿色发展进行了座谈。

◎ 林芝镇座谈

林芝镇镇长为我们简要介绍了林芝镇的社会经济发展现状和下一步发展规划。

林芝镇距离林芝市区 16km 左右，并且靠近 318 国道和米林机场快速通道，区位较为优越；林芝镇共计 9 个建制村，常住人口 2600 余人，外来人口 2000 人左右；境内有著名的千年古桑、尼洋观景台、嘎拉村桃花园等景观，旅游资源丰富；林芝镇的常住人口解决生计主要通过 4 种渠道，分别是种养殖业、林下资源种植、跑车运输以及外出务工，林芝镇在 2016 年已实现脱贫摘帽。

林芝镇政府于 2011 年启动了特色小镇建设，并于 2020 年获批自治区级特色小镇。基础设施建设是特色小镇当前主要的建设重点，目前已完成污水处理厂、派出所、卫生院等的修建，还计划修建消防站、垃圾转运站以及巴宜区党校。近年来，林芝镇大力推进"农业观光采摘＋特色旅游"项目建设，区别于鲁朗镇"国际化小镇"的定位，林芝镇旨在形成民俗文化旅游与特色种植养殖业齐头并进的特色旅游产业，从而实现与鲁朗小镇的错位发展。其中嘎拉村桃花旅游文化节作为林芝市乃至整个西藏旅游产业的一张名片，活动由市、区政府联合举办。每年的 3 月下旬到 4 月下旬，嘎拉桃花村就成为一片粉红色的海洋，吸引了众多游客，其中外来游客与西藏自治

区内游客各占一半。除门票收入外，还开展了家庭旅馆、服饰租赁以及婚纱摄影等衍生服务。近年来文化节活动收入稳定在 200 万以上，今年受疫情影响收入仅 40 万左右，其中所得收入 2018 年之前全部归嘎拉村所有，2019 年开始按比例部分上缴巴宜区财政。

据镇长介绍，当前林芝镇发展的瓶颈主要有两个方面，一是资金缺口，基础设施建设还需要大量的资金投入，在资金筹措方面，除了财政转移支付外，他们还进行招商引资，但是目前只有一家有意向的公司，并且还没有磋商成功；二是林芝镇内自然保护区占整个林芝镇土地面积的 90% 以上，其他建设用地很少，这也一定程度上制约了其发展。林芝镇下一步发展计划是搭建数字化旅游平台，因人因团定制旅游线路，由第三方公司推介宣传；提高生产技术水平，对农副产品进行深加工，延长产业链。

林芝镇只是西藏新型城镇化建设的一个片段和缩影，在壮阔的雅鲁藏布江大峡谷和巍峨的雪山之下，一座座兼具藏族特色和现代元素的特色小镇拔地而起，不仅是外地游客向往的世外桃源，也是当地居民安居乐业的幸福家园。

◎ 央吉林卡农家乐

央吉林卡农家乐由真巴村村民自建，项目占地 70 亩左右，投入资金共计 90 万元，其中 60 万元为当地 48 户村民（195 人）自筹，30 万元为区政府扶贫产业资金。农家乐运营实行轮班制，每户三天轮一次，每天有六户村民在农家乐里从事打扫卫生、做饭、服务员等工作。从 2020 年的 4 月 1 日开始运行至今已有 45 万元收入，在收益的分配方面，70% 用作分红，20% 作为之后的发展基金，10% 作为公益基金。这一农家乐项目可以说是地方筹资模式和经营模式的创新典范。

◎ 粤林产业园

林芝经开区于 2019 年正式获批成为自治区级经开区，规划面积 $7.11 km^2$，按照"一区三园"的空间布局。开发区主要由清洁能源产业园、现代服务产业园和生物科技产业园组成。其中清洁能源产业园以水电能源为主，现代服务产业园以旅游服务为主，生物科技产业园则以藏医藏药、生物医药、化妆品等为主。

粤林产业园（附图 15）是广东省"十三五"援藏规划部署的精准扶贫、产业设施重点工程，也是林芝市经济开发区建设的启动项目。产业园共分一期和二期，一期已经建成并且全部完成招商，占地 105 亩，投资 1.81 亿元，建设内容主要包括标准厂房、清洁能源业、文创旅游业等。二期正在规划当中，占地面积约 280 亩，计划投资 5 亿元，建设内容主要包括产业服务中心、厂房、仓储物流等。

时　间：2020.08.04 12:43
天　气：多云18℃
地　点：林芝市·工尊东路
海　拔：2990.3m
方位角：北 352°
经纬度：29.585579°N, 94.405937°E

附图 15　粤林产业园调研合影

◎ 林芝市座谈

下午与林芝市各部门进行了座谈（附图16）。

林芝市 2019 年地区生产总值达到 127.45 亿元，2016 ～ 2019 年年均增长 9.4%，高于多数自治区内的其他城市；脱贫攻坚取得阶段性胜利，以产业扶贫、易地扶贫搬迁、教育扶贫、生态扶贫为重点，七县（区）6958 户 23893 名建档立卡贫困群众全部脱贫摘帽；林拉高等级公路二期、滇藏新通道、林芝机场改扩建等重大项目有序开展，基础设施水平不断提高。总的来说，在"十三五"期间，林芝市社会经济发展取得了较为突出的成就。

绿色能源产业方面，林芝的水电资源极具潜力，水能资源技术可开发量为全国之首，是林芝市主要的绿色清洁能源，而风能、太阳能等不占优势。目前"西电东送"接续极低重大电源点建设正在推进中，主要包括扎拉电站、林芝电站、巩登电站等大中型电站。农业方面，林芝市"一带四基地"（特色林果种植产业带，茶叶、蔬菜、藏药材种植基地和藏猪养殖基地）建设颇有成效，林果、茶叶、藏药材、设施蔬菜种植规模达到 35 万亩，工布江达县藏猪列入中国特色农产品优势区名单。

工业方面，林芝市规模以上的工业企业只有 4 家（2 家水电、1 家藏药、1 家建材），并且结构非常单一，目前林芝市已经成立了绿色工业转向推动组，致力于促进绿色产业发展。旅游业是林芝市的战略性支柱产业，2019 年旅游人次达到 864 万人，旅游收入达到 72 亿，但同时也面临资金欠缺、结构单一、县区之间发展差距大、基础薄弱等问题。科技方面，总体来说林芝市科技水平欠发达，特别是产业发展为短板，主要面临着人才缺乏、本地基础薄弱等困难。农牧科技是林芝市支持的重点，目前林芝市已经成为国家农业科技园区，以米林农场为核心，覆盖全市，为林芝市科技发展提供了良好支撑。

附图 16　林芝市座谈会

记录人：孙曼　杨欣雨

时间：2020 年 8 月 5 日

地点：林芝市米林县

人员：中国科学院地理科学与资源研究所刘慧、刘志高、宋涛、陈伟、韩梦瑶、张海朋、孙曼、杨欣雨；中国科学院科技战略咨询研究院温珂、郭雯、左亚彬、刘意

今天是科考的第三天，我们参观调研了现代苹果标准化种植示范园、西藏可心农业发展有限公司、邦仲小康示范村、琼林村、南伊沟原始森林五个调研点。

◎ 林芝现代苹果标准化种植示范园

林芝市在农业方面重点推进"一带四基地"建设，即特色林果种植产业带，茶叶、果蔬、藏药材种植基地和藏猪养殖基地建设。西藏林芝现代苹果标准化示范园（附图 17）主要由四川省农业科学院和西藏自治区农牧科学院提供技术支撑，创建了集"宽型起垄＋密植高纺＋种草沃土＋肥水布＋小型农机农艺组合"于一体的现代简约化高效技术及"五级三方（院＋县＋乡＋村＋农户和龙头企业＋合作社＋专家团队）"成果转化推广新模式。基地共计 2000 亩，一亩年产量约 5 万斤，果园苹果个头相较于通常西藏苹果个头明显更大，园下种植大量四叶草作为绿肥。当地村民收入来源主要有三方面，一是果园向村民以 1000 元 / 亩收购土地，签订最少 10 年期合同，价格每年递增 50 元；二是农民在果园务工，工资每天 150 元，每年递增 10 元，同时学习先进种植技术；三是果园发展带动周边旅游业发展，有利于当地村民旅游收入增加。可以看出，米林县西嘎村"政府扶持＋村集体＋农户"、巴宜区嘎拉村"公司＋村集体＋农户"等一批乡村旅游发展新模式，促进了特色农牧业与旅游业融合发展。

附图 17　林芝现代苹果标准化种植示范园

◎ 可心农业

西藏可心农业发展有限公司位于西藏自治区林芝市米林县羌纳乡巴嘎村，一期投资 8000 万元，用地总面积为 127 亩。公司目前主要生产苹果汁、苹果醋、青稞酱油等产品，拥有三条酱油醋生产灌装线、一条苹果原汁生产灌装线和一条矿泉水生产灌装线。

在企业经理的介绍下，我们了解到，可心农业对于未来的规划主要有三个方面，一是现在可心农业的产品主要供给本地市场，企业考虑在本地市场饱和后，将产品运输到内地进行销售；二是想在日喀则建立一个分厂；三是规划建设二期工程，二期建立后预期营业额在 3 亿以上。

◎ 邦仲小康示范村

邦仲村位于林芝市米林县米林镇，与林芝机场仅一墙之隔，属于藏族、珞巴族、汉族共居村，整个建制村共有 166 户 588 人。2017 年实施邦仲村边境小康示范村建设（附图 18），按照人均 10 万元的标准，由第八批援藏支队负责进行基础建设，总援藏投资 6050 万元，这些资金也为邦仲村的基础设施建设和产业发展注入了强劲活力。目前该村主要的产业有物流园、农家乐、建材产业等，2019 年全村经营收入达 500 万。村庄非常干净整洁，道路平整宽阔，一栋栋独栋带院子的藏式"小别墅"就是他们改造后的房子。我们还进了一户藏民的家中参观，这一户人家前两年还是建档立卡户，但是如今已经脱贫，并且每年仅自己的工作收入就可以达到上万元。

附图 18　邦仲小康示范村

◎ 琼林村

午饭后我们来到了更靠近中印边境线的南伊乡琼林村，这个抵边村共有 42 户 200 多人，2019 年 10 月开始动工，目前已经投资了 7000 余万元，我们看的时候还在紧张施工建设中，但是有一些村民已经搬了进来。每户一个两层的小楼和一个大概 30m² 的院子，每个院子里有一个小的蔬菜大棚，可以用来种植蔬菜，几乎每户都养着牦牛。抵边搬迁是守护我国国境线的有效措施。但由于抵边少数民族地区受到地理、历史等因素限制，经济发展较为滞后，守土固边和脱贫致富的难度较大。负责人向我们介绍，当地会建设完整的生产生活基础设施，包括道路、学校、医院等，同时为边民提供增收渠道，促进稳边戍边。

◎ 南伊沟原始森林

　　离开琼林村，紧接着我们来到了南伊沟原始森林，南伊沟的原始森林景观受人为破坏很少，保存良好。行走在栈道上，穿越在森林中，呼吸都变得顺畅了。在栈道上向远处望，首先是大片青绿色的草地，远一些是一排深绿色松柏树，再往远处就是连绵起伏的山和湛蓝的天空，风景美不胜收。

◎ 感想

　　今天的调研内容十分丰富，在跟邦仲小康示范村书记的交谈中我们了解到，这个村子目前只有邮政快递，并且中国邮政每天都会有人来挨家挨户地送快递收快递，但是其他的快递公司，如顺丰、圆通等都不能到。这让我们感触颇深。企业以营利为目标，在这样偏远的地区，运输成本、人力成本都非常高，所以这些快递公司就直接放弃了这里的业务。然而中国邮政不同，作为国企，其第一要务是战略配置，所以除了盈利之外，其还要履行国家普遍服务的义务，所以在这些偏远的地方，许多民营快递到不了，但是中国邮政责无旁贷。当邮递员到达每家每户的时候，他们的心里一定也是温暖感动的吧。

记录人：孙曼　杨欣雨

时间：2020 年 8 月 6 日

地点：林芝市工布江达县

人员：中国科学院地理科学与资源研究所刘慧、刘志高、宋涛、陈伟、韩梦瑶、张海朋、孙曼、杨欣雨；中国科学院科技战略咨询研究院温珂、郭雯、左亚彬、刘意

　　今天是本次科考的第 4 天，我们从林芝出发前往拉萨，途中调研了林芝市工布江达县的巴松措景区（附图 19）。这是西藏目前唯一的风景类 5A 级景区。

　　在林芝的最后一站，我们来到了工布江达县，这里是林芝地区乃至西藏生态旅游资源最为丰富、最为集中的一个片区，巴松措也是西藏目前唯一的风景类 5A 级景区。巴松措被神女峰、国王的宝座、燃烧的火焰三座雪山环抱，湖岸植被茂密，被誉为"东方的阿尔卑斯"。

　　在跟工作人员的交谈中我们了解到，巴松措景区年游客量 30 万人次，日游客量 3000～5000 人，最高峰时可达 9000 人；门票每张 120 元，摆渡车 50 元，门票收入的 5% 归村集体所有，其他属于旅游公司；景区雇用了当地的村民在这里从事清洁、打理绿植等工作，月工资 3500～5000 元。

附图19　巴松措美景

在游船上，我们与工布江达县巴河镇的政府人员进行了深入的交流。当地的国家级现代农业产业园今年刚通过审批，其余项目还在申报中。建设共分为三期，一期已基本建设完成，包括实验楼、深加工厂、饲料加工厂、污水处理厂等。产业园内的企业均为招商引资，既包括本地企业，也有内地企业（浙江-金华火腿），工业园区整个产业链，包括从养殖、加工、检测到销售都是围绕藏香猪的。由于藏香猪个头较小，不适宜制作火腿，因此本地花费3～5年时间研发新品种，种猪候选品种是三门峡黑猪、杜洛克猪，与藏香猪进行杂交，培育新的配套系猪种；目前有6个乡镇进行藏香猪养殖，负责为园区提供生产原料；在养殖模式方面，近几年以集中养殖为主，鼓励建立大的养殖户，不建议老百姓进行散养；藏香猪每年秋末冬初出栏，传统养殖1～1.5年出栏一次，现在技术提高后可以10个月出栏一次，出栏的藏香猪去除内脏后一般约70斤，一头可以卖3000元左右，全县目前存栏6万～7万头；但是目前园区还没有检测资格证，所以藏香猪还需要到拉萨进行检测，大大降低了效率，也不利于猪肉的保鲜；目前镇上拥有一家屠宰场，是民营企业，目前工业园正在与该企业磋商收购，将来把企业收购后，就可以拥有检测资格，这样就能实现屠宰、加工、检测一条链，大大地提高效率。总的来说，藏猪工业园目前存在的最主要的两个瓶颈分别是检测和物流，一方面，工业园不具备检测资格，就大大降低了效率；另一方面，受到交通条件的限制，该地到机场的距离还比较远，所以物流运输的时间和成本都比较高。

午饭后，我们驱车赶往拉萨，大约5h的车程，晚上8点左右到达拉萨。从林芝到拉萨，我们观察了沿途的变化。首先是植被，从林芝一路向西到拉萨，道路两边山坡的植被逐渐从大片的树林到比较矮小的灌木再到草甸，越来越稀疏，这应该与海拔的升高和降水的减少有关。另外，还发现北坡的植被比南坡的植被更加茂密，并且北坡多是一些长得比较高大的松树、柏树等，而南坡则多是一些矮小的灌木（附图20）。其次是河流的变化，在林芝的时候，尼洋河的流量很大，河面也很宽，汇入雅鲁藏布江时非常壮观，在去往拉萨的途中，尼洋河越来越窄，最后变成了一个小溪，这是由于米拉山是尼洋河的源头，越靠近源头，河流的流量就越小；同时，一条新的河流映入眼帘，那就是拉萨河，拉萨河与尼洋河是雅鲁藏布江的两大支流。最后是在林芝时很少见到真正的牦牛，大多是普通的牛，而在这一路上，虽然大多数也是普通的黄牛或者犏牛，但是真正的牦牛也越来越多。

附图20　沿途植被

记录人：孙曼　杨欣雨

时间：2020年8月7日

地点：拉萨市

人员：中国科学院地理科学与资源研究所刘慧、刘志高、宋涛、陈伟、韩梦瑶、张海朋、孙曼、杨欣雨；中国科学院科技战略咨询研究院温珂、郭雯、左亚彬、刘意；中央财经大学高菠阳、李文斌、刘志东

　　今天是本次科考的第5天，也是在拉萨调研的第1天。上午10:00 ～ 13:30我们与西藏自治区发改委各个部门进行了座谈，下午4:00 ～ 6:00我们与拉萨市发改委及各个部门进行了座谈。

◎ 与西藏自治区发改委座谈

上午我们与西藏自治区发展和改革委员会的各个部门进行了座谈（附图 21），参与的部门主要有规划处、社发处、能源局、产业处、区域处、农经处、资源研究中心、科技创业服务中心、科技厅、自然资源厅、生态环境厅、农业农村厅、扶贫办、经信厅、商务厅、旅游发展厅、自治区生产力促进中心和科技信息研究所。

科考分队与西藏自治区发展和改革委员会围绕西藏自治区"十三五"期间的发展情况及"十四五"的发展规划展开了热烈的讨论。

西藏自治区"十三五"期间取得了较大的发展成果，主要包括人民收入提高，脱贫攻坚取得重大胜利等。但同时也面临着很多问题，主要包括以下几点：人均指标与全国差距显著，如人均 GDP 仅为全国平均的 67.13%；边境地区国家安全支撑不足，产业发展水平很低；生态环境保护任重道远，西藏生态环境脆弱的大格局没有改变；城镇的聚集能力分散，城镇化水平很低；产业内生发展动力不强，产业内部结构极不合理；对外开放程度有限，开放受到政治、交通、基础设施等方面的约束。"十四五"时期，以下五个方面将是规划的重点，分别为突出强边固防，保障国家安全；突出生态文明，建设美丽西藏；突出民生建设，提高人民生活水平；突出社会治理，提高维稳能力；提高产业发展水平，合理布局七大产业。

在能源方面，截至 2020 年 6 月底，全区电力总装机 374 万 kW，其中清洁能源电力装机 330 万 kW。目前西藏自治区的能源以水电为主，清洁能源产业不断壮大，已初步建成水电为主、多能并举、互联互通的综合能源体系。但由于西藏水电工程造价高，在当前电价水平下，销售电价与企业成本之间难以形成良性运行机制，致使电网企业连年亏损。未来计划围绕农村优先、突出生态、巩固国防三条主线，从优化供给结构、壮大清洁能源产业、谋划可持续发展三方面谋求能源高质量发展。

在科技方面，区内现有高新技术企业 66 家，其中 15 家国家级高新技术企业，远远落后于其他省（自治区、直辖市）。按领域，电子信息领域 23 家，生物医药领域 15 家，资源与环境领域 6 家，高技术服务领域 3 家，新材料 3 家。按地域，拉萨市 41 家，林芝市 4 家，山南市 3 家，日喀则市 1 家，昌都市 1 家。科技发展的障碍主要是信息渠道不畅、人才缺乏、企业融资难、产学研合作困难以及产业缺乏集聚效应。

在旅游产业方面，"十三五"期间，截至 2019 年底，西藏累计接待国内外游客 12247.25 万人次，其中国内游客 12078.9 万人次，入境游客 168.35 万人次，旅游总收入 1759 亿元，已超额完成"十三五"目标。"十四五"时期计划全力打造高原丝绸之路旅游区域经济带，大力发展两个"廊道经济"，推进川藏、滇藏等区域合作，全力打造"茶马古道"旅游经济带，推进陕甘青"唐蕃古道"旅游合作圈建设。

在扶贫方面，2016 ～ 2019 年建档立卡贫困人口人均可支配收入连续四年增幅达 16% 以上，62.8 万建档立卡贫困人口在 2019 年底实现全部清零，74 个贫困县全部摘帽。2016 ～ 2020 年预计累计整合统筹中央和自治区财政涉农资金 649.96 亿元，用于支持脱贫攻坚和巩固成果。2019 年底全区完成产业脱贫 23.8 万人，任务完成 100%。2020 年 7 月 25 日，

965 个易地扶贫搬迁安置区已全部建成，总投资 193 亿元，266023 人全部入住；全区生态补偿脱贫岗位由 2016 年的 50 万个增加到目前的 65 万个，补助标准由 2016 年的 3000 元/（年·人）增加到 2018 年以来的 3500 元/（年·人），四年累计补助资金 102.58 亿元。

附图 21　与西藏自治区发改委座谈

◎ 与拉萨市发改委座谈

　　午饭后，我们来到拉萨市发展和改革委员会与拉萨市各部门进行座谈（附图 22），参与的部门有农业农村局、旅游发展局、统计局、科技局、财政局、经开区以及西藏高原之宝牦牛乳业股份有限公司、西藏高原天然水有限公司两家企业。下午的座谈主要采取一问一答的形式。

　　今年是"十三五"的收官之年，也是进入社会主义现代化的起步之年，目前拉萨市的"十四五"规划初稿已经基本形成，在"十四五"规划中对于拉萨市的总体定位是"两城六区"，另一个核心目标是打造百万级人口的城市。

　　2019 年拉萨市地区生产总值达 617.88 亿元，比 2015 年增长 42.8%，占全区生产总值的 36.4%。新增城镇就业 1.3 万人，农牧民转移就业 17.1 万人次。城镇居民人均可支配收入达 39686 元，农牧民人均可支配收入达 16216 元，分别增长 10.7% 和 12.9%，农牧民收入较 2010 年翻了两番。

　　在农业方面，拉萨市主要存在的问题一是农牧资源有限，草场产出能力差，这是出于生态环境保护的需要；二是基础设施建设较为滞后；三是人才欠缺；四是保障供给能力不够，拉萨市 50% 的肉、奶等都要从区外运过来，蔬菜旺季能自己供给 80% ～ 90%，淡季自己只能供给 60% ～ 70%，只有青稞还能够勉强自给自足；五是人居环境整治压力大，规模化养殖场设施、冷链仓储方面都很落后。

　　在科技方面，目前拉萨市只有一个科研机构（生物研究所），2020 年拉萨市的科技进步贡献率预测54.1%，主要来自农业。益智平台建设是拉萨市未来科技方面的工作重点。

在旅游方面，2015年拉萨市旅游总收入占GDP的百分比为41.12%，2019年增长至56.43%，旅游业在国民经济中占据着举足轻重的地位。但是也存在着许多问题，主要包括：规范化标准化建设滞后，旅游业发展质量较低，公共服务和科技创新不足，科研结构和营销转化不足，资金和人才保障不足等。

拉萨经济技术开发区于2001年9月19日经中国国务院批准设立，是西藏最早设立的经开区，也是西藏唯一的国家级经济技术开发区，占地面积5.46km^2。该区产业发展方向是依托本地资源优势，以资源开发和加工为重点，生产具有竞争优势的藏药、医疗保健用品、食品、传统民族工艺产品、旅游产品，对农牧产品进行深加工，以及引进、开发、推广高原农牧林产业化新技术；研究生物工程技术、节约能源开发技术和环境污染治理工程技术；积极鼓励发展电子信息、新能源和新材料等高新技术以及文教、卫生、房地产等基础设施和服务贸易等配套服务产业。目前在该区注册的企业已经达到5000多家，但其中落地的只有不到300家，主要是矿泉水、牦牛奶、藏药、松茸、虫草类型的企业，规模以上工业企业只有25家。

西藏高原之宝牦牛乳业股份有限公司是国资参股的规范性股份制企业，成立于2000年，是一家致力于牦牛乳制品开发和深加工的企业，在西藏、青海、甘肃均设有生产基地，企业的研发中心设在成都。目前公司采用"公司＋牧户＋合作社"的模式，形成了三方合作、互利共赢的良好循环。

西藏高原天然水有限公司于2010年7月21日在拉萨经济技术开发区登记成立。公司经营范围包括生产饮料瓶（桶）装饮用水（饮用水），销售高原天然水等。天然饮用水产业是拉萨的重点产业，西藏高原天然水有限公司是西藏30多家相关企业中最大的。目前该企业面临的主要困难有两个方面，一是融资困难，二是人才匮乏。

附图22　与拉萨市发改委座谈

记录人：孙曼　杨欣雨

时间：2020年8月8日

地点：拉萨市

人员：中国科学院地理科学与资源研究所刘慧、刘志高、宋涛、陈伟、韩梦瑶、张海朋、孙曼、杨欣雨；中国科学院科技战略咨询研究院温珂、郭雯、左亚彬、刘意；中央财经大学高菠阳、李文斌、刘志东

今天是科考的第6天，在拉萨调研的第2天。我们15人分成了三组，分别进行企业调研。科考分队主要调研了西藏帮锦镁朵工贸有限公司、达孜区高标准良种奶牛养殖中心、西藏阳光庄园农牧资源开发有限公司、西藏圣信工贸有限公司、西藏藏缘青稞科技有限公司以及昆仑能源西藏有限公司的拉萨天然气站。

◎ 西藏帮锦镁朵工贸有限公司

西藏帮锦镁朵工贸有限公司于2004年7月1日成立，注册资金2000万，现有土地338亩，建设面积1.2万多平方米，该公司是西藏自治区的国家级龙头企业，位于拉萨市曲水县聂当乡工业开发区。2004年前公司的工厂在尼泊尔，后来由拉萨重点招商引资过来，属于拉萨市政府重点招商引资项目。主要经营范围包括羊绒、羊毛等畜产品及自产产品的生产、加工、存放，进出口贸易，地毯生产、销售、销售民族手工艺品等。

在负责人的带领下我们参观藏毯的整个生产线。藏毯生产的主要流程为：剪羊毛—搬运羊毛—洗羊毛—撕疏羊毛—纺毛线—染毛线—设计地毯图案—卷毛线—拉地毯纬线—编织卡垫—修剪卡垫—洗涤卡垫—撑平拉直卡垫—修建卡垫和地毯。

目前企业仅有一个生产厂，在拉萨市曲水县聂当乡工业开发区。2007年以前，公司生产的藏毯80%用于出口，现在主要供给国内，只有10%进行出口。在国内，帮锦镁朵的藏毯除了在藏区销售以外，在上海和北京都设立了销售点，北京的销售点在西藏大厦，上海的销售点在东方明珠。藏毯销售额一年5000多万，其中西藏销售额2000多万，北京、上海一年销售额400万～500万。

◎ 达孜区高标准良种奶牛养殖中心

达孜区高标准良种奶牛养殖中心（附图23）是区、市、县精准扶贫"十三五"产业脱贫项目，也是拉萨市委、市政府"万户百场十中心项目"的重点产业项目。项目基地位于达孜区塔杰乡塔杰村，占地328.94亩，设计饲养规模2000头（实际引进1000头）。项目总投资1.69692亿元，其中拉萨市平桥资金融资贷款3600万元，其余13369.2万元为区、市、县涉农资金。项目投资回收期8.6年，利润总额（经营期平均）为2209.3万元，并将达孜区建档立卡贫困户1274人纳入每年分红。

附图 23　达孜区高标准良种奶牛养殖中心

◎ 西藏阳光庄园农牧资源开发有限公司

　　西藏阳光庄园农牧资源开发有限公司成立于 2005 年 6 月，注册资金 1400 万元，固定资产 2759 万元，是一家从事青藏高原农牧资源产业开发的专业公司。公司产品涵盖牦牛肉制品、调味品、生态蜂蜜等十大品类 83 个单品。公司年销售收入在 3000 万元以上，2018 年公司投资 4400 万元，其中精准扶贫金融扶持贷款 2000 万元，用于冰鲜冷冻牦牛肉生产线建设、牦牛肉酱全自动生产线、电子商务及牦牛肉体验店建设；用工 57 人，其中一线生产员工及店员 50 人，均为达孜区精准扶贫人员，助力当地精准扶贫。

◎ 西藏圣信工贸有限公司

　　西藏圣信工贸有限公司主要从事食品、日用品等多种商品零售，我们主要考察其牦牛绒制品的相关工作。公司 2005 年成立，2011 年进行股权改造后开始研发牦牛绒，公司收购当地农户的牦牛绒，为当地农户增加了额外收入。公司在尼泊尔注册了羊毛品牌 "SNOWLOTUS"（雪莲花），目前还未授权，但其在尼泊尔是销售最好的知名品牌，价格相较于一般品牌高出 0.5 美分。藏系绵羊毛质地较硬，不适宜制作衣物，适合制作手工毯（附图 24），有弹性、光泽好，有较高的收藏价值和文化价值。地毯由公司设计，在尼泊尔（加德满都）地毯厂制作生产。

附图 24　公司生产的藏毯

◎ 西藏藏缘青稞科技有限公司

　　西藏藏缘青稞科技有限公司成立于 2004 年 3 月，在西藏自治区达孜工业园注册成立，注册资金 3845 万元，是一家以高原青稞为主原料研发生产青稞食品、饮品及功能型食品、饮品等的国家高新技术企业。企业有员工 216 名，其中 85% 为当地农牧民员工。企业 2019 年产销值 1.56 亿元，利税 3100 万元，建成年产能达 10 万 t 的青稞食品、饮品精深加工能力。2019 年企业建立了"西藏高原特色农产品联合研发中心"，通过了"拉萨市青稞深加工工程技术研究中心"等科研平台的认定，年均科研经费投入 200 万～400 万元，占年均产销值 3%～6%，获得发明专利 8 项，外观专利 6 项。

记录人：孙曼　杨欣雨

时间：2020 年 8 月 9 日

地点：日喀则市

人员：中国科学院地理科学与资源研究所刘慧、宋涛、陈伟、韩梦瑶、张海朋、
　　　杨欣雨、孙曼；中国科学院科技战略咨询研究院温珂、郭雯、左亚彬、刘意；
　　　中央财经大学高菠阳、李文斌、刘志东

　　上午 9:00，科考分队准时从拉萨市驱车前往日喀则市。今天的行程安排十分充实，包括仁布县康雄乡亚德细褐羊毛织品农民专业合作社、西藏达热瓦青稞酒业股份有限公司、桑珠孜区江当乡郭加新村易地搬迁集中安置点、朗明桑珠孜区 50 MW "光伏 +

生态设施农业"综合示范储能项目。

◎ 仁布县康雄乡亚德细褐羊毛织品农民专业合作社

盘旋而过的崎岖山路，我们来到了仁布县康雄乡的亚德细褐羊毛织品农民专业合作社。仁布县共有 15 个集中搬迁点，其中康雄乡就是其中之一。康雄乡共有 12 个建制村，3500 人，合作社是当地的扶贫项目，也是易地搬迁的配套项目，不仅能够巩固扶贫成果，还能够有效解决当地脱贫摘帽之后的居民可持续生计问题。合作社年纯收入 200 多万，其中分红 10 万，工资支出 50 万；人均分红最多 1500 元左右。合作社内的员工共有建档立卡贫困户 59 人，还有一些来自当地以及周边不同地区的共计 70 多人，以女性为主；员工在正式工作前要培训一个月，包吃包住，实行八小时工作制，实现每人每月增收 3500 元，有效推动了当地农牧民不离土不离乡、依托本地产业的就业增收致富。

亚德细褐羊毛及服饰制作具有悠久历史，相传早在唐朝文成公主入藏时期就曾赞叹仁布县康雄乡的纺织技术精湛，当时群众选用亚德细褐精布制作袈裟赠送高僧大德，羊毛织品、藏式服装、藏式包等也深受达官显贵们的喜爱。织品原料选用海拔 4000m 以上的日喀则高原绵羊羊毛，经过人工染色、漂洗、弹选、碾压、穿织成布后，在植物染料中浸泡所得，制作精巧、舒适透气且安全环保，织品不易褶皱和褪色。正因为如此，合作社的织品售价相对较高，羊毛围巾的售价在 500～800 元，一套僧服约 1 万元，这里还可以进行服装定制，成人衣服一般需要 1 万～2 万元。目前该合作社已联系北京的服装设计师进行新产品的开发和设计，将流行元素不断加入传统手工制作技艺，使产品能被更多年轻消费者喜爱。

在五彩斑斓的藏族纺织品中，我们能够感受到细褐羊毛纺织品的悠久历史和鲜明的民族特色。随着时代的变迁，无数民族工艺淹没在历史的长河中，或面临失传的风险，但亚德细褐纺织工艺历经 1200 余年，薪火相传，生生不息。合作社的建立更是成为康雄乡脱贫攻坚的一大利器，不仅有效缓解了当地贫困妇女及残疾人的就业问题，同时切实增加了村民的工资性收入，带动全村实现脱贫致富（附图 25）。

附图 25　合作社女工们正在织布

◎ 西藏达热瓦青稞酒业股份有限公司

西藏达热瓦青稞酒业股份有限公司是一家上市公司（西藏青稞，872225），成立于2006年，注册资本1200万元，总资产6000万元。是西藏最早的青稞酒生产加工企业、农业产业化国家重点龙头企业、国家级高新技术企业、青稞酒产能12000t/a，"喜孜"为西藏著名商标。公司已拥有4项发明专利，15项实用新型专利，483个商标，1个作品著作权知识产权。职工共有48人，其中汉族仅有2人；职工平均工资每月5000元。为解决当地就业，仍采用人工装箱。

在公司经理的带领下，科考队员参观了生产车间，从酿造到装罐都在这一个工厂内进行，之前工厂只能生产低度酒，如今已经能够生产各种度数的酒，包括新近研发的50多度威士忌酒。公司年产量6000t，销售收入4200万元，净收入900万元；产品在各个涉藏地区均有销售，往往供不应求。同时计划在拉萨经济开发区建设二期生产线（藏传青稞酒建设工程项目），项目占地32.3亩，年产藏传青稞酒2万t，其中低度酒1万t，含气玻璃瓶酒1万t。项目计划总投资9743万元，建成后预期可实现工业增加值27440万元，年平均纳税2971万元。项目将新增劳动力80人，可间接解决西藏自治区上千人口就业问题，对增加当地人民收入、提高当地人民生活水平有积极作用。

◎ 桑珠孜区江当乡郭加新村易地扶贫搬迁集中安置点

桑珠孜，藏语意为心想事成的地方，是国家级历史文化名城，是"西藏粮仓"青稞主产区。总面积为3664.8km²，区辖2个街道办事处10个乡、15个社区、161个建制村，户籍人口为12.52人，由13个民族组成，藏族人口占92%。

为切实解决"一方水土养不起一方人"的问题，桑珠孜实施了1360户6012人的易地扶贫搬迁工程。其中依托江当乡位于雅江河谷，临近318国道、拉日高速、日喀则和平机场的区位优势，投资10.8亿元重点打造了郭加新村集中安置点，占地面积2781亩，共安置351户1561人，其中江当乡等9个乡搬迁244户1056人，桑珠孜区以外日喀则市的8个县搬迁107户505人。安置点配套建设了水电路讯网等基础设施和村级活动场所、双语幼儿园、医务室等公共服务设施。由青岛负责援建，包括村委会和绿化设施等。郭加新村是知名的光伏小镇，建设资金来源主要是援藏资金和扶贫产业基金，年日照时长3000h左右，日发电量2万kW·h左右，采用分布式发电，现已合并至国家电网；每年每户能够分红3000元，持续25年。尽管安装了太阳能，但本地居民能源结构没有改变，受长期习惯影响，人们冬天仍然使用柴火和牛粪取暖，主要依靠光伏产业获取额外收入。

郭加新村把劳务输出作为增加群众收入的重要举措，采取"劳务输出公司＋劳务合作社＋农户"模式组织化开展劳务输出。郭加新村库恰劳务输出合作社成立以来，培训 109 人就业，创收 163.5 万元；组织搬迁群众 806 人务工，创收 454.12 万元。同时结合人畜分离和农村户用厕所改造、生活垃圾分类等工作，采取"合作社＋生态岗位＋贫困户"的运营模式，开展园林绿化、卫生清扫、公路养护等工作。生态合作社现有社员 456 人，2019 年实现创收 159.6 万元，既改善了环境，又增加了现金收入，实现经济效益与生态效益相统一。围绕珠峰绵羊短期育肥、温室大棚、青稞精深加工等产业项目组建了娟姗奶牛养殖农民专业合作社，养殖社入社群众 408 户 1843 人，预计 2020 年 9 月底建成，运营后可实现户均增收 1200 余元，有效增强安置点造血功能。附图 26 为郭加新村整洁舒适的房屋内景。

村民收入主要依靠外出务工，尤其是建筑工地劳动，一天能够收入 180～220 元，农忙时节也会去种地。当地学前教育免费，但偏远村庄等地区幼儿园配套仍不足，师资由市级财政承担，下一步计划通过援藏资金提高幼儿园老师待遇。

附图 26　郭加新村整洁舒适的房屋内景

◎ 桑珠孜区 50MW "光伏＋生态设施农业"综合示范储能项目

该项目位于日喀则市桑珠孜区江当乡政府东侧约 3km 处，为日喀则市朗明太阳能科技有限责任公司投资建设，与山东水发集团兴业公司合作，总投资约 4.5 亿元，预计 2020 年 12 月底竣工并网。建设场址一次建成 50WM 光伏发电站，同时配套 100MW·h 的储能系统，建设期 6 个月，生产运行期为 25 年，项目建成后，其将成为桑珠孜区首个大型光伏储能示范项目，年发电量约 1 亿 kW·h，可节约 3.06 万 tce，可减少温室气体排放 8.47 亿 t。不仅有利于满足西藏中部电网及日喀则地区电力发展需要，对桑珠孜区的电网调峰、调频、调度具有重要的示范意义，而且符合国家能源战略，有利于日喀则地区的生态环境保护。

记录人：杨欣雨　孙曼

时间：2020 年 8 月 10 日

地点：日喀则市

人员：中国科学院地理科学与资源研究所刘慧、宋涛、陈伟、韩梦瑶、张海朋、杨欣雨、孙曼；中国科学院科技战略咨询研究院温珂、郭雯、左亚彬、刘意；中央财经大学高菠阳、李文斌、刘志东

　　上午 9:30，在日喀则市政府召开的"十四五"规划发展思路研究座谈会上，科考分队与日喀则市发改委、科技局、财政局、扶贫办、农业农村局等 20 个部门的领导围绕"十三五"发展现状、"十四五"主要设想、绿色能源发展等问题进行了热切交流。

　　日喀则市"十三五"时期地区生产总值由 2016 年的 187.75 亿元增加至 2019 年的 279.49 亿元，是"十二五"末期的 1.67 倍，同期全市各项指标稳步上升，经济社会取得了长足发展。作为西藏对外联系的重点区域，日喀则长期以来是西藏对外贸易最活跃的地区，尤其是与南亚陆路贸易的标志性区域，积极融入"一带一路"倡议。日喀则经济开发区、珠峰文化旅游创意产业园区、西藏日喀则国家农业科技园区等各类特色园区日益壮大，吉隆、樟木、普兰等口岸开放格局初步形成，同时珠峰有机种养加业、特色旅游业、清洁能源业、南亚物流业等七大产业迅速发展；但也面临发展质量总体较低、城乡县区间发展不平衡不充分、中心城市能量不强、基础设施不足、要素资源缺乏的问题。

　　日喀则市是本次科学考察的第三个城市，与拉萨市、林芝市相比，其发展既有共性也有特性，基础设施制约和人才短缺是西藏地区城市建设存在的最主要问题。前者还能通过政府资金的大力支持来解决，但人才短缺仍然会是日喀则很长时间面临的问题。对外，西藏城市显然不具有与其他省份竞争的区位优势，对内，日喀则也很难与首府拉萨进行人才竞争。西藏之行让我更加深刻地认识到教育对于地区可持续发展的重要性，所谓"再穷不能穷教育"，要更加注重城市软件的建设；在西藏实现全面脱贫摘帽之后，政府的补助方式可以从直接的金钱补贴向开设教育基金、建设学校和科研院所，提高人才待遇等方面转变，不只着眼于眼前的经济好转，而是耐心考虑长远的发展。

　　下午，科考分队前往日喀则经济开发区进行实地调研。自治区级日喀则经济开发区于 2019 年 12 月由西藏自治区政府正式批复设立，旨在打造我国"一带一路"和面向南亚开放合作的重要平台。其位于日喀则市城区南部，距离市城区约 5km，距离日喀则机场约 50km。规划控制范围 34.08km²，建设用地 22.32km²，规划可居住人口 12 万人。规划布局为两大发展片区（产业片区、新城片区）、三条发展轴线、四条生态走廊和五个城市中心。匡算园区总投资 600 亿元，其中基建投资 300 亿元，招商等其他投资 300 亿元。该区着力构建"4+3+X"的产业体系，重点鼓励农畜产品深加工、天然饮用水及绿色食品生产；国家保税物流、商贸物流、电子商务等现代物流业及保税加工业；清洁能源业、先进制造业和其他高新技术产业；民族手工业、金融服务业、商贸会展业、其他专业服务业，以及对经济发展和民生建设具有重要贡献或对进出口有重要推动作用的行业。

　　负责人带领科考队员参观了正在建设的"藏式民宿"试点项目，项目由本地居民经营，尽量保持个人的自主性，政府仅做统筹和统一规整。规划建设有 12 座 500m² 左右的民居，房屋均保持典型的藏式风格，外墙装饰是日喀则地区特有的"手抓纹"；内墙均采用生物质板材，这种材料由秸秆颗粒制作，环保且经济；阁楼建设有"阳光房"（附图 27），采用薄膜发电与太阳能发电相结合的技术，为房屋持续供电，相关建材企业即将在园区落地。园区内项目主要由上海、山东、吉林等援藏省份的相关企业支持建设，所需的材料大多采购自内地，但该区的招商引资范围除了本地优势特色产业外，还重点引入环保类、物流类、高技术类型企业，这些企业在园区落地后不仅可以带动日喀则乃至西藏地区产业进步和经济发展，还可以大大降低本地的材料运输成本，并可为地区建设提供后续的服务和维护，形成良好的产业配套体系。

　　在对民宿区内外环境进行充分了解后，我对"藏式民宿"抱有期待，如果我来西藏旅行，也会想居住在当地民宿，更好地体验藏民的生活，而不是选择常见的酒店。但同时也有一些担忧，民宿通常是旅游景点的配套产品，是游客首先选择某一景区游玩之后的附加选项，但该区民宿项目处于偏远地区且相对孤立，周边没有著名旅游景点或历史文化故事作为支撑，很难凭借自身的特色吸引游客前往，且藏式民宿定位高端，价格昂贵，受众群体较小，因此可能会面临长期难以盈利的问题。

附图 27　高科技的"阳光房"

　　随后我们与该区的相关领导举行了座谈，会上观看了该区发展规划宣传片，结合上午的座谈会，对该区的未来规划更有了画面感。该区是西藏自治区改革创新的重要载体，其以生态建设为基底、产城融合的发展模式在全国的新区建设中都为较领先的构思。对于日喀则来说，该区是当地经济发展的重要引擎，珠峰大道产业发展主轴和两条城市功能发展轴共同支撑起该区的城市建设和产业发展，处于核心位置的珠峰大厦将会成为日喀则的新地标，教育中心、体育中心、居住中心等相继完善，完备的

15 分钟生活圈将为日喀则居民高品质生活营造出美好环境。一座崭新的边境城市正在建设崛起，日喀则市的发展未来可期。

记录人：杨欣雨　孙曼

时间：2020 年 8 月 11 日
地点：日喀则市定结县
人员：中国科学院地理科学与资源研究所刘慧、宋涛、陈伟、韩梦瑶、张海朋、杨欣雨、孙曼；中央财经大学高菠阳、李文斌、刘志东

上午 9:30，我们从日喀则市区准时出发前往定结县，全程 400 余公里，中间还要经过坎坷路段，因此一早便给车加满了油，并备好了"干粮"以防中午没有地方吃饭。

幸运的是今天天气十分晴朗，沿着号称全国最美景观大道的"318 国道"行驶，沿途风景的确美不胜收，我们几次忍不住下车观望。定结湿地位于喜马拉雅山北麓，东西狭长，东起岗巴县昌龙乡叶如藏布上游，西至定结县郭加乡康孔村叶如藏布大拐弯处，金龙藏布和叶如藏布造就了狭长的高原湿地；远远望去像一面镜子，倒映出蓝天、白云和远山，还能依稀看到几匹马儿在湖边吃草，拥有着 44 万亩湿地的定结县是个名副其实的"湿地王国"。再往前行驶一段，"珠穆朗玛峰国家级自然保护区"（附图 28）几个大字令队员们激动不已，巍峨的雪山静静矗立在远方，仿佛一条绵长的玉龙钻入云层之中，还流溢着袅袅的颤音。鲜艳的五星红旗随风飘扬，为这美景缀上最动人心弦的一笔，科考队员们的心中无不充盈着满满的自豪和感动。

附图 28　珠峰自然保护区

　　去往曲秀堂嘎湖的路上下起了雨，整个山沟云雾缭绕，恰如一位美女含羞露怯、遮遮掩掩！山间的瀑布仿佛从天上流下，蜿蜒流淌在沟壑中，山谷中空灵寂静，只有哗啦啦的泉水声和周遭窸窣的脚步声；偶尔停下一只鸟，被我们的赞叹声惊动，就又飞远了。为了一睹曲秀堂嘎湖的容颜，我们爬了20分钟左右才来到山顶，值得一提的是，这里的物种多样性非常丰富，上山的沿途看到了上百种不同的植物，大多是不知道名字的种类，队员们纷纷感叹一定要守护好这块"绿野仙境"。

　　如同上山时一样，下山的路依然坎坷，我们的车队依次在山路上盘旋，离汹涌的河流仅有不足几米的距离。路上不时能看见泥土混杂着巨大的石块掩埋了道路，施工人员正在进行道路抢修（附图29），司机师傅说路段经常有山体塌方、泥石流，修好之后不久又会出现，只能塌了再修，如此往复。情况好时修复只需要一两天，情况不好时十天半个月也无法正常通行。而前行的道路仅此一条，因此交通状况的变数很大，很影响当地居民的日常生活和贸易往来。

附图29　被落石掩埋的山路

　　今天一整天基本都在路上，但是令我印象深刻的是，几乎每到一个县的境内，每走过一段路，都能在山上或者路边的牌子上看到"均衡教育、利国利民""关心教育就是关心下一代""教育振兴、全民有责"等类似标语，可见在西藏边疆，人们也是非常重视和渴望教育的。随着社会经济的发展，教育对于一个国家越来越重要，但是我国教育资源的分布极不平衡：东部地区基础教育资源相对富足，西部地区则是较为落后的地区，无论是基础教育资源的占有、基础教育资源质量还是入学比例都与中西部地区存在较大差距，西部偏远落后地区的教育问题还是应该作为国家规划建设的重中之重。

记录人：杨欣雨、孙曼

时间：2020 年 8 月 12 日

地点：日喀则市定结县陈塘镇

人员：中国科学院地理科学与资源研究所刘慧、宋涛、陈伟、韩梦瑶、张海朋、杨欣雨、孙曼；中央财经大学高菠阳、李文斌、刘志东

　　早上 9:30，在蒙蒙的细雨中，我们跟随镇长步行前往陈塘口岸进行实地考察（附图 30）。陈塘口岸由日喀则市本地企业负责设计，着力打造智慧海关，规划建设有一站式服务的海关楼、边检楼、国门和一站式货物查验厂，其中海关楼、边检楼以及国门已经初具雏形。陈塘镇山脚下的嘎玛沟是中尼边境上的一个天然分界线，陡峭的山脉和湍急的河流将两国人民远远隔开，仅几十米之隔的对面就是尼泊尔的吉马塘卡。以前两国之间民众的沟通要翻山越岭，盘山徒步绕过去，翻越之后是很窄的土路，全程依靠人力背负。"中尼友谊桥"，即乌布其桥建成之后（截至当时尚未获批），从尼泊尔入境的时间将大大缩短，但友谊桥的建设并不容易，因为当地地质结构复杂，且需要获得尼方同意。

附图 30　科考分队与陈塘镇长在陈塘口岸合影

　　喜马拉雅山脉中段有"五条沟"，分别是亚东沟、陈塘沟、嘎玛沟、樟木沟、吉隆沟，它们自东向西，在喜马拉雅山五六百公里的范围内形成了独特的风景。我们此行前往了朋曲河下游的陈塘沟，居住在位于定结县西南部的陈塘镇藏嘎村，海拔仅有2040m。这里森林茂密，植被丰富，从印度洋吹来的赤道暖流与高原寒流在这里汇合，将这里造就成"一山分四季，十里不同天"的神奇景观，远处望去，高山顶上白雪皑皑，

近观眼前却是绿水青山，瀑布纵横。

陈塘镇像是一座悬在半山腰的村镇，这里幽静雅致，仿佛世外桃源。两条上百米落差的大瀑布从悬崖绝壁上飞泻而下，成了陈塘镇的地标；山间坐落着大大小小蓝色屋顶的房屋，这是夏尔巴人的特色建筑。山脚下有 2 个村子，居民比较分散，另有 4 个村子较为集中地居住在山上，镇政府所在地也在山上（附图 31）。

镇长向我们介绍了当地很有意思的"流动式居所"，这里的村民每户有两套房屋，一套在山脚下的冬营地，另一套是山上的夏营地。村民们冬天在山脚下居住，到了夏天，集体向山上迁移，在山上种植土豆、青菜等，收获之后种植当地的主要作物鸡爪谷，山下仅余一个老人看家。村民主要收入方式是外出务工，同时发展种植业、养殖业。我们上山实地考察了镇政府所在地的村落，这里大部分为 2015 年地震后建设的新房，也保有部分之前用石头堆叠、没有水泥黏合的老房子，山上同时建有综合文化馆、养老院等设施。2016 年村镇才开始建设通路，液化气、水泥、生活用品等全部由索道运输或人工背上山。镇政府两座大楼共投资 2400 多万，单价每平方米 6300～6500 元，砂石钢筋等论斤收费，单价较高；现在道路修通之后，价格大大降低，单价 4000 元左右。村镇共花费 5980 万元进行改造，尤其是进行电力和道路建设，我们在山下旅馆居住的两天亲身体会了当地的电力不稳和信号不好，镇长说政府已与移动和电信运营商进行协调，着力解决信号问题，同时新的 35kV 水电站建设开通之后，电力情况将大大改善。对于偏远村镇的发展，首先是要解决电力和道路等基础设施建设问题，这也是脱贫攻坚的重要内容。

附图 31　山腰上的陈塘镇

镇上的中尼边贸市场是中尼两国边民交换物资、互通有无的重要场所（附图 32）。

受疫情影响，今年没有开放互市，但是往年固定互市频率一周两次，每次多则三四十人，少则十几人，每年贸易量达 5000 多万元。尼泊尔边民（对面村镇 15000 多人）翻山越岭从简易桥走过来，用自己手中的手工制品、药材等，交换我国边民的生活必需品，交流完全无障碍。当地政府鼓励互市，给尼泊尔边民办理暂住证，因而许多尼泊尔人过来打工，成为餐馆、茶馆的服务员，每月包吃住一千元工资，而雇佣当地村民每月需要三四千元工资。

附图 32　中尼边贸市场

　　下午，围绕 2020 年全面脱贫后定结县民的"可持续生计"问题，科考分队与县干部们举行了座谈会。

　　定结藏语意为"水底长出"，定结县位于日喀则市西南部，是西藏的九个边境县之一，面积 58.34hm²。全县总人口 23000 多人，城镇化率在 20% 左右；其中陈塘镇户籍人口约有 2529 人，常住人口 3500 多人（99% 夏尔巴人，其他藏族人）。产业以旅游业、边贸业、种植业、服务业为主。16 岁以上（除了学生、参军等）能享受边补，每人每年 6000 元，且逐年增长；加上各家的农牧业收入，每人每月的收入过万。经国家第三方评估，2018 年 9 月 18 日脱贫摘帽；2019 年贫困人口、贫困村双清零。

　　对于今后的发展思路，县领导提出"生态立镇、旅游兴镇、口岸活镇、文化塑镇"的四大战略。定结县处于边境地区，地质条件复杂，生态环境脆弱，因而当地需要格外重视对生态环境的保护，对坡度较高的山逐渐退耕还林还草，同时正在修建污水处理厂，生活污水达标后才能流入朋曲河。

　　定结县区域内有著名的陈塘沟、定结湿地等自然旅游景点，同时是全区最大的夏尔巴人居住地，具有出色的人文旅游资源，如当地特色鸡爪谷酒是自治区级非物质文化遗产，藏戏广场正在申请国家非物质文化遗产等，旅游业的挖掘潜力巨大。下一步计划将陈塘镇打造成古镇，以自然观光和夏尔巴文化体验作为定结县特色旅游业的两大方向。在自然观光方面，关键是要注重保护与开发并存，走绿色开发道路，太多人造景观的植入反而会大大破坏游客的观赏体验；可以限制旅游人数，设置消费底线，采取饥饿营销方式，发展高端生态旅游。对于夏尔巴文化旅游的打造，关键是对旅游环节尽量多做延伸，打造一站式旅游体验。例如，对村镇进行风貌改造，以屋顶铁皮的颜色区分山上的四个村，使居住景观更具有观赏性；排练文化实景演出，体现夏尔巴民族风情；制作旅游文化周边，如特色竹编制品等。

县内的陈塘—日屋口岸是国家和西藏自治区重点打造的边境陆路口岸，2019年中尼边贸总和5185.07万元。当地中尼人员往来密切，大量尼泊尔人来本地务工，年平均约1万多人次。尼泊尔工人没有技术，因而多为廉价劳动力，一天工资仅120元；而本地人的劳动力成本较高，一般为200元，有技能的能达到400元。但从尼泊尔前来打工者必须当天来、当天走，不能在当地居住，仅有20多个有证者可以长期在此做生意，但只能卖尼泊尔的东西，做饭也只能做尼泊尔饭。此外，双方交流也存在许多限制，如边贸互市只有周三和周六开放，前往尼泊尔需要去县里办手续开路条，手续十分烦琐。县里为了促进开放也做了大量工作，如定期进行边境县干部会晤，一年5次左右（县内一次，镇上一年四次）。疫情期间，当地免费向尼泊尔赠送了价值十几万元的物资，双边沟通频繁，边境上的尼泊尔人民多是夏尔巴人，双方具有共同的节日、民俗基础，30km内边民可以来往。

对于口岸今后的发展建设，我们与县领导探讨了三个路径：①将陈塘—日屋口岸与邻县进行对接，在以市场发挥决定性作用的基础上，镇政府对产业进行适当引导，促使口岸功能之间协调、互补，杜绝无序竞争。同时在口岸相关基础设施建好后，进一步提升通关效率、管理水平、营商环境，加强口岸的软件建设。②尼泊尔具有大量的廉价劳动力，而西藏的劳动力相对不足，对于工人、保姆等岗位的劳动缺口较大，双方语言沟通没有障碍，因而能够实现劳动力的整合和要素的有效互补。国家的相关开放政策仍然停留在十几年前，边境地区的社会治理需要新的转变，开放度进一步加强。③可以加强对尼泊尔地区的水、电等基建援助，如中尼边境通道的跨境电网建设、道路建设，不仅能够促使边贸互市由集市向固定市场转化，提高中尼贸易效率，还能够提升中国在尼泊尔的影响力，从民众层面架起两国友谊的桥梁，实现民心相通。

与来之前的印象不同，当地居民享受优厚的国家财政补贴，还有集体合作社分红、劳务输出等经济来源，生活十分富裕，甚至培养出许多"闲人""懒人"。因此边境县的建设不是仅脱贫摘帽，而是考虑居民的可持续生计，即从输血向自我造血转变。在三个方面可以继续提高：一是继续加强配套基础设施建设，通信、水电等要持续跟进。现在许多村镇还是比较原始，只有藏嘎村先进行了风貌改造（厕所等），多数地区水电、道路仍较为薄弱，移动、电信等提供商要加快建设步伐，以便西藏边境各行各业的发展能够得到通信的支持。还要注重对道路的系统治理，周边地区地质灾害严重，因此基建不能只考虑短期利益，还需考虑安全性和长期经济性。二是加紧教育支持力度，尽管当地能够保障九年义务教育，但教育质量和水平都有待提高，2012 年至今从镇上走出去的中专以上学生约六七十人，技术和人才还是短缺，且当地难以留住人才，需要政府采取有效措施进行人才支持。三是加强当地的品牌建设，既包括喜马拉雅湿地王国、夏尔巴民族村等旅游胜地的品牌建设，也包括赤麻鸭、有机农产品、鸡爪谷酒等相关农牧产品的品牌建设。

　　深入陈塘了解之后，我们对西藏边境口岸和边境村镇的发展感触良多。西藏边境口岸毗邻国家众多、历史悠久，但口岸稀少、间隔遥远且建设滞后，随着中国与中南半岛、中巴、孟中印缅等三大经济走廊的实施，中国与南亚各国之间的交流与合作规模不断扩大。作为国家间政治、经济、文化和外交交流与合作的通道，边境口岸如何依靠自身特点因地制宜地建设和发展，对于改善和提升中国与南亚国家间的关系至关重要。加强西藏边境地区的交通、通信、水电等基础设施建设，在我方实际控制的重要战略位置区域建设村镇和开展边民互市，大力发展文化和商贸产业，最终通过边境口岸将三大经济走廊连接起来。站在"十四五"规划的新起点上，以及尼泊尔"4·25 大地震"之后，我们期待借助灾后重建工程，展现西藏边境村镇的全新面貌。

记录人：杨欣雨、孙曼

时间：2020 年 8 月 13 日
地点：日喀则市聂拉木县
人员：中国科学院地理科学与资源研究所刘慧、宋涛、陈伟、杨欣雨、孙曼

　　上午 9:00，科考分队决定兵分两路，分别前往吉隆口岸和樟木口岸进行考察。在出发前几天，就听说因为降水发生了山体崩塌，阻塞了通往吉隆口岸的必经之路，终于在我们出发前一天道路修缮完成，但落石现象时有发生；通往樟木口岸的道路也很险峻。因此科考队员们都有些惴惴不安，互相叮嘱对方注意安全。

　　所幸一路上阳光明媚，平安无事。几近坠落的白云、连绵逶迤的山脉、纵横深切的沟谷……在道路的两旁还看到无数的小沙丘，还有一些大的新月形沙丘，地图上显示这片区域叫作"十万沙丘"。原来是由于绿色植被缺乏，形成了大片裸露的山体和沙地，当地人聪明地用一块块石头垒起"田字格"防沙带，呈现出"以石治沙"的有趣景观（附图 33）。还有低矮的烽火台遗址，沉默诉说着定日县早在吐蕃王朝时期的悠久历史和文明。虽然连续翻越了 3 座海拔 5000m 左右的高山，但由于大家已逐渐适应了高原气候，且穿越的时间较短，仅感觉到轻微的呼吸不畅，并无严重的高原反应不适症状。

附图33 "田字格"防沙带

经过樟木口岸所在的县城——聂拉木县城时已是下午4时多。在西藏所有的陆路口岸中，位于喜马拉雅山中段南坡、日喀则地区聂拉木县、东南西三面与尼泊尔接壤的樟木口岸是其中名气最大、发展最为成熟的一个，不仅是中尼之间进行政治、经济、文化交流的主要通道，也是中国通向南亚次大陆最大的开放口岸。现在的聂拉木是2015年尼泊尔大地震后重新扩建、加固和维修的，沿街能够看到不少边贸商店、旅店和餐馆，但好多没有开门营业。想必因为樟木口岸的关闭，本地的边贸、旅游生意受到不小的影响，尽管樟木口岸已经部分恢复货运功能，但严重的疫情又使聂拉木的经济发展遭受重创，因此县城里并不见繁荣活力的景象。

一路沿着318国道向着终点的樟木口岸驶去，盘旋奔驰在悬崖边上，处处可见奔涌湍急的波曲河、直冲而下的流泉飞瀑，青山与白云相接，森林与灌丛为伍。云雾缭绕，恍惚中让人感觉漫游在仙境，但雾气稍稍散去，极深、极狭的樟木沟陡然出现，深不见底的峡谷之上只听见河流和汽车的轰鸣。樟木镇就建在中尼盘山公路的两旁，平均海拔约2200m，总面积约70km²，下辖樟木村、雪布岗村、立新村、帮村四个建制村，全镇常住人口3000多人，其中约1000多人是中尼跨境族群夏尔巴人。经过三道严格的边检，我们抵达樟木镇，尽管早已知晓口岸受地震影响很大，却不知道镇上已是这般萧条荒凉的景象。往日著名的"小香港"，现在只剩下空无一人的街道、破败残旧的房屋、杂草丛生的院落，从商铺"美容美发""服饰""酒店"等招牌中，隐约还能看到从前城镇繁华热闹的影子，令人不由唏嘘和遗憾（附图34）。

附图 34　樟木镇某处街景

　　在与口岸管委会的相关领导进行座谈之后，我们对樟木口岸和樟木镇建设有了更加深入的了解。樟木口岸位于喜马拉雅山中段南坡，距离尼泊尔首都加德满都仅129km，是中尼之间进行政治、经济、文化交流的主要通道，是中国通向南亚次大陆最大的开放口岸。2011～2014 年货物贸易额连续四年依次达到 10.01 亿美元、17.82 亿美元、20.44 亿美元、20.67 亿美元。受 2015 年地震影响，口岸暂时关闭，于 2019 年 5 月 29 日恢复货运通道功能，恢复试运行期间，截至 12 月底货物贸易总额达 4.3 亿元。尤其是 2020 年 5 月、6 月西藏樟木口岸贸易值为 1.09 亿元和 1.63 亿元，呈现连续增长态势，出口的主要物品是苹果（陕西、甘肃）、大蒜、核桃、日用百货、部分电子产品、建筑材料和疫情物资，而进口几乎没有。樟木镇有 4 个建制村，本地居民 1500 多人，现已全部转移到日喀则市樟木新区。5 月 29 日货运功能恢复以后，本地仅有少数工作人员，保留了一个超市、一个餐馆等必要生活设施。

　　樟木口岸对外开放具有显著优势。地震前中尼两国陆路贸易 90% 以上在樟木口岸，该地区约有超过 50 户居民与尼泊尔人（靠近边境线的两个村）通婚，并给予中国国籍；该地区中尼双方语言相通，特别是尼方边境线地区多分布着与本地同根同源的夏尔巴人和达曼人，同属于藏语系、庆祝藏历新年，两地的经贸互市具有吉隆等口岸不具备的联系机制和民心基础。相对于吉隆口岸而言，中尼双方对樟木口岸的认可度更高，樟木镇对岸的尼泊尔民众几十年来围绕这个口岸生活，发展形成了友好的通商氛围，对边贸互市、通商口岸建设的呼声更高，心情相当迫切；而吉隆对岸的尼泊尔地区地方保护主义非常严重，不够开放包容。此外，樟木对岸的尼泊尔地区基础设施建设更为完善，通行路况相对较好，区位条件更好。疫情之前樟木口岸每天允许 20 多辆车通过，疫情之后由于消杀工作每天最大限度通过 8 辆（9.6m 长的车）；而吉隆口岸疫情之后每

天只允许 4 辆车通过。

为进一步融入"一带一路"倡议，促进樟木口岸与吉隆口岸错位发展、差异化发展，避免资源浪费，座谈会上讨论了有关樟木口岸的发展建议：①建议樟木口岸主要功能为边境贸易、旅游人员通道，包括距离优势（从日喀则到樟木比到吉隆时间缩短 2h，樟木到加德满都比吉隆时间缩短近一半）、货运成本优势（装卸费用较低，效率较高，樟木到加德满都比吉隆每车节省 2000 元）、边贸往来优势（樟木通关历史悠久，基础更好，民众积极性更高）；长期以来国内外游客都有从樟木口岸出入境的习惯，如尼方前来酸奶湖朝拜，中方出境的巴尔卑斯一日游（30km 以内不需签证）。②进一步加强口岸基础设施建设，尤其是地质灾害防治与人员安全保障方面。③与尼泊尔方开展跨境合作，帮助尼泊尔靠近口岸地区改善基础设施（从友谊桥到尼泊尔巴尔必斯镇 28km 范围内路况极差，之后直通加德满都的还不错）。④将樟木口岸打造成高效货运通道，增设仓储中心、停车场设施、现代物流设备等，实现物流的组织化建设，提高货运量和通关效率。

但同时，樟木口岸的边贸发展也具有诸多限制因素。首先，樟木口岸地处高山峡谷地带，通信、水电条件受到很大限制，318 国道等道路两边多为悬崖绝壁，交通运输空间较为狭小，容易造成交通瘫痪；其次，樟木口岸处于环喜马拉雅山地震带中，地质结构不稳定，极易引发山体滑坡，对产业发展和布局造成较大的威胁。樟木口岸的边境贸易主要是出口羊毛、茶叶、盐等附加值较低的初级产品，第三产业主要集中在交通运输、仓储租赁行业，边贸商品结构层次低，产业内部结构不合理，极易受到经济环境、自然灾害的影响。更为重要的是，樟木口岸至今没有"灾后重建规划"，缺少新的功能定位，使得管委会干部无从下手，不知道怎么"科学地恢复"樟木口岸。所有居民和领导班子都在市里的樟木新区，口岸没人居住就无法进行商贸往来（不让居民回来的原因是当地地质灾害频发，且治理尚未完工），仅作为传统货运通道的樟木口岸发展动力不足。

繁华的边境口岸与美丽的樟木沟勾勒出聂木拉县的独特魅力，樟木仅仅几千人口的村镇，也能够实现数十亿美元的贸易额，两国民众互市通商、友好往来，超越了一般国籍的界限，实现互惠共赢。对于樟木口岸的建设不能操之过急，可进行"人货分流"，优先建设现代化高效货运通道，经过长时间地质灾害防治之后，在保障人员安全的前提下，逐步回迁原有居民（居民基本愿意回迁），逐步开放边贸互市、经营通商。樟木口岸要以"一带一路"倡议与地震重建为契机，积极发挥自身在区位、经贸、特色资源等方面的比较优势，大力发展对外贸易，优化商品和产业结构。同时，加强与尼泊尔等南亚国家地方政府的沟通与协调，建立经济合作定期会晤机制，扩大和深化国家间多层次、多领域的合作。我们相信，随着樟木口岸的再次通关，以乡村振兴为基础，这颗祖国西南边陲曾经的"明珠"，一定会再次焕发生机，重现往日辉煌。

记录人：杨欣雨、孙曼

时间：2020 年 8 月 14 日

地点：日喀则市聂拉木县

人员：中国科学院地理科学与资源研究所刘慧、宋涛、陈伟、杨欣雨、孙曼

　　今天是调研的最后一天，上午我们与聂拉木县政府进行了座谈，原本计划下午到樟木口岸进行实地调研，但是由于道路塌方无法前往，于是临时修改行程调研了聂拉木镇宗塔村和西藏神猴药业有限责任公司。

　　上午 10 时，科考队与聂拉木县发改委及相关部门就"十四五"规划发展思路与居民可持续生计问题进行了深入交流。过去 5 年，全县以"4·25"地震灾后重建为契机，始终将经济恢复与发展作为第一要务。围绕"一圈两区三带"的县域经济区划格局，2019 年全县三次产业结构得到进一步优化（14.1∶30.5∶55.4）。基础设施方面，G318 灾后综合整治工程竣工，持续推进农牧民户用光伏系统建设和小型水电工程建设。

　　聂拉木县自身的战略定位是西藏自治区沿边开发开放先行区，产业定位是中尼边境重要的商贸物流基地、自治区高品质的农牧产品生产基地、日喀则市重要的绿色产业发展基地、具有国际影响力的边境旅游目的地。对于"十四五"的发展设想，当地最迫切的愿望是樟木口岸的尽快重建、开放。樟木口岸对于境外、境内都具有很大影响，是无法替代的贸易通道、旅游通道，在距离边境线仅 13km 的尼泊尔地区，有中方援助建设的贸易加工仓储区（旱码头）；同时日吉铁路的支线规划计划将樟木口岸纳入（318 国道和 219 国道的岔路口）。尽管仍有灾害风险，但整体来看是可防、可控、可治的。

　　根据县 2020 年政府工作报告，"十四五"期间聂拉木县的主要工作有 4 个：①继续开展冰湖治理工作。冰湖是在冰川作用下形成的一种特殊的湖泊，近几年随着全球变暖等气候变化，冰川加速融化，冰湖储水量不断增加，一旦溃决会形成严重的溃决洪水。聂拉木县的高风险冰湖共有 14 处，暴发突然、破坏力大、影响范围广，1981 年就曾发生过章藏布流域次仁玛错冰湖溃决形成巨型灾害，冲毁中尼友谊桥，损毁沿途 60km 范围内的村庄和道路，造成 200 人死亡。一座座冰湖就像悬在聂拉木县人民头顶上的"达摩克利斯之剑"，随时有掉下的风险。今后需要加强对高危冰湖的监测与预警，加强高风险区的社区教育和防灾减灾培训，对当地建成的或规划的重大基础工程提出防灾建议。②建设樟木口岸成为高效货物运输通道。作为重要的中尼人口经济合作带，樟木口岸注重加强高效便捷的货运通道建设，在人员尚未回迁的条件下，优先关注货物通行，提升货物通关效率，如建设货物仓储和集散基地、率先使用 5G 等。③樟木镇的灾后重建恢复工作。樟木口岸的经济活动重心都在樟木镇，中国科学院水利部成都山地灾害与环境研究所正在协助进行国土空间规划工作。④识别聂拉木县的差异化定位，以希夏邦马峰为重点打造特色旅游。聂拉木县是深受国内外游客欢迎的旅游胜地，其中希夏邦马峰海拔 8027m，是世界上排名第 14 位的高峰，也是唯一一座完全坐落于中国境内的 8000m 级山峰。聂拉木县围绕希夏邦马峰观光旅游，着力打造异国风情旅游小镇，游客登山需要由藏族向导带领的牦牛运输队作为向导，一年至少吸引游客

100～200多人（一次全程费用不超过1万元，每次10天左右）。此外，当地也在着力发展农业特色，如最初本地野生的人参果（蕨麻），在山东烟台的援助下能够实现本地种植，亩产2000斤，价格每斤35元；后续对其进行深加工，研发酒类、化妆品等相关高附加值的产品，实现居民增收。

聂拉木县的灾后重建一定要规划先行，只有明确村镇、口岸的定位，行政干部才能有的放矢、合理部署。在后续可能进行的文化旅游发展中，一定要重视保留文化特色，做好文化资源的保护，如果像陈塘风貌改造中只对民房做管理，对旅店餐馆不做管理，就会导致村镇建设风格过于混乱，丧失当地文化特色。同时，要注重产品的品牌建设，形成旅游业的组织化、产业化，聂拉木县产品要想走出去，就不能采取小作坊式生产方式，要加强县镇之间的整合，形成一定规模，才能避免出现"当地水好但居民依然喝农夫山泉"的局面。

下午我们前往聂拉木镇宗塔村进行实地考察，当地的小康示范村项目来源于西藏自治区，而村委会的灾后重建主要由国家财政拨款。宗塔村位于318国道两侧，离聂拉木县城10km，驻地海拔4000m，截至2019年底，全村共有40户、193人。基层党组织每月两次召开民主生活会，全村17个党员共同学习；同时将全村以10户为一组，共分成4个组，每组选一个户长作为代表一起参会学习。同时村中设有专门的村民大会会议室，进行村中紧急情况或者边民补贴事宜的讨论，平均每周2～3次，充分反映了基层民主。宗塔村也十分重视教育，村中有一个幼儿园，老师由教育局分配；小学教育需要去县里的小学，住校且有三包补助。放假时学生可以前往村里的图书室看书，登记之后还可进行借阅（附图35）。对于身处偏远村落的孩子们来说，书籍是他们眼睛的延伸，帮助他们更好地了解山外的大千世界。

附图35　宗塔村的农家书屋

　　村集体的温室大棚合作社是宗塔村村民的重要收入来源，温室大棚由 2009 年援藏投资 620 万元建设，总面积 43.32 亩，共有 110 座温室，其中大温室 8 座，每个面积 268m²，小温室 86 座，每个面积 100m²，还有 1 座育苗室，面积 250m²。合作社成员共 36 名，2019 年每户分红 6644 元，社员的种植积极性很高。宗塔村全力打造农业产业，根据蔬菜瓜果基地推广"合作社＋双联户"模式，通过有效的经营生产模式保障农业增产、农牧民增收。村子还提供闲置大棚作为"大学生创业实验基地"，仅收取每年 450 元的土地使用费，给年轻人提供更多机会和条件，鼓励其通过自身努力成就事业。作为农业大省以及当地的对口援藏省份，山东省的相关企业和部门将自身农业发展经验与当地实际相结合，在宗塔村推广实用种植技术，帮助当地实现了新鲜农产品的自给自足，而不需要从拉萨购买，真正体现了所谓"授人以鱼不如授人以渔"。

　　藏医学是与中医学、古印度医学、古阿拉伯医学并称为"世界四大传统医学"的医学门类，在维系雪域高原人民生存繁衍，预防和治疗多种疾病方面，发挥了积极而重要的作用。神猴药业是藏药生产的典型代表，公司生产着 32 种被药监局批准为国药准字号的藏药，旗下拥有多家藏医院、加工厂和药材种植基地等，产品远销尼泊尔、不丹、印度等国家，2002 年"神猴"被评为"中国驰名商标"。我们探访了神猴药业位于聂拉木县的加工厂（附图 36）。中草药原料经洗净、拣选、消毒、粉碎等众多道工序，利用家传配方和专利技术，加工制成针对不同种类疾病的藏药，包装之后销往全国各地。作为传承多年的藏药企业，神猴并没有故步自封，而是积极与自治区、内地的研究机构合作，研发治疗相关疾病的新药配方。

附图 36　神猴药业员工工作实景

记录人：杨欣雨、孙曼

时间：2020 年 8 月 15 日

地点：日喀则市聂拉木县—日喀则市区

人员：中国科学院地理科学与资源研究所刘慧、宋涛、陈伟、杨欣雨、孙曼

　　近半个月的西藏科考转眼而过。从聂拉木县回到日喀则市区以后，我们就要和西藏说再见了。回程的路上，我们经过了很多棚洞。棚洞是指明挖路堑后，构筑简支的顶棚架，并回填而成的洞身，属于明洞范畴的隧道。在查找资料后我知道了为什么要建棚洞，一般需要建棚洞的这段路地质都非常复杂，若路基大面积开挖，极易造成塌方和滑坡，采用明洞施工难以实施，造价太高，工期太长。而采用棚洞方案可以缩短工期，降低工程造价。

　　顺着 318 国道继续走，突然一只藏原羚从路边跳出来，一溜烟地跑到了草甸深处，再仔细一瞧，竟然又看到了八只藏原羚（附图 37）。藏原羚是国家二级保护动物，别名原羚、西藏黄羊、小羚羊，它们看起来小小的，体长应该不足 1m，毛是棕色的，臀部和腹部的毛为白色，特别是心形的臀斑很是可爱，耳朵又尖又短，眼睛黑溜溜像铜铃，四肢纤细，蹄狭窄，尾巴很短，只有几厘米。雄性藏原羚是有角的，向后弯曲呈镰刀状，而雌性则没有角。

附图 37　科考队员抓拍的藏原羚

　　从第一天到林芝高原反应的不适，到如今在海拔更高的日喀则也精神焕发，我的身心都获得了极大的锻炼，思考和感触颇多。从成都、林芝、拉萨再到日喀则，一路走来，闭上眼睛，我仿佛还能看见湛蓝广阔的天空，一望无际的旷野，散布山间的牛羊，巨浪轰鸣的峡谷……作为千山之巅，万水之源，西藏孕育了世世代代的藏族牧民，也造就了这独特的民族风情。西藏自然风光的美已是毋庸置疑，在这片最接近天空的净土，科考分队一行人一边感受独特的文化，一边在调研中成长。

　　这一行中听到次数最多的词大概是"对口援藏"。自 1994 年中央确定对口支援西藏的重大战略决策 25 年来，全国 17 个省市依据各自的区位优势和受援地区的需要，

形成了各自援藏工作的特色，如北京对拉萨城关区的对口援助，充分利用首都优势、先进的旅游管理经验和优质的教育卫生资源，如邀请专家进藏交流、选派一线人员进京开展培训、帮助建立拉萨农牧民医疗健康档案等，使拉萨的城市管理更加精细化、网格化、现代化；山东对口援助日喀则地区，作为工农业大省和东部沿海较发达省份，帮助基层农村发展集体经济，产业带动脱贫致富，如日喀则市科技农牧精品示范园、雅江北岸综合生态开发区、培训农牧民及各类人才等。援藏工作不是单纯的金钱援助，而是重点转向民生援藏、人才援藏、智力援藏等，将对口支援工作与精准扶贫工作有机结合，促进项目扶贫、产业扶贫、社会扶贫，实现由"输血型"向"造血型"转变。"春风化雨，润物无声"，我们确实能够看到，对口援藏显著增强了受援地方的自我发展能力，有力地推动了当地产业发展和农牧民群众的持续增收，对西藏地区经济社会跨越式发展、人民生活水平提高、民族团结和社会稳定起到了积极作用。

品牌建设是产业发展的"主引擎"。受制于脆弱的生态环境、不利的区位和不便的交通，西藏的产业发展注定无法形成规模，因此更要加强品牌建设，定位高端，打造高质量的西藏品牌。2019年西藏自治区做出"举全区之力，合力打造顶级品牌"的决策部署，体系化、整合化打造西藏"地球第三极"。以此为契机，推出青稞、牦牛、饮用水等一批强竞争力、高附加值的特色产品，带动相关产业发展壮大。

若不是亲眼看到一眼望不尽的流动沙丘、千沟万壑的山体表面，还有原本该是郁郁葱葱的高原草甸上面稀疏的几簇草本植物，我不敢相信想象中的青藏高原竟也有这样一副"面孔"。比起生态退化的治理，更重要的是保护和预防，西藏作为我国的生态屏障，更要保护森林资源和高原湿地，防止超载过牧，强化森林公园、湿地公园建设，逐渐形成以原生植被为主体、功能稳定、类型齐全的自然生态系统。

大多数西藏人并不是偏安一隅、靠补助佛系过活。相反，在每一个僻静的沟谷，都有着正在积极谋求当地发展的农牧民和村干部，他们修路建厂，发展经贸旅游，开放意愿强烈。刚刚离开，已开始期待下一次的西藏之行。

记录人：杨欣雨、孙曼

2021年"区域绿色发展路线图"科考分队科考日志

时间：2021年6月24日，星期四

地点：四川省甘孜州康定市、巴塘县

人员：中国科学院地理科学与资源研究所宋周莺、宋涛、陈伟、牛方曲、韩梦瑶、王志辉、郑智、姚秋蕙、熊韦、程艺、杨欣雨、孙曼、张雅婧；中国科学院科技战略咨询研究院左亚彬；中央财经大学高菠阳、李文斌、胡桢培、刘柏宏

今天是"区域绿色发展路线图"科考分队2021年正式开始科学考察的第一天。科

考队伍一行于昨日从北京飞抵成都，休息一晚后，早晨 7:30 准时从成都出发，前往科考的第一站——四川省甘孜州康定市，调研路线图如附图 38 所示。出发后大约经过 3h，穿过长达 13.4km 的、西南地区最长的、雅（安）康（定）高速路的二郎山隧道，到达了泸定桥（附图 39）。正逢中国共产党建党 100 周年，科考队伍决定参观一下再继续赶路。在短暂停留后，科考分队于下午抵达康定市，并与市政府进行了座谈。

附图 38　调研路线图

◎ 大渡桥横铁索寒——泸定桥

围绕泸定桥，都是壮烈的故事。1935 年，中国工农红军长征至泸定桥，22 名勇士组成突击队，冒着敌人的炮火，匍匐前进，一举消灭桥头守卫。在 86 年后的今天，我们登上泸定桥时，站在这座历经沧桑、敬仰已久的铁索桥上，遥想当年红军突击队冒着枪林弹雨匍匐过桥的情景，不胜感慨。现在的泸定县城路牌、街巷、广场都挂着五星红旗，许多地方都以"长征""红军"等革命称号命名。城市的整座城市处处展现着奋发向上的红军革命精神。泸定桥之行让我们在欣赏大渡河美景和铁索桥之险的同时，也经历了一场革命传统的教育。

附图 39　科考分队于泸定桥合影

◎ 初到康定——座谈会

13:30，科考队伍到达康定市。康定市位于四川省甘孜藏族自治州东部，是甘孜州州府。康定拥有悠久灿烂的历史文化，是川藏咽喉、茶马古道重镇、藏汉交汇中心。地处四川盆地到青藏高原与云贵高原之间的过渡地带，素以"藏卫通衢""川藏要冲"著称。自古以来就是康巴藏区政治、经济、文化、商贸、信息中心和交通枢纽。全市辖区面积 1.16 万 km²，是以藏族为主，汉、回、彝、羌等多民族聚居的城市。

午饭后科考队伍与康定市各政府职能部门进行座谈（附图 40）。与会领导有康定市各位领导以及发改局、乡村振兴局、农牧农村和科技局、自然资源局、住建局、统计局、文化和旅游局、经商合作局的领导。座谈会主要围绕康定市"十三五"整体发展、绿色产业、脱贫和乡村振兴、清洁能源以及工矿区绿色发展五大内容展开，针对发展现状、存在挑战及未来规划进行了深入讨论。

通过交流，科考队伍了解到康定市的发展目前主要面临以下几方面的挑战。

（1）生态红线限制影响项目开发：康定市的土地分布小而散，且由于康定市属于限制开发区，自然保护区、风景名胜区占地比例大，国家在节能降耗减排、生产力布局、环境保护等方面的要求更加严格，地质灾害隐患多，生态红线面积占比高，可开发建设用地面积十分有限，显著影响项目开发、旅游开发的需求。

（2）工业发展空间有限：三产比重过高容易导致经济脆弱性强，地方仍将二产视为重要的基础和支柱，但康定市目前第二产业增加值占比 36.3%，其中清洁能源，特别是水电开发占 70%～80%，经济增长高度依赖水电开发的投资拉动，工业产业结构单一，工业发展的后劲不足；此外，如康定跑马山水泥厂就可能用完 2021 年的减排指标，减排任务限制了工业企业的投资开发。

（3）水电消纳能力不足：康定市水资源十分富集，是全州水电开发重点和热点区域，但目前弃水、弃电问题严重，存在水电集中投产和用电需求增长不匹配、外送通道建设和水电投产规模不匹配、水电发电特性和用电负荷特性不匹配、外送需求和省外接纳意愿不匹配等问题；过去对水电消纳贡献较大的比特币企业已关停，规划的水电消纳园区由于位于风景名区范围内已停滞，目前还未找到新的替代产业，地方希望发展大数据产业，但很难吸引到真的大数据企业。

（4）矿产储量高但开采受限：康定拥有丰富的锂辉矿、石膏等资源，但按照国家环境保护相关规定，目前矿山已关停 1/3，65 宗已关停 33 宗，只剩 7 宗还在生产，一方面，对关停企业的相应的补偿机制还不完善，另一方面对地方税收也造成很大影响。

（5）电子商务体系利用效率不高：电子商务平台等基础设施已逐渐完善，但由于缺少地方特色产品、人员素质不高、居民对电商认知不足等问题，目前本地产品上行需求不高，电商体系发展仍不健全，利用效率不高。

（6）工资标准低不利于吸引人才：康定市属于康巴藏区，地理和气候条件艰苦，但采用四川的工资标准，与西藏的工资标准存在很大差距，不利于吸引人才。

附图 40　座谈会现场

座谈结束之后回酒店用餐。餐毕漫步康定街头，清澈奔腾的折多河从道路中央的桥下穿过，星星点点五颜六色的灯光，高山融化后的雪水，河畔两侧随风飞舞的柳枝，勾勒出康定一道道亮丽的风景线。街边广场里，一群人围成一圈，已经跳起了步伐轻盈的锅庄舞，看不到大城市神色匆忙的身影。据介绍，康定市是一个多民族、多教派的民族聚居县，在这里每一个民族都是平等的，每一种宗教信仰都被尊重。康定，可以说是一个包容性很强的城市，充满着市井味、人情味。在这个小城里，人人都可以享受慢生活的乐趣。

记录人：熊韦

时间：2021 年 6 月 25 日，星期五

地点：四川省甘孜州康定市至巴塘县

人员：中国科学院地理科学与资源研究所宋周莺、宋涛、陈伟、牛方曲、韩梦瑶、王志辉、郑智、姚秋蕙、熊韦、程艺、杨欣雨、孙曼、张雅婧；中国科学院科技战略咨询研究院左亚彬；中央财经大学高菠阳、李文斌、胡桢培、刘柏宏

今天科考队伍从康定市出发驱车赶往调研考察的第二站——四川省甘孜州巴塘县，调研路线如附图 41 所示。因为距离比较远，全程约 438.5km，用时约 9h，所以我们这一天主要就是匆匆忙忙地赶路了。一路云雾弥漫，还一直伴随着渐渐沥沥的小雨，但丝毫不影响沿途的美景。惊叹的同时也由衷地产生了对大自然的敬畏感。如此美丽、神圣、纯净的地方，相信感受过的人都不会舍得破坏它，也自然能理解为什么会提出在西藏"守护好世界上最后一方净土"。

附图 41　调研路线图

早晨 8:00 科考分队准时集合出发,沿 318 国道行驶,踏上西征的历程。出了康定便是漫长的上坡山路,我们都开玩笑说:"康定不只有情歌,还有爬不完的坡。"第一座需要翻越的高峰就是折多山,"折多"在藏语中是弯曲的意思,折多山最高峰海拔达 4962m,垭口海拔也有 4298m,与康定市的海拔落差达 1800m,九曲十八弯的盘山公路对于司机师傅们也是一种考验。在山顶的观景平台可以俯瞰山路全貌,人工修建的道路在壮丽的山川绿树掩映下有种奇妙的和谐感。科考分队也在不知名的山巅留下了一张完美的合影(附图 42)。

附图 42　科考队合影

连续翻过 4000 多米的几座高山,科考分队到达了川藏线上海拔最高的县城——被称为"天空之城,康藏之窗"的理塘县(附图 43)。理塘县城海拔 4014m,是川藏线上海拔最高的县城。借由丁真的爆红,甘孜理塘这一名字在近几年被无数次提及,丁真主演的几部理塘宣传片也在各大平台进行热门播放和转发。这座刚刚脱贫不久的小城,猝不及防地进入人们的视野,源源不断的媒体从全国各地涌入这里,想一探丁真和理塘的究竟。"通过一个人了解一座城",理塘县政府敏锐地洞察到这一机遇,接住了这一流量,从签约丁真为地方旅游形象大使到迅速拍摄相关宣传片,理塘县成功乘上了这辆"网红火车"。直到今天,"丁真现象"的热度已经持续超过一年,仍有无数的游客慕名来到理塘、了解理塘、爱上理塘。这是一次互联网的偶然,却不简单是理塘爆火的偶然,奇迹的背后蕴藏着理塘县政府多年的谋划和准备。早在 2019 年理塘县就已经在关注网红经济,邀请网红来理塘旅游、聘请网红线上带货本地特色农产品、举办康巴汉子选拔赛等,对于理塘县政府及县民来说,互联网不再陌生和遥不可及,而是带动当地发展致富的有力工具。

受时间和行程安排所限,科考分队没能深入理塘进行调研,仅仅是沿着 318 国道从县城中部穿过,但环绕的雪山、红色的砖瓦墙和广袤的草原已经在我们心中留下深刻的印象。在整个甘孜藏族自治州，东部有"香格里拉之巅"的贡嘎雪山，北部有格萨尔文化和康巴文化鼎盛的德格，南部有"流浪者的圣地"稻城、亚丁，而作为必经之路的理塘，却由于高海拔、基础设施落后等多种原因，难以留住游客。2020年是理塘新的起点，仓央嘉措纪念馆、格聂神山、国际赛马节等特色景点和活动将作为理塘崭新的名片，吸引来自全世界各地的游客。

附图43　理塘县城

19:00科考分队终于到达了目的地，"高原江南，弦子故里"的巴塘县。一天的行程下来，多次翻越海拔高于4000m的高山，第一次到青藏地区的几位科考人员已经感受到了高原反应的威力。还有将近三周的行程，希望科考队员们能尽快适应高原的气候，以良好的身体状态投入后续的科考工作。

记录人：熊韦

时间：2021年6月26日，星期六
地点：四川省甘孜州康定市至巴塘县
人员：中国科学院地理科学与资源研究所宋周莺、宋涛、陈伟、牛方曲、韩梦瑶、
　　　王志辉、郑智、姚秋蕙、熊韦、程艺、杨欣雨、孙曼、张雅婧；中国科学院科
　　　技战略咨询研究院左亚彬；中央财经大学高菠阳、李文斌、胡桢培、刘柏宏

今天是科考行程的第三天，正式开始在巴塘县的调研，调研路线如附图44所示。巴塘县被誉为"高原江南"，是茶马古道重镇，有鹏城之称。其下辖5镇12乡，总人

口 5.3 万人，其中藏族占比 59.7%。当地清洁能源丰富，水能资源富集、光伏资源充足。旅游资源丰富，拥有包括措普沟自然生态保护区、格木草原国家级自然公园等的知名旅游资源。上午科考分队与巴塘县政府进行了座谈，下午实地调研了桃源地坞新村、措普沟国家森林公园、拉哇水电站和巴塘水电站。

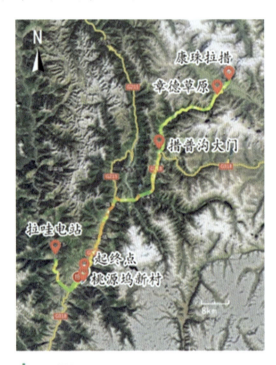

附图 44　调研路线图

◎ 座谈会

　　上午 9:30，科考队伍与巴塘县政府进行座谈（附图 45）。与会领导有巴塘县副县长、发改局、政府办、县委办、财政局、乡村振兴局、经信商务局、自然资源局、林草局、生态环境局、烟草局、农牧局、统计局的领导。座谈会主要围绕巴塘县的社会经济发展情况、绿色产业发展情况、乡村振兴主要措施和发展情况、绿色能源整体发展、对外开放等展开，科考分队针对专题内容与各部门进行了交流问答。

附图45　座谈会现场

在座谈的过程中，发现巴塘县的发展目前主要面临几方面的挑战：第一是财政资金困难。巴塘县2020年一般公共预算收入86亿，本地财政收入8亿，大部分资金来源于上级财政。当地财政吃紧，项目开发过程中缺乏资金配套是一个难题。第二是农牧业产品对外销售困难，高标准农牧业很难发展。巴塘县果、蔬、肉、药、梨五大农业发展良好，但由于产量较小，对外交通不便，电商建设刚刚起步，当地生产的优质农产品主要用于本地销售，对外销售较为困难。由于土地贫瘠，用地分散，高标准、大规模的农牧业很难发展起来。第三是外部项目引进困难。虽然巴塘县旅游资源丰富，但由于交通不便，外部企业很难进来，旅游业发展较为艰难。第四是光伏等清洁能源发展的占地问题。川藏铁路和高速公路的逐步推进建设能够缓解巴塘县的交通情况，带动农牧业和旅游业的发展。

◎ 桃源地坞新村

座谈会结束后，科考分队考察了巴塘县移民搬迁的桃源地坞新村。在距离巴塘县城3km的城郊，一大片依山而建的"半山小别墅"格外引人注目，墙体分别是白色、黄色和粉色，分别代表了中真村、甲雪村和坝伙村三个村的整体搬迁安置点。其实这并不是什么"别墅"区，而是双流区按照幸福美丽新村建设"产村相融"理念，通过对市政基础、公共配套、产业发展等设施独立援建，针对巴塘县地巫镇（原地巫乡）易地整村搬迁项目打造的"桃源地坞"美丽新村（附图46）。

建设方面，桃园地坞充分利用对口援建的双流区也不断向集中安置点输出人力、财力和智力支持，统筹财政补助、省内对口支援、东西部对口协作、村民自筹各类资金资源，建设美丽新村；治理方面，成立联合治理委员会，两村变成一个小区，同时成立三个村的联合支部，建立起完善的治理体系；产业发展方面，重点发展生态农业、光伏发电、乡村旅游、庭院经济，为村民安排公益性岗位。2019年6月，桃源地坞新村还成立了劳务输出合作社，将贫困搬迁户纳入合作社，帮助群众增加务工收入。在搬迁之前村民们的收入主要来自种植、养殖和劳务输出，而搬迁后收入不断提高且来源多样化，主要有光伏发电、桃源基地、公益性岗位、劳务输出合作社、庭院经济、家政服务、乡村旅游和手工制作等。

附图46　搬迁后的桃源地坞新村和光伏发电产业

◎ 拉哇水电站和巴塘水电站

拉哇水电站和巴塘水电站是由中国华电集团有限公司华电金沙江上游水电开发有限公司巴塘分公司负责开发建设的。其中，拉哇水电站位于金沙江水电基地川藏界河段，为金沙江上游水电13级开发中第8级，总装机容量为200万kW，突破了围堰基础处理等世界级重大技术难题。拉哇水电站是"十三五"中央支持西藏经济社会发展的重大项目、"西电东送"接续基地的重要内容和先导工程、金沙江上游川藏段建设3000万kW国家级大型风光水储示范基地的重要组成部分。

巴塘水电站位于川藏交界的金沙江上游河段，左岸属于四川巴塘县，右岸属于西藏芒康县，是金沙江上游河段规划的13座梯级电站的第9座梯级水电站。项目建成后，每年可节省105万tce，减少二氧化碳排放315万t。巴塘水电站是首个为鱼类让步的电站，为此在原有预算上增加了2亿资金。为了保护鱼类产卵地和栖息地，设计巴塘水电站时专门调整导流洞和泄洪洞出口位置，建设鱼类回流通道。两大电站的建设为打造国家优质清洁能源基地、助力实现国家碳达峰碳中和目标、促进西藏经济社会发展和长治久安具有深刻意义。

在这次前往巴塘县进行调研之前，我对脱贫攻坚的认识仅停留在一些新闻报道层面。"读万卷书不如行万里路"，通过本次调研，我明白了这句话的含义。听发改委扎西主任讲述了他们易地搬迁工作的艰辛，描述这些年来做了多少项目，遇到了多少困境。我也终于看到、听到、见识到，并由衷地敬佩当地人民和党委政府的智慧，真正地理解脱贫攻坚的不易。

记录人：熊韦

时间：2021 年 6 月 27 日

地点：四川省甘孜州巴塘县

人员：中国科学院地理科学与资源研究所宋周莺、宋涛、陈伟、牛方曲、韩梦瑶、王志辉、郑智、姚秋蕙、熊韦、程艺、杨欣雨、孙曼、张雅婧；中国科学院科技战略咨询研究院左亚彬；中央财经大学李文斌、高菠阳、胡桢培、刘柏宏

　　今天是在巴塘县调研的第二天，阳光明媚，气温较高。科考队伍 9:00 从酒店出发，在巴塘县发展改革委主任扎西的带领下，前往巴塘县三一八零矿泉水有限公司进行实地调研（附图 47）。该公司水厂距离科考队伍居住的县城中心有一段距离，大约有 1h 的车程。公路沿途都是连绵的青山。

　　该公司的工作人员为我们讲解了其故事。"3180"这个数字有两层含义，一是来到巴塘的必经之路——318 国道；二是该公司水厂所在地的海拔——3180m。该公司水厂代表产品——3180 矿泉水的水源地在海拔 5500 多米的欧帕那雪山，周围是 20 万亩的原始森林，无任何人迹污染。水源经虫草和松茸浸泡，锶元素高达 0.74，是国家规定的最低标准的 3 倍以上。锶元素主要有扩张血管、软化血管、促进骨骼和牙齿生长的作用，对心脑血管疾病和心脏病有很好的防范作用，老中少皆宜。其他微量元素有锌、硒、偏硅酸等，pH 值为 8.1～8.3，是一款典型的弱碱水，对调节酸碱有很大的好处。

附图 47　巴塘县三一八零矿泉水有限公司

　　3180矿泉水项目是成都市双流区针对甘孜州巴塘县的产业发展短板，为其引进的产业发展助农项目，总投资600余万元，于2018年8月底正式批量生产矿泉水（生产装备如图48所示）。项目采取"公司＋农户＋合作社"的模式，由巴塘县三一八零矿泉水有限公司与巴塘县松多乡村级产业合作社合资开发，由四川三一八零品牌营销策划有限公司负责在四川地区进行品牌推广及产品销售。四川三一八零品牌营销策划有限公司由巴塘县三一八零矿泉水有限公司联合60年连锁商业品牌隆乾成品牌投资管理集团共同投资成立，主要承担3180品牌系列产品和巴塘县、甘孜州扶贫助农产品在甘孜州以外的品牌运营和产品销售，以隆乾成品牌投资管理集团旗下1000多家水站、社区便利店为配送点，借助互联网电子商务F2C模式，打造四川精准扶贫共享品牌。

附图48　巴塘县三一八零矿泉水有限公司生产装备

　　在销售方面，巴塘县政府及成都市双流区政府都积极推荐本地事业单位及企业购买，协助3180矿泉水进驻本地超市和批发市场，开拓营销渠道。巴塘县三一八零矿泉水有限公司还通过"云端上的农庄·五彩藏乡消费助农推介会""革命后代助力巴塘脱贫攻坚消费助农推介会""双流对口援建消费助农推介会"等多个活动对接客户。目前该公司已经与县内企事业单位、学校、部队、工会等签订了供应协议，在州内有白玉、理塘、康定、新都桥等指定销售点，并已将市场拓展至成都市双流区、武侯区以及浙江、广东等省外地区，2020年销售额达到200万元以上。除了矿泉水相关产品，3180系列还包含其他助农农产品，如野生高原雪菊、高原青秆木耳、高原松茸干、雪莲花、虫草花等，售价从39元到188元不等。

　　该公司对巴塘县扶贫工作的贡献主要体现在以下几个方面：一是在股份占比上，公司股份33.33%为村民扶贫基金；二是扶贫捐款，按1元/大桶、0.5元/小桶、0.1元/瓶的标准提取扶贫基金，用于帮扶巴塘县贫困户精准脱贫；三是劳动就业，公司解决劳动就业100多人；四是每年房租收入全部捐赠给当地。

　　目前制约该公司发展的因素主要是高昂的原料和物流成本以及用电供应不稳定等问题。3180矿泉水的瓶坯和瓶盖都是从成都购买的，由本厂将塑料小瓶吹成多种规格的尺寸，再进行后续包装。瓶坯成本每个0.7元，瓶盖成本每个0.2元，瓶坯报废率较高。仅外包装成本方面3180矿泉水就至少需要0.9元，而国内领先品牌的单瓶成本仅0.3元。较高的原料成本以及购买原材料和将产品运输到外地的物流成本抬高了3180矿泉水的销售价格。供电方面，据工厂负责人介绍，由于线路老旧，电量供应十分不稳定，工厂生产经常遭遇断电、停电问题，严重降低生产效率，对设备造成损伤。改造电路至少需要1400万元，目前规划通过架光伏板进行光伏发电来解决这一问题。

　　川藏地区纯净的生态资源具有很高的开发价值，但也面临资金缺乏、基础设施落后、物流成本高昂、产业基础薄弱、环境破坏风险等问题。援藏机制通过对接区外企业的资金、产业链和市场渠道，对本地生态资源进行集约开发，有效促进了川藏地区的产业发展和扶贫工作，带动本地居民增收致富。但需要注意的是，受物流成本和生态条件的制约，产业开发可能不适合大规模进行，小批量、高价值的生态产品也许是可行的选择之一。

　　调研返程途中，我们途经松多乡，到一户村民家里对农户改厕情况进行了调研。所拜访的农户紧挨乡政府，厕所由农户自行修建，厕所改造花费8000～12000元。厕所有管道，排泄物由乡上化粪池统一处理。据介绍，旱厕就不用化粪池，直接填埋，高原地区厕所并不都适合用水冲洗，甚至很多乡政府都是旱厕。"厕所革命"在改善乡村人居环境，提高人民生活品质，有效控制乡村生活污染，预防疾病传播，方便群众生活，倡导健康、科学、文明的生活方式和全面建成小康社会方面具有重要意义。这是一项社会性、长期性的工程，既不是追求完成数量的指标任务，也不是翻新的面子工程，而是一项社会性、长期性的惠民工程。我们将在后续的调研中进一步探讨适合当地的农村改厕方式。

记录人：姚秋蕙

时间：2021年6月28日
地点：四川省甘孜州巴塘县至西藏自治区昌都市
人员：中国科学院地理科学与资源研究所宋周莺、宋涛、陈伟、牛方曲、韩梦瑶、王志辉，郑智、姚秋蕙、熊韦、程艺、杨欣雨、孙曼、张雅婧；中国科学院科技战略咨询研究院左亚彬；中央财经大学李文斌、高菠阳、胡桢培、刘柏宏

　　今天科考队伍从四川省甘孜州巴塘县驱车赶往西藏自治区昌都市，全程近400km（附图49）。上午6:30从巴塘县出发，7:30左右从竹巴龙大桥跨越金沙江，经过昌都安检大门，从四川省正式进入西藏自治区地域范围内。中午在察雅县吃了午饭，16:30终于到达昌都市区。

附图49 巴塘县至昌都市行程路线

　　一路逆澜沧江北上，沿途地貌与前几日景观明显不同，经常看见裸露地表的褶皱地貌、逶迤的宽谷河流、深邃的高山峡谷，以及远处的雪山冰川，让人不禁感叹大自然的鬼斧神工。澜沧江流域山高谷深，河谷横断面呈"V"字形，河谷切割很深，峡谷里河道弯曲狭窄，礁石密布，水流湍急。沿岸的山体也很有特色，通过对拍下的照片对比，发现其似乎符合"以陡崖坡为特征的红层地貌"的识别要素，因此推测为丹霞地貌。进一步查证得知，昌都市拥有高原上少见的丹霞地貌。虽然知名度不如甘肃张掖等地区，但分布于昌都、类乌齐、丁青一带的藏东丹霞地貌可能是中国最大的丹霞地貌区之一，面积超过了2000km^2。除了壮观的自然地貌外，路边随处可见的玛尼堆也独具西藏特色。在藏传佛教地区，人们把石头视为有生命、有灵性的东西。玛尼堆也称十万经石堆，是人为堆垒的神圣所在。大大小小的玛尼堆在路边静默，昭示着曾经有人在这里许下祝愿又不断延续。

　　经过接近10h的长途跋涉，科考分队在16:30左右终于到达昌都市区。昌都市位于西藏自治区东部、澜沧江上游，是西藏自治区的东大门，地处三河一江地区（昂曲、扎曲、色曲、澜沧江），藏语意为"水汇合口处"。城市夹于两山之间，中间最大的一片城区被澜沧江的支流切割为半岛状，而靠着山两边的城区又以数座桥梁与半岛做连接。与前几天看到的城区面貌不同，昌都市区内高楼林立、车水马龙，一派繁华热闹的城市景象，各类服务设施十分齐全，医院、学校、商场、宾馆及娱乐场所等都建得有模有样。

步行前往晚餐地点的途中经过由天津市援建的澜沧江天津广场，高 21.8m 的鲲鹏雕塑非常醒目。鲲鹏雕塑的基座为门形设计，寓意为西藏东大门，顶部的展翅鲲鹏意为昌都 21 世纪经济文化腾飞。天津广场的对面是昌庆街，商铺众多，十分热闹。与其他城市老街道针对外地游客售卖美食、纪念品不同，昌庆街大部分店铺以售卖日化、服饰等生活用品为主。路边坐着身着传统服饰的藏民和僧侣，偶有飘进耳朵的几句藏语，虽然不懂其含义，但觉得别具风味，为置身此地的我们增添了一份神秘和敬畏感。

附图 50　昌都市茶马广场

吃过晚饭，来到昌都最热闹的广场——茶马广场（附图 50）。在道路两侧的宣传栏上，我们看到昌都市的四大战略，分别是乡村振兴战略、产业强市战略、普惠民生战略和改革开放战略。一是自 2019 年底昌都市全部脱贫摘帽，便将脱贫攻坚成果巩固与乡村振兴战略一体推进，持续巩固提升脱贫攻坚成果。二是昌都市立足本地优势资源，坚持水电矿产强市，特色旅游兴市，发展园区活市，大力实施产业强市战略。三是昌都市积极提高供给体系质量，促进公共服务均等化。四是坚定不移将改革开放向纵深推进，促进经济社会可持续发展。

茶马广场于 2015 年底修建完成，整个广场东西横穿城区中心，全长 150m。两侧分别是茶马城回迁居住小区、商业购物服务中心，还建有 300 户各类商铺、购物、住宿、品茶、休闲、民族手工业商品城、民族文化展示馆、群艺馆等公共设施，是市民休闲观光购物的好去处。已经过了晚上八点半，天还没黑，气温舒适，广场上十分热闹，路边的座椅和台阶上坐满了当地居民和外地游客，让人不自觉地放慢脚步，沉醉于闲适惬意的小城生活。看着广场尽头的山脉和街道两边的藏式建筑，更是另有一番异域风情。

记录人：姚秋蕙

时间：2021年6月29日

地点：西藏自治区昌都市

人员：中国科学院地理科学与资源研究所宋周莺、宋涛、陈伟、牛方曲、韩梦瑶、
王志辉、郑智、姚秋蕙、熊韦、程艺、杨欣雨、孙曼、张雅婧；中国科学院科
技战略咨询研究院左亚彬；中央财经大学李文斌、高菠阳、胡桢培、刘柏宏

今天正式开始在昌都市的调研，全天行程安排较满。上午在昌都市科学技术局与当地政府部门进行座谈（附图51）。下午科考队伍兵分两路，一路前往昌都经济开发区，对昌都经济开发区建设规划展览馆、昌都高原生态清洁能源双创中心、闽昌众创空间、西藏昌都光宇利民药业有限责任公司等单位开展了实地调研，另一路则前往吉塘特色小镇进行农业发展和扶贫方面的调研。

附图51 昌都市科学技术局座谈会

在与昌都市科学技术局的座谈中，我们了解到昌都市"一核两副三片四面"的区域发展新格局，以及清洁能源、绿色工业、文旅康养三大主导优势产业和高原生物、商贸物流、高新技术三大挖潜提质产业组成的"3+3"产业体系。清洁能源方面，昌都市以水电开发为主，目前没有光伏制造和光热产业。由于地质条件复杂，水电站的工程勘察、施工、建设等成本较高，因此仅有一处外送工程建设，水电的消纳能力十分有限，电力的供需矛盾突出。工业发展方面，昌都市2020年各项工业指标增长平稳，规模以上企业产值达24亿元，产值和增速在西藏自治区内均名列前茅，境内还有国内最大的单体铜矿——玉龙铜矿。但工业发展仍面临产业结构依赖于资源型初级产品、国家资源政策收紧带来较大环保压力、生产成本攀升挤压企业利润空间等问题。

昌都新区（经开区）于2013年4月挂牌成立，2018年3月获批为西藏第一家自治区级经济开发区，2020年6月获批为自治区级高新技术产业开发区。总体规划用地

面积为 808.33hm^2，重点围绕生物医药及大健康产业、新能源和环保产业、高原特色农牧产品生产加工业、高原优质建材业、民族手工业、文化旅游业、现代商贸物流业、高端服务业八大主导产业招商。截至 2020 年 9 月，昌都新区完成注册手续企业 937 家，注册资本 238 亿元。2019 年园区完成入库税收 9 亿元，约占全市税收的 50%。昌都经济开发区建设规划展览馆如图 52 所示。

附图 52　昌都经济开发区建设规划展览馆

在昌都高原生态清洁能源双创中心，我们了解了昌都市清洁能源产业的总体布局。昌都市境内澜沧江、金沙江、怒江三江并流，清洁能源资源十分丰富，水电资源蕴藏量超过 4000 万 kW，约占全国的 6%，占西藏的 20%。截至目前，昌都市共投产水光电站 15 座（中型水电站 4 座，30 万 kW，光伏电站 11 座，23 万 kW），总装机容量 62kW。金沙江流域的苏洼龙电站、叶巴滩电站等 4 座电站已核准开工，在建装机 619 万 kW。三江流域规划建设梯级水电站 62 座，总装机 3632 万 kW，总投资 5363 亿元。

吉塘特色小镇位于察雅县西南部，立足旅游、观光、休闲功能定位，打造集"温泉度假、生态农林、民俗体验、空港物流"于一体的综合性特色小镇。在吉塘，农牧民通过民族服饰加工、经济林种植等各类产业项目就业增收，围绕特色小镇建设、水系商业街开发等投工投劳，依托土地流转入股分红。察雅县建立三级就业平台，推广"支部＋协会""支部＋协会＋农户"等增收模式，培养劳务经纪人、劳务合作社等劳务输出组织，及时发布用工信息和开展就业咨询，打通就业服务"最后一公里"，通过技能培训增强农牧民群众就业本领和内生动力。

整体来看，有三方面的因素对昌都市的产业发展起了巨大的推动作用。一是清洁能源产业，特别是水光电站的修建。中央第五次西藏工作座谈会确立了昌都"西电东送"清洁能源接续基地的战略地位。目前昌都市已投产水电站 4 座、在建 4 座、规划 62 座。受地势、交通以及基础设施条件制约，水光电站前期投入成本很高，经济效益低，目前主要由国有企业进行开发。华电金沙江上游水电开发有限公司、华能澜沧江水电股份有限公司、中国大唐集团有限公司西藏分公司、三峡集团西藏能源投资有限公司和国家电力投资集团有限公司等央企是昌都市水电、太阳能光伏、风电等可再生资源的开发与运营的主要参与者，在参与水光电站建设方面有很高的积极性。水光电站的建设为当地的生产总值做出了显著贡献，但需要注意环境影响、水电消纳等问题。

二是来自对口援藏省份的资金与企业的支持。以昌都经济开发区为例，重庆、天津、福建、深圳四个省市都投入了大量的资金和企业援建。截至2018年上半年，昌都经济开发区共引进君亲农业、龙者高新材料等29家重庆企业，百米马集团"藏东农牧科技示范园"、中科农业科技产业园等15家天津企业，福建拥军、兴都毛发业制品等13家福建企业，探索了以园区为平台的援藏团队招商模式。昌都市拥有丰富的自然资源，土地资源总体比例是五分草地三分林，是西藏第二大林区，被誉为"藏医药的故乡"，因此在高原特色农牧产品生产加工业、生物医药及大健康产业以及旅游业等方面具有较好的发展前景。通过"援藏企业＋昌都资源"等合作模式，充分挖掘本地资源的经济价值，有利于对口援藏机制双方的合作共赢，推动援藏工作由援资金、援项目向援产业、援技术转变。

三是在资金和项目援藏的基础上，还应该注重本地劳动力素质的提高以及本地企业的培育，形成产业长期发展的内生动力。一方面，昌都市目前没有大学，只有高中和职校，应该加强学校教育及就业培训，使本地劳动力素质与产业发展需求相匹配。另一方面，在闽昌众创空间，我们看到了本地青年从内地大学毕业后回乡创业的典型案例。在内地高校接受了高等教育的大学生是未来当地发展的重要力量，创造更多平台和机会吸引他们回乡就业和创业，对推动当地经济和社会发展具有关键作用。

记录人：姚秋蕙

时间：2021年6月30日

地点：西藏自治区昌都市

人员：中国科学院地理科学与资源研究所宋周莺、宋涛、陈伟、牛方曲、韩梦瑶、王志辉，郑智、姚秋蕙、熊韦、程艺、杨欣雨、孙曼、张雅婧；中国科学院科技战略咨询研究院左亚彬；中央财经大学李文斌、高菠阳、胡桢培、刘柏宏

今天是在昌都调研的第二天，科考队伍到玉龙铜矿以及卡若区蓝天圣洁农业生态园两个地方进行了实地调研。从昌都市市区到玉龙铜矿有150km，早上9时科考队伍从酒店出发一路顺着317国道走，中午路过妥坝乡吃了午饭，下午1时终于到达玉龙铜矿。

玉龙铜矿是特大型斑岩和接触交代混合型铜矿床，矿区海拔4560～5118m，拥有铜金属量658万t，钼金属量40万t。一期工程自2005年开始建设，已于2016年9月全面投产，目前生产规模为铜精矿及阴极铜含铜3万t/a；改扩建工程规划建设规模为1890万t/a，设计年产铜精矿38.3万t，钼精矿1.4万t。西藏玉龙铜业股份有限公司2005年在西藏昌都设立，目前注册资本金为20亿元，股东及股权结构为，西部矿业股份有

限公司 58%，紫金矿业集团股份有限公司 22%，昌都市投资有限公司 20%。公司资产从 2015 年的 53.6 亿元增至 2020 年的 122.5 亿元，利润由 2015 年的 0.65 亿元增至 2020 年的 4.22 亿元。2020 年公司生产铜精矿含铜 4.75 万 t，上缴地方税费 1.45 亿元。

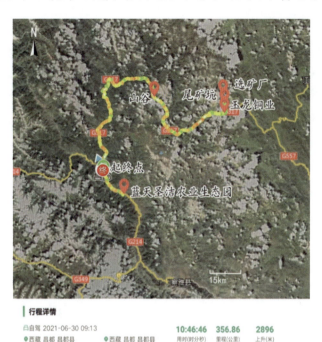

附图 53　昌都市调研路线

环境保护方面，玉龙铜矿目前建有一个库容 2 亿 m^3 的尾矿库（附图 54），这是矿山企业最大的环境保护工程项目，通过筑坝拦截谷口形成，用以堆存矿石选别后排出的尾矿或其他工业废渣，到达设计年限后在表层进行铺土种草。根据访谈，由于环保法规定明确，按照规定来就行，环保压力较小，反而来自林草局的压力较大，手续难办，且经常收到来自林草局的罚款处罚。社会责任方面，近年来，公司出资 30 余万元对周边村庄的道路、桥梁进行了修护，出资 190 万元为诺玛村实行了通电工程，出资 5000万元支持昌都市美丽新农村建设，捐款 200 万元支持昌都市疫情防控工作。公司总员工数 710 人，另有承包采矿单位 1100 多人，附属单位 3000 多人。运输等工作常年外包给附近村民，解决本地就业 453 人，藏族员工占总员工比例 75%，平均工资年收入超过 17 万。

玉龙铜矿的开发建设有利于加快矿产资源开发和增加农牧民收入，且对于昌都市调整产业结构，建设藏东地区有色金属生产基地，培育新的经济增长点有着举足轻重的作用。更重要的是，玉龙铜矿的经验为工矿业的绿色发展提供了很好的借鉴。由于青藏高原的生态环境脆弱，需要尤其注重工矿业开发过程中造成的环境影响。此外，工矿企业有责任将资源开采所创造的收益更多地投入本地产业和社会的长期发展，使当地居民也能从发展中获益。

附图 54　玉龙铜矿尾矿库

　　结束玉龙铜矿的调研后，我们来到卡若区蓝天圣洁农业产业园。这个产业园是利用产业扶贫资金由天津市援建而成，由昌都农业农村局聘请农业技术人员对当地的农业生产进行指导。目前已形成"现代农业企业＋农牧民专业合作社＋园区＋技术员＋建档立卡贫困户＋销售平台"的精准扶贫产业合作发展模式，即卡若区蓝天圣洁产业投资有限公司牵头、卡若镇左巴村农村集体经济股份制合作社全程参与、依托卡若区蓝天圣洁农业生态园项目、聘请技术员指导、吸纳建档立卡户群众就业，产出的果蔬在卡若区蓝天圣洁平价蔬菜直销店、卡若区蓝天圣洁农副产品销售有限责任公司销售，形成"产、供、销"链条。

　　产业园目前一共有 53 个大棚，占地 60 多亩，主要发展蔬菜种植、花卉等产业。项目一期由天津援建 21 栋大棚，合同期满后由现公司接手，二期由卡若区在 2020 年投资 1399 万元，新建高效温室大棚 32 栋。当地的土壤有机质含量低，大多为碎石块，需要进行长期的农作物种植，从而对土壤进行改良。产业园聘请了一位培训专家（农业农村局从四川省自贡市聘请，1999 年到昌都）和一位技术指导专家，研究怎样用土地驯化不适合当地的品种，指导当地农牧民进行种植和栽培。由于土壤改良较为缓慢，前期品种较单一，只能种植大白菜、菜花等对土壤要求不高的蔬菜，土质改良需要 5～10 年。经过长期驯化改良之后可以种植草莓、无花果、车厘子、芒果等高经济作物，为当地农牧民带来收入。目前前期改良的经济投入已基本持平，后续可保证盈利。

　　总体来看，卡若区蓝天圣洁农业产业园项目有以下几方面的作用：①解决建档立卡户的就业问题，促进当地村民增收。截至目前，已收纳当地建档立卡贫困户就业 10人（工资 3500 元，全勤 3700 元），兑现工资 256622 元，同时，每年向合作社兑现60000 元土地流转费。②有助于降低昌都市的菜价。昌都的蔬菜夏天 75% 以上由本地供应，冬天则反过来，本地产出的果蔬具有运费成本优势，供应到蓝天圣洁平价蔬菜直销店（目前每天每个点 100 来斤），形成规模后有助于降低昌都市的菜价。③探索形成产业振兴长效机制，变"输血"为"造血"，达到"开拓一处产业、成立一个组织、致富一方百姓"的目的。由于西藏特殊的地质和气候条件，为了实现更多果蔬品种的本地化种植，需要相应的资金和技术投入，培育规模化产业或小规模特色品牌产品，提高产业效益以保障产业长期发展，提高地方发展的可持续性。

记录人：姚秋蕙

时间：2021 年 7 月 1 日
地点：昌都市—八宿县
人员：中国科学院地理科学与资源研究所宋周莺、宋涛、牛方曲、韩梦瑶、王志辉、陈伟、郑智、姚秋蕙、张雅婧、程艺、熊韦、杨欣雨、孙曼；中国科学院科技战略咨询研究院左亚彬；中央财经大学高菠阳、李文斌、胡桢培、刘柏宏

　　上午 8 点 20 分，科考分队从昌都市出发，前往科考行程的下一站——八宿县（附图 55）。八宿县位于西藏自治区东部，昌都市东南部，地处怒江上游，县城所在地白马镇海拔 3260m，县境南北长 210km，东西宽 80km，辖 4 镇 10 乡。根据第七次全国人口普查结果，八宿县常住人口为 43538 人。此次行程约 261.3km，用时约 7 个多小时。沿途经过浪拉山观景台、邦达机场、八宿县光伏产业园、怒江九曲十八弯等。其中光伏产业园本来是行程中计划前往的调研点，但早上突发的泥石流事故堵塞了道路，我们只能遗憾放弃，仅在途中远远地观察了一下光伏产业园的状况。

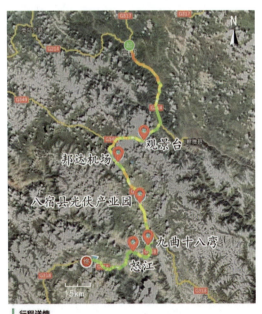

附图 55　昌都市到八宿县行程

◎ 浪拉山观景台

途中考察队偶然看到一座庆祝建党100周年的巨大红色雕塑，在云雾缭绕、连绵巍峨的高山映衬下，显得格外光彩夺目。今天是中国共产党建党100周年纪念日，北京天安门广场上，各族各界7万余人在欢庆党的生日，而2000多公里之外的地方，有考察队临时党支部在海拔4572m的青藏高原浪拉山上表达对党的热爱与祝福（附图56）。科考队员们在车上认真聆听和学习习近平总书记在庆祝大会上的重要讲话，共同回顾中国共产党百年奋斗的光辉历程，展望中华民族伟大复兴的光明前景。

附图56　科考分队在浪拉山观景台庆祝党的生日

◎ 昌都邦达机场

在驶向八宿的路上，我们途经昌都邦达机场，邦达机场属于高原机场（4334m），约有七条航线，飞往成都、拉萨、重庆、西安、深圳、天津等地。这是西藏自治区第一个支线机场，是中国跑道最长的民用机场，也是世界上跑道最长的民用机场之一。年平均气温−2.9℃，极端温度达到−42℃，冻土层2m。昌都邦达机场距离昌都市区较远，约130km。机场所在地气候恶劣，冬天风速常达到30m/s以上，每年冬春气温常在−30℃以下；机场的海拔比美国波音飞机的设计降落高度极限高出近60m。截至2021年5月31日，昌都邦达机场已安全保障航班1852架次，实现旅客吞吐量15.54万人次，货邮吞吐量621.5t。同比于2019年同期分别增长14.39%、14.98%、40.52%，标志着邦达机场各类生产运输量已全面恢复并快速增长。

◎ 光伏产业园

八宿县全年日照时间日平均为12h，是昌都市年日照时间最长的县。近年来，八宿县积极响应国家和西藏自治区大力发展新能源产业的号召，努力打造大规模光伏发电新能源产业。八宿县将光伏产业发展与生态环境保护相结合，利用荒地、山坡开展光伏项目建设，并对光伏电站采用牧光互补形式，将电站整体抬高2m左右，对草场进行恢复，切实打造建设环保、产业环保的光伏产业。截至目前，八宿县与中国核工业集团、中国华电集团公司等7家能源企业达成投资建设太阳能光伏电站项目意向，申请建设规模达32万kW，总投资32.8亿元，建成后预计每年可节约标准煤20余万吨，年减排二氧化碳约38.2万t。

记录人：熊韦、张雅婧、杨欣雨、胡桢培

时间：2021年7月2日
地点：昌都县—波密县
人员：中国科学院地理科学与资源研究所刘卫东、宋周莺、宋涛、牛方曲、韩梦瑶、王志辉、陈伟、郑智、姚秋蕙、张雅婧、程艺、熊韦、杨欣雨、孙曼；中国科学院科技战略咨询研究院左亚彬；中央财经大学高菠阳、李文斌、胡桢培、刘柏宏

上午8时，科考分队从昌都市八宿县出发，前往科考行程的下一站——波密县。波密在藏语中意为"祖先"，是西藏第一代藏王聂赤赞普的出生地，也是川藏线上的交通枢纽和商贸重镇。县域面积1.67万km²，人口3.8万人，平均海拔3300m。早上从八宿沿着318国道出发，沿秀美的藏东南山谷和高山草甸前行，峰回路转，层林尽染。可惜天公不作美，中雨不停。八宿到然乌湖一路飞石、塌方，道路积水严重，但是驾驶员们心态良好，一路谨慎驾驶。过了安久拉山口，就进入潮湿多雨的"西藏江南"，树木草场明显多了起来。这里的气候不同于其他地区的原因是：喜马拉雅山脉和念青唐古拉山脉由西向东平行伸展，东部与横断山脉对接。东南低处正好面向印度洋开了一个大缺口，顺江而上的印度洋暖流与北方寒流在念青唐古拉山脉东段一带会合驻留，造成了林芝的热带、亚热带、温带及寒带气候并存的多种气候带。两大洋的暖流常年鱼贯而入，形成了林芝特殊的热带湿润和半湿润气候，年降水量650mm左右，年均温度8.7℃，年均日照2022.2h，无霜期180天。

◎ 然乌湖

9:30科考分队到达海拔3900多米的然乌镇，沿线地形地貌变化无穷。幽静的然乌湖在雨中愈加幽静。然乌湖位于昌都市八宿县然乌乡，它是西藏东部最大的湖泊，是雅鲁藏布江支流帕隆藏布的主要源头，也是帕龙大峡谷的起源。它是由山体滑坡或泥石流堵塞河道而形成的堰塞湖。然乌湖在藏语中的意思是"山羊奶一样的湖"，素有"西天

瑶池"之称，随季节的不同，河水也呈现出或碧蓝或青绿等数种颜色。但是现在是雨季，降水量大，降水冲刷带来了大量的泥沙，导致我们没能领略到然乌湖的清澈碧蓝，据说深秋季节的然乌湖是最美的，夏天的然乌湖湖水浑黄、云雾缭绕，并没有传说中那么美丽。

◎ 嘎朗国家湿地公园

下午我们在波密县嘎朗国家湿地公园进行考察（附图57）。该公园位于西藏自治区林芝市波密县境内，波堆藏布与帕隆藏布两江交汇处，距离波密县县城约17km，海拔约2700m，该区域具有典型高原河流湿地特征，生态保护与开发利用价值较高，公园总面积为2689hm²，湿地的生物多样性丰富，有野生高等植物115科、432属、823种。湿地主要植被群系有卧生水柏枝群系"草本层不甚发育"，常见蒿属、针茅、薹草、垂穗披碱草、委陵菜等。有脊椎动物共4纲19目40科70属99种。其中，列入国家一级重点保护动物的有13种，列入国家二级保护动物的有22种，此外，还有列入"三有动物"名录中的野生动物65种。其是各种越冬野生水鸟栖息地，湿地周边还有成群的大型野生动物活动。嘎朗湖四面环山，面积2km²，由天然的地壳运动形成，是几千年前西藏原始地貌的生动记忆，湖中鱼类繁多，云杉、巨柏等郁郁葱葱，造就了湖、冰川、原始森林交相辉映的自然特色。相传公元100多年前的嘎朗王朝就位于嘎朗村嘎朗湖一带，历经53代之久。这里青山环绕、古树参天、自然风光优美、民居建筑风格独特，据说还生活有嘎朗王的后裔。

附图57　嘎朗国家湿地公园

◎ 临时党支部会议

调研究嘎朗湿地公园后，"区域绿色发展路线图"科学考察队临时党支部全体成员在酒店的会议室召开了支部会议（附图 58）。首先科考分队分队长刘卫东老师强调了科考纪律并确定了今后几天的调研具体行程安排，然后各个子专题负责人汇报了各自专题的进展及调研成果，刘卫东老师针对各专题提出了思路性的意见。在乡村振兴和"厕所革命"方面，提出"厕所革命"不一定非要建设高标准的抽水马桶，而是可以将粪便统一收集起来，进行发酵后用作农作物的肥料；在农牧业发展方面提出要打造特色品牌，进行精深加工，严格控制化肥的使用，利用电商将农牧产品推广出去；在人口环境承载力方面，提出可以对到西藏旅游的游客加收环境税；在工矿区绿色发展方面，提出要坚持西藏境内不进行冶炼活动，而格尔木用电富裕，物流方便，因此可以与格尔木合作，建设产业园用于矿产冶炼；在清洁能源发展方面提出可以在西藏推广"风光＋氢能"汽车，同时可以进行碳交易。最后一项议程是刘卫东老师为我们分享参加建党 100 周年庆祝大会的心得感想，并为我们讲党课。

附图 58　"区域绿色发展路线图"科学考察队临时党支部会议

记录人：程艺、张雅婧、孙曼、胡桢培

时间：2021 年 7 月 3 日

地点：波密县

人员：中国科学院地理科学与资源研究所刘卫东、宋周莺、宋涛、牛方曲、韩梦瑶、王志辉、陈伟、郑智、姚秋蕙、张雅婧、熊韦、杨欣雨、孙曼；中国科学院科技战略咨询研究院左亚彬；中央财经大学高菠阳、李文斌、胡桢培、刘柏宏

2021 年 7 月 3 日上午，科考队伍与波密县农业农村局、波密县乡村振兴局、波密

县发展和改革委员会、波密县水利局、波密县环保局、波密县文旅局等部门人员进行座谈（附图59），针对自然保护区、环保、垃圾填埋、"厕所革命"、旅游业、农业、水电开发、矿产开发、藏传佛教文化等方面的问题进行了深入交流。下午对大唐西藏波堆水电站、古乡雪瓦卡村茶场（波密县藏芝星农业科技有限公司）进行实地调研。

附图59　座谈会现场

◎ 波密县座谈

　　波密县地处念青唐古拉山与喜马拉雅山交界处，气候温和，雨量充沛，生物繁茂，有"西藏江南"的美誉。据负责人介绍，波密县境内有嘎朗国家湿地公园、米堆冰川、雅鲁藏布大峡谷等著名景点，当地政府对生态环境和自然保护区的管理尤为重视，甚至成立了专门的自然保护区管理局，但过于绝对和严苛的保护政策也限制了旅游景区的开发和旅游资源的利用，不利于当地经济发展。发展与保护的关系一直是资源开发的关键问题，保护并不意味着什么不可以做，在保护生态环境的大前提下，完全可以进行一些与自然环境相匹配、无污染的建设开发活动，如美国的国家公园体系，美国国家公园管理局已经制定了关于全国性意义、合适性、可行性以及管理方案选择等方面的标准，通过国家公园的管理，为公众提供欣赏机会，并且保证以"不损害下一代人欣赏"的方式对资源进行利用。为此，需要进行扎实的科学研究，包括在保护区确立和规划管理上，帮助决策者和公众客观认识保护区价值、科学划定保护利用重点区域；以及在建设运营过程中，对建设项目进行环境影响评估，以此实现有效管理。后期还需要完善的法律法规、相关规划协同保障、打造保护区网站和科研数据库等。

对于"厕所改革"和垃圾填埋问题，最关键的是结合各地方实际情况，而不是简单的一刀切政策。针对当地高环保要求、经济发展落后的现状，不能大面积推广抽水马桶，可以采用老式的粪便发酵方式，既节约了成本，又使得粪便发挥化肥功能，一举两得。垃圾填埋也不能采取现今简易的填埋方法，应进一步提升填埋标准，杜绝可能的污染物下渗到土壤中。刘卫东队长提出当地可以效仿海南省收取环境税的建议，将用于当地环境保护的税收作用于游客的火车票、飞机票、住宿费等项目中，以此提高游客的旅游成本，进而限制旅游人数。

◎ 大唐波堆水电站

波堆水电站位于波密县境内的波堆藏布中下游河段，总装机容量约 9600kW，年平均发电量为 6700 万 kW·h。波堆水电站属于坝后引水式开发水电站，枢纽建筑物主要由沥青混凝土心墙土石坝、左岸洞式溢洪道、泄洪洞、引水建筑物和地面厂房组成。工程于 2012 年 3 月正式开工建设，于 2014 年 7 月三台机组全部发电。波堆水电站由中国大唐集团有限公司西藏分公司开发建设，总投资近 5 亿。早在 2010 年，为解决波密县 3.5 万农牧民的生产生活用电问题，该集团公司正式启动波堆水电站工程建设。主体工程施工开始后，公司曾遭遇各种问题和困难，包括对当地社会环境、自然环境的估计不足，对设计单位设计能力、工程地质特点的估计不足，对水电站装机小而枢纽工程建筑物大的认识不够等，但都成功克服。作为集团公司电力援藏的首个项目，波堆水电站是该集团公司解决无电人口用电问题"三年行动计划"的重要工程，也是履行央企社会责任的窗口，以清洁能源点亮了当地农牧民的生活。

◎ 古乡雪瓦卡村特色茶企

下午科考分队前往波密县古乡雪瓦卡村参观了当地的特色茶企（附图 60）。西藏饮茶有悠久的历史，早期就通过茶马古道从邻近的川、滇地区输入茶叶；到十三世达赖喇嘛时期，藏族人开始在西藏本土 1200～2000m 的地方种植茶树，包括察隅、米林、洛隆等地。林芝具有得天独厚的自然生态环境，非常适合种植和生产高端茶叶，在林芝市政府的推动下，茶产业已经成为全市重点产业，并相继打造出雪域白茶、雪域乌龙等多个茶系列。科考分队学习了绿茶、白茶、青茶、红茶、黑茶等不同种类茶叶的区别，并品尝了当地出产的白茶，茶色清澈、茶味清冽。各茶企应充分利用西藏茶叶产地的稀缺性、清洁性，不能照搬内地的传统思维发展西藏的茶产业，应当创新发展，实现弯道超车，以西藏茶叶自身优势，以市场为导向，以科技创新为技术支撑，进一步优化产品结构，促进产业不断升级。我们将会看到西藏的茶叶在国内乃至世界都将有辉煌的业绩。

附图 60　科考分队一行参观古乡雪瓦卡村特色茶企

记录人：姚秋蕙、熊韦、杨欣雨、胡桢培

时间：2021 年 7 月 4 日

地点：昌都市—林芝市

人员：中国科学院地理科学与资源研究所宋涛、牛方曲、韩梦瑶、王志辉、陈伟、郑智、姚秋蕙、张雅婧、熊韦、杨欣雨、孙曼；中国科学院科技战略咨询研究院左亚彬；中央财经大学高菠阳、李文斌、胡桢培、刘柏宏

　　今天的行程是从波密赶往林芝。早上 8:30，科考分队离开波密县，沿河谷前往林芝。沿途山路崎岖，时而爬升时而下坡，如果不是长期在此地开车的司机，估计很难应对这么复杂的山路。路途中经过一个稳固的钢铁大桥，桥下的帕隆藏布江湍流不息，经司机师傅介绍说这是通麦大桥。在大桥建成之前，从通麦镇的通麦大桥到排龙乡路段非常崎岖，大约有 14km 的路程，以致这段公路被称为"通麦坟场"，又称"死亡之路"。自从川藏公路通车以后，这里频繁发生山谷最险的悲剧，很多司机在经过这里的时候都没能逃过劫难。这里之所以被称为天险，一是道路狭窄，靠江一侧没有护栏，只能允许一辆车通过，旁边是深不见底的河谷，时不时会有飞来横石的山崖。由于路途狭窄，经常会在途中等待对向车经过完毕之后，才能继续行驶。因此这样短短的 14km 道路差不多要 2h 才能通过。二是这条路基是塌方后由木桩纵横交错搭建起来的，道路十分险峻，可能刚转一个大弯就遇到一个陡坡。如果遇到大雨或是大雪季节，道路会变得更加泥泞，

造成很多车毁人亡的事故。

　　曾经的天险如今已经成为历史，取而代之的是桥梁、隧道以及平坦的柏油路（附图61）。2012年，在国家的大力支持下，川藏公路通麦段经过整治，克服种种技术难题，终于解决了这道自然屏障，通过四条隧道以及两座特大桥，改变了之前的险途。这段路途的改造不仅让当地居民出行更为方便，更为爱好自驾、旅游的人们放心地来到这里，恣意欣赏沿途的风景，不用再担心旅途的危险。

附图61　通麦路段

　　12:00科考分队到达了林芝市巴宜区鲁朗镇。鲁朗镇位于西藏林芝市巴宜区东部，距离林芝市区约80km，素有"林芝东大门"之称。镇政府驻地海拔3385m。全镇面积3152.02km²。有鲁朗花海、鲁朗林海、扎西岗民俗村、色季拉国家森林公园等旅游资源，属于半农半牧区。午饭后，我们步行游览鲁朗国际旅游小镇，小镇美景兼有高山、草甸、林海和花海；美食上独当一面的鲁朗石锅鸡与当地采摘的新鲜松茸各有千秋；住宿上有充满藏族元素的民宿，也有品位高的别墅酒店；骑马射箭，亲子娱乐，都能轻松满足。

　　途中又遇到了鲁朗林海景区，鲁朗林海是一处云山雾海里的森林，有"叫人不想家的"的美誉，整个景点如诗如画，周边雪山林立，沟内森林葱茏，林间还有整齐如人工修剪般的草甸，周边溪流蜿蜒，有成千上万种野花竞相开放，可谓是人间天堂（附图62）。但是由于我们要去景区所以就没有进去，只在边上"偷窥"了一下，确实惊鸿一瞥，层峦叠嶂的群山中，云雾波涛汹涌，一层叠着一层，远处某处云层较薄，蔚蓝色的天空便透了出来，让人产生一种心旷神怡、宠辱皆忘的感觉。

　　在林芝的这几天，我们感受到绿色是林芝发展最亮的底色。林芝得天独厚的气候条件赋予它太多旅游资源和经济作物。近年来，随着林芝机场扩容、拉林铁路建设、拉林高等级公路等基础设施项目的建成和推进，制约林芝发展生态旅游的瓶颈问题得到了进一步解决。林芝市持续加大投入，扎实推进生态旅游，以产业融合发展带动千家万户增收致富，一大批昔日贫困山村阔步走向小康。现在的林芝不仅保护好了生态环境，还在其中聚了人气、要了效益、促了发展，将绿水青山变为建设幸福林芝的"金山银山"。

附图 62　鲁朗林海

记录人：张雅婧、孙曼、胡桢培

时间：2021 年 7 月 5 日

地点：林芝市

人员：中国科学院地理科学与资源研究所宋涛、牛方曲、韩梦瑶、王志辉、陈伟、郑智、姚秋蕙、张雅婧、熊韦、杨欣雨、孙曼；中国科学院科技战略咨询研究院左亚彬；中央财经大学李文斌、高菠阳、胡桢培、刘柏宏

　　早上 8:30 科考分队准时从林芝市出发前往雅鲁藏布江沿线调研。七八月是林芝最郁郁葱葱的季节，恰逢雨季，天气算不得晴朗，眼中所见的都是连绵不绝的云雾笼罩在群山上（附图 63）。

　　林芝位于西藏东南部，雅鲁藏布江中下游。林芝风景秀丽，很多地带被誉为"西藏江南"，有林芝桃花节、丰富多彩的南伊沟等。林芝平均海拔 3100m，面积 11.7 万 km²，实际控制面积为 7.6 万 km²。根据第七次人口普查数据，截至 2020 年 11 月 1 日 0 时，林芝市常住人口为 238936 人。2020 年，林芝市实现地区生产总值 191.34 亿元，同比增长 7.9%。

附图 63　沿途的风景

科考分队一行首先驱车到达尼洋河与雅鲁藏布江汇合的地点。尼洋河是雅鲁藏布江支流之一，是林芝市的母亲河。雅鲁藏布江源头海拔 5590m，发源于西藏西南部喜马拉雅山北麓的杰马央宗冰川，雅鲁藏布江河床高度大多在海拔 3000m 以上，是世界上最高的河流，经过长途跋涉后，泥沙俱下，江水浊黄。尼洋河水流清澈而湍急，雅江水浑浊而缓慢，一清一浊、且形成江水倒流的奇观，两岸同时是奇特的雪山和森林世界。时而有大片金黄色的青稞田野映入眼帘，为这油画般的美景增添了些明朗。青稞是雪域高原上的绝对主角，占西藏粮食作物种植面积的 80% 以上。

因为水量太大，尼洋河变得湍急浑浊，这使得尼洋河风光带景色大打折扣。雅鲁藏布江北岸的丹娘佛掌沙丘在其中显得格外突兀，据当地村民介绍，这沙丘是因其形态与其在江面中的倒影酷似合掌祈祷的佛掌而得名。佛掌沙丘位于雅鲁藏布江中下游强风口地段，秋末至春末期间劲风如飚，沙丘前后河床上因枯水期而露头的河沙，年复一年地被强风吹送、搬运、堆积，层层叠叠，日积月累，便构成了波涛起伏的沙丘（附图 64）。

来到了"南迦巴瓦峰最佳观景台"远眺南迦巴瓦峰，因为水汽太多不能看到南迦巴瓦峰。这是西藏林芝的最高峰，位于喜马拉雅山脉东端，海拔 7782m。由于山形独特，巨大的三角形峰体终年积雪，云雾缭绕，从不轻易露出真面目，所以它也被称为"羞女峰"。

吃过午饭，科考分队一行决定前往卡定沟景区。卡定沟位于林芝市境内，318 国道林芝至拉萨段，距离巴宜区驻地 24km 处，海拔约 2980m，地处雅鲁藏布江支流尼洋河畔，雨水充沛，森林茂密。"卡定"藏语译为人间仙境，属于花岗岩峡谷风貌，受印度洋暖湿气流的影响，峡谷两侧山高崖陡，叠嶂起伏，苍松巨柏遍布山崖。2019 年其升级为 4A 级景区，票价也提升为 27 元。景区内打造特色农牧民摊位，因地制宜地创新设立了农牧民摊位 11 个，惠及当地 58 户农牧民。

附图 64 丹娘佛掌沙丘

　　一入景区大门，便可看到群山连绵、峭壁高耸入云的景象，颇有点雁荡之气势。仰头观望，仿佛可以在峭壁上看到各式各样的图案，令人想象万千。一路往上，游人络绎不绝，有许多富有藏族气息的经语刻印在路边的石头上。可能是周一的缘故，游客并不算多，多的是年轻男女们结伴前来，还有不少藏族同胞陪着老人来游玩。

　　特别的是，卡定沟景区始终把民族团结工作作为维护社会稳定、促进经济社会发展的重要工作来抓，将民族团结列入景区日常重要议事日程，把促进民族团结教育工作当成头等大事。景区内宣扬民族团结的标语随处可见。景区打造特色农牧民摊位，因地制宜创新设立了农牧民摊位 11 个，惠及当地 58 户农牧民。卡定沟景区坚持把社会责任融入企业经营理念，为当地贫困户和中小学捐款、捐物。

记录人：张雅婧、熊韦、杨欣雨、胡桢培

时间：2021 年 7 月 6 日

地点：林芝市—拉萨市

人员：中国科学院地理科学与资源研究所宋涛、牛方曲、韩梦瑶、王志辉、陈伟、郑智、姚秋蕙、张雅婧、熊韦、杨欣雨、孙曼；中国科学院科技战略咨询研究院左亚彬；中央财经大学李文斌、高菠阳、胡桢培、刘柏宏

　　早上 8:00 整科考分队从林芝市准时出发，沿着 318 国道拉林高速段驶向拉萨市。

在林芝的两天总是阴云密布，然而行至巴松措附近，天气一下子晴朗起来，同时还能鲜明地感觉到气候的变化。首先是湿度变低。拉萨属于高原温带半干旱季风气候区，日照强而降水少，而林芝则属于亚热带半湿润气候，喜马拉雅山脉和念青唐古拉山脉由西向东平行伸展，东部与横断山脉对接，在东南低处有一个大缺口，使得顺江而上的印度洋暖流与北方寒流在此相遇，带来了较为丰富的降水。其次是植被从茂密变得较为稀疏。在林芝时公路两侧蕨类、灌木、阔叶、针叶各类植物随处可见，但是越靠近拉萨，植物的种类变得越稀疏（附图65）。

附图65　林拉高速沿途地貌

　　"拉林高速"名为"高速公路"，但严格来讲应该被称为"高等级公路"。因为高速公路必须是全封闭的，但西藏的高速公路很多匝道是敞开的不收费，所以叫高等级公路，只是习惯被称为"拉林高速"。"拉林高速"是川藏线路面最好的一段，正常行驶速度可达80～100km每小时，4个多小时从林芝到达拉萨。

　　下车后科考队员们来到布达拉宫。布达拉宫位于中国西藏自治区首府拉萨市区西北的玛布日山上，是一座宫堡式建筑群，始建于公元7世纪，是吐蕃王朝赞普松赞干布为迎娶文成公主而兴建的。17世纪五世赖喇嘛时期重建后，成为历代达赖喇嘛的驻锡地和政教合一的中心。主体建筑分为白宫和红宫，主楼13层，高115.7m，由寝宫、佛殿、灵塔殿、僧舍等组成，全部为石木结构，5座宫顶覆盖镏金铜瓦，金光灿烂，气势雄伟，被誉为"高原圣殿"。

　　布达拉宫不仅是历世达赖喇嘛的冬宫，也是过去西藏地方统治者政教合一的统治中心，从五世达赖喇嘛起，重大的宗教、政治仪式均在此举行，同时又是供奉历世达赖喇嘛灵塔的地方。这座凝结藏族劳动人民智慧又目睹汉藏文化交流的古建筑群依山叠砌、群楼重叠、殿宇嵯峨、气势雄伟，蓝天白云下红、白、黄、黑四种颜色形成鲜明的对比，是西藏无可比拟的象征。

　　据向导说，以前的拉萨城是以大昭寺为中心建造的，而今布达拉宫成了拉萨市新的中心。在布达拉宫上能够俯瞰整个拉萨市区，白云下方是绵延的群山，而群山的怀抱里则是拉萨这座称得上繁华的城市（附图 66）。一路走来，科考分队成员见证了不同面貌的西藏，目睹了西藏蓬勃的艰难与发展，更深感自己的责任重大，希望自己能够切实为西藏的未来贡献力量，盼望自己不虚此行。

附图 66　在布达拉宫上俯瞰拉萨市区

记录人：姚秋蕙、熊韦、孙曼、杨欣雨

时间： 2021 年 7 月 7 日

地点： 拉萨市

人员： 中国科学院地理科学与资源研究所刘卫东、刘志高、宋涛、牛方曲、韩梦瑶、陈伟、郑智、姚秋蕙、张雅婧、熊韦、杨欣雨、孙曼、马凌；中国科学院科技战略咨询研究院温珂、郭雯、左亚彬；中央财经大学高菠阳、胡桢培、刘柏宏

　　科考队伍上午与西藏自治区人民政府工作人员举行座谈会（附图 67），出席单位包括西藏自治区经济和信息化厅，西藏自治区旅游发展厅，西藏自治区商务厅（口岸办），西藏自治区乡村振兴局，西藏自治区统计局，西藏自治区能源局以及西藏自治区发展和改革委员会区域开放和合作处、战略发展和规划处、体制改革处、固定资产投

资处、地区经济振兴处、农村经济处、基础设施发展处、产业发展处、资源节约和环境保护处、社会发展和就业收入分配处、经济贸易和消费处、军民融合办军地协调处、铁路和民航建设协调处、招商引资局。下午对西藏藏缘青稞科技有限公司、拉萨达孜区高标准良种奶牛养殖中心、西藏泰成乳业有限公司进行了实地调研。

上午 10:00 的座谈会内容主要围绕以下三部分：①"十三五"发展现状与问题；②"十四五"发展主要设想；③绿色发展相关情况。座谈会上，西藏自治区发展和改革委员会副主任王友华首先为科考分队成员介绍了西藏自治区的基本情况以及下一步发展规划。接下来，科考分队针对西藏自治区绿色农牧业发展、边境口岸绿色发展、清洁能源发展、乡村振兴、工矿业发展等与各部门领导进行了充分的讨论，主要内容如下。

（1）旅游发展走高质量路线，避免垃圾处理不当和污染。冬游西藏作为西藏"十三五"规划的重点之一，是增加旅游人数、延长可旅游时间的首选。游客的衣食住行各方面的基础配套都应该更新换代，在符合现代理念和审美的同时保留藏族特色。同时，大量的外来人口造成垃圾体量迅速增加，垃圾妥善处理是地方的首要任务。西藏是中国的一片净土，各地方应结合垃圾体量，选择合适的处理方式，让绿色旅游成为西藏的一大亮点。

（2）乡村振兴差异化执行，结合边境沿线旅游提升农牧民收入。藏族的独特性使得针对西藏的乡村振兴计划需要差异化进行。西藏的人口密度不高、交通相对落后，且经济活动比较单一，针对西藏脱贫办法应采取小而精的方式，利用有限的资源和人力把西藏的环境附加值和独特性发挥到最大。

（3）配合"一带一路"倡议进一步开放，使口岸流量稳步提升。受疫情影响，西藏各口岸流量受到严重影响。未来西藏地区的贸易往来应顺应国家号召，加大开放力度和贸易量，促进当地品牌走向世界。

附图 67　科考分队与西藏自治区人民政府人员座谈

下午科考分队去了三个调研点进行调研。第一站到了西藏藏缘青稞科技有限公司（附图68），这是一家研发生产青稞食品、饮品的公司，该企业先后荣获国家高新技术企业等四十多项重大荣誉，并通过ISO9001国际质量管理体系和HACCP食品安全管理体系认证。该企业是2018年"庆祝改革开放40周年"西藏唯一入选的代表企业。2019年的青稞转化量超过5000t，销售额超过1亿元。

2021年企业的青稞转化量拟达4000t以上，目标产销值达到1.2亿元，带动本地80名农牧民就业。企业现在的整体规模是创办初期的30倍，实现了从无到有，从小到大，是青稞规模化生产第一家企业，其产品理念相对前卫，符合当下年轻人的需求。例如，青稞酵素饮料、青稞酵素固体饮料、零卡零糖的藏缘G+气泡水等在实现增产后，打响品牌，做好商业模式，直供一线城市指日可待。该企业作为拉萨为数不多的现代化企业，成功地树立了标杆，值得当地和外来企业家学习。

附图68　科考分队在西藏藏缘青稞科技有限公司调研

第二站到了达孜区良种奶牛养殖中心。该项目基本信息前文已有所述，此处不再赘述。该项目运营带动达孜区建档立卡贫困户1274人次，每年每人分红800～3000元不等；解决本地就业14余人；带动当地群众劳务输出2000余人次；带动全区种植饲草6000余亩800多户，每户增收4000余元。

最后是前往西藏泰成乳业有限公司调研当地的牦牛奶制品生产情况（附图69）。西藏泰成乳业有限公司是达孜区产业扶贫重点企业，"集现代化、标准化、规模化、环保型及贫困农牧民养殖技术培训于一体的奶牛养殖、牦牛育肥企业。"牦牛养殖场经过两年多建设，具备6000头全舍饲规模化育肥牦牛养殖规模。2019年度拉萨市政府下达该企业育肥牦牛出栏任务7000头，占拉萨市全年育肥牦牛出栏任务 17000 头的 41%。

作为达孜区产业扶贫重点企业，泰成乳业将达孜区唐嘎乡洛普村 89 户 348 人建档立卡的贫困户纳入"十三五"扶贫产业扶贫精准扶贫帮扶对象，截至 2019 年 6 月累计投入扶贫资金达 1100 多万元，其中产业分红资金 313.2 万元（人均 3000 元 / 年，年分红总额 104.4 万元）、就业扶贫 100 万元、技术培训扶贫 26 万元、流转土地费 48 万元、无偿捐赠鲜牛奶 300 多吨价值 300 多万元、场区建设零工创收 321 万元。2018 年经达孜区脱贫攻坚指挥部统计，洛普村 89 户 348 人贫困农牧民人均增收达 4500 元，为达孜区经济发展和精准扶贫工作的推进做出贡献。

附图 69　科考分队在西藏泰成乳业有限公司养殖中心调研

记录人：姚秋蕙、熊韦、马凌、胡桢培

时间：2021 年 7 月 8 日

地点：拉萨市—山南市（桑耶寺、扎囊县桑耶镇桑耶社区、雍布拉康、克松村）

人员：中国科学院地理科学与资源研究所刘卫东、刘志高、宋涛、牛方曲、陈伟、郑智、姚秋蕙、熊韦、杨欣雨、孙曼、张雅婧、马凌；中国科学院科技战略咨询研究院温珂、郭雯、左亚彬；中央财经大学胡桢培

上午 8:30 我们准时从拉萨市前往海拔 3600m 的山南市。山南市位于冈底斯山至念青唐古拉山以南，雅鲁藏布江干流中下游地区，北接拉萨，西邻日喀则，东连林芝，

南与印度、不丹接壤。山南地区气候温和，降水颇丰，河谷两侧高山多为牧场，腰部是森林，谷底及河口则是肥沃的农田，适宜青稞、荞麦、小麦等高原农作物生长，素有"西藏粮仓"之称。同时，山南也被称为藏文明的发祥地。这里有西藏第一个寺庙（桑耶寺）、第一块农田（萨日索当）、第一代国王（聂赤赞普）、第一座宫殿（雍布拉康）、第一个民主改革村（克松村）、第一个农村党支部（克松党支部）等。

◎ 桑耶寺

途经位于扎囊县桑耶镇境内的桑耶寺。桑耶寺始建于公元8世纪吐蕃王朝时期，是西藏第一座剃度僧人出家的寺院，也是藏传佛教历史上第一座"佛、法、僧"三宝俱全的寺院。其按照佛经中的大千世界布局设计而成——乌孜大殿代表世界中心须弥山，大殿周围的四大殿表示四咸海中的四大部洲和八小洲，太阳、月亮殿象征宇宙中的日、月两殿，红、白、绿、黑四塔代表释迦牟尼出生、成佛、讲法、涅槃，寺庙围墙象征世界外围的铁围山，围墙四面各设一座大门，整个建筑群总面积约 $25000m^2$。寺院内珍藏着西藏自吐蕃王朝以来各个时期的历史、宗教、建筑、壁画、雕塑等多方面的遗产，集西藏古代文明之大成（附图70）。

附图70　桑耶寺

◎ 扎囊县桑耶镇桑耶社区

从桑耶寺步行至第二个考察点——西藏扎囊县桑耶镇桑耶社区（附图71）。该社区现有 724 户，其中原居民 400 余户，易地搬迁 319 户。在生产方面，当地政府会为每家每户分配农田，并发放饲料、粮食等生产资料。而外出务工、农田经营等也逐渐成为村民收入来源多样化的重要形式，全村人均收入可达 2.3 万元，其中易地搬迁点的村民人均收入达 1.3 万。同时，桑耶社区具有良好的地理优势与丰富的文化旅游资源，依靠桑耶寺的旅游带动，当地居民可以发展民宿和餐饮等产业以实现创收。此外，当地还有众多的扶贫项目，依托项目点就业等形式也逐渐兴起。在生活方面，社区新房均由政府出资建设，户均面积 100 ~ 160m²，村民只需交纳 1 万元即可入住。目前，社区公共服务也在不断完善，各户均配备了冲水马桶，但是在污水处理方面还有所欠缺，部分仅为简单处理后通过沙子过滤就排放。冬季供暖仍采用传统的烧柴法，这是由于周边森林有较多老死的树木，村民每年都会去伐树，并且这里电价较高，所以基本不用电取暖。目前社区每户都有医保，并配有村医，而距村 2km 的桑耶镇则配套了学校。整体而言，其社区发展和居民生活在山南市中处于较为领先的水平。

附图 71　桑耶社区

◎ 雍布拉康

下午调研了西藏的第一座宫殿——雍布拉康，译为"母鹿后腿上的宫殿"，其位于雅砻河东岸的扎西次日山顶。该宫殿建于公元前 2 世纪，是文成公主和松赞干布在山南的夏宫，在松赞干布时期由宫殿改作寺庙，至五世达赖时又在原碉楼式建筑基础上修建了四角攒尖式金顶，并将其改为黄教寺院。宫殿里供有释迦牟尼佛、聂赤赞普、松赞干布、文成公主等塑像。雍布拉康山脚下的"萨日索当"是西藏的第一块农田。据传说，神猴与罗刹女生出六只小猴，繁衍五百小猴，神猴父叩求观音菩萨赐福，于是观音取出五谷撒在土地上，幼猴食用谷物后，毛渐短、尾渐缩、能言语，遂变成人种，这块土地即为西藏第一块农田。

◎ 克松村

最后，我们拜访了西藏的第一个民主改革村——克松村（附图72），克松村是西藏山南市乃东区昌珠镇的下辖建制村，是西藏自治区第一个进行民主改革的村子，同时也建立了西藏第一个农村基层党支部、第一个农民协会、第一个人民公社、第一个教学点等，被誉为"一块红色的土地"。西藏民主改革以前，克松村叫克松庄园，是旧西藏农奴主索康·旺清格勒在山南的六大庄园之一。近年来，克松村逐步树立"以思路带规划、以规划带项目、以项目促发展"的发展思路，积极努力引导群众致富，以建设现代农业、发展红色乡村旅游，增加了农民收入，提高了农民素质，改善了村容村貌。2017年，克松社区所有贫困群众实现脱贫摘帽，居民生产生活条件实现新的飞跃。2020年，克松社区年人均纯收入超过25000元，不断向建成经济繁荣、设施完善、环境优美、文明和谐、充满活力并具有西藏特色的社会主义新农村的方向发展。

附图72　克松村

记录人：杨欣雨、孙曼、张雅婧、胡桢培

时间：2021 年 7 月 9 日

地点：山南市

人员：中国科学院地理科学与资源研究所刘卫东、刘志高、宋涛、牛方曲、陈伟、郑智、姚秋蕙、熊韦、杨欣雨、孙曼、张雅婧、马凌；中国科学院科技战略咨询研究院温珂、郭雯、左亚彬；中央财经大学胡桢培

　　7 月 9 日，我们与山南市自然资源局、山南市经济和信息化局、山南市农业农村局等部门进行了座谈，并前往罗布莎、滴新村、结巴乡等地对江南矿业、西藏矿业、次德畜牧养殖专业合作社、功德农产品开发有限公司等调研点进行实地考察。

　　与山南市自然资源局的座谈主要围绕山南市绿色矿山的建设情况、现存问题、工作计划三个话题进行。在绿色矿山建设情况方面，山南市采取"控制总量、变更矿权、限大关小"的发展思路，砂石厂由原来的 104 家缩减为 27 家，采石场仅保留有 3 家，全国绿色矿山企业有 3 家。同时，全部矿权变更至各县、区国有公司，以便于统一协同管理和生态环境保护。在现存困难问题方面，首先，部分矿山企业绿色矿山建设意识淡薄，积极主动性不足；其次，由于资金投入等制约，部分工作进程缓慢；最后，建设规划正处于起步阶段，缺乏人力、技术、资源等。

　　与山南市经济和信息化局的座谈主要围绕重点产业发展进行。山南市 2020 年工业经济发展形势总体良好，全市规模以上工业企业 17 家，实现工业总产值 34.7 亿元，同比增长 4.8%。在主导产业方面，建材业实现产值 16.52 亿元，同比增长 8.7%，矿产业 7.5 亿元，同比下降 4.9%，电力能源 9.2 亿元，同比下降 3.6%。在特色产业方面，民族手工业持续向好，"三品战略"积极推进；藏药业现代科技优势愈发凸显，品牌称号逐渐打响；优势矿产业有序发展，勘探、采掘、评价等工作取得较大进展；清洁能源显有成效，水电光伏较大发展。在重点项目方面，天然饮用水项目进展顺利，建材业准备工作蓄势待发。

　　农业农村局的座谈主要围绕农牧业绿色发展和乡村振兴进行。在耕地质量方面，山南市共有标准亩耕地 84 万亩，已经实施 4～5 年的有机肥培育，但耕地的质量监测工作远没有跟上，不利于后续的土壤改良工作。在农药化肥方面，其化肥农药使用较为普遍，但近年来正进行总量控制，并提倡采用科学方法合理使用。我们曾设想提倡青藏地区农户仅使用有机肥，但座谈得知，当地生产的有机肥只是一种土壤"营养剂"，长期对土壤有改良效果，但短期内对于农作物增产没有直接影响；较好的方式是将有机肥与普通化肥混合使用，逐渐降低化肥依赖，并促进产量恢复。值得一提的是，昌珠镇全域有机种植基地已种植着无任何普通化肥、农药施用的有机绿色作物，但有无普通化肥施用的作物亩产相差 200～400 斤，其模式的大范围推广极其困难。在电商发展方面，当地农作物加工产业能够通过电商销往外地，但均处于试验阶段，质量并不稳定。而全国扶资产品均要有三品一标资质、食品生产许可证才允许跨区域销售，但当地多为小作坊生产，产量、规模较小，难以全部取得相关证件，且当地百姓多喜

欢囤积新粮、卖出旧粮，企业不愿意对此收购。

下午 2:00 许实地考察了罗布莎铬铁矿区的江南矿业（附图 73）、西藏矿业。2013年矿产企业整合后，罗布莎铬铁矿仅留有西藏矿业和江南矿业。其中，江南矿业采用地下开采的形式，并直接将原矿销售至格尔木的公司进行加工。但江南矿业整合了 13家矿产企业，存有大量企业历史遗留问题，以及科技创新部分尚未达标，因而其尚未被评为绿色矿山（附图 74）。西藏矿业采用露天采矿的形式，但如今处于三年限期复垦阶段。其于 2020 年被评选为绿色矿山，并采取动态考核机制。

在农牧局领导的带领下，我们参观了滴新村的奶牛养殖基地。基地牛棚整齐洁净，存栏奶牛 200 余头，总投资 1300 万元，其中 300 万为国家扶贫资金。养殖场的草料均为自己种植，牛奶乳蛋白含量更高，营养价值更大，是牛奶中的"高端产品"，但主要用于哺育小牛，暂不参与售卖。基地主要采取牦牛收购、短期育肥、牛犊销售等经营模式。

结巴乡绿色青稞种植基地积极推广农牧科技，通过品种开发、良种选繁等，研发出了"喜拉 22 号"产品，并打造了"绿色青稞，喜马拉雅味道"的品牌形象。其青稞运往结巴乡格桑村的功德农产品开发有限公司，并进一步深加工生产糌粑制品。该公司打造了"藏地圣田"的糌粑品牌，截至 2020 年，公司累计生产糌粑 60t，实现销售收入 35.6 万元，带动群众种植 2000 亩青稞，受益农户达 400 余户，兑现青稞收购资金128.7 万元，户均增收 2600 元。同时，通过衔接教育部门，"藏地圣田"糌粑已进入中小学等共 28 所，成为学生主食之一。

附图 73　江南矿业罗布莎铬铁矿

附图 74　西藏矿业罗布莎铬铁矿复垦后的矿山

在门中村的调研中，我们详细了解了村民居住、用水安全、子女教育、家庭收入等相关情况，进一步了解生产生活中的实际困难和诉求，明确了科考分队下一步的工作思路和主要目标。

记录人：熊韦、杨欣雨、张雅婧

时间：2021 年 7 月 10 日

地点：山南市—那曲市安东县

人员：中国科学院地理科学与资源研究所刘卫东、宋涛、牛方曲、陈伟、郑智、姚秋蕙、熊韦、杨欣雨、孙曼、张雅婧、马凌，中国科学院科技战略咨询研究院温珂、郭雯、左亚彬

上午 8:00 科考队从山南市出发，沿泽贡高速、上 318 国道返回拉萨，沿京藏高速一路向北行至当雄县，因高速后半段尚未通车，我们下到 109 国道继续驶向那曲。清晨阴雨绵绵，山河壮美，云景万千，牦牛成群，藏屋独特。

途经当雄县羊八井镇时，我们参观了地热厂和"中国海拔最高的温泉"羊八井温泉。而令我印象比较深刻的是羊八井 1 号和 2 号隧道，为保护高原生态，每个隧道洞口都设置了沉淀池，隧道内的施工用水经过沉淀去油污后才排向河流。同时，隧道内的废渣填到洞口两端作为路基，并覆盖了草皮，最大限度地减少对环境的破坏。沿途还遇到了两三次经过的火车，在看过了高原隧道和高原铁路后，感叹着中国基建水平和工

程队绿色发展的理念。铁路和高速公路是经济发展的基石，在解决交通问题的同时也给当地带来了经济发展和源源不断的物资。

下午 1:30 我们抵达了那曲市，并对那曲德琴 30MWp 光伏电站开展调研（附图 75）。那曲德琴 30MWp 光伏电站位于那曲市色尼区，由色尼区德琴新能源科技有限公司全额投资建设，总投资约 3.6 亿元，由中国电建集团贵州工程有限公司 EPC 总包，中国电建集团新能源电力有限公司运维管理，中国电建集团西北勘测设计研究院有限公司设计，中国华西工程设计建设有限公司监理。总装机容量为 30MW，占地面积 900 余亩，永久性占地为征地，光伏区用地为租用土地，电站于 2017 年 7 月 22 日成功并网并发电。光伏电站采用分块发电、集中并网的方案，光伏区共设 19 个子方针，18 块组件串联成 1 个光伏组串，每 8 串电池组件经一台 50kW 组串式逆变器将直流电转换为低压交流电，每 4 台组串式逆变器接入 1 台交流汇流箱。该电站每年能够发电约 4856 万 kW·h，按标煤煤耗为 320/(kW·h)，每年可为国家节约 1.55 万 tce，每年可减少烟尘排放量约 19.42t、二氧化硫排放量 111.7t、氮氧化合物排放量约 116.55t、二氧化碳排放量约 4.86t，此外，每年还可以节约大量用水，并减少相应的废水排放，促进当地节能减排。

附图 75　那曲德琴 30MWp 光伏电站

紧接着我们前往了西藏那曲高寒草地生态系统野外科学观测研究站，这是中国科学院地理科学与资源研究所海拔最高的生态观测站。藏北高原是"江河源"和"生态源"，在涵养水源、保持水土方面发挥着重要作用，同时是第三极重要的碳库，对国家生态安全屏障、区域畜牧业发展具有战略意义，对东亚及全球气候具有重要影响。但近年来藏北高原气候变化显著，草地出现退化趋势，缺乏长期定位生态监测，因此那曲站的建设填补藏北高原长期定位生态监测和研究的空白，具有非常重要的意义。那曲站的建设经历了一个比较漫长的过程，2009 年拉萨站那曲基地选址，2011 年正式挂牌运行，2013 年加入中国科学院高寒网，2016 年加入西藏自治区生态环境厅共建网络台站，2020 年联合中国科学院青藏高原研究所和西藏大学入选国家野外台站。这里孤零零的一栋房子坐落在一大片草原上，方圆 5km 杳无人烟，实验样方铺得很远，过高的海拔极易引起高原反应。而那曲站的师生们往往需驻扎数月以上，连基本生活物资都需要驱车 1h 前往市区采购，终日与实验科研为伴，可是他们依然乐在其中，并且取得了突出的研究成果，着实令人敬佩。

下午四时许继续驱车赶往安多县。安多县海拔已达 4700m 左右，但基本蔬菜肉类多有所保障。随着青藏铁路的运行通车，川藏铁路的积极推进以及各条公路、高速的建设，青藏高原不再是遥不可及的地方，西藏各地与内地的联系越来越紧密，人和物的交流也越来越充分，内地的新鲜蔬菜、瓜果也都能及时运输到青藏高原的各个角落。例如，在那曲市可以品尝到采购于湖南的活鱼，而蔬菜水果也能通过跨市运输以保障每日的供应。但同时还存在着一些问题，如川藏的主干线 318 国道和青藏的主干线 109 国道是主要的进藏通道，物资基本上都是由大车通过这两条国道运进西藏，目前青藏铁路的货运潜力尚未被开发充分，因而这两条国道一旦发生大雪封路、道路阻断等特殊状况，则西藏的新鲜蔬菜水果立马就会涨价，所以我认为一是应当积极挖掘青藏铁路的货运功能，二是规划建设新的进藏通道，缓解 318 国道和 109 国道两条国道的压力，使西藏与内地的联系越来越紧密，促进国内大循环。

记录人：孙曼、马凌

时间：2021 年 7 月 11 日

地点：安多县—格尔木市

人员：中国科学院地理科学与资源研究所刘卫东、宋涛、陈伟、牛方曲、郑智、姚秋蕙、熊韦、杨欣雨、孙曼、张雅婧、马凌；中国科学院科技战略咨询研究院温珂、郭雯、左亚彬

今天我们将翻越唐古拉山口，穿过可可西里无人区。行程安排是从安多县出发，经唐古拉山山口、沱沱河、不冻泉、五道梁到格尔木，晚上住格尔木。我们早上 6:00 出发，大家一致决定从酒店打包早餐在路上吃。昨晚第一次在海拔 5000m 以上的地方住宿，所以大家都睡得不是很安稳，但还是强打精神，迎接今天一整天的路上行程。

随着车队慢慢行进，东边渐渐露出光亮。晨曦的朝阳最先照亮的不是高山，而是高山上的云彩，天边的朝霞最先被染红，浅薄处透得像纱织般轻盈，将沿途的水面也映成红色。渐渐地高耸入云的唐古拉山的顶峰也被染红，仿佛是给山体戴上了一顶金色的皇冠；而后，五彩的朝霞和金色的光芒笼罩了整个山体，把远处山丘的线条映衬

得更加柔和、婉转、熠熠生辉。天与地的颜色浓淡适中，云与山则动静相宜，比任何一幅水墨山水画都更显雅致、迷人（附图76）。

附图76　阳光洒在念青唐古拉山上

　　不知不觉中，汽车就开到了唐古拉山口。从安多到唐古拉山口开车用了1.5h。"唐古拉"在藏语中意为"高原上的山"，由于终年风雪交加，号称"风雪仓库"。唐古拉山脉是青海和西藏的天然分界线，海拔5231m，山口处建有纪念碑及标志碑（附图77），是沿青藏公路进入西藏的必经之地。唐古拉山口空气的含氧量只有平原的一半，如果从青海进藏，走到这里一般人都会有高原反应。我们已经在青藏高原20天了，基本都已适应高原的环境。虽然唐古拉山这一段是青藏公路海拔最高的地方，但山脉却没有像人们想象的那么险峻，而且可以说是很柔和，远远看去，有种童话般的景致，但远处终年不化的雪山又会提醒你这是海拔5000多米的高原。

附图77　唐古拉山海拔5231m标志碑

我们继续按计划往格尔木前进。10:30 我们来到"长江源"纪念碑，10m 开外的一座小哨楼的雪白的墙上写着七个鲜红的大字——"长江源头第一哨"。这座全长 1389.6m 的铁道桥便是被称为"长江源头第一桥"的长江源特大桥，架设在沟通西藏和内地的高原天路上。2006 年 9 月至今，沱沱河守桥中队官兵坚守在大桥两端，守护着脚下青藏铁路的平安畅通。沱沱河蒙古语的意思是"红河"，这里是长江的源头。

下午二时许，我们还穿行在可可西里无人区的青藏公路上，这一段被称作生命的禁区。可可西里是我国最后一块保留着原始状态的自然之地和最大的无人区。这片地方除了高山、湖泊、草原和野生动物，几乎荒无人烟。可可西里是蒙古语，意为"青色的山梁"，也称为"美丽的少女"。可可西里在 1997 年被确立为国家级自然保护区，总面积为 4.5 万 km^2，境内平均海拔 4600m 以上，被誉为"世界第三极"和青藏高原珍稀野生动物基因库，是"中华水塔"的重要组成部分。晶莹的白雪覆盖着远处的玉虚峰，万朵白云似从天落，缝隙中露出片片湛蓝，天地美得圣洁，美得震撼（附图 78）。

附图 78　可可西里

青藏线穿越了中国三大自然区，一路有着不同风情的景色。就植被而言，青藏线则经过了五大植被区，如东祁连山温带草原、柴达木荒漠、昆仑山—唐古拉山高寒草原、玉树与治多的高寒草甸、可可西里荒漠草原、拉萨河中游灌丛草原，一路上，画风不断切换。

中国的大规模基础设施建设从 20 世纪 90 年代开始，已经持续了 30 余年，但是青藏公路的路况依旧不是特别好。从安多到格尔木，这一段路非常不好走，一路颠簸，"身体在地狱，眼睛在天堂"这句话或许就是这段路最好的印证。青藏公路是世界上海拔最高的柏油公路。青藏公路东起青海省西宁市，西至西藏拉萨市，全长近 2000km，是世界上海拔最高、最长的柏油公路。青藏公路已经是目前进藏路况最好且最安全的公路了，也是五条进藏线中最繁忙的公路，一年四季通车。但是不冻泉到五道梁保护站有一段十分坑洼颠簸的路，在这里发生交通事故的频率也相对较高。

青藏公路两旁各插有一排碗口粗、高约 2m 的铁棒，被称为"热棒"，它在保障路基平整方面起到了重要作用。热棒是一种由碳素无缝钢管制成的高效热导装置，在路基下还埋有 5m 深。青藏公路沿线经过了大量高原冻土地带，冻土含冰量很高，冻土会随温度变化而发生冻胀与融沉，对路基造成破坏，给沿路行车带来威胁。虽然名字中有"热"字，但热棒的存在相当于是一个不断工作的"制冷剂"。热棒的整个棒体是中空的，里面灌有液氨，由于液氨沸点较低，在冬季土中热量使该液体蒸发，气体到顶部，通过散热片将热量传导给空气，冷却后又液化回到下部。为了保持冻土稳定，科学家采用热棒，将路基中的热量传导至空气中，保持冻土冷冻状态不松软，保障了路基的平整。

下午 7 时许，我们总算翻过了昆仑山口。昆仑山位于青海西南部，是青海、甘肃两省通往西藏的必经之地，也是青藏公路上的一大关隘。昆仑山不仅是中华民族的象征，也是中华民族神话传说的摇篮，古人尊为"万山之宗""龙脉之祖"，因而有"国山之母"的美称。连绵的山峰似乎没有尽头，让人不禁想起毛泽东主席"山舞银蛇，原驰蜡象，欲与天公试比高"的诗句。

记录人：熊韦、杨欣雨

时间：2021 年 7 月 12 日

地点：青海省格尔木市

人员：中国科学院地理科学与资源研究所刘卫东、宋涛、陈伟、牛方曲、郑智、姚秋蕙、熊韦、杨欣雨、孙曼、张雅婧、马凌；中国科学院科技战略咨询研究院温珂、郭雯、左亚彬

2021 年 7 月 12 日，科考队伍上午 9:30 在青海省格尔木藏青工业园进行调研和座谈，出席人员包括工业园管委会主任、副主任，海西州副州长，以及格尔木市经济发展局、招商引资局、环保局、财政局、安监局、行政服务中心的相关人员。15:00 在格尔木市工业商务科技和信息化局进行座谈。附图 79 为格尔木工业园大门。

格尔木藏青工业园是中共中央、国务院第五次、第六次西藏工作座谈会确定的重点项目，属于西藏在青海设立的飞地，是西藏和青海两省区合作发展的重要平台，开创了省区合作的新模式。园区目前已入驻企业 200 多家，其中生产型企业 50 家左右。财政收入 2017 年 7 亿，2018 年 9 亿，2019 年 11 亿，2020 年 11 亿，2021 年预计 15 亿。青海和西藏在 2013 年签订了 8 年的框架协议，并于 2021 年重谈，增值税

地方留成的部分（原 25%，现 50%）五五分，交给国家的 50% 税收返回给西藏，附加税留给青海。

附图 79　格尔木藏青工业园

　　总体来说，设立格尔木藏青工业园的原因主要有几个方面：①历史背景。1954 年青藏公路通车后，西藏驻格尔木办事处（简称西格办）曾经承担着 85% 的进藏物资仓储和转运工作，青藏铁路修通后，西格办的物资调运功能一度弱化，格尔木藏青工业园的成立不仅让西格办实现了功能转型，也让西藏富余劳动力实现转就业、促增收。②西藏发展更高附加值的矿产资源加工业：西藏拥有铜铅锌锂铬铁等优势矿产资源，但作为国家的生态环境屏障、安全屏障、战略物资储备基地，基本只能卖原矿，附加值低，即使想发展矿资源加工业，一是生态脆弱条件约束，二是生产成本普遍高于格尔木，因此在格尔木加工更为合理。③实现青海柴达木盆地的资源和市场与西藏的矿产和盐湖资源的有效衔接。为实现产业合作，防止冲击当地的加工业，藏青工业园不用青海的原矿，只用生产加工的产品，例如不用氯化钾，用高氯酸钾，在当地延长产业链，发展产业集群。

　　企业到格尔木藏青工业园的原因，主要是能够享受国家给予西藏的特殊税收政策（除贸易企业的实体企业税收全部返还地方，园区再给企业返还 50%），以及西部大开发和柴达木循环经济实验区优惠政策（享受水、天然气、电的优惠价格）。当然入驻格尔木藏青工业园最大的劣势是运输成本，例如运到上海、北京的交通成本为 500 元 /t 左右。为了覆盖运费成本，园区适合对当地特色矿产资源进行加工，生产高价值产品。附图 80 为藏青工业园中的大德水菱镁科技产业园的生产线。

附图 80　大德水菱镁生产线

　　为推动格尔木藏青工业园进一步的高质量发展，首先，需要解决排放指标问题，只要中央下决心开采西藏的矿产资源，就可以尝试呼吁对排放指标进行重新分配，毕竟青海和西藏原有的工业基数小，在原有基数上划定的排放指标并不公平，严重限制了两省区的矿产资源开发利用，使其只能获得矿产资源开采的低附加值。其次，需要理顺园区的管理体制，明确土地、基建、社会管理等职责和权属问题。格尔木藏青工业园的建设有利于西藏在保护和开发间找到平衡点，也有利于青海发展产业集群，更好地利用本地的资源、环境、交通优势。探索西藏和青海两省区间更高质量的合作模式，对双方的长期发展需求具有重要作用。

　　下午 3 时，科考分队来到了格尔木市工业商务科技和信息化局进行座谈（附图81）。主要了解格尔木市在农牧业发展、乡村振兴及乡村环境整治、工矿业绿色发展、清洁能源、旅游业发展等方面的情况。

　　第一，我们关注了清洁能源发展情况、发展规模、消纳程度和组合方式。格尔木是国家重要的信息能源产业基地，目前正在积极推进光伏、光热、风电、水电工程，"十四五"的重点是清洁能源示范省建设、经济高质量发展、能源外送通道建设和能源互联网建设。

　　第二，我们关注了整个农牧业的发展问题。农牧业的产业占比只有 2.2%。但是格尔木也在逐步落实农村地区人居环境的改善和改厕问题。今年虽没有下达改厕任务，但是公共卫生厕所已经改了 89%，改后的公厕有顶、有通风管道、能做到蚊蝇不乱飞等。在改厕过程中，最大的问题在于改厕资金不够，2018 年改厕资金为 3500 元 / 个，但是还需老百姓自筹一部分。虽然水厕是直接接入管网，能够做到污水统一处理，但是水厕费用更高，而且老百姓也更喜欢旱厕。

第三，我们就矿产与盐湖资源开发情况，继续和单位领导进行了交流。格尔木是个工业城市，工业占经济总量的65.5%。其中，发展最好的是盐湖资源，产量最高的是钾肥，为800万t，硝酸钾50万t，碳酸钾72万t。另外，这里也有丰富的锂资源，目前年产5万t碳酸锂，500t金属锂。化工主要是格尔木炼油厂，其规模不大，但战略位置重要。原油加工量达到了153万t，金属冶炼共460万t。格尔木有国家级高新技术企业11家，主要是盐湖产业，新能源光伏企业有1家。格尔木矿产资源的特点主要有四个方面，一是区内黑色金属、有色金属及非金属矿产等各类矿产资源均有分布，资源种类齐全，分布集中，资源配套性好；二是盐湖资源优势突出，特别是盐湖资源中的钾盐、镁盐、锂矿等；三是部分矿种优势突出，如天然气、铁矿、钠盐等，在省内优势明显；四是区内大中型矿床多，共伴生有益组分多，为综合利用、开展资源循环利用提供了丰富的原材料基础。

附图81　格尔木座谈会

记录人：姚秋蕙、孙曼、马凌

时间：2021年7月13日

地点：青海省格尔木市

人员：中国科学院地理科学与资源研究所宋涛、陈伟、牛方曲、郑智、姚秋蕙、熊韦、杨欣雨、孙曼、张雅婧、马凌；中国科学院科技战略咨询研究院温珂、郭雯、左亚彬

2021年7月13日，科考队伍上午在农牧局领导的带领下前往格尔木绿科苑农业高新科技有限公司（原格尔木农垦公司农业高新科技示范园）参观考察；下午往格尔

木市青海盐湖工业股份有限公司进行考察（附图82），主要围绕公司概况、盐湖资源、"十四五"规划等方面展开。

格尔木绿科苑农业高新科技有限公司始建于2001年，总占地面积为700亩，累计完成各类投资5433万元，建有日光节能温室161座，是一家集新品种、新技术引进，以及观光、采摘、工厂化育苗、农技服务、产品供销、科普教育等于一体的综合性现代公司。我们考察的园区是去年才开始运营的新项目，总投资30万元，土地均为国有划拨土地，采用"公司＋农户＋合作社"的形式，公司还会定期为农户开展技术培训，农民在受益中亲身体验农业科技成果，科学种田的积极性不断得到提高。

园区内安装了水肥一体化的系统，能够针对当地碱性水的特点，对水质进行软化处理，将其调整为中性或弱酸性水再进行灌溉和施肥。每个温室大棚内都安装有传感器，能够将信息解码传输到中控室，从而通过云台实现远程控制，这就避免了人工监控可能产生的损失。技术人员还给我们示范了园区的智慧农业管理平台，不仅能够对园区内大棚进行实时监控和管理，还能填充种植任务、制定和模拟种植计划等。园区还给每个大棚的作物都添加了溯源码，能对种植作物的种植信息、种子信息、气象信息进行溯源查询。

附图82　考察格尔木绿科苑农业高新科技有限公司

园区现有九大类40多个品种的蔬菜，主要销往格尔木当地，能满足至少10万人的新鲜蔬菜需求。我们在格尔木市区路上曾看到销售农药的商店，因此着重向园区负责人了解了当地的农药、化肥使用情况。负责人告诉我们，当地农户对于常规化肥、农药的使用习惯已有10年以上，给当地耕地、土壤造成了不同程度的破坏，近年来在政府提倡减量增效的引导和管控下，化肥、农药使用量明显降低，百姓的意识也有所提高。而公司意识相对来说还是更为先进，我们考察的这个园区就是仅施用有机肥和生物农药的优秀典型，尽管产量较低，但是其凭借高品质仍然在市场上有很好的销路。除此蔬菜种植园区外，公司还有其他园区，广泛种植青稞、小麦等粮食作物和枸杞、藜麦等当地特色经济作物。值得一提的是，格尔木还是宁夏枸杞的重要货源地，在当地人口中格尔木枸杞的品质要更胜过宁夏枸杞，但由于其产业形成时间短（2008年才开始），因此知名度和影响力远远比不上宁夏枸杞。所幸当地政府已经开始重视品牌建设，有多个电商示范点指导种植户进行线上销售，还建设有枸杞教育大厅、投放抖音广告等吸引外地游客。我们有理由相信，以格尔木枸杞为代表的农副产品发展会越来越好，会得到内地民众的认可和喜爱。

下午，我们前往青海盐湖工业股份有限公司（简称青海盐湖公司）参观考察（附图 83）。青海盐湖公司地处察尔汗盐湖地区，盐湖总面积为 5856km^2，是中国最大的可溶性钾镁盐矿床。察尔汗盐湖各类资源量达 600 多亿 t。其中氯化钾资源量 5.4 亿 t、氯化镁资源量 40 亿 t、氯化锂资源量 1204 万 t、氯化钠资源量 555 亿 t，均居全国首位。青海盐湖公司是青海省国资委管理的省属大型上市国有企业，国家级柴达木循环经济试验区内的龙头骨干企业。

附图 83　科考队员考察钾肥生产工厂

青海盐湖公司重点开发钾资源、锂资源。青海盐湖公司始终以稳定钾肥产能为己任，为国家"粮食安全"聚力赋能，从一滴卤水开始，坚持"以钾为主、综合利用"、打造生态盐湖循环经济产业。钾肥作为主责主业，从小到大、从土到洋，开创了钾资源"固液转化、驱动开采、贫富兼采、循环回收"的开发模式，实现从 0～500 万 t 的历史性突破，彻底扭转了中国钾肥完全依赖进口的局面，稳步崛起为中国"支农肥的压舱石"，成为中国钾盐产业的领头羊（附图 84）。

察尔汗盐湖不仅是重要的工业生产基地，还有丰厚的旅游资源。察尔汗盐湖踞于巍巍昆仑山和祁连山之间的柴达木盆地，这里是青藏高原的"聚宝盆"，而柴达木盆地的心脏则是赫赫有名的察尔汗。察尔汗在蒙古语中是"盐的世界"之意。盐湖地处戈壁瀚海，这里气候炎热干燥，日照时间长，水分蒸发量远高于降水量，一切绿色植物均难以生长，但由于长期风吹日晒，湖内形成了高浓度的卤水，逐渐结晶成了盐粒，湖面板结成了厚厚的盐盖，异常坚硬，孕育了晶莹如玉、形态各异、鬼斧神工一般的盐花，它们或形如珍珠、珊瑚，或状若亭台楼阁、飞禽走兽，一丛丛、一片片、一簇簇地矗立于盐湖，让人恍惚，仿佛置身于梦境中（附图 85）。

附图 84　钾肥生产发展历程缩影

　　盐湖中的锂资源是国家的战略资源，青海盐湖公司"十年磨一剑"，经过漫长的研发，历尽了艰难曲折，成功攻克"吸附法从高镁锂比卤水中提锂"的世界性技术难题，建成了国内首条盐湖吸附法提锂万吨级生产线，形成 3 万 t/a 碳酸锂产能。提锂技术入选中国绿色工艺目录，荣获了中国石油和化学工业联合会科学技术奖一等奖，推动盐湖锂成为中国"新能源的护航者"。

附图 85　美丽的察尔汗盐湖

记录人：张雅婧、熊韦、杨欣雨

时间: 2021 年 7 月 14 日

地点: 青海省格尔木市

人员: 中国科学院地理科学与资源研究所宋涛、陈伟、牛方曲、郑智、姚秋蕙、熊韦、杨欣雨、孙曼、张雅婧、马凌

　　2021 年 7 月 14 日, 今天是 2021 年第一阶段科考的最后一天, 科考队伍上午 8:30 准时出发, 前往大柴旦循环经济工业园调研锂盐产业, 了解园区内企业锂业开发的情况, 重点与青海柴达木兴华锂盐有限公司进行了座谈 (附图 86)。下午, 科考队伍驱车前往大柴旦翡翠湖, 考察其建设与发展现状。

　　大柴旦行政区是海西蒙古族藏族自治州直辖的县级行政管理区, 不属于法定的县级行政区, 但基本类似, 行政区域包括德令哈市的柴旦镇、锡铁山镇 2 个镇, 其行政机关大柴旦行政委员会是海西州政府派出机构而非独立一级政府, 现有人口 1.5 万人, 居住有蒙古族、哈萨克族、回族、藏族、土族、撒拉族、满族等 14 个少数民族。大柴旦距离省会西宁市 732km, 南部距离格尔木市约 190km, 西北部距离甘肃省敦煌市 320km, 是柴达木盆地的"北大门"。

　　大柴旦工业园是依托资源优势, 以能源、煤炭综合利用、盐湖化工、冶金产业发展为核心的工业园, 由饮马峡、锡铁山、柴旦三个产业集中区组成, 总规划面积 42.76km^2。截至目前, 培育各类工业企业 47 家, 其中规模以上工业企业 20 家、上市公司 7 家, 形成了"煤炭、盐湖化工、有色金属、新能源、新材料"等支柱产业。我们所去的柴旦产业区位于大柴旦镇西南侧, 毗邻大柴旦湖, 是以盐湖化工、精细化学品为核心的化工产业区, 规划面积 12km^2。现入驻企业 6 家, 形成 30 万 t 硼矿开采、3.5 万 t 硼酸、10 万 t 氯化钾、2 万 t 硫酸钾镁肥生产能力, 在建 100t 碳化硼、100t 氮化硼生产能力。

　　大柴旦盐湖是盐类沉积和盐湖卤水并存的盐湖, 资源包括固体盐类资源和卤水资源, 主要由大华化工以及下属的青海柴达木兴华锂盐有限公司来开发。该公司成立于 2016 年 3 月, 注册资金 3.5 亿元。该公司实施的年产 1 万 t 高纯氯化锂和 2.5 万 t 硼酸项目总投资 6.47 亿元, 被列为青海省重点项目, 项目一期于 2016 年 12 月投产试车, 二期于 2018 年 5 月投产试车。该项目的顺利实施在大柴旦工业园盐湖资源综合开发利用方面具有示范性和里程碑式的意义。兴华锂盐主要生产无水氯化锂, 采用的是萃取法, 萃取法适用于高镁锂比盐湖提锂, 兴华锂盐拥有盐湖提锂萃取技术专利, 设计产量年产 1 万 t, 目前投产 50%, 争取在 2021 下半年满负荷投产。该公司采用串级萃取技术, 首次实现箱式串级萃取槽提锂工业化, 极大地推动了从高镁锂比盐湖中提取高纯氯化锂的技术发展。

附图 86　兴华锂盐座谈会

　　午饭后，我们驱车赶往小柴旦湖，但是由于时间比较紧张，我们没有走近看，只在路边远远地欣赏了一下。虽然它叫作小柴旦湖，但它一点都不小，面积有 69km²，是整个大柴旦境内最大的咸水湖。青新公路、敦格公路和 S314 环线环绕着小柴旦湖，仿佛一颗宝石镶嵌在其中，湖面随着微风泛起粼粼波光，让人流连忘返（附图 87)。

附图 87　小柴旦湖

　　随后，我们又到了大柴旦翡翠湖，翡翠湖属于硫酸镁亚型盐湖，是海西州第三大人工湖，面积达26多平方千米，出产品质好的钾、镁、锂等多种元素，由于盐床由淡青、翠绿以及深蓝的湖水辉映交替，晶莹剔透，当地人称其为"翡翠湖"。翡翠湖形态迥异，深浅不一的盐池宛如一块块晶莹剔透的"翡翠"，是原大柴旦化工厂盐湖采矿队采矿区，经多年开采形成采坑，变成了如今美丽的翡翠湖（附图88）。我们坐上小火车，看着沿路的风景，大大小小的卤池内，湖水由于其矿物元素含量不同而呈现出绿、蓝、黄、褐等色彩，在蓝天白云的映衬下，犹如一块块美玉散落在人间。

附图88　翡翠湖

　　今年的科考经历是让我感触很深。总结下来主要有三点。

　　一是我感受到我们国家制度的优越性。在西藏，有一些村子只有中国邮政能够为村民提供快递服务，我们常见的顺丰、圆通等快递公司并不能送达到这些偏远地区。这种现象的产生与快递企业的性质相关。中国邮政作为国有企业，积极服务国家战略、履行国企担当、背负社会责任。西藏偏远地区物流成本高，民营快递企业难以在此实现盈利，但中国邮政坚持"人民邮政为人民"的宗旨，做到了深入西藏偏远乡村每家每户。当时我就十分感动，不管是省市对口支援，还是国企央企的援藏，还是各类人才计划等等为西藏输送人才，可以感受到我们国家为了边境为了西藏的发展真的是费了很大力气，这在一些资本主义国家是绝对做不到的。

　　二是我感受到这里的基层干部对于这片土地的热爱和付出。相比于内地省市的基层干部，他们面对的是更加薄弱的基础、更加复杂的情况、更加恶劣的环境和更加艰苦的条件，不论是当地的干部还是援藏干部，通过跟他们交流都能感受到他们真正地

263

想做一些有利于当地人民的实事。

三是来了这里我才更加觉得我们现在的幸福生活来之不易，应该好好珍惜。在西藏调研的1个多月时间里，我从各个角度了解到西藏自治区艰苦卓绝的发展改革历史，了解到西藏人民为了追求更加幸福的生活所付出的智慧和汗水。希望西藏发展得越来越好，也希望这里的人们都能有激情有盼望，热爱自己的生活。

记录人：张雅婧、孙曼、马凌

时间：2021年8月1日
路线：北京首都国际机场—丽江三义国际机场—丽江黑龙潭公园
人员：中国科学院地理科学与资源研究所刘卫东、刘慧、宋周莺、宋涛、牛方曲、韩梦瑶、王志辉、王燕、程艺、杨静銮、杨欣雨、孙曼、夏万渠、管靖、张萌、徐婧雅、辛钟龄；中央财经大学高菠阳、胡桢培、刘柏宏；拉萨规划设计院刘滕、普布桑珠

2021年8月1日上午11:20许，从北京首都国际机场出发的CA 1483次航班稳步升空，标志着2021年第二次青藏科考"区域绿色发展路线图"拉开了新一轮帷幕。经过将近4h的飞行，科考分队于下午2:40到达了丽江三义国际机场。丽江是云南省地级市，位于青藏高原东南缘，滇西北高原，金沙江中游，是国际知名旅游城市、国家历史文化名城、古代"南方丝绸之路"和"茶马古道"的重要通道。在没有便捷交通工具的时代，茶马古道实现了西南地区的物资交换与流通，也成就了丽江古城的商贸繁荣。从机场出来，开阔的视野中是悠悠白云与巍巍青山，柳绿花红点缀其中，显示出别样的南国风情。

在宾馆短暂休整后，我们来到了饭店附近的黑龙潭公园（附图89）。黑龙潭公园始建于乾隆二年（1737年），乾隆赐题"玉泉龙神"，因获清代嘉庆、光绪两朝皇帝敕封"龙神"而得名，后改称黑龙潭。这里也是丽江古城水系的源头，1997年黑龙潭作为丽江古城的重要组成部分被列入世界文化遗产名录。漫步公园内，泉水清澈如玉，湖面清洁如镜，绿树层林尽染，鸟语回环婉转，花叶恣意绽放，著名的玉龙十三峰倒映其间，构成一幅精美绝伦的风景画卷，同时也成了丽江旅游形象的标志之一。在人文底蕴上，亭台楼阁错落山林，平虹孔桥浮水而卧，明清古建交相呼应。丽江古建的房檐大多是上翘的，檐部上的这种特殊处理和创造不但扩大了采光面，有利于排泄雨水，而且增添了建筑物向上的动感，显得轻盈活泼。散步的悠闲时光总是稍纵即逝，入园时尚是黄昏，出园已接近浅夜。

附图 89　科考队伍黑龙潭公园合照

　　回到酒店，我们开了一个简短的工作安排会，会上叮嘱了团队纪律问题，着重强调了涉藏地区的资料安全。刘卫东老师重点讲解了此次科考需在"科学考察"和"政府决策"中加强"科学研究"。根据之前考察中形成的观点，进行有目的性的踩点，找到可研究的典型案例，开展科学实证研究，从而形成完整的论证链。随后，会议重温了前两次科考所形成的重要决策观点，并对会议记录、科考日志、日常责任等进行分工部署，保障了后续科考行程的有序进行。

记录人：徐婧雅

时间：2021 年 8 月 2 日
路线：丽江市—香格里拉市
人员：中国科学院地理科学与资源研究所刘卫东、刘慧、宋周莺、宋涛、牛方曲、韩梦瑶、王志辉、王燕，程艺、杨欣雨、孙曼、杨静銮、管靖、夏万渠、辛钟龄、徐婧雅、张萌；中央财经大学高菠阳、胡愫培、刘柏宏；拉萨规划设计院普布桑珠、刘滕

　　今天早上科考分队在酒店休整，逐步适应高海拔环境。中午吃完午饭后从酒店出

发前往迪庆藏族自治州首府香格里拉市。丽江到香格里拉市驾车距离175km，驾车时间3h，行程路线如图90所示。

附图90　行程路线图

◎ 丽江古城

丽江古城是云南省5A级旅游景区，又名大研镇，始建于宋末元初，面积为7.279km²。丽江是中国历史文化名城之一，也是中国以整座古城申报世界文化遗产获得成功的两座古城之一，荣获全国文明风景旅游区示范点、2017年最受网民喜爱的十大古村镇。古城以没有城墙、水巷布局、街道犬牙交错为空间布局特色，民居大多为土木结构的坊一照壁，"四合五天井，走马转角楼"式的瓦屋楼房具有较好的抗震性能，但不防火，因此丽江市政府出台了《丽江古城消防安全管理办法》，结合古城的建筑密度、交通道路、水源分布、商业网点，以及火灾特点、规律和现有消防力量，制定"处方式"古城消防水源模式，建立智慧消防系统，完善古城火灾防控体系，保障古城镇的消防安全。

目前，古城景区内与丽江市内甚至云南省内其他景区联动已较为成熟，全域旅游发展进入发展期。

附图 91　丽江古城

◎ 香格里拉市

　　"横断山，路难行。天如火，水似银。"这句诗文形象地展示了西南横断山区的地貌特征；由于高速修路，我们便下了高速走国道，有一座桥连接金沙江的两岸，"香格里拉欢迎您"的广告牌映入眼帘：这座桥连接了丽江和香格里拉，桥下湍急的江水一路向南奔流。后半程走的是 214 国道西景线，国道沿金沙江蜿蜒而上，随峡谷高低起伏，随时可见分布在峡谷两畔的藏民村落，以及零星散落在国道旁古旧的藏式民居残垣断壁，这些无不见证着这条古茶马之路的古老文明和繁盛。

　　下午大约 15:30 到达香格里拉市，我们入住的酒店在独克宗古城的边缘，独克宗藏语意为白色石头城，寓意为月光城，是因为藏民眼中的银色月光笼罩下的古城分外妖娆；香格里拉市的独克宗古城是中国目前保存最好、最大的藏民居群，在历史上，独克宗古城是茶马古道上的重镇，是马帮进藏后的第一站。听当地人介绍，2014 年古城内商铺太多，严重阻断了消防车通道，独克宗古城在一场大火中被烧毁了三分之二多。《消失的地平线》中这样描述古城，昨夜有梦，遥远且古老。重建后的独克宗古城仿佛缺少了一些历史沉淀的质朴，但无论怎么说，这里都是最大的藏民居群，拥有 1300多年的历史，吸引了很多国外的旅客慕名而来。

　　相比于丽江古城，独克宗古城更能体验到当地文化的"原真性"。首先，独克宗的原住民仍占整体居民总人数的相当一部分，也正因他们的存在，古城才一直充满文化活力。其次，在空间设计上，进城的山寺作为标志物，创造了极强的过渡空间而将古城与外界隔离开来，让人能迅速进入古城氛围中；古城房屋在火灾重建后仍保留了藏式民居的特征，如古朴的木式结构、瑰丽的藏式彩绘、独特的藏式木雕；古城街口的白塔造型优美、色彩和谐，四周的转经筒供信徒们日常转经礼佛所用，使白塔成为居民活动的场所，并通过文化互动与古城完美地融合，成为古城的记忆空间（附图92）。

附图 92　香格里拉独克宗古城

记录人：辛钟龄

时间：2021 年 8 月 3 日
路线：迪庆藏族自治州人民政府—普朗铜矿 / 香格里拉小中甸镇 / 普达措国家公园
人员：中国科学院地理科学与资源研究所刘卫东、刘慧、宋周莺、宋涛、牛方曲、韩梦瑶、王志辉、王燕、程艺、杨静銮、杨欣雨、孙曼、夏万渠、管靖、张萌、徐婧雅、辛钟龄；中央财经大学胡桢培、刘柏宏；拉萨规划设计院刘滕、普布桑珠

　　今天是滇藏科学考察的第三天，我们来到了迪庆藏族自治州（简称迪庆州）。迪庆州位于云南省西北部、横断山脉腹地，首府是著名旅游城市的香格里拉市。今天行程安排较满，上午与政府部门座谈，下午前往三个调研点，来不及欣赏绚丽的自然风光，

我们便投入到充实的调研中。

上午9时，在高原明媚的阳光下，科考分队来到了迪庆州人民政府（附图93）。刘卫东分队队长介绍了本次调研重点关注农牧业绿色发展、工矿区开发、人口与旅游产业发展、乡村人居环境改善、清洁能源发展五个方面。经过和政府官员的交流，我们对迪庆州的绿色发展有了较为全面的认识。农牧业发展上，迪庆州拥有牦牛肉、青稞、松茸、藏香猪等特产，但是缺乏品牌竞争力。刘卫东队长指出迪庆州政府应该加强品牌建设，申请产地证明以提升地方产品的价值；同时，发展高端农牧业也应尽量避免对化肥使用产生依赖。生态保护方面，迪庆州辖区内67.29%的土地处于生态红线内。生态红线的约束与迪庆州发展存在一定程度的矛盾，这是迪庆州政府目前面临的棘手问题。例如，迪庆州拥有丰富的有色金属资源，但目前很多矿业公司限于红线要求已经停产；旅游业是迪庆州的主导产业之一，但由于红线严格的管控标准，迪庆的酒店、基础设施建设等问题也受到了一定限制。在绿色能源方面，迪庆州以水电为主，目前迪庆州水电产业已经可以满足当地用电需求，还可以通过能源输送管道向外输送电能。

附图93　与迪庆州政府部门的座谈照片

由于下午的三个调研地路程较远，队员们分成工矿组、农牧组、人口旅游组三个小组，午饭后便各自前往调研地点。工矿组由刘卫东分队长带队，前往普朗铜矿；农牧组由牛方曲老师带队，前往小中甸镇；人口旅游组由刘慧老师带队，前往普达措国家公园。

我所在的组是工矿组，从市区到普朗铜矿的路有一大半都是石子路，十分颠簸，对本就有些高原反应的我来说，无疑是雪上加霜。开车将近两个小时终于到达矿区，意料之外，展现在我们面前的是青山白瓦、绿水飞瀑、欣欣向荣的工业图景，和想象中的扬尘污染、机器轰鸣、砂石裸露截然不同。普朗铜矿负责人热情地接待了我们，向我们介绍了普朗铜矿的大概情况。普朗铜矿的矿区海拔在3400～4500m，拥有三江成矿带的超大型矿床，成矿地质条件优越。作为全国最大的地下铜矿山，储量和产量将进入全国铜矿山前十名。为了最大限度地减少人类活动对自然环境的破坏，矿区贯彻了大型机械化自动化换人、减人的理念，采用先进的技术工艺，如自然崩落法、SABC碎磨法。随后我们同杨总一起来到总控室，总控室大屏幕显示着对各个工艺、运输流程的全流程监控，普朗铜矿目前已建设覆盖地质、采矿、选矿、动力、生产管理全过程的自动化集中管控平台系统。在工作人员的带领下，我们驾车上山，没想到这里竟也隐藏着一处秘境。峰回路转时，只见一尺白练奔涌而出，树木掩映下恍若仙境，令人心旷神怡。返程途中，我们看到了沿途房屋宽敞气派，墙壁上镶嵌着精美华丽的藏式花纹。据当地人介绍，普朗铜矿积极支持矿区所在地格咱村的集体物流运输产业发展，招收周边地区的藏民进矿，给格咱村带来了更加富足的生活。

农牧组前往小中甸镇就当地农牧业绿色发展和乡村人居环境改善等问题进行考察。小中甸镇位于香格里拉市南部的高原坝区，以农业和畜牧业为主。这里草场资源丰富，牲畜品种较多。值得一提的是，由于本地半农半牧生产方式，放牧业又为种植业提供了充足粪肥，所以小中甸镇人民极少使用化肥农药。科考分队重点调研了忠浩野生中药种植有限责任公司（简称忠浩公司）。公司于2011年注册成立，以"党组织＋基地＋农户"模式，主要经营中药材种植与粗加工销售。基地自建设以来在三个村民小组土地流转820亩，为项目所在涉藏坝区农户实现增收49.2万元。公司还免费发放中药材种苗、举办中药材种植培训、收购农户种植的作物，农忙时从农户中雇佣大量的季节工人，为农户实现显著的收入增加。随后，科考分队前往公司自建的中药材种植基地进行考察。公司拥有中药材种苗基地85亩和高原高寒中药材示范基地800余亩，产品供给各地的药材加工企业和云南白药等制药公司。其中滇重楼、秦艽、当归、云木香、松贝母这五类药材还成功申请了有机产品认证。与农户合作推广种植的药材面积达2000多亩，涉及农户700余户，即使原料价格下跌，也会按照协议价格收购，帮助农户规避了种植风险，有效带动了农民增收。忠浩公司是药材种植带动当地农户增收致富的典型案例，其农产品有机标志认证、土地流转下的"公司＋农户"模式具有值得推广的普遍意义。

人口旅游组前去的普达措国家公园是中国大陆地区第一个国家公园，位于滇西北"三江并流"世界自然遗产中心地带，由国际重要湿地碧塔海自然保护区和"三江并流"世界自然遗产哈巴片区之属都湖景区两部分构成。公园原始生态环境保存完好，核心区内尚有约500人的原住民居住。科考分队调研路过的洛隆村有150人居住，当地居民收入以放牧、采摘松茸、制作奶酪景区售卖为主。经调研发现，普达措国家公园的发展和建设存在几个主要问题。第一是旅游交通不畅，从香格里拉市到普达措国家公园的途中，道路仍在施工，坐车颠簸严重，沿途自驾的体验感较差。第二是受生态红线影响，公园内的景点全面开发极为受限。第三是旅游季节性强，6～10月是旅游旺季，最高游客量一天达到了 15000 多人次，而当地接待的舒适旅游客量是一万人。同时，景区受疫情影响较大，2020 年仅接待游客 60 万人左右，相比于上一年降幅达一半以上。

　　除了区域绿色发展，今天的科考也让我对多民族地区的发展有了更深的认识。迪庆州和上海之间存在对口帮扶关系，包括教育、医疗、资金等方面的帮助。对口帮扶对当地的发展作用较大，这也是中国特色社会主义制度下的体制亮点之一。另外，在上午座谈会中，副州长谈起了一些来这里对口帮扶的干部因为高原反应导致的心血管破裂而猝死。我想，正是因为这一批批基层干部的前仆后继，才造就了这个美丽如童话般的香格里拉，向他们致敬。

记录人：徐婧雅

时间：2021 年 8 月 4 日
路线：香格里拉市—维西傈僳族自治县塔城镇启别村—香格里拉市
人员：中国科学院地理科学与资源研究所刘卫东、刘慧、宋周莺、宋涛、牛方曲、韩梦瑶、王志辉、王燕，程艺、杨欣雨、孙曼、杨静銮、管靖、夏万渠、辛钟龄、徐婧雅、张萌；中央财经大学胡桢培、刘柏宏，拉萨规划设计院普布桑珠、刘滕

　　维西傈僳族自治县位于迪庆州西南部，国土面积为 4661km²，距州府香格里拉市 219km，是全国唯一的傈僳族自治县。科考分队本次调研的目的地是迪庆州维西傈僳族自治县塔城镇启别村，调研路线如图 94 所示。

附图 94　调研路线图

◎ 启别村鱼稻共生种植模式

启别村受限于高寒的自然条件，主要农作物，如玉米、蔓菁、油菜、青稞产量低下且波动极大，常年增产不增收。但是启别村依托流经其北部的腊普河，大力发展"鱼稻共生"养殖模式，助力脱贫攻坚（附图95）。早在2005年，联合国粮食及农业组织就将浙江省青田县的"稻鱼共生系统"评选为世界上第一个"世界农业文化遗产"，青田稻鱼共生系统整合有限的水土资源，达一田两用、一水两用、稻鱼双收、互惠共生之利：一方面，鱼为水稻除草、除虫、翻松泥土，鱼粪作为肥料；另一方面水稻为鱼提供了良好的食物来源和庇护场所。等水稻成熟之时，又可收获田鱼，一举多得。如今，青田的稻鱼共生实现了平均亩产水稻900斤、田鱼70斤。青田的经验表明，这是一条值得探索的绿色发展之路：现在的水稻售价只有1.5～2元/斤，而当其采用"稻鱼鸭共生"的生态农业模式时，其水稻则可销售至5元/斤；若将来可以获得"有机认证"，经过三年的有机转换，其单价可达10元/斤。

附图95　启别村鱼稻共生种植模式

◎ 腊普河谷酒庄

塔城镇腊普干热河谷面朝金沙江支流腊普河，背靠皑皑的白马雪山，是备受业内外瞩目的新晋葡萄酒产区，被誉为全世界最高的冰酒产地。葡萄园分布于海拔2100～2867m的藏族、纳西族、傈僳族等多民族传统村落中。高海拔形成的独特垂直气候带催生出不同的温度梯度，让种植在不同海拔的葡萄可以演变出奇妙的风味变化，形成了世界上难得的冰葡萄种植"小天堂"。

起初对于藏族传统的农牧家庭来说，改变种植青稞等作物的种植模式并非易事，除了政策补贴以外，启别村哈达农庄公司发挥了巨大作用。2006年起，启别村哈达农庄公司在村内引进了"威代尔"品种酿酒葡萄，并建立了冰葡萄种植基地。葡萄的种植有两种模式，其一，"农户＋企业"的合作模式，即在公司的专业种植技术指导下，农户自行耕种自己的承包地。其二，农户直接把土地流转给公司，由公司统一集中管理，规模化种植，公司根据土地质量等级支付农户租金，盈利之后按照一定比例分红。经调研发现，农户的流转意愿并不高，流转得到的土地仅有300亩，其余的1000多亩都是老百姓自己种植。

启别村哈达组村民还积极探索"龙头企业＋合作社＋农户"的产业模式，党建引领产业发展，支部书记、致富带头人充分利用当地自然环境优势积极发展冰葡萄产业，该项目带动了两个村民小组78户324人的产业发展，同时为项目周边剩余劳动力提供了51个就业岗位，每年使用临时人工达8000人次，少数民族占98.7%，极大地提高了当地村民的经济收入，促进了民族团结。2019年9月24日，启别村借助"冰葡萄"入选第九批全国"一村一品"示范村镇名单。

◎ 天域塔城精品客栈

天域塔城精品客栈位于塔城镇加木可村，力争打造以"康养文旅"为主题的精品客栈。客栈依山而建，集休闲和住宿于一体，提供的配套设施丰富而精致。借助塔城镇丰富的乡村旅游资源，利用秀美的田园风光、良好的生态环境，推动村庄旅游业的发展，实现村庄的脱贫致富，是客栈老板的主要目标。虽然旅游发展如火如荼，但旅游业带来的众多游客给当地的生态环境产生一定影响，尤其是改造后的民宿厕所均为抽水式马桶，与厨房、淋浴间等污水混合排放，对当地原生态的自然环境产生较大的影响。因此，在考虑保护环境的基础上，刘卫东副所长提出对每一个入村旅游的游客增加污水处理费，增加污水处理流程，尽量减少游客带来的生态环境破坏。

◎ 启别村污水处理站

为有效改善农村综合面貌，启别村通过修缮污水收集管网，建设污水处理站，对生活污水进行收集处置，为周边雨托、迪姑等村民小组实现污水集中处理。但是，周边村庄仍然存在雨污不分流、缺乏运营费、处理容量不足等问题。面对偏远地区零散分布的村民小组，铺设污水管道进行污水处理不现实，通过技术发展和产品革新，以及安装简易方便的家庭独户的污水处理设施实现散户的污水处理是较为合理的方法。

塔城镇温度、光照和地形条件都更适宜发展农业，且有腊普河流经，灌溉水源充足，有条件发展"鱼稻共生"的特色农牧业、培育和种植冰葡萄，依山傍水的自然风光奠定了发展旅游业的基础，周边滇金丝猴、达摩祖师洞等自然人文景点的加持留住了更多的外来游客，同步带动当地绿色农牧产品的消费。启别村的三大产业互为促进、相互影响，共同助力打造青藏地区特色旅游乡村品牌。

记录人：辛钟龄

时间：2021年8月5日

路线：云南省迪庆藏族自治州—四川省甘孜藏族自治州稻城县

人员：中国科学院地理科学与资源研究所刘卫东、刘慧、宋周莺、宋涛、牛方曲、
韩梦瑶、王志辉、王燕，程艺、杨欣雨、孙曼、杨静銮、辛钟龄、徐婧雅、
张萌、管靖、夏万渠，拉萨规划设计院刘滕、普布桑珠，中央财经大学胡桢
培、刘柏宏

　　今天科考分队从香格里拉市出发，沿219国道、549国道前往稻城县，途经纳帕海
依拉草原、白马雪山国家级自然保护区、四川省乡城县等地。全程338km，驾车时间
9h（附图96）。

附图96　调研路线图

◎ 沿途观察

　　今天我们路程很长，从迪庆州一路到稻城县，观察到了很多有趣的现象。

　　一是植被的差异，在迪庆州的时候，植被非常茂密，阔叶、灌木、草本、蕨类植
物等共生，在路上翻山时，远处的山坡植被有一条明显的分界线，下面是树木、灌木，
上面就只有高山草甸，我们到了这个线的高度时，海拔已经达到了4500m，可见在这
里海拔4500m以上植被就只有草甸了。在金沙江峡谷里穿梭时，河岸两侧的植被都比
较稀疏，岩石土壤裸露面积很大，这是典型的干热河谷的植被表现，我们继续走，快
要到稻城的时候，植被又慢慢变多了起来。

　　二是建筑的差异，我们路过甘孜州乡城县时发现这里的房子都是用土堆的，墙体

都特别厚，并且窗户比较多也比较大，每家基本上都会有一个楼顶平台，房子外侧的花纹也是典型的藏式风格。在路过甘孜州稻城县桑堆镇时，这里的房子都变成了砖房，是用石头和砖头堆的，并且窗户比较少也比较小，每家都会在房子前用砖围成一个院子，可能是用来圈养牲畜的。

三是佛寺的差异，在迪庆州的时候，我们路过每个村子，都会看到白塔，这是信仰藏传佛教的村民们自筹自建的，但是到了乡城县，虽然也有白塔，但是我们还看到了金塔，并且在进城时有两个遥相呼应的金塔，在出城时还有两个遥遥相望的金塔，听我们藏族的司机师傅介绍说，这四个金塔分别建在县城的四个角，有守护这个地方的意思。

四是河水的差异，我们在路程的前半段在金沙江沿岸走的时候，河水特别浑浊，泥沙含量特别高，但当我们翻过山以后，河水突然变得非常绿，原来这是金沙江的一条支流——定曲，我们进入了白马雪山自然保护区，这里的河水被拦截了起来，变成了一个水库，水很绿、流速也很慢。

◎ 乡城红军长征纪念馆

乡城红军长征纪念馆是国家乡村振兴局、四川省政府和中国进出口银行共同发起的"保护红军长征遗址暨推动甘孜旅游业发展工程"首批项目之一。为了弘扬红军长征精神，传承发扬"藏汉一家亲"的民族团结情谊，2013 年 11 月，乡城县红军长征纪念馆正式开馆（附图 97）。纪念馆建设面积 1000 余平方米，纪念馆以文物展品、历史图片和场景介绍等形式追忆中国工农红军"突围西征、北上抗日"的伟大壮举，再现了萧克、王震将军率领的红 6 军团途经乡城与各族群众结下的深情厚谊。由于疫情影响，纪念馆暂时关闭，科考分队在纪念馆前面的广场上参观了相关内容介绍，并在纪念馆门前合影留念。

附图 97　乡城红军长征纪念馆

下午 5 时，我们终于到达了稻城县。5 天以来的科考活动整体进展顺利，成员们也萌生了许多想法和思考，尽管一天的奔波劳碌，大家仍兴致勃勃地参与讨论交流，刘卫东队长再次向队员们阐述了相关科考议题，并启迪大家通过数据、案例资料等论证自己的观点，围绕核心观点、有所侧重地开展调研活动。

记录人：张萌

时间：2021 年 8 月 6 日

路线：稻城县人民政府—稻城亚丁机场空港物流园—额依扒戈村—自俄村—色拉休闲度假村—稻城县污水处理中心—拉木格村—亚丁自然保护区管理局

人员：中国科学院地理科学与资源研究所刘卫东、刘慧、宋周莺、宋涛、牛方曲、韩梦瑶、王志辉、王燕，程艺、杨欣雨、孙曼、杨静銮、管靖、夏万渠、辛钟龄、徐婧雅、张萌；中央财经大学胡桢培、刘柏宏；拉萨规划设计院普布桑珠、刘滕

◎ 稻城县政府座谈会

早晨 9 时，第二次青藏高原综合科学考察团队在稻城县政府与政府代表进行了交流座谈会（附图 98）。会议开始，刘卫东研究员首先介绍了此次科考的背景，以及本次科考分队的当地农牧业、旅游业、人居环境、矿产开发、清洁能源五大方面的考察内容，并强调了当地发展需要探索新型发展道路，希望稻城县能利用两山理论发展起来，富起来。随后，稻城县县长与相关局办领导汇报了稻城县各方面的工作情况和主要问题。

附图 98　座谈会议照片

农牧业方面，在稻城县种植有 4 万余亩的青稞，以及 1 万余亩的其他农作物，包括小麦、玉米、马铃薯等。稻城县农民倾向于传统的耕作方式，使用化肥与农药较少。此外，稻城还养有藏香猪等牲畜。县长樊玉良表示稻城虽然种植种类很多，但都极其分散且不成规模，品牌市场趋于无，深加工不够，急需增加下游产业。刘卫东研究员认为应该培育农民有机原生态的种养殖模式，停止农药、化肥的使用，走有机、高端、精细化的路线，保护环境的同时提高农民的收入。同时稻城县应当申请全域有机认证，代表稻城农牧产品的核心价值与环境价值，打响品牌效应，并通过电商、直播带货逐步拓宽销路，将当地优质农产品推广到全国。

旅游业方面，稻城县年游客量最高达 1500 万人次，旅游业是稻城县的支柱产业，占稻城税收的 70%，百姓收入的 60%，GDP 的 50%。同时，旅游业的发展给稻城县带来了巨大环境压力，旅游与环境的矛盾需要稻城相关管理机制做出改变。刘卫东研究员指出，征收环境税是一个合理且可行的方法，每人 10 元的环境税对于游客的旅游支出来说微乎其微，而游客作为纯净环境的消费者，也必然会对环境保护表示支持。

乡村环境方面，稻城县近年来在推动"五改三建"，具体工作包括全县全覆盖配备太阳能热水器、安装太阳能路灯、建造硬化路面、改建水厕、建设下水道等。目前稻城县乡村污水处理推进较快，从乡镇到农村都有建设不同形式、不同规模的三级化粪池，或接入污水处理厂管网。刘卫东研究员指出应当将厕所污水与洗浴污水分流处理，因为使用混合污水施肥会造成总磷超标等污染。如果没有合理、有效的污水回收系统，盲目改建水厕并不能达到最初目的。

矿产方面，稻城县作为重点生态保护区域，生态红线占总面积的 49.9%，各类开发行为受到严格管控，虽然拥有铜、金含量丰富的耳泽金矿，但并未对其进行开发。

能源方面，稻城县拥有较好的开发新能源的资质，主要特色是风光水互补发电，重点发展光伏发电和风能发电。然而其虽然拥有丰富的资源，但仍面临着实际开发程度较低、外送通道建设不力的困境。同时四川省的光伏、风能指标与水电量绑定，稻城县由于水电装机量较少，故未能获得相应的光伏、风能的建设指标。刘卫东研究员提出了对大面积风能、光伏发电对环境影响的担忧，清洁能源利用对环境的负面影响还需要进一步的科学研究。

除了科考团队关注的几项重点议题外，樊玉良县长还重点反映了生态红线内的索道建设、干部的薪酬待遇等问题，刘卫东研究员表示将向上级做一定程度的反映。

◎ 实地调研

经过中午的休整后，科考团队分为两组，前往稻城县各地实地考察。一组由刘卫东研究员带领，前往稻城亚丁空港物流园（建设中）及各个特色乡村开展调研；另一组由刘慧老师带领，前往稻城亚丁景区对当地的旅游业发展情况进行调研。

（1）稻城亚丁空港物流园。刘卫东研究员带领的队伍首先来到尚在建设中的稻城亚丁空港物流园，该物流园位于稻城亚丁机场东南方的桑堆镇，距离机场约20km路程，距离县城47.6km。该物流园是甘孜州航空物流港的重要组成部分，该项目以机场为依托，以现代物流为基础，建成后为航空公司、航空货运代理以及其他综合物流企业提供物流信息和场所。该项目共投资1.2亿，其中一期投资5000万元，二期投资7000万元。建成后将承担冷鲜肉、农特产的运输和集散职能，将极大地推动当地的经济发展。

（2）稻城县县城亚中村污水处理厂。稻城县县城亚中村污水处理厂位于稻城县金珠镇亚中村，该厂采用较为先进的AAO生化池+MBR膜污水处理工艺，包括粗细格栅、生化池、MBR、脱磷池等多种工艺流程，平均成本为每吨污水1元余。其设计规模为4500m³/d，处理完可直接用于灌溉。

该厂的设备第一次在高原建造运行，冬天的低温是设备顺利运行的影响因素。目前，该公司的应对策略是在厂房里安装暖气片，集中供暖，但是这一举措是否能够彻底解决冬天管道结冰、菌群失活等问题，尚有待实际情况验证。

（3）稻城亚丁自然保护区管理局。在稻城亚丁自然保护区管理局，科考队伍与管理局座谈了解到，亚丁自然保护区面积为1400km²，景区核心区中有仁村、亚丁村、叶儿红村三个村，景区周边有11个村。景区建设总投入5个亿左右，游客数量具有季节性差异，在旅游旺季，平均能达到7000～8000人/d。受到疫情形势影响，亚丁景区游客流量下降显著，调研当天虽然为旅游旺季，但游客量依然仅有1000人左右。

亚丁景区也面临着开发与保护的矛盾问题。受到环保督察的压力，亚丁景区在实验区内修建厕所、建立栈道、服务站等设施均需通过环保批准，这个过程极其艰难。

（4）额依扒戈村。约下午3:15，科考队伍驱车到达稻城县东北的额依扒戈村，额依扒戈村与县城直线距离仅约6km，其主要从事石磨糌粑行业。额依扒戈村使用传统方式加工出的糌粑保留了青稞的香味，拥有稳定的销量，并且拿到了上架资质，可以在网络渠道销售。销售渠道主要为本地售卖、单位食堂批量购买、网购送礼等。

科考队伍同时在额依扒戈村参观了公共厕所的化粪池，粪便经过三级降解，不依赖电源与药剂，自然发酵，但处理后尚达不到排放标准。农民家庭的三级化粪池容量则相对较小，整套费用在5000元左右，需要通电使用，但电费不会给村民带来负担。

（5）陇西同村。科考队伍来到陇西同村参观了农户家庭的污水处理设施，参观设施为"三级化粪池+消解棒"结构，埋藏深度较深，不依赖电源，没有冬季结冰与停电风险。经过处理后的废水已经非常清澈，可以满足直接排放的要求（附图99）。此方案处理效果好，抗外界干扰能力强，但是建设成本较贵，需要两万余元。如果仅建三级化粪池可以将成本降到5000元左右，但相应效果较差。

同时，自龙村的污水处理仍存在一些阻碍。由于观念影响，村民不愿意将发酵后的粪便还田，而是直接填埋。该村要求村民半年或一年清理化粪池，定期清掏，运营费自负。而村民大多选择雇人清掏，农家肥尚未得到充分利用。

附图 99　经过处理达到排放标准的水

　　（6）色拉休闲度假村。色拉休闲度假村位于稻城县色拉乡八美村，距离县城6km，是四川省乡村振兴项目之一。项目投入1352万，其中申请三州开发资金1000万元，县级配套资金310万元，群众投工投劳折资42万元。共涉及建设项目九个，包括温室休闲乐园建设项目、水景观文化项目、配套旅游服务设施等。该度假村属于集体经济，由村集体占有一定股份，同时村民会来景区进行小生意贩卖。色拉休闲度假村规划建设有序，发展前景良好。

　　（7）拉木格村。拉木格村是位于稻城县南部较为偏远的村庄，全村共有16户，98个人，近年来人口基本保持稳定。当地农牧民收入依靠采摘、种植、养殖。采摘包括松茸、虫草、川贝等药材作物，种植青稞、玉米，养殖牦牛、藏香猪等。人均收入16000元，其中采摘松茸收入占1/3。当地主要依靠"村合作社＋电商"的模式，将村民采摘的松茸集中收购处理之后，通过电商销往全国各地。2016年，村委会成立了松茸合作社，并有村书记、妇联主任等5人共同运营合作社。而村庄的松茸烘干机和厂房都是用北京市电力规划总院捐赠的30万元资金修建的。采摘松茸这一项工作，当地合作社一年能卖116万元，分配到村民手中是260元/kg。依托松茸合作社，当地农牧民大大提高了收入，并保证采摘的新鲜松茸销往外地的收入都能分配到村民手中。

◎ 思考总结

截至目前，我们已经调研了解到四种农村污水处理的方法。其一，直排入河，如四川稻城县一些靠近河边的村子。这种直排方式将造成严重的环境污染，危害周围水体环境，破坏水域水质。其二，利用集中设备处理，如云南迪庆州的启别村。村子难以承担高额的运营费，只能间歇性运行。管网检查及维护的费用和人员都需要自行解决。其三，利用含有净化槽的三格化粪池，如稻城县金珠镇额依扒戈村。这种设备处理后的污水能否达到排放标准，需要时间的验证。其四，利用无动力消解棒的三级化粪池，如稻城县自龙村。这种设备虽然处理到位，对环境友好，但是价格高昂，多数地区缺乏资金。农村改水厕不能盲目，经过充分的前期调研，根据实际情况选择最合适的污水处理方法才是最优解。同时，费用高昂的农村改厕也在呼求着新的高效的技术手段的到来。

一路上的调研所得让我们意识到自然管理区内的开发与保护的矛盾问题是共性问题。通过与普达措国家公园、亚丁自然保护区等地区座谈可以了解到，自然保护区内的生态性设施建设一直受到阻碍。自然保护区不应该画地为牢，变为无人区，而是应该在保护生态的前提下让人们能够进入，欣赏到保护区的美丽，不然自然保护区的价值无法发挥到最大。

此外，高原地区的很多产品都具有环境附加值，如农牧产品如果没有使用化肥农药进行生产，应该走高端有机的路线，提高产品价值；旅游产品和服务等如果对环境产生了破坏，应该向游客增加环境保护税，以保证青藏高原地区的绿水蓝天净土持续保留下去。

记录人：夏万渠

时间：2021 年 8 月 7 日

路线：四川省甘孜藏族自治州稻城县—四川省甘孜藏族自治州甘孜县

人员：中国科学院地理科学与资源研究所刘卫东、刘慧、宋涛、牛方曲、韩梦瑶、王志辉、王燕，程艺、杨欣雨、孙曼、杨静銮、管靖、夏万渠、辛钟龄、徐婧雅、张萌；中央财经大学胡桢培、刘柏宏；拉萨规划设计院普布桑珠、刘滕

科考分队早上 8:30 从稻城县出发，经过一个小时以后到达海子山自然保护区山顶夏茹措。海子山自然保护区于 2008 年被批准建立国家级自然保护区，以高寒湿地生态系统为主要保护对象，位于稻城县和理塘县两县境内，以"稻城古冰貌体"著称，保留了喜马拉雅山造山运动遗留的古冰貌遗迹。海子山自然保护区是古地中海随喜马拉雅山系隆起而抬升起来的高原丘陵，1/4 为原古地中海海底石砾堆积，公路两旁随处可见乱石嶙峋。因为高山湖泊在藏语中又叫海子，所以得名海子山。

行程详情

🚗自驾 2021-08-07 08:43

📍四川 甘孜 稻城县
📍四川 甘孜 甘孜县

7:58:58
用时(时分秒)

406.94
里程(公里)

3315
上升(米)

附图 100　调研路线图

　　科考分队在夏茹措观景台停留考察。夏茹措面积为 15km²，海拔为 4733m。夏茹措在藏语中意为乌鸦海，相传是神鸦寓居之地。湖边乱石堆砌，高山草甸上的小花迎风摇摆（附图 101）。由于夏茹措海拔实在太高，气温在 10℃ 以下，科考分队在此短暂停留之后继续前行。

附图 101　夏茹措

　　下午 1 时左右，科考分队到达新龙县吃饭休整。新龙县是甘孜州中部的一个县，县城沿雅砻江而建，沿江坡度较高。走在街上，可以看到藏族人民在街边休闲而坐，身着藏传佛教的僧侣随处可见。在这里生活的人们幸福且平静，没有大城市居民常有的焦虑和急躁。当地的房屋形状很是奇特，内地的平房多是人字屋顶，便于泄水，当地的房屋多为土石结构，平顶狭窗。朝向也和传统的坐北朝南不同，大多是建在背风向阳的地方，房屋开门、开窗都为顺风向。房屋的整体结构是上窄下宽，墙体形成了一个小小的斜坡，人们站在屋顶或墙上，用装满白色涂料的桶，从上往下倒浆浇涂，很是豪放。

在经过理塘县的时候，路边有一个路牌写着盒马村。盒马村是阿里巴巴数字农业基地的典型代表，是根据订单为阿里巴巴旗下的盒马生鲜种植农产品的村庄。盒马村通过阿里巴巴建设的"产—供—销"三大中台[①]，让农村从分散、孤立的生产单元升级为现代农业数字产业链的一部分。

这种模式对于偏远农村地区是一种很好的方式，在这些偏远的农村地区，农户及其生产的农产品具有"小而散"的特点，在市场博弈中处于弱势地位，长期处于农产品与食品价值链的底端。而盒马村根据盒马订单，与盒马形成稳定的供应关系，建立了以数字化订单农业为基础的"农业＋数字化"新模式，有利于推动农产品精细化、标准化和数字化改造。

青藏高原地区的农业发展也可以借鉴此种模式：一是挖掘特色产品，打造特色品牌，如每个"盒马村"都有一种特色农产品，如河北迁西大岭寨村的板栗，四川峨眉山太坪村的豌豆尖，要努力提高特色农产品的市场知名度与品牌溢价。二是充分利用电商的作用，发展数字化订单，利用淘宝、京东、盒马等互联网销售平台进行线上销售，同时探索利用抖音、微视、快手等新媒体进行带货直播，不断挖掘潜力，拓展市场。

记录人：张萌

时间：2021 年 8 月 8 日

路线：甘孜县—德格县

人员：中国科学院地理科学与资源研究所刘卫东、刘慧、宋涛、牛方曲、韩梦瑶、王志辉、王燕、程艺、杨静銮、杨欣雨、孙曼、辛钟龄、管靖、徐婧雅、张萌、夏万渠；中央财经大学胡桢培、刘柏宏；拉萨规划设计院刘滕、普布桑珠

今天科考分队从甘孜县出发，沿 317 国道驾车前往德格县。调研路线全程 180km，调研时间为 6h（附图 102）。

---

① "中台"指通过制定标准和机制把不确定的业务规则和流程通过工业化和市场化的手段确定下来。

附图 102　调研路线图

317 国道起点为四川成都，终点为西藏阿里地区噶尔县，里程为 2043km，又称为川藏公路北线，是西藏公路主骨架网"三纵两横六通道"中北横线的组成部分。317 国道被称为"朝圣线"，沿途分布有众多寺庙，色达佛学院、德格印经院等著名佛学院均分布在此。今天调研走的是甘孜到德格的路线，位于 317 国道的中段位置。

◎ 317 国道与 318 国道的对比

317 国道与 318 国道同属于由东至西的进藏大通道，统称为"川藏线"。其中，317 国道位于北部，被称为川藏北线，318 国道位于南部，被称为川藏南线。两条线路均拥有草原、森林、冰川、湖泊等高海拔原始自然景观，同时也有藏式民居、白塔、寺庙等人文景观，还有牦牛、青稞、藏香猪等特色的高原农牧业景观。两条国道均是进入当地开展科学考察、自驾旅游、极地探险等活动的优质选择。但两条国道也有一些不同之处，具体从基本情况、自然差异和人文经济差异方面分别阐述。

从基本情况来看，两条线路里程不同，途经地区不同，跨越的地域范围不同。317 国道里程为 2043km，跨越四川和西藏两个地区；而 318 国道全程为 5476km，经过上海、江苏、浙江、安徽、湖北、重庆、四川、西藏八个省（自治区、直辖市），是中国最长的国道，被称为"中国人的景观大道"。相比较而言，318 国道内部差异性更大。318 国道跨越了中国东、中、西部三个地区的地域范围，海拔最高处是嘉措拉山口，海拔 5248m。317 国道跨越中国中西部地区，总体海拔都在 4000m 以下，最高海拔的雀儿山垭口 5050m。317 国道与 318 国道川藏线分布如附图 103 所示。

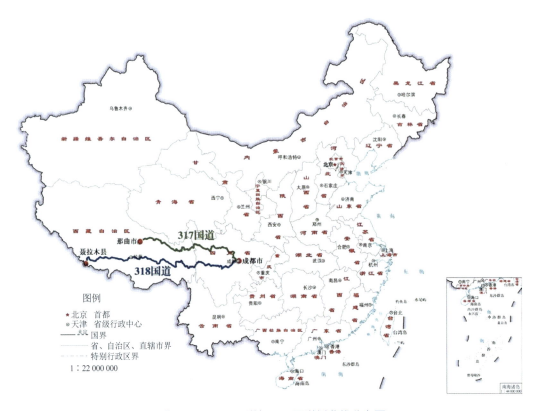

附图 103 317 国道与 318 国道川藏线分布图

从自然差异来看，第一是纬度不同导致呈现的植被情况不同，318 国道纬度在 30°N 左右，光照、雨水等自然要素的条件更好。317 国道纬度在 31°～32°N，相比于 318 国道而言纬度更高，光照和雨水不比 317 国道充足，因此植被相对稀疏，沿途分布的草场更多。两个国道在同一经度同一海拔地区，318 国道的植被更加丰富和茂密。第二是地形不同，318 国道由东向西依次经过长江中下游平原、鄂西山地、巫山、四川盆地、横断山脉、青藏高原，地形类型更为丰富。317 国道由东向西依次经过四川盆地、横断山脉、青藏高原，缺乏平原、丘陵等地形，尤其是青藏高原段，318 国道以森林、峡谷、群山、冰川为主，317 国道以草地、乱石为主。直观而言，317 国道的视野更为宽广和辽阔。

从人文经济差异来看，第一，318 国道被誉为"中国最美公路"，名气更大，因此沿途自驾旅游的人更多，道路经常拥堵。第二，道路情况方面，317 国道经常遇上滑坡、泥石流，驾车相对较为危险，318 国道的道路情况相对较好。第三，318 国道沿线人口分布更多，经济更发达，分布的餐馆、住宿等服务设施更多。317 国道经过地区多为牧区，人口稀少，呈现了原始自然的藏民生活的情景，相对于 318 国道而言没有那么浓厚的商业氛围。第四，317 国道的人文历史氛围更为浓厚，穿越了汉族、羌族、回族、满族、蒙古族、门巴族、珞巴族、藏族族（嘉绒族、木雅族、康巴族、卫藏族）等 50 余个民族的聚居区。沿线分布众多寺庙、藏式民居、经幡、佛像石刻等人文景观。前往 317 国道的游客以朝圣、追崇宗教为主。而 318 国道的游客大多以欣赏自然景观、高山峡谷为主。

附图 104　途经玉隆拉措风景区

◎ 德格县

　　中午 12 时左右，科考队到达德格县。德格县县城位于山峦之间的河谷区域，建设空间沿河谷走势蔓延，发展空间受限，整体呈人字形结构。德格县总面积为 1.1439 万 km²，根据第七次人口普查数据，德格县常住人口为 88542 人，到 2019 年，德格县总 GDP 为 149067 万元，已脱离贫困县行列。

　　在简单用餐、入住酒店后，一行人前往青海玉树做准备，前往德格县人民医院做核酸检测。在德格县人民医院，医院承载量较小，短时间大量人涌入医院，使得医院人手出现一段时间短缺，科考队一行人约 30 人在医院花费了近 2 个小时检测核酸。这仿佛是青藏地区接待外来人口的一个缩影，使我们联想到科考队调研的话题之一：短时间大规模高强度的游客，对于青藏地区的自然资源、生态环境、基础设施是多大程度的挑战？青藏地区在一定时间内接纳游客的阈值是多少？

记录人：辛钟龄

时间：2021年8月9日

路线：德格县龚垭镇雨托新村—德格县康巴文化博览园—德格县农牧农村和科技局

人员：中国科学院地理科学与资源研究所刘卫东、刘慧、宋涛、牛方曲、韩梦瑶、
王志辉、王燕、程艺、杨静銮、杨欣雨、孙曼、辛钟龄、管靖、徐婧雅、
张萌、夏万渠；中央财经大学胡桢培、刘柏宏；拉萨规划设计院刘滕、
普布桑珠

　　今天是"区域绿色发展路线图"专题进行滇藏科学考察的第9天，我们上午先调研了德格县雨托新村以及康巴文都景区，下午我们与德格县政府部门进行了座谈，随后开展了科考分队内部讨论会。

◎ 龚垭镇雨托新村

　　雨托新村位于德格县龚垭乡金沙江高山河谷地带，属于德格县2017年脱贫攻坚易地扶贫搬迁项目。过去这里一直是穷山沟里的"五不通"村，路、电、水、电话、电视几乎不通。搬迁之前，村民就居住在山的背后。2017年11月，雨托村523人通过整村易地扶贫搬迁，集体搬到紧邻岗白公路的哈达通，这里原来是一片荒地，现在全部建成了两层的藏式"小别墅"。项目全部由政府投资，每户老百姓投入不到一万元（附图105）。

　　产业方面，村民仍然依靠在搬迁前的旧地从事农业生产。旧地距离遥远，需要翻过整座高山，因此由10户村民在山上代养全村牲畜。村庄不远处有大棚花卉基地，产业园一年可分红十多万。种植的青稞、花卉等可以委托村民合作社来集中贩卖，合作社也会有分红。此外，虽然村子被称为雨托花卉民宿村，但是新村主要解决村民的住房问题，而不是以民宿为主。因此，这里没有修建专门的房屋给游客居住。如果游客来得比较多，会分散住到不同村民的家里，调研过程中我们也在游客服务中心前看到了一些吃住都在车上的自驾游客。

　　生活方面，每家每户都装上了太阳能热水器，村庄已实现水厕全覆盖，污水通过管网收集起来，进入三级化粪池，由一个污水处理池集中处理后排放。冬天农民取暖主要用电和捡的干柴，用电电价是0.39元一度。

　　生态方面，为了实现草畜平衡，村庄分为冬季牧场和夏季牧场。特定季节需要将牧地改为草地，为了鼓励村民遵守政策，这里一亩草地可以补贴7元左右，政府补贴后会分红给村民，全县一年补贴的金额可以达到3800万。

附图 105　雨托新村的易地搬迁房

◎ 康巴文都景区

中午 11 时左右，科考分队到达县城周边的康巴文化博览园。该园区 2019 年开始修建，2021 年 8 月正式开园，占地面积 856.8 亩，总投资 8.8 亿元，使用"百村抱团"扶贫产业资金修建。整个园区随着穿城而过的色曲河分布在两岸，形成"串珠式"分布格局，集"博览、研训、体验、餐饮、住宿、休闲、观光、文创、传习"于一体，是全国涉藏地区目前规模最大的文旅融合园区。

在实地考察过程中了解到，康巴文化博览园采用的是"百村抱团"的扶贫模式。全县 99 个贫困村入股该项目，将各村扶贫振兴的"小项目"集中建成康巴文化博览园的"大项目"，发挥集中力量办大事的优势，并将景区收入作为全县 102 个贫困村的经济分红收入，实现了百村抱团文化旅游扶贫产业发展，获得了四川省文旅融合示范性项目。

◎ 德格县座谈会

下午 3 时左右，科考分队与德格县政府人员在德格县农牧农村和科技局会议室展开座谈（附图 106）。德格县参会单位有县农牧农村和科技局、县发改委、县自然资源局、县文旅局、县乡村振兴局、县生态环境局。首先，德格县农牧农村和科技局苏局长对科考分队一行表示欢迎，并简要介绍了参会单位和县农牧业情况。刘卫东队长介绍了本次科考关注的绿色发展主题，重点关注农牧业绿色发展问题、乡村振兴、旅游业、清洁能源、工矿业五大方面。

附图 106　科考分队与德格县政府座谈

随后，各政府部门人员汇报了各自工作情况和主要存在的问题。参会人员一致认为，德格县具有较好的生态环境基础和旅游文化资源，未来应该走高端化、绿色有机的农牧业发展道路，以及纯手工制作、匠人精神的精致手工业发展道路。

德格县农牧民幸福感较高，提高农牧民收入不一定要走大规模产业化道路。德格县养殖业以牦牛为主，但牦牛难以实现规模化生产。受藏传佛教影响，当地牧民不会轻易卖掉牦牛，牦牛出栏基本都是自食，只有急需用钱时才会卖掉牦牛。同时，德格县的农牧业发展空间不大，牦牛、青稞基本都是自给自足，建议走深加工、小规模、高端化的路线。刘卫东队长指出，没有上过化肥农药的土地都是最好的土地，一定要善于利用，可以通过网上直播带货的方式扩大产品的销售渠道，把高标准的产品卖出应有的价值。保持现有的农牧民生产方式是既遵循生态环境平衡，又持续当地农牧民幸福感的有效途径。

针对当前大面积开展的厕所革命，应该暂缓厕所革命，保持原有的旱厕实际上是对生态环境的保护，不能走厕改—污染治理的道路。德格县作为偏远地区，在水厕的技术处理方面有限，而且当地农民，尤其是牧民，使用旱厕反而更为方便。所以政府绝不能"一刀切"地在青藏高原地区推行水厕，而应该结合当地实际情况，让地方量力而行。

记录人：张萌

时间：2021 年 8 月 10 日

路线：德格县—德格印经院—玉树藏族自治州

人员：中国科学院地理科学与资源研究所刘卫东、刘慧、宋涛、牛方曲、韩梦瑶、王志辉、王燕、程艺、杨欣雨、孙曼、杨静銮、管靖、夏万渠、张萌、徐婧雅、辛钟龄；规划设计院刘滕、普布桑珠；中央财经大学胡桢培、刘柏宏

　　本日主要行程为早晨 8:30 参观调研德格印经院，结束参观后科考团队驱车前往玉树藏族自治州，行车行程约 450km，车程超 8h。

　　科考队伍于上午 8:30 来到德格印经院参观，不同于上次德格印经院外匆匆一览，这次在当地工作人员的带领下，队员们近距离地了解了德格印经院。德格印经院是一所藏文化藏书宝库，和布达拉宫一样是康藏高原的文化圣地。

　　德格印经院是一座平顶土木结构建筑，分藏版库、晒经楼、洗版平台、佛殿等区域。印经院藏书丰富、门类齐全、各教派兼容并蓄，现有版印藏文典藏约 30 万块，有些已是孤版，文化价值重大（附图 107）。

附图 107　德格印经院天台的风景

　　德格印经院延续着传统的印书方式，每年春秋之间约有半年时间印书，本次调研有幸参观了印经馆的工作过程。总体来说，印版分为印版制作、制墨、造纸和印经几大部分。①首先是印版制作，印版原材料为红桦木材，经过一定工艺加工成型后方可入库，随后由刻板工匠将藏文内容刻制成版；②制墨，德格印经院印刷用墨为烟墨，其中一种供书写用，一种供印刷用；③造纸，德格印经院用纸原料为狼毒花的根须，

具有防虫鼠、保存期长等特点；④印刷流程，整个工艺流程中工序较多，劳动量较大的过程大体可分为裁纸、颜料加工、印刷和装订四个流程。整个流程分工严谨、有条不紊、出错率低。

我们感叹于德格印经院整体建筑和印刷工艺保留的完整性，这座印经院仿佛300年来没有变化，时光流转，它在当地民众和僧众的保护下，仍然富有生命。德格印经院最大限度地保留了其原真性，通过院内的真实印经流程，为信徒和游客复现文化遗产的产生过程。

参观德格印经院后，科考分队一行9:30准时出发前往玉树藏族自治州。下午2:00左右，科考分队到达玉树周边的石渠邓玛观光生态农业科技示范园，该生态园室内面积7000多平方米，有生态观光展示区、有机蔬菜种植区、生态餐厅等多个功能区。该园区是以优质果蔬种植为主导，以生态农业观光休闲为辅助，集农业现代化生产、休闲观光旅游、科技示范推广、助农增收脱贫和生态绿色环保于一体的青藏高原现代农业综合体。2018年，边建设边生产的园区生产蔬菜168万kg，实现产值350万元。

沿途中科考队伍经过了金沙江大转弯，蜿蜒流动的金沙江在这里拐出"S"形，冲刷着两岸阶地，又给两岸带来土壤养分，使得岸边得以种植已经发黄的青稞。刘卫东研究员让科考分队成员停下来使用无人机拍下了这一景象，感慨我们这一路从云南到四川再到现在前往青海，都是绕着金沙江左右。有时江水平缓、有时江水湍急，但这沙黄色的江哺育了两岸人民，带来了粮食，带来了用水，带来了电，水清水浊又有何妨。

大约下午5:30，科考分队一行到达了玉树城区入住旅馆休息。

记录人：夏万渠

时间：2021年8月11日

路线：隆宝国家级自然保护区—玉树市扶贫产业一条街—文成公主庙—勒巴沟

人员：中国科学院地理科学与资源研究所刘慧、宋涛、牛方曲、王志辉、王燕、杨静銮、杨欣雨、孙曼、夏万渠、管靖、张萌、徐婧雅、辛钟龄；中央财经大学胡桢培、刘柏宏

今天是滇藏科学考察的第11天，我们在青海省玉树藏族自治州的首府玉树市进行了调研。由于玉树市疫情防控要求，我们未能完成原计划的调研行程和座谈会，因此科考分队自行寻找了调研地点。

上午8:30，我们一行人驱车前往隆宝自然保护区进行实地考察。隆宝自然保护区地处三江源核心区，海拔高达4000m以上，属于我国极为珍贵的高寒湿地，是青海第一个国家级自然保护区，也是中国首个黑颈鹤繁殖保护地。"隆宝"是藏语，意为有

鱼有鸟的沼泽，恰如其名，这里水草丰美，由大面积的草甸、沼泽，以及大小不等的湖泊组成，是各种水禽的理想栖息地。也许是季节原因，我们今天并没有看到黑颈鹤。沿着国道在保护区内穿行，在辽阔的草原上，细看却发现到处都是鼠洞。鼠类从20世纪70年代开始在草原上扩散，人鼠之间的战争一直持续到今天。牧民们对这些破坏者恨之入骨，因为它们不仅啃食草根，而且掘洞翻土造穴，优质的草场很快寸草不生。时至今日也未找到科学、有效的方式灭鼠。鼠患是困扰青海牧民的严重问题，也是隆宝自然保护区需要解决的问题。另外，这里的保护区与其他区域并无明显的实体边界，仅有公路旁的路标作为指引。边界的模糊可能会给自然保护区的日常维护、生态保护等造成一定困难，但这有利于自然保护区与其他区域的协调发展，尤其是在保护区内仍有一定数量的牧民，这使得其不能仅仅以保护作为唯一目标而成为"无人区"（附图108）。

附图108　隆宝自然保护区

　　下午3时，我们来到了玉树市扶贫产业一条街。作为北京市对口支援的扶贫项目，玉树市扶贫产业一条街于2017年8月正式启用，街区占地面积6000m^2，可利用商铺面积4875m^2，通过打造具有康巴特色的农牧产品营销市场，希望为农民提供一个优质的营销平台，吸收建档立卡户就业，从而助力脱贫。然而和我们预想中的不同，这条街十分冷清，除了科考分队一行人，看不到其他人。因此，我们只实地调研了两家开着门的店铺。其中，玉树市电子商务共享工厂以研磨青稞粉为主营业务之一，目前仍在设备调试阶段。通过与工厂员工访谈得知，该员工为玉树本地建档立卡户，在扶贫优先的市场招聘政策下获得该工厂岗位，每月工资可达3000多，再加上采集销售虫草等副业，可再获得5000元/年的额外收入，目前已达到较为满意的收入水平；此外，其职住距离较近，可实现白天进城务工而晚上返乡居住的生产生活轨迹，一定程度上也提升了其生活质量和幸福感。另一家是玉树市隆宝高原牛羊养殖农民专业合作社，老板正在读高中的儿子格丁扎巴在看着店铺，格丁扎巴为我们简要介绍了合作社的情况。这家合作社成立于2014年，采取牛羊作价或现金入股的方式，依托乡镇学校学生营养餐计划，规模化经营，滚动分红。政府为合作社采取2年内免房租、免税收的优惠政策。隆宝村有约40%的村民加入了合作社，入社成员年均每户可分红约3万元；销售的产品仍以粗加工的农牧产品为主，如牛肉干、蘑菇、奶酪、蕨麻、虫草等；目前的客户仍以本地人为主，外地市场尚未打开，但由于目前疫情等影响，本地客户销量也有所下滑。另外，我们了解到除了合作社分红外，农牧民依托隆宝自然保护区也具有一定的旅游收入，其中以餐饮为主，但由于保护区限制而禁止了民宿发展。

在调研究扶贫产业一条街后，我们驱车来到了文成公主庙和勒巴沟。文成公主庙位于青海省玉树市结古镇东南25km的贝纳沟，海拔3700多米，迄今已经有1300多年的历史，相传是唐代藏民为纪念文成公主而建的。进入寺庙，里面已经有了不少虔诚的游客，此庙已经成为藏汉团结的象征。接着科考分队前往位于结古镇东32km处通天河附近的勒巴沟。绕过奔腾的通天河便到了勒巴沟沟口。与通天河的喧嚣、壮阔不同，勒巴沟给人的第一感觉是静谧，清风携着白云随意地飘荡在湛蓝的天空，草木郁郁葱葱，河水清澈流淌，耳边传来潺潺水声和空山鸟语。除了优美的自然风光，勒巴沟还有着历史久远的文化遗迹。沟里有年代久远的佛教文化石刻，相传是文成公主和金城公主前后进藏途经此地时留下的。沟内随处可见形状各异的玛尼石，上面镌刻有经文，玛尼石寄托了藏民们的美好愿望和祝福，代表着整个民族的信仰和追求。

记录人：徐婧雅

时间： 2021年8月12日

路线： 玉树藏族自治州—果洛州玛多县—海南藏族自治州共和县

人员： 中国科学院地理科学与资源研究所刘慧、宋涛、牛方曲、王志辉、王燕、杨欣雨、孙曼、杨静銮、辛钟龄、徐婧雅、张萌、管靖、夏万渠；中央财经大学胡桢培、刘柏宏

上午8时，科考队伍从玉树市出发，乘车前往青海省海南州共和县。路程650km，耗时近11h。车队主要沿214国道及西丽高速行驶，途经星星海自然保护区、巴颜喀拉山口、姜路岭隧道、鄂拉山隧道、河卡山隧道等路段。

共和县与玉树县之间本有共玉高速直接连接，但是在5·22玛多地震中，共玉高速中间段遭受损毁，故本次行程选择了西景线替代损坏的共玉高速路段。路上我们遇见了在玛多地震中损毁的位于果洛藏族自治州玛多县的G0613西丽高速野马滩大桥，落梁跨南侧位于地面，北侧被桥墩支持，立面呈斜置状态，车辆至今无法通行（附图109）。

　　上午科考分队翻越了巴颜喀拉山口，最高海拔 4812m，虽然是夏天，但这段路程风雪交加，沿着山路不断向上，气温逐渐降低，白雪覆盖率越来越高，直到巴颜喀拉山口附近，大地已是银装素裹，室外温度降到了 1℃。

附图 109　因地震倒塌的野马滩大桥

　　一路走来，脚下的道路基础设施建设令人印象深刻。路途中不断有提示"路基沉降，小心驾驶"的提示牌，这是由于高速下方的永久冻土正在融化，道路呈不规则的拱起与陷落。实际上，路面沉降是青藏公路面临的长期困难，在这片地区，已经存在数千年的永冻层正在慢慢融化，建在其上方的建筑、道路、铁路和管道等均存在不同程度的潜在风险。

　　下午 1:30，科考分队到达玛多县城。玛多县是青海省海拔最高县，全县平均海拔4500m 以上，年均气温 -4℃。玛多县虽然交通便利，有 214 国道和西景线横贯县境，但其并没有明显的利用交通优势进行发展的趋势。沿着国道 214 途经玛多，两侧仅有零散的服务司机的小餐厅和小超市，没有相关的农牧业工业，也没有较为醒目的宣传标语。在经过午饭和简单的休整后，科考分队一行继续赶路。

　　路途中可以观察到公路沿线的禁牧区内仍有羊群，"偷牧"现象屡禁不绝。禁牧区作为高原地带生态环境敏感地区，其管护措施和执法检查应该更加严格。此外，可通过悬挂横幅、入户讲解等方式宣传封山禁牧政策，加强牧民的生态保护意识，同时对牧民的经济损失给予一定补偿。

　　晚上 7 时，在经历了长途跋涉，一天的疲惫车程后，科考分队到达海南藏族自治州共和县。

记录人：夏万渠

时间：2021 年 8 月 13 日

路线：海南藏族自治州共和县—青海湖—青海省第四人民医院—西宁市

人员：中国科学院地理科学与资源研究所刘慧、宋涛、牛方曲、王志辉、王燕、杨欣雨、孙曼、杨静銮、辛钟龄、徐婧雅、张萌、管靖、夏万渠；中央财经大学胡桢培、刘柏宏

　　上午 8:30，我们从海南藏族自治州共和县驱车前往西宁市，途中经过青海湖。青海湖位于青藏高原东北部、青海省境内，是中国最大的内陆湖、最大的咸水湖。青海湖是阻挡西部荒漠化向东蔓延的天然屏障，在维系青藏高原生态平衡方面起着不可估量的作用，是一块世界独有的生态湿地，不仅直接向人类和野生动植物提供水资源及大量食物与原料、栖息和繁殖场所，而且在保护生物多样性和珍稀物种资源、调节气候及提供旅游等方面起着极为重要的作用。

　　此次登上山峰眺望青海湖，波光粼粼、水天一色。青海湖如同大海般一望无际，远处有沙漠，湖边草原牛羊成群。我们感叹于青海湖的浩瀚，同时又想起了习近平总书记在考察青海湖时曾强调"青海是稳疆固藏的战略要地""承担好维护生态安全、保护三江源、保护'中华水塔'的重大使命"。

　　今天在调研过程中，我们发现了一些现存的问题。一是景区无序开发利用现象。很多当地群众在景区周边私开通道、乱搭乱建、无序开发利用景区，对青海湖生态环境造成严重威胁。例如，我们今天就遇到了一户牧民，将自家分配的牧场私自开发成观景台，收取门票费以获利，这对草场是一种很大的破坏。政府应当严格管理，加强监察，拆除违章建筑，积极引导农牧民的生态环保意识。二是环湖旅游基础设施建设较为落后、服务质量不高。巨大的市场需求和紧俏的旅游服务间存在巨大的缺口，虽然现在因为疫情，青海湖的游客并不多，但是根据当地人和司机师傅所说的，以前旺季的青海湖景区基本水泄不通，人满为患，因此政府应尽快在生态保护红线外考虑环湖旅游基础设施的建设完善问题。三是青海湖景区附近的垃圾问题。一路上沿线可以见到很多被随意丢弃的垃圾，据当地居民说，虽然有专人负责收集垃圾，但由于游客扔的垃圾量过多，无法应付垃圾收集的工作。应当尽快推进青海湖景区及周边地区的垃圾分类与垃圾回收工作，特别是在旅游旺季要增加环卫工人岗位，同时可以研究推行在景区门票中增设环境保护费这一项，用于景区及周边地区的垃圾处理工作。由于疫情管理和时间问题，未能进行更加详细的现场座谈和实地调研。未来，仍可将青海湖作为重要的绿色发展案例进行后续分析。

　　离开青海湖后，经过 2h 车程，科考队伍于下午 1:30 到达青海省省会西宁市。由于地理所要求学生返校需要提供核酸证明，所以在短暂午餐后，学生一行便前往青海省第四人民医院进行核酸检验，由于不需要预约，加之排队较少，很快完成了全部的核酸检测工作。我们可以感受到，西宁市作为省会城市，核酸检测效率相对于德格县明显高出很多。

不知不觉中，此次科考已经接近尾声。青藏高原涉藏地区作为我国欠发达的藏族聚居区，生态环境脆弱，有传统的藏佛文化。为保护脆弱的生态环境，守护蓝色星球的最后一片净土，青藏高原地区必须注重经济、自然、社会的有机联系与协调，努力探索出一条适合自己的绿色发展途径。

记录人：夏万渠

时间：2021 年 8 月 14 日
路线：西宁市以勒美居酒店—塔尔寺—西宁曹家堡机场—北京市
人员：中国科学院地理科学与资源研究所刘慧、宋涛、牛方曲、王志辉、王燕、杨欣雨、孙曼、杨静銮、管靖、夏万渠、张萌、徐婧雅、辛钟龄；中央财经大学胡桢培、刘柏宏

今天是针对"区域绿色发展路线图"专题进行滇藏科学考察的最后一天，主要行程为参观调研塔尔寺。

上午，科考队伍乘车前往塔尔寺。塔尔寺地处西宁市湟中区，创建于明洪武十二年，是国家五 A 级旅游景区。塔尔寺是先有塔，而后有寺，故名塔尔寺。它是中国藏传佛教黄教六大寺院之一，也是青海省首屈一指的名胜古迹和全国重点文物保护单位。寺内藏有大量佛教典籍与学术专著，每年会举行佛事活动"四大法会"，具有重要的宗教文化意义。塔尔寺是中国西北地区藏传佛教的活动中心，在中国及东南亚享有盛名，历代中央政府都十分推崇塔尔寺的宗教地位。酥油花、壁画和堆绣被誉为"塔尔寺艺术三绝"（附图 110）。

附图 110　塔尔寺

如果将塔尔寺和德格印经院的旅游发展情况相比，塔尔寺无疑更具有旅游胜地的特征，无论是从游客服务中心、购票处、停车场、寺内指示牌、旅游公厕等完善的游客服务设施，还是从在寺内穿梭着、不着僧袍穿着休闲服饰、数量较多的人群来看，塔尔寺不仅吸引了教徒，还吸引了来自青海省乃至国内各地的游客。寺院内随处可见藏传佛教信徒，他们或对着寺庙磕长头，或绕着寺庙一圈圈地转着转经筒，或虔诚地对着佛像祷告。这种旅游的成功，一部分得益于塔尔寺优越的交通优势。塔尔寺背靠西宁，有源源不断从西宁而来的国内旅客，经国道 227 线或宁贵高线，半小时内便可迅速到达。

下午，除刘慧、王志辉受疫情影响需短暂停留外，其他科考队员到达西宁曹家堡机场，乘坐 CA1204 航班返京。至此，全部科考活动结束，在疫情小范围扩散的环境下，我们安全地完成了本阶段青藏科考工作。

记录人：张萌